EMMANUEL LE ROY LADURIE

PARMI LES HISTORIENS

ARTICLES
ET COMPTES RENDUS

GALLIMARD

© Éditions Gallimard, 1983.

AVERTISSEMENT

J'ai passé une portion assez considérable de mon temps, pendant la décennie 1970, à écrire ce qu'on appelle quelquefois, sur le mode condescendant, « des articles de journaux » ; j'y rendais compte, notamment, de livres d'histoire. Cette activité a concerné plusieurs hebdomadaires ou quotidiens. J'en citerai deux : d'abord *Le Monde*, où Jacqueline Piatier m'avait accueilli ; et puis *Le Nouvel Observateur* où Jean Daniel me fut hospitalier ; j'y ai retrouvé, à l'époque, François Furet, Denis Richet, Jacques et Mona Ozouf...

L'entrée des sciences sociales dans les media a fait l'objet, ces temps derniers, de critiques diverses. On a parlé de pouvoir intellectuel et même d'« intellocrates ». N'étant ni directeur de collection chez un éditeur, ni salarié permanent d'un journal ou d'une chaîne télévisée, ni responsable d'une émission radio à caractère culturel, ni participant du comité consultatif des universités ou de la commission d'histoire moderne du C.N.R.S., ni président, administrateur ou directeur d'une université, d'un centre de recherche, d'une U.E.R. ou d'un grand établissement, ni membre d'un cabinet ministériel, d'un parti politique, d'un aréopage élyséen ou d'un jury d'agrégation, je n'exerce en réalité aucun des pouvoirs, offices et sacerdoces, d'ordre public ou privé (qui sont du reste parfaitement utiles et respectables), auxquels je pourrais prétendre sans déroger, en tant qu'historien ou professeur, et comme annexe à mes activités spécifiques de recherche, d'écriture, d'enseignement. Cela posé, il est exact que rendre compte (ou pas) de nombreux livres, c'est formuler à l'égard de confrères-écrivains ou de collègues-enseignants, un choix, voulu ou non : il peut s'agir d'un refus, d'une puissance, d'une abstention, d'un soutien, d'une lassitude, d'une paresse, d'un zèle, d'un intérêt passionné ou d'une attaque. Nécessairement le recenseur est un censeur ; il décide qu'il parlera de Jean Nicolas, Jacques Dupâquier ou Georges Dumézil plutôt que d'historiens qui ne sont tels qu'au sens que donnaient à ce mot les âmes sensibles : elles s'intéressaient, non sans raison parfois, aux malheurs de Louis XVII ou aux rondeurs de Joséphine. L'exercice d'un pouvoir de ce type n'est légitimé que par la diffusion corrélative d'un savoir. La tâche du critique, matérialisée dans un journal, revient à informer pédagogiquement les nombreux lecteurs, quant aux travaux d'érudition et de réflexion qui en d'autres temps seraient demeurés sous le boisseau. On enseigne à cent mille personnes. J'ai été l'un des artisans de cette entreprise récente d'évangélisation ; elle n'est pas qu'évangélique. Je persiste, malgré les censeurs aujourd'hui haut postés, à la tenir pour positive. Elle popularise au sens noble de ce verbe les terrains de recherche les plus divers.

L'histoire sociale par exemple fut à l'honneur pendant les deux dernières décennies. Elle sera donc évoquée longuement et sous quantité d'angles dans le présent ouvrage. (Je prends le mot « social » au sens de sociologique : en ce domaine la discipline historique s'est mise à l'école des autres sciences humaines.) On fera état, ici même, d'une sociologie historique des groupes : on évoquera (entre autres) la belle et grosse thèse de Jean Meyer sur les noblesses bretonnes du XVIIIe siècle : ces aristocraties régionales n'étaient pas décadentes (comme le voudraient certains stéréotypes) mais en plein essor. Ou bien on mettra en valeur l'ouvrage de Philippe Contamine sur la naissance de l'armée permanente au XVe siècle : en inventant les soldats professionnels, la monarchie de Charles VII et de Louis XI avait, du même coup, inventé les civils. Il suffisait d'y penser.

Au-delà de ces collectivités spéciales, qu'elles soient nobles ou militaires, c'est tout le problème des élites qu'on a essayé d'aborder, par le biais de divers comptes rendus : en ce domaine se sont imposés, au fil des chroniques de presse, quelques noms : Richet d'abord, mais aussi Furet, Chaussinand-Nogaret... Aux élites, on a juxtaposé les marginalités agissantes, dont l'influence est essentielle dans les périodes révolutionnaires. Parmi celles-ci, les sans-culottes ont donné lieu aux réjouissantes sorties de Richard Cobb contre les interprétations traditionnelles de la Révolution française. L'écho en retentira jusque dans ces pages.

Qu'elle soit de 1789 ou de 1793, la révolution côtoie la révolte : il a fallu faire place aux recherches d'Yves Bercé, à propos des *Croquants* ; ces rebelles pseudo-« sauvages » du XVIIe siècle sont en fait les porteurs d'une idéologie communautaire ; leur historien la déchiffre entre les lignes, parmi les barricades et les armées rustiques. La révolte peut s'avérer légaliste : contre les seigneurs-brigands du Massif central, les « peuples » sous Louis XIV usent de l'arme répressive qu'est la loi royale (voir l'important travail d'A. Lebigre, *infra*). Les « révoltables » enfin ne sont pas tous des révoltés, même si beaucoup d'entre eux appartiennent aux secteurs sociaux que frappe sans pitié le dénuement : la problématique des pauvres délimite une pathologie que rajeuniront nos crises urbaines du XXe siècle. Je me borne à présenter brièvement dans ce livre les travaux du groupe de Michel Mollat, relatifs aux *Pauvres* dans l'histoire.

Théorie des révolutions, mise entre les mains des groupes défavorisés, le marxisme est évoqué ci-après mais par raccroc. Les choses étant ce qu'elles furent, on a inclus dans les recensions, tel ou tel ouvrage relatif à diverses périodes au cours desquelles s'est affirmé l'échec intellectuel et moral de cette grande doctrine sous ses formes post-léninistes et cela en dépit ou à cause des triomphes politiques qui l'ont accompagnée (voir le compte rendu des livres écrits par Alain Besançon, Annie Kriegel, etc.). Pourtant, pris d'un ultime scrupule, et bien compréhensible par le temps qui court, je n'ai pas voulu jeter l'enfant avec l'eau du bain. Certaines analyses venues du marxisme et relatives aux dominations, contestations et luttes de classes sont loin d'être dépourvues d'intérêt. Elles dérivent, chez Marx lui-même, de l'œuvre de grands historiens comme Augustin Thierry et François Guizot. On s'inspirera occasionnellement de ces analyses dans les pages qui suivent : on appréciera de la sorte tel ou tel phénomène de tension sociale.

Plusieurs articles sont consacrés, d'autre part, à l'histoire des minorités ethniques ou sectaires : Occitans d'Alain Touraine, Bretons d'André Burguière... Ceux-ci fournissent aussi le prétexte d'une échappée vers les Celtes qu'étudie Christian Guyonvarc'h, l'un des meilleurs chercheurs et des plus ignorés parmi ceux qu'a produits la Bretagne en notre temps.

Les minoritaires appellent, en contrepoint, l'évocation des « Majeurs ». Je veux parler des formidables majorités rurales du temps jadis... 80 ou 85 % de la population ; les paysans du passé recevront la part d'attention à laquelle ils ont droit : villageois de la région parisienne, ou du nord de la France, étudiés récemment par Jean Jacquart et jadis par Georges Lefebvre. Gentilshommes campagnards à la Gouberville, revisités en Normandie par Madeleine Foisil...

Il a fallu parcourir aussi les nouveaux territoires de chasse des historiens devenus sociologues : histoire du sexe (J.-L. Flandrin, R. Solé) ; histoire de l'habitat, ou des mœurs et de leur polissage historique (N. Elias). La vie sexuelle d'autrefois nous est révélée par la démographie historique : occasion pour la critique d'évoquer les travaux de P. Goubert et J.-N. Biraben. Occasion aussi d'expliciter ces monstres démographiques que furent les grandes villes du passé, mortifères, et peuplées de berceaux devenus tombeaux (livres de M. Garden, de J. Kaplow sur Lyon et sur Paris, au XVIIIe siècle).

Le renouveau des études sur la mort, la « mode macabre » a eu son contrecoup chez les historiens : travaux de M. Vovelle, de F. Lebrun... De la mort, Vovelle est passé, au long d'une trajectoire créatrice et originale, un peu prolifique parfois, jusqu'à bien d'autres « terrains ».

La vogue ou la vague du quantitatif en histoire s'est faite aujourd'hui plus tolérante, sans pour autant disparaître ou refluer. Elle avait suscité tout un dossier dans *Le Monde* en 1969. L'histoire économique, mère Gigogne de la nouvelle école historique, passe par l'œuvre de Pierre Vilar (*Or et monnaie*), et par celle, encyclopédique ou comparative de l'Américain David Landes, quant à la révolution industrielle dans l'Europe charbonnière (Angleterre, Allemagne, France du Nord, Belgique...). Cette discipline historico-économique culmine, du moins parmi nos collections d'articles, avec la thèse de Guy Bois sur la Normandie médiévale et renaissante.

Des branches plus classiques comme l'histoire des religions (M. Simon, R. Taveneaux, voire R. Dagron) et l'histoire des idées même meurtrières (le *Clausewitz* de R. Aron) n'ont été abordées, à première vue, que par la bande. En fait, dans le secteur religieux, j'ai voulu, partant des auteurs dont je recensais les ouvrages, traiter du sacré comme s'il était l'autre face du social. Quant au *Clausewitz* de Raymond Aron, il rejoint diverses recherches relatives à l'histoire-guerre ; elle évince en notre temps l'histoire-bataille, démonétisée par Febvre et Bloch.

J'ai hasardé aussi, sous la houlette d'Alain Besançon, quelques approches vers la psychohistoire ; et vers la géohistoire, appelée de tous ses vœux par Fernand Braudel ; vers l'anthropologie enfin, qui offre, inépuisable, ses modèles à l'historien.

L'espace n'a pas manqué, par chance, pour signaler la publication de petits ou grands textes, dont l'un au moins (Pierre Rivière) a portée pleinement esthétique : parmi ces textes, *Moi, Pierre Rivière*, justement, mais aussi un *Manuel de l'inquisiteur, le Marteau des sorcières* et les *Souvenirs* de Jaimerai-Duval. J'ai voulu élargir le débat jusqu'à l'évocation d'ouvrages qui se veulent réflexion générale sur le métier d'historien. Parmi eux figure la contribution de Jean Chesneaux. Enfin on a fait place (sans verser dans le culte de la personnalité) à quelques monstres sacrés de la profession : Braudel, Chaunu, Cobb...

Au total, les œuvres de plus de 120 auteurs sont évoquées, résumées, critiquées dans cet ouvrage. Beaucoup, parmi eux, sont historiens professionnels. D'autres, à l'occasion d'un livre, se sont faits chroniqueurs ou historiens à part entière ou simplement incomplète, marginale, quitte à reprendre ultérieurement leur profession usuelle de sociologue, homme politique, journaliste, etc. Les thèmes envisagés ci-après sont divers ; ils apparaissent dans le désordre, moins aléatoire pourtant qu'il n'y paraît. Les sacralités, l'économie, l'État, le monde rural, les diverses sciences humaines, les méthodes historiques, l'événement et la longue durée sont convoqués tour à tour. Ce livre à sa manière donne un aperçu, nécessairement partiel et subjectif, de ce que fut, pendant une quinzaine d'années, la fourmillante historiographie de notre temps : elle glissa, pour le meilleur ou non, de l'histoire des quantités à celle des mentalités.

Qu'il me soit permis, pour conclure, de remercier Pierre Nora et Marie-Jeanne Tits, à qui je suis redevable, pour une grande part, de la publication de ces textes.

DÉMOGRAPHIE ET MENTALITÉS

La France de Louis XIV et de Jacques Dupaquier

Jacques Dupaquier, *La Population française aux* xviie *et* xviiie *siècles*, Paris, Presses Universitaires de France, 1979, 128 p. ; *La Population rurale du Bassin parisien à l'époque de Louis XIV*, Publications de l'université de Lille et Éd. de l'École des hautes études en sciences sociales, 1979, 428 p. (*Le Monde*, 28 mars 1980).

La démographie historique est l'étude quantitative des populations qui ont vécu dans le passé ; cette invention française est l'une des plus remarquables parmi celles qu'ont données au monde nos compatriotes pendant le xxe siècle... Au premier rang des pionniers, on trouve Jacques Dupaquier, Louis Henry, Pierre Goubert et quelques autres. Dupaquier a publié une bonne grosse thèse sur le peuplement du Bassin parisien et, tout récemment, un petit livre de vulgarisation qui, souvent, est de première main.

L'époque préférée de notre homme correspond aux xviie et xviiie siècles, quand les Français naissaient en foule comme des Indonésiens d'aujourd'hui et mouraient comme des mouches, hélas ! à la manière des habitants du Bangladesh contemporain.

Les documents utilisés se composent de registres paroissiaux (baptêmes, mariages, sépultures), de recensements d'Ancien Régime, de rôles de contribuables, etc.

Essayons d'abord avec Dupaquier de chiffrer la population française de jadis en ses frontières actuelles : il y a plus de 50 millions de Français en notre temps ; il y en avait 19 millions vers 1600, et 22 millions au début du XVIIIe siècle.

Comme on le voit, le XVIIe siècle n'est pas entièrement de crise ou de stagnation. Mais cette croissance s'opère à travers une série de catastrophes. Elles n'arrêtent pas de *casser* l'essor ; il réussit quand même à se faire jour.

L'« apocalypse » (modérée) du XVIIe siècle coïncide avec la peste de 1628-1632. Deux millions de morts environ (10 % de la population « française » de l'époque). Une minuscule armée française, pestiférée, se chargera de disséminer partout les microbes ! Richelieu ne songeait, en bougeant ce pion militaire et mortifère sur son échiquier, qu'à humilier le protestantisme et les ennemis de la France. Les autres grandes pestes du XVIIe siècle, en deux ou trois vagues, font chacune deux cent mille à quatre cent mille victimes sur notre territoire ; puis la terrible maladie disparaît de France après 1670, avec l'exception fulgurante de Marseille : des dizaines de milliers de pestiférés y décéderont encore en 1720. On pense en général que les rideaux de soldats qui, sous Louis XIV, isolaient délibérément les zones pesteuses furent responsables de cette atténuation du fléau : ils s'allongeaient sur des centaines de kilomètres...

Les œuvres de Dupaquier sont littéralement bourrées de chiffres qui sont passionnants pour le spécialiste, et même, à la réflexion, pour l'honnête homme. Les protestants noteront avec intérêt que leurs ancêtres étaient chez nous au nombre de 860 000 vers 1670, et que 173 000 d'entre eux, soit un sur cinq, prirent le chemin de l'exil à cause de la révocation de l'Édit de Nantes (1685). Sur cent « Français » au début du XVIIIe siècle, on compte seize « citadins » qui habitent des bourgs ou des villes d'au moins 2 000 habitants. La localité typique, un village en général, dénombre en moyenne, vers 1700, cent feux, soit 450 habitants.

Sous Louis XIII, la peste est le personnage le plus redoutable. Sous Louis XIV, c'est la famine. En 1693-1694, la pluie et le froid détruisent ou paralysent les semailles : *2 millions de morts*, une fois de plus ! Les gens ne meurent pas tellement de faim, mais d'infection contagieuse, causée par la misère et par les migrations des affamés, porteurs d'épidémies. D'une façon générale, sous l'Ancien Régime, on décède, en hiver, de maladies broncho-pulmonaires, comme aujourd'hui ; en été ou en automne, on trépasse surtout de gravissimes infections intestinales.

Dupaquier n'a pas que la mort en tête. Il s'intéresse au mariage, à l'amour, à la naissance : la démographie historique lui révèle des détails intimes : en mars-avril, sous Louis XIV, beaucoup de couples ralentissent ou interrompent leur vie sexuelle ; le carême abolit celle-ci à cause des interdits religieux qu'il promulgue, ou par suite des fatigues qu'occasionne le jeûne. D'une façon générale, on se marie tard sous l'Ancien Régime. Motif : éviter d'avoir les trop nombreux enfants qu'engendrerait inévitablement, dans un régime sans contraception, le mariage « pubertaire » à l'âge de seize ans (comme en Inde en 1980). La statistique relative aux naissances illégitimes et aux « conceptions prénuptiales », peu nombreuses les unes et les autres, démontre dans la plupart des cas l'admirable vertu de nos arrière-grand-mères avant leur mariage. (L'Angleterre du XVIIe siècle, j'ai le regret de le dire, n'était pas toujours aussi prude.) Dans l'ensemble la France de Louis XIV et même de Louis XV vivait dans un système cruel d'autorégulation des effectifs.

Au XVIIIe siècle, un nouveau régime démographique émerge progressivement : des statisticiens comme l'abbé Expilly en observent les effets par leurs propres yeux. La population française de 1700 à 1800 augmente beaucoup plus vite qu'elle ne le faisait au XVIIe siècle. Elle passe de 22 millions en 1700 à 29,1 millions en 1800, soit un essor de 32,3 %... Cette croissance est substantielle, certes, mais inférieure à celle qu'on enregistre simultanément en Irlande (+ 110 %), en Russie d'Europe (+ 80 %), ou même en Angleterre (+ 61 %).

Les pertes militaires de la Révolution et de l'Empire (1 390 000 hommes de 1792 à 1815, dont 465 000 pour les années révolutionnaires et 925 000 pour l'époque de Bonaparte puis de Napoléon) assombriront sur le tard l'expansion fraîche et joyeuse de notre peuplement. Avant ces hécatombes guerrières, le XVIIIe siècle avait vu s'espacer les grandes mortalités, provoquées par la faim et par les microbes. L'agriculture française de 1750-1789 nourrit son monde un peu moins mal que par le passé. Les couples, après 1770, commencent à s'initier aux « funestes secrets » de la contraception. On vit légèrement plus vieux ; les barbes blanches prolifèrent.

La Révolution a des effets contrastés. D'une part, elle fait régresser l'urbanisation, elle entrave momentanément l'essor d'une économie moderne, elle constitue pour notre industrie et notre commerce extérieur une véritable « catastrophe nationale ». Mais, en même temps, elle prépare un monde différent, plus heureux. Les couples y calculent davantage que par le passé l'effectif de leur progéniture. Moins prolifiques, ils peuvent désormais s'offrir le luxe de se marier plus jeunes et jouir davantage de l'existence. Ils s'accordent même quelques privautés avant le mariage ou hors de celui-ci.

Devons-nous pour autant battre notre coulpe, parce que la France a limité, après 1800, le nombre de ses citoyens ?... Il n'est pas question bien sûr de prononcer l'éloge du malthusianisme ultra-systématique des années 1970, qui fait aujourd'hui quelques ravages en Occident. Mais n'ayons pas trop honte : si la planète entière imitait aujourd'hui les prudences contraceptives du petit-bourgeois français des décennies 1800-1880, elle s'épargnerait pour le XXIe siècle quelques milliards d'habitants supplémentaires. Décidément, les petits-bourgeois, ces êtres lucides, sont les grands calomniés de notre histoire.

Ausone et la prudence

Études et chroniques de démographie historique, Société de Démographie historique, 1964, 288 p. (*Annales E.S.C.*, XXI, 1966, pp. 1332-1333.)

La jeune Société de Démographie historique vient de publier son premier recueil. En tête, une étude de Robert Étienne : « La démographie de la famille d'Ausone » ; les *Parentalia* (série de poésies funèbres dédiées par le poète bordelais aux membres défunts de son groupe familial) fournissent la matière d'une enquête généalogique et statistique. On peut estimer, avec l'auteur, que les données ainsi mises à jour sont représentatives du comportement démographique des couches supérieures de la société d'Aquitaine au IVe siècle.

Dans la parentèle ausonienne (compte non tenu de la mortalité de moins d'un an), l'âge moyen au décès est de 39 ans, soit 44 ans pour les hommes, 34 ans pour les femmes ; celles-ci se marient très tôt, à 15 ans ; et elles meurent jeunes, victimes fréquentes de maternités malheureuses. Quant au taux de fécondité, on peut conclure, sur une base statistique un peu étroite, qu'il est en baisse au cours du IVe siècle. Les couples ont en moyenne 2,7 enfants (mais ce chiffre, anormalement bas, ne paraît pas inclure les bébés morts avant l'âge d'un an).

Dans l'ensemble, le comportement démographique de l'aristocratie bordelaise ne paraît pas très différent de celui des *curiales* d'Antioche, étudiés par P. Petit. La « fatale coupure » entre Orient et Occident n'existe pas encore, du moins à ce niveau.

Second article du recueil, l'importante publication d'E. Esmonin : « La population en France de 1770 à 1789 » ; tout un groupe de textes tirés de la correspondance administrative ; et surtout le relevé, aussi complet que possible, des chiffres de baptêmes, mariages et sépultures, par généralités, dans les deux décennies qui précèdent la Révolution. Ces chiffres, jusqu'à présent, dormaient dans les Archives, ou bien n'avaient fait l'objet que d'éditions dispersées et confidentielles, inhumées dans les *Mémoires de l'Académie des Sciences*, ou dans la *Gazette d'agriculture*. En dépit de patientes recherches, E. Esmonin n'a pu éviter certaines lacunes, et dans ses tableaux, quelques années manquent à l'appel. Tel quel, pourtant, ce travail est d'une utilité considérable : Reinhard en tire parti pour une étude sur la densité de la population française à la fin du XVIIIe siècle. La simple lecture des colonnes de chiffres donne immédiatement quelques indications d'ensemble ; d'abord une évidence banale : la disparition, à l'échelle du royaume, des crises de subsistances. Une seule mortalité semble de grande envergure et affecte simultanément un assez grand nombre de régions. C'est celle qui intervient au cours et autour de 1783. Les facteurs responsables n'ent sont pas, ou n'en sont plus, comme c'était le cas jadis, les hausses trop fortes du prix des grains. Le blé, en fait, a peu renchéri, cette année-là. Épidémies, peut-être aussi crise économique et misère, sont-elles donc, en l'absence des vieilles calamités frumentaires, les éléments déterminants de ces morts nombreuses ?

Cette mortalité de 1783 affecte essentiellement la moitié nord du royaume (Intendances d'Alençon, Amiens, Besançon, Bourges, Caen, Châlons, Dijon, La Rochelle, Lille, Moulins, Orléans, Paris, Poitiers, Rennes, Rouen, Soissons, Tours, et par exception Aix) ;

tandis qu'elle épargne la France du Sud (Intendances d'Auch et Pau, Bordeaux, Corse, Grenoble, Languedoc, Lyon, Montauban, Perpignan, Riom) qui conserve jusqu'à la Révolution une natalité plantureuse.

Le Midi, populationniste, contraste ainsi avec les régions souffreteuses de France, qui, pour les cas les plus graves, sont situées à l'ouest : dans l'Intendance de Tours, les déficits humains s'accumulent et se superposent de 1779 à 1785 ; en Bretagne, misérable, une démographie de type louis-quatorzien survit jusqu'en plein règne de Louis XVI ; la mortalité régionale de 1779 fait 132 000 morts pour 89 000 naissances ! Et d'une façon générale, les excédents de décès se succèdent sans discontinuer, dans la péninsule armoricaine, de 1772 à 1775, et de 1779 à 1789 (à l'exception de l'année 1781). Les problèmes bretons, comme on voit, ne datent pas d'hier.

Un autre tableau, dans le même article, reproduit les dénombrements de l'Intendance de Valenciennes, exécutés par Taboureau des Réaux, tous les ans, de 1774 à 1788 ; on peut ainsi comparer, en Hainaut, naissances et population ; il est facile et tentant d'évaluer des taux de natalité ; ces taux s'établissent, d'après un calcul très simple à partir des chiffres bruts publiés par E. Esmonin, à 39,9 % en 1774, 37,7 % en 1775, 37,4 % en 1776, 39,8 % en 1777, 39,4 % en 1778, 39,8 % en 1779, 39,6 % en 1780, 40,4 % en 1781, 41,2 % en 1785, 42,2 % en 1786, 42,9 % en 1787, 42,4 % en 1788. Ces taux de l'Extrême-Nord français sont très élevés ; ils ne manifestent, c'est le moins qu'on puisse dire, aucune tendance à la baisse. Les « funestes secrets » de la contraception ne se répandent guère, ou pas encore, en Hainaut, même s'ils « infectent », dès cette époque, d'autres campagnes françaises. Comme en Languedoc, comme dans certaines régions d'Île-de-France, il faudra en Hainaut, pour que s'imposent les prudences contraceptives, le « tournant dramatique de la déchristianisation », la laïcisation brutale d'une société[1].

---

1. Cf. à ce sujet M. HILAIRE, dans *Cahiers d'Histoire*, t. IX, 1964, I, p. 109, J. GANIAGE, *Trois villages de l'Île-de-France*, Paris, I.N.E.D.-P.U.F., 1964.

L'instantané d'un peuplement
(1427)

David HERLIHY et Christiane KLAPISCH-ZUBER *Les Toscans et leur famille*, Paris, Presses de la Fondation nationale des sciences politiques, Éd. de l'École des hautes études en sciences sociales, 1978, 704 p. (*Le Monde*, 19 mai 1978).

Ce livre a trois auteurs : David Herlihy, Christiane Klapisch et l'ordinateur. Le document de base, c'est le gigantesque *catasto* (cadastre) de 1427 par lequel la modernissime administration de Florence prétendait tout connaître, tout estimer, tout taxer équitablement au titre de l'impôt : famille, terres, bétail. Le vaste filet de la statistique, consciencieusement tissé par les bureaucrates citadins, enveloppe les 260 000 personnes qui forment la population de l'État florentin (du *contado*), villes et campagnes. Seuls les prêtres, les Juifs et les très pauvres ne sont pas comptés. L'opération permit d'améliorer la justice fiscale, mais elle était tellement énorme qu'on en resta souvent aux chiffres de base, faute de machine à calculer pour faire les additions du XIVe siècle.

L'ordinateur fournit leur revanche posthume, un demi-millénaire plus tard, aux bureaucrates du Quattrocento. Au terme d'énormes travaux de préparation et de digestion des données menés par les deux auteurs, la machine est venue à bout du monstre. Saint Georges a terrassé le dragon. En un tournemain, on peut désormais demander à ce *catasto* revu et corrigé par I.B.M. de nous donner l'annuaire des citoyens de Florence en 1427, à supposer que, par extraordinaire, ils aient possédé le téléphone.

L'ouvrage contient de longues considérations de méthode. Elles sont indispensables pour tester la solidité de l'entreprise. Du côté du contenu maintenant : Herlihy et Klapisch partent, comme il se doit, des épidémies et catastrophes des XIVe et XVe siècles. Sans guerre de Cent Ans (réservée au seul territoire français), et par la simple vertu de la peste noire (1348) ou des « pandémies » suivantes, le *contado* de Florence perd plus des deux tiers de sa population entre 1300 et 1427. Quelle saignée !

Au XIVe siècle, Florence était la troisième ville d'Italie pour le peuplement, après Venise et Milan. Au XVIe siècle, elle ne sera plus que la septième. Si les pertes pesteuses ont été quand même compensées, au moins partiellement, on le doit aux extraordinaires facultés de rebondissement de la fécondité des femmes : le mariage des jeunes Florentines vers 1420 s'opère très jeune, à quinze ou seize ans, comme aujourd'hui dans les Indes. D'où beaucoup d'enfants, puisqu'on devient mère dès potron-minet. Qui plus est, les veuves ne le restent pas longtemps : à peine leur conjoint a-t-il disparu par fait de peste... les voilà, quand elles sont encore jeunes, qui se remarient ; elles sont vite enceintes. La « gésine » est presque ininterrompue...

Au total, la vigueur économique de la cité, avec son industrie textile, son immense territoire agricole semé de métairies qui, sur les collines ombrées d'oliviers, fournissent la rente et la nourriture aux citadins, reste impressionnante : grâce à cette forte base, Florence traverse désastreusement, mais traverse quand même, et c'est cela qui compte, l'effroyable période de 1340-1430.

Décidément fécond, l'ordinateur de nos deux historiens a beaucoup à dire sur les structures sociales et mentales : il dessine les pyramides florentines des âges. Elles sont échancrées de « classes creuses », comme au XXe siècle, qui coïncident avec les années catastrophiques. Le mariage toscan du XVe siècle, chez les bourgeois, comporte des originalités remarquables : quand la fille est jolie, le père la marie à seize ans, avec un « vieux » de trente ans. Quand elle est laide, il la met au couvent, pour épouser Dieu. Jésus-Christ est un gendre discret et bon marché : le couvent exige des nouvelles nonnes une dot deux fois moins élevée que ne ferait un époux de chair et d'os ! Les classes moyennes urbaines, quand elles sont désargentées, tâchent de pratiquer la « contraception » *(coitus interruptus)*. De quoi rendre furieux les confesseurs de l'époque, dont le prototype est saint Bernardin de Sienne, irrité par les funestes méthodes de ce paléo-malthusianisme.

La structure de la famille ou du foyer (« feu ») est *bipolaire* : à « un pôle se tiennent les innombrables ménages-débris », durement éborgnés par les pestes, privés de leur chef de famille et gouvernés par une pauvre veuve, chargée de marmaille. À l'autre pôle, on trouve les familles élargies : père, mère, beau-père, grand-mère, oncles et tantes célibataires, enfants nés des couples multiples formés par des frères respectivement mariés. Tout ce monde-là, jusqu'à quarante personnes quelquefois, se laisse gouverner par les vieux de la maison, et couchant sous le même toit, mange au même pot, cultive en commun les terres familiales ; elles bénéficient ainsi d'une main-d'œuvre pas chère, parce que familiale et non salariée. Les petits enfants sont adorés, mignonnés, embrassés, chatouillés par les mères et les nourrices. Quand ils meurent, comme des mouches, on se doit d'en faire vite son deuil, pour préparer le berceau du suivant. Nubiles, les jeunes filles sont séquestrées. Mariées, elles sont quelquefois battues par l'époux.

Ce « Herlihy-Klapisch » est probablement la plus formidable étude démographique qu'on ait jamais réalisée sur des populations médiévales ; un quart de million de personnes détaillées, scrutées, passées au peigne fin... L'ordinateur, en l'occurrence, aura bien mérité de Clio. Il ne soulève pourtant qu'une moitié du mystérieux voile qui dissimule à nos regards les causes du miracle florentin. Nous connaissons désormais sur le bout du doigt la façon dont les Toscans de 1427 naissaient, s'accouplaient, engendraient, mouraient, payaient leurs impôts, mariaient leurs filles ou géraient leurs bœufs. Nous ne savons pas encore très bien (mais le but de ce livre austère n'était sans doute pas de nous l'apprendre) pourquoi, quelques décennies plus tard, ils verront s'épanouir chez eux le capitalisme et Botticelli.

Clio de cinq à sept

Jacques SOLÉ, *L'Amour en Occident à l'époque moderne*, Paris, Éd. Albin Michel, 1976, 320 p. ; Jean-Louis FLANDRIN, *Familles*, Paris, Éd. Hachette, 1976, 288 p. (*Le Monde*, 18 mars 1976).

« Clio en mini-jupe »... « Clio de cinq à sept »... Beaucoup d'historiens, et des meilleurs, boudent la tendance qui porte aujourd'hui les recherches historiques vers le passé de la vie sexuelle. Ils se vengent de cette « dérive » par quelques boutades, comme les deux que j'ai citées, relatives aux charmes nullement défraîchis de Clio. Je ne suis pas certain que ces historiens trop prudes aient toujours raison de s'offusquer ainsi.

Je tiens, quant à moi, pour légitime, et même pour irrépressible, la curiosité bien naturelle qui pousse des chercheurs (universitaires pourtant très graves, pères de famille exemplaires) à découvrir ce que fut jadis la sexualité. Curiosité qui ressemble parfois aux étonnements compréhensibles des enfants qui se demandent comment naissent les bébés... Cette pulsion intellectuelle, caractéristique de notre temps, nous donne en tout cas des livres qui sont loin d'être sans intérêt. Tel celui de Jacques Solé. Elle nous vaut également une œuvre qui va s'amplifiant et se diversifiant : celle de Jean-Louis Flandrin. Son dernier livre, sous-titré *Parenté, maison, sexualité*, porte simplement le titre général de *Familles*.

En un style quelquefois polisson (sujet oblige), Jacques Solé, professeur à l'université de Grenoble, écrit l'histoire de l'amour. Il traite d'abord — à tout seigneur tout honneur — du mariage. Il le voit plus charnel, plus libre, plus dicté par l'affection que par la raison, parmi les classes populaires, et cela dès le Moyen Âge. Mais parmi les élites, les noces au contraire sont nettement plus arrangées, plus corsetées, plus imposées par les convenances, celles qui veulent d'abord la richesse mutuelle des conjoints et la grosse dot. L'Angleterre sur ce point, *Merry old England*, était néanmoins plus épanouie que la France. La Grande-Bretagne avait su mieux que nous, dès le XVIIe siècle, allier, dans le mariage noble ou bourgeois, la tendresse, la sensualité et les égards nécessaires dus au choix social du conjoint, dont le rang se devait d'être adéquat, voire élevé.

Dans la seconde partie de son livre, intitulée la *Répression sexuelle*, Solé se fait le chantre apitoyé de « la grande castration », dont le clergé papiste et puritain s'est rendu coupable à l'égard de l'élite et de la masse, depuis le XVIe siècle jusqu'au XVIIIe siècle. Mariage tardif, refoulement des instincts, guerres effrénées contre la masturbation menées au temps des « Lumières » par le bon docteur Tissot qui rendait cette innocente manie coupable de toutes les déchéances physiques et morales... On n'en finirait pas d'énumérer, avec Solé, les mille et un moyens grâce auxquels les prêtres, suivis par les hygiénistes bourgeois du XIXe siècle (eux-mêmes adversaires du curé, mais ennemis du sexe), s'efforcèrent, au détriment de la *libido*, d'asseoir l'équilibre, qui se voulait rationnel, d'une société réprimée. De là, proviendraient les défoulements obscurs, les hystéries, les décharges imprévues d'énergie sexuelle trop longtemps comprimée ; et qui se transforme (?), nous disent Freud et Solé, en convulsions spasmodiques. Voyez, en 1730, les convulsionnaires jansénistes de Saint-Médard.

J'ai moins suivi Solé dans les deux dernières parties de son livre, *Liberté sexuelle et illusion sexuelle*. L'historien de Grenoble y évoque, siècle après siècle, les orgies et tous les baroquismes de la chair, dont se sont rendus « coupables » ou responsables les hommes et les femmes de la Renaissance, puis de l'âge classique. Pris par son sujet, faisant défiler comme à la parade devant nos yeux ébahis les trente mille prostituées (sur cinq cent mille habitants) que comptait Paris sous Louis XV, Solé n'a pas réussi, dans les cent dernières pages de son livre, à dominer l'immense panorama, trop large, que lui offraient, quant aux passions de l'amour, la littérature, l'art, la peinture, l'opéra, la démographie enfin, de ce monde passé que nous avons perdu. L'entreprise était sans doute trop vaste, pour être réalisable. Elle valait quand même d'être tentée, et Solé garde tout le mérite de son audace, étayée d'érudition.

Plus classique, moins baroque, le grand travail de Jean-Louis Flandrin. Implanté dans l'université de Vincennes, Flandrin se veut pondéré. Il ne sépare pas l'histoire de la sexualité de celle, finalement dominante, de la famille, et de la limitation des naissances. Plus d'une fois difficile, exige un certain effort, et il faut de temps à autre tenir fermement le fil de la démonstration pour ne pas se perdre dans certains méandres statistiques, du reste indispensables à l'exposé.

La famille ancienne, pour Flandrin, c'est toujours beaucoup plus que notre petite famille contemporaine. Une revue des concepts est indispensable, qui s'organisent autour du monde familial de jadis : corésidence, mariage, lignage ; « race » (sans cesse menacée dans sa continuité par le cocuage de l'époux) ; consanguinité, parenté, alliance conjugale... On ne perd jamais de vue, parmi ces descriptions théoriques, le destin de l'individu, du personnage inconnu mais typique, ou du héros exemplaire. Qu'il s'agisse d'un oublié du temps de Richelieu, comme Denis Bouthilier, seigneur de Fouilletourte ; ou de rien moins que Nicolas Rétif de La Bretonne, cher aux démographes.

À partir de là, Flandrin n'a pas la prétention, qui serait exorbitante, d'étudier la famille en général (comme théâtre licite de la sexualité conjugale) ; ni non plus la vie sexuelle dans son ensemble, conjugale et extra-conjugale. À la base de son livre, gît une question obsédante. Pourquoi la France, pays relativement arriéré du point de vue économique, nettement moins avancé que l'Angleterre, au XVIIIe siècle, dans son développement industriel et politique, a-t-elle été la première nation du monde qui, depuis le Moyen Âge, ait littéralement inventé la limitation des naissances, et la contraception (certes techniquement primitive), en tant que phénomène de masse, étendu aux classes bourgeoises et paysannes ? Pourquoi ce pays a-t-il ainsi présagé — sans tambour, trompette, ni cocorico tricolore, bien au contraire — l'un des aspects essentiels de la modernité ? Somme toute, ce qui intéresse d'abord Flandrin dans l'histoire de l'amour, c'est celle de la fécondité et de la « contre-fécondité », l'histoire de la limitation des naissances.

La réponse à l'épineuse question que se pose Flandrin est étayée par les chiffres, arc-boutée sur la connaissance des coutumes et sur les manuels pointilleux des confesseurs.

En gros, disons que, pour Flandrin, la limitation du nombre des naissances (qui s'instaure dans l'Hexagone après 1750, avec l'aide du *coitus interruptus*) ne correspond pas à un libertinage croissant, ni à un souci accru du plaisir qui serait formulé par le couple au détriment des enfants. Il s'agit plutôt d'un changement de tout le modèle familial. Du XVIe au XVIIIe siècle, les vieilles valeurs du *voisinage*, du *lignage*, de la *grande maison* avec multiples parents et domestiques, tendent à s'effacer. Le groupe père-mère-enfants, *notre* cellule typique, prend son autonomie. En même temps la civilisation des mœurs exige désormais davantage de délicatesse et de courtoisie à l'égard de l'épouse ; le mari doit s'abstenir désormais d'accabler celle-ci de trop fréquentes grossesses. Les devoirs envers les enfants, de plus en plus soulignés par l'Église, puis par la morale laïque, incitent les parents à engendrer une progéniture moins nombreuse, mais mieux élevée, plus soigneusement éduquée qu'autrefois. L'abominable système de la mise en nourrice, qui, par centaines de milliers, tuait les bébés confiés aux mamelles mercenaires, se heurte enfin, vers 1770, à la sensibilité nouvelle qu'ont forgée les écrivains (Rousseau), les fonctionnaires, les prêtres... Sensibilité de plus en plus admise par le grand public. On a moins d'enfants, certes, mais on les fait désormais *survivre* en plus grand nombre.

Paradoxalement, l'Angleterre, en ces domaines, reste à la traîne de la France. Et cela malgré les relations (plus charnues et plus confiantes que chez nous) qui existaient entre les époux britanniques. Le fait est que le grand mouvement de galanterie et de préciosité qui sévissait à Paris depuis Louis XIII n'avait pas pénétré en Grande-Bretagne. Il n'avait pas contaminé les dames anglaises. Or, ce mouvement « précieux », qui, dès le XVIIe siècle, affirmait contre le prosaïque Molière les droits et la toute-puissance de la femme, constituait une forme incontestable de féminisme. Libérateur, et contagieux, en France.

Quant aux enfants, les Anglais s'en souciaient assez peu ; ils les mettaient volontiers très jeunes en apprentissage ; ils s'en débarrassaient, en les faisant travailler dans les usines, voire émigrer en Amérique. La nouvelle sensibilité, surtout française, à l'égard de l'enfance n'a donc pas eu l'occasion de s'exprimer pleinement dans le Royaume-Uni.

Enfin, l'industrialisation a multiplié, outre-Manche, un prolétariat appauvri et imprévoyant. Elle a donc été moins favorable aux motivations contraceptives que ne l'était le système français de la petite paysannerie propriétaire, encouragée par notre Révolution de 1789...

Impotente minorité

Pierre DARMON, *Le Tribunal de l'impuissance,* Paris, Éd. du Seuil, « Univers historique », 1980, 320 p. (*Le Monde,* 14 mars 1975).

Une gaillardise peut en cacher une autre. La grivoiserie calculée d'un propos dissimule aisément la perversion d'une pensée. Telle boutade sur le droit de cuissage rendra plus tolérable, c'est du moins ce qu'on en espère, la froide apologie d'une agression. Chez Pierre Darmon, la démarche est moins équivoque. Mais les recherches, là aussi, sont à double fond, impudiques et déstabilisantes : cet auteur a patiemment rassemblé les pièces tragiques d'un dossier sur l'impuissance. Par-delà cette collecte, il s'agissait pour notre homme de descendre dans les profondeurs d'un inconscient, tel qu'il fonctionnait chez nos ancêtres.

Au point de départ de cette exploration, figure le problème de l'*aiguillette* (rite magique de castration), qu'accompagne l'obsession de la virilité. Feuilletez la publicité pharmaceutique des journaux vers 1900 : vous n'y trouverez que coqs gaulois battant des ailes et levant la crête, juchés sur des petites annonces ; celles-ci vantent telle ou telle pilule, susceptible de raffermir les appétits masculins. Ces placards publicitaires témoignent des angoisses des citoyens de la Belle Époque. Ils n'étaient jamais sûrs d'être ce que la culture de leur temps exigeait qu'ils fussent : de vrais hommes.

En des temps plus anciens (XVIe siècle), l'anxiété s'était focalisée sur la peur de l'aiguillette. Vous allez vous marier (à l'église). Vous prenez grand soin de faire célébrer la cérémonie pendant la nuit, pour être à l'abri des manigances des sorciers, dont vous espérez qu'à cette heure nocturne ils sont endormis comme tout le monde. Et pourtant... à l'instant où le prêtre en 1580, en 1600, bénit les anneaux et scelle les promesses nuptiales, voilà qu'une sorcière, dissimulée derrière un pilier, jette par-dessus son épaule des pièces de monnaie, symbole d'une virilité qu'elle disperse à tous les vents. Vous êtes maintenant lié, incapable de déflorer l'épouse. Vous serez en butte, malheureux que vous êtes, aux railleries de votre entourage. Vous comprendrez peu à peu que vous fûtes victime de techniques de castration symbolique, et d'autant plus redoutables. On voudrait à ce propos que les freudiens viennent au secours des historiens et de Darmon. Quand donc ces savants éminents réussiront-ils à éclairer, en termes psychanalytiques, la personnalité de nos prédécesseurs, tellement vulnérables aux menaces d'émasculation ?

Le lieu stratégique de ce livre, où la critique attend l'auteur, c'est évidemment le « congrès », ce pont-aux-ânes de notre sexologie d'ancien type. Quand un époux était accusé d'impuissance, il devait, pour se laver de cette imputation alors déshonorante, rencontrer sa compagne au lit sous les draps, sous les yeux surtout des chirurgiens, des matrones, etc. Les uns et les autres considéraient les performances, ou bien ils constataient la carence de l'un des époux... Cependant, le Tout-Paris s'écrasait dans les rues voisines, à l'affût des potins du fameux « congrès ».

Ces procédures étranges culminent au XVIIe siècle ; puis elles disparaissent de la pratique. Elles laisseront derrière elles des souvenirs égrillards ou atroces, des fantasmes toujours vivants dont témoigne aujourd'hui encore le livre de Darmon. Les personnes qui se soumettaient à ces formalités d'un autre âge étaient souvent de condition noble et de nationalité française. Le culte gaulois de la virilité colore notre blason, national et nobiliaire.

Les examens médicaux et légaux qui précédaient ou préparaient le « congrès » ont survécu largement à ce rite barbare qui, lui-même, est d'origine assez récente. La justice civile, ecclésiastique ou canonique continuera jusqu'au XIXe siècle et même jusqu'en 1970 à s'enquérir, avec une délectation sadique, voire pornographique, des ébats des couples mariés quand ils seront handicapés par l'impuissance de l'homme. Cette justice fabriquera des impotents sexuels plus nombreux que ceux qu'elle aura décelés.

Le livre de Darmon est plus savant et plus original sur le XIXe que sur le XVIIe siècle, il témoigne à sa manière sur la monarchie du sexe, que Michel Foucault, dans un livre récent[1], avait déjà mise à l'index. Sous couleur de pruderies et de refoulements, la royauté de l'amour et la malédiction pour l'impuissance ont sévi dans notre culture occidentale, parmi les poètes, les confesseurs, les juges, les médecins et finalement parmi les psychanalystes...

Ferme tes poules, j'ai lâché mes coqs

Jean-Louis FLANDRIN, *Les Amours paysannes* (XVIe-XIXe siècles), Paris, Éd. Gallimard, « Archives », 1975, 258 p. (*Le Monde*, 14 mars 1975).

Historien de l'amour, Jean-Louis Flandrin ? Voilà qui est banal. Mais l'historien de la vie sexuelle, et spécialement de celle des ruraux... Voilà qui l'est moins ! Contrairement aux apparences, il existe en effet des sources, imprimées ou manuscrites ; elles permettent au chercheur de s'informer sur ce sujet obscur qu'est la sexualité de nos ancêtres terriens. Flandrin les a judicieusement explorées.

1. Michel Foucault, *Histoire de la sexualité*, vol. 1, Paris, Gallimard, 1976.

Parmi ces sources : la démographie historique (comptages des enfants illégitimes et des conceptions prénuptiales — celles qui donnent lieu à naissance avant six ou huit mois de mariage...). Et puis, les archives de l'Église, tellement soupçonneuse des mœurs du village. Les proverbes et chansons populaires aussi. Les enquêtes campagnardes des voyageurs et des ethnographes du XIXe siècle. Et, enfin, les témoignages de quelques écrivains d'origine rurale tels que Nicolas Rétif pour le Bassin parisien (XVIIIe siècle), sinon Noël du Fail pour la Bretagne (XVIe siècle).

Du dépouillement de ces dossiers ou livres ressort immédiatement une première constatation... prévisible. Elle concerne les fortes contraintes qui ligotent l'amour, même et surtout parmi les champs et pâturages. On n'épouse pas qui l'on veut, bien sûr (il est préférable qu'un jeune laboureur, quand il est aisé, se déniche une fille pourvue de dot). On ne flirte pas non plus en toute liberté (étant donné les risques connus), avec la personne qui plaît, dans l'instant qui passe. Encore que les coutumes villageoises, de ce point de vue, soient plus tolérantes aux garçons qu'aux filles : « Ferme tes poules, j'ai lâché mes coqs » (proverbe alpin).

Les cadres qui limitent l'amour sont autoritaires ; mais ce sentiment n'en fleurissait que mieux, entre les quatre murs de la paroisse. Les citadins dédaigneux ont bien tort, qui présentent les paysans de jadis comme des « sauvages ». Le cultivateur occitan, par exemple, connaît depuis belle lurette les proverbes qui exaltent les puissances romantiques de la passion. Il sait que les folies du cœur et du ventre font perdre la tête, que le bas fait perdre le haut.

La civilisation villageoise a du reste prévu pendant des siècles d'organiser les rencontres rituelles entre jeunes hommes et jeunes filles : ces rencontres permettent, à l'intérieur du système des convenances sociales, que surgissent, entre partenaires, les choix authentiques. Flandrin décrit donc les veillées de « filerie » bretonnes, prétexte à flirt ; les veillées à casser les noix, dans les Alpes du Nord (finalité analogue...). Et même les « foires aux filles », dans le marais vendéen ! Certaines régions (assez rares en France) connaissaient la coutume du chaste et caressant coucher à deux, où des attentions très poussées ne mettaient point en danger (du moins l'espérait-on) le pucelage des filles. Et qu'était-ce donc que cette curieuse habitude, sinon (dans un autre contexte, qui fut celui du quasi-adultère), la prude et chaude nuit d'« essai » des peuples d'Oc, chantée par les troubadours ?

Les paysans savaient aussi apprécier la beauté féminine, et même les rondeurs, aujourd'hui bannies par la mode : « Quand les os sont bien placés, la viande ne fait jamais mal dessus » (proverbe normand). La beauté, inhérente à la jeunesse, faisait déconseiller le mariage d'un homme jeune avec une femme plus âgée : « Tu te couches avec ta femme, tu te réveilles avec ta mère » (proverbe gascon). La recherche des beautés, entreprise par l'homme riche, doit d'abord susciter la prudence, chez la célibataire pauvre et belle que le « Monsieur » prend pour cible : « Fille qui monte et vache qui descend font mauvaise fin » (Alpes du Sud).

L'ouvrage de Flandrin va du reste au-delà de ce « qualitatif » proverbial. En compagnie des démographes, il aborde l'histoire quantifiée des mœurs rurales (chasteté maximale avant le mariage, instaurée par l'Église, entre 1700 et 1740 ; occurrences, en revanche, avant et après cette époque, de périodes plus épanouies, plus relaxées, quant à l'amour pré-conjugal : ainsi pendant le XVIIe siècle commençant et au cours du XVIIIe siècle finissant...). La « sexualité pendant l'enfance » parmi les jeunes agriculteurs, les problèmes de la violence, du fantasme sadique, de l'infanticide, se trouvent également effleurés. Les textes cités par notre auteur sont nombreux, et parfois stylistiquement difficiles ; ils le sont d'autant plus qu'ils sont anciens. Les commentaires qu'intercale Flandrin sont toujours savants (et parfois un peu « cuistres ») ; ils sont pleins de tendresse et de saveur.

La maman et la nourrice

Élisabeth BADINTER, *L'amour en plus*, Paris, Éd. Flammarion, 1980, 375 p. (*Le Monde*, 16 mai 1980).

En 1920, encore, aux Indes, une louve qui avait adopté deux petits d'homme et qui se préparait par des trésors d'éducation à faire de ceux-ci les « enfants-loups », qu'ont décrits tant d'observateurs, se laissait percer de flèches plutôt que d'abandonner les jeunes êtres humains qu'elle avait pris sous sa protection et que des chasseurs voulaient récupérer. L'explication « psychologique » semblait aller de soi : la louve éprouvait pour ses bébés, humains ou petits loups, le sentiment généralement connu sous le nom d'« amour maternel ». Une enquêteuse anglaise diagnostiquera la même attitude chez les mères chimpanzés d'Afrique centrale envers leurs petits singes nouveau-nés. Nos innombrables madones florentines à la veille et au temps de la Renaissance, amoureusement penchées sur leur fils Jésus encore minuscule, paraissent également ressentir une tendresse innée pour l'Enfant-Dieu...

Imaginons pourtant que la louve indienne ait lu le livre d'Élisabeth Badinter : ainsi éclairée, son héroïsme eût peut-être décru vis-à-vis de ses rejetons menacés de capture. Philosophe de formation, bifurquée vers les disciplines historiques, notre auteur veut démolir les idées reçues qui concernent l'affection des génitrices pour leurs progénitures. L'argument essentiel, au cœur de cette réfutation, revient à décrire la mise en nourrice au temps jadis. Je m'explique : dans la région parisienne (par exemple) à partir des années 1660, et semblablement dans la zone lyonnaise, la grande majorité des mères de famille (nobles, bourgeoises mais aussi petites-bourgeoises et femmes d'artisans) prennent l'habitude de confier les marmots à des mamelles salariées. Le XVIIIe et le XIXe siècle verront se confirmer de telles pratiques. Ces transferts de petits enfants s'effectuent dans des conditions déplorables : les « recommanderesses » qui travaillent comme intermédiaires, entre l'offre et la demande, jouent les maquerelles de l'allaitement mercenaire : elles se chargent, moyennant finances, de prendre le bébé parisien à sa mère de sang qui, bien sûr, accepte le marché ; elles le livrent, très loin de là, à quelque nourrice anonyme et souvent malsaine ; elle est sise en un village qui peut être distant de dizaines de kilomètres de la capitale. Le petit colis vivant, en cours de route, peut périr, à la suite d'une chute, sous les roues de la charrette qui le transporte, ou bien il peut geler à mort dans la hotte surpeuplée du piéton-porteur qui s'est chargé de le convoyer avec deux ou trois autres nourrissons jusqu'à la paroisse de destination finale. Arrivé enfin « à bon port », le malheureux nouveau-né ne se trouve guère mieux loti : au XVIIIe siècle, la mortalité infantile (avant l'âge d'un an) est de 16 % (un enfant sur six) chez les petits qui tètent le lait de leur mère, mais elle monte à 25 % (un bébé sur quatre) ou même davantage chez les nourrissons du sein tarifé.

Élisabeth Badinter n'hésite point à parler d'infanticide « objectif » à propos des mères qui se déchargeaient ainsi sur d'autres femmes du soin d'allaiter leurs petits. Il ne s'agit pas pourtant d'infanticide *volontaire* : la mortalité infantile (énorme) sous l'Ancien Régime était du même niveau pour les derniers-nés et pour les premiers-nés. S'il y avait eu volonté parentale de tuer ces jeunes êtres, les derniers-nés, qui sont souvent les moins désirés, auraient péri en plus fort pourcentage dans leur propre catégorie, par rapport aux aînés.

Il demeure que les parents, en l'occurrence, se comportaient avec une sorte de légèreté criminelle. Les nourrices rurales gagnaient un peu d'argent en se chargeant de plusieurs bébés successifs dont beaucoup mouraient les uns après les autres ; elles édifiaient ensuite, grâce à leurs économies, les fameuses « maisons de lait » qui sont l'orgueil de nos villages bourguignons.

On s'interroge sur la motivation de ces femmes qu'on qualifierait volontiers de « mères indignes ». Dans certains cas (les « Précieuses » au XVIIe siècle), elles faisaient preuve d'une volonté paradoxale d'émancipation féminine ; celle-ci se réalisait alors aux dépens des enfants ; ils étaient sacrifiés aux occupations mondaines et culturelles des mères, avec la complicité plus ou moins grognonne des maris. Ceux-ci acceptaient de voir leurs épouses déchargées de la tâche maternelle ; elles pouvaient d'autant mieux tenir un salon.

Mais comment rendre compte des mobiles qui faisaient agir au XVIIIe siècle les ouvrières en soie dans la ville de Lyon ? Elles n'avaient rien à voir avec les belles dames des hôtels particuliers de Paris et, pourtant, les bébés du prolétariat lyonnais eux aussi filaient vers les meurtrières poitrines des nourrices non maternelles, dans les montagnettes reculées du Jura ou du Beaujolais. L'explication de ce comportement bizarre est tout simple : les ouvrières en soie *calculaient*, comme des personnages de Max Weber ; elles trouvaient avantageux de se débarrasser, au moins momentanément, du fruit de leurs entrailles (de nos jours, avec l'avortement, pas tellement plus glorieux, c'est définitif). Elles pouvaient ainsi se consacrer plus aisément au tissage de la soie, qu'elles pratiquaient aux côtés de leurs époux. L'argent qu'elles gagnaient par ce travail textile leur laissait un modeste profit, une fois payé le bas salaire des nourrices rurales qui, à cent kilomètres de là, prenaient « soin » des enfants des canuts lyonnais.

Tout va changer (au moins dans les mentalités) à la fin du XVIIIe siècle et au XIXe siècle. Jean-Jacques Rousseau n'avait rien d'un père exemplaire : il abandonna les enfants qu'il avait eus de Thérèse. Il se prononça cependant pour un retour à l'allaitement maternel et pour l'abandon des maillots qui paralysaient le corps des tout-petits. Après Jean-Jacques, les aristocrates et surtout les bourgeoises honorent le modèle de la femme héroïque, dévouée corps, sein et âme au maternage le plus concret de ses garçons et filles ; elle trouve dans les joies de la puériculture et dans les plaisirs de l'allaitement (pourtant condamnés par de rigoureux confesseurs) une forme d'épanouissement. Freud renchérira. Il ridiculisera la femme virile, qui veut se doter d'un pénis.

Aujourd'hui, les réactions vont en sens inverse : la marquise de Rambouillet et ses camarades « Précieuses » sortent de leur tombe. Les voilà féministes, gauchistes, sinon lesbiennes. Les dames veulent travailler, briller, s'instruire, gagner leur vie ; elles avortent et contraceptent ; elles refusent éventuellement la maternité, voire le mariage. Au terme d'une brillante étude fondée à la fois sur les évidences statistiques de la démographie historique et sur les textes littéraires de Rousseau, Balzac et quelques autres, É. Badinter conclut que l'amour maternel n'aura vécu (au XIXe siècle surtout) que l'espace de quelques générations... L'amour maternel, dans le très long terme des siècles ou des millénaires, n'existerait donc pas « en soi ». L'affection paternelle va peut-être en prendre le relais. S'agirait-il, en l'occurrence, d'une nouvelle donne de cet *inexistentialisme* qu'a décrit dans un récent article Marcel Gauchet. J'avoue en tout cas ne pas être entièrement convaincu par la dialectique d'É. Badinter : il y a eu au cours de l'histoire modulation d'un sentiment maternel plutôt que naissance pure et simple de celui-ci, suivie d'extinction. Ce désaccord ne m'empêche pas d'admirer un livre aussi informé qu'intelligent. Il n'est pas si fréquent qu'un (e) philosophe daigne se détourner des pentes arides du concept et s'intéresse avec profondeur aux travaux modestement empiriques et quantitatifs des historiens de la mise en nourrice.

Les vieux

Peter N. STEARNS, *Old age in european History*, Londres, Croom Helm, 1977, 163 p. (*Times Literary Supplement*, 24 juin 1977).

L'un des premiers dans notre historiographie anglo-franco-saxonne, Peter N. Stearns, professeur à Carnegie-Mellon University (Pittsburgh), a su discerner la nouvelle mode : celle qui concerne le passé des vieillards ; par leur nombre sans cesse grandissant, ils forment l'une des « classes montantes » de notre temps.

Historien de la France, Stearns est tout d'une pièce. Pour lui, la culture traditionnelle, qu'il étudie au sud du Channel, est essentiellement *antivieux*. Voyez le cas des anciennes persécutions contre les sorcières, presque toutes vieilles femmes ou dames mûres (sur ce point, l'exemple choisi par le professeur américain est marginal). Mais il y a des cas plus topiques : le remariage des Vieux était puni jadis par la jeunesse villageoise au moyen d'abominables chahuts. Cette pratique barbare, dont le couple âgé se rachetait par l'offrande de quelque monnaie, portait en France le nom de *charivari*. En Angleterre, *rough music*. Des esprits idylliques objecteront à Stearns le tendre rôle de grand-mère ou *Bonne Maman* que remplissait souvent la vieille dame dans la société traditionnelle : mais le livre que j'analyse ramène ces fonctions grand-maternelles aux simples proportions d'un baby-sitting. Évoquerons-nous d'autre part d'illustres et populaires vieillards comme de Gaulle, Clemenceau, Churchill, Adolphe Thiers,... sans parler de Victor Hugo, septuagénaire vigoureux ? Stearns aura vite fait de nous ramener sur la terre : l'ancienne culture, dit-il, voyait le Vieux comme un être déchu et fragile auquel l'amour physique était médicalement interdit sous peine de ridicule et d'infarctus. Les U.S.A., de ce point de vue, offrent, si l'on en croit Stearns, un contraste positif avec la France de jadis : dans cette culture américaine de jeunes (youth culture) les *senior citizens*, à force de cheveux peints et de joues maquillées, ont su projeter d'eux-mêmes une image avantageuse. Objectera-t-on à Stearns que ce sont précisément les U.S.A. qui ont commis le crime majeur antivieillards... Depuis Kennedy, ils ont créé le personnage obligatoire du politicien jeune, dynamique et viril. Ils ont donc mis au rancart les bonzes âgés qui pendant si longtemps avaient meublé, en un style parfois efficace, les gouvernements de la vieille Europe.

Par-delà « l'élite » des hommes d'État âgés, la tendance hostile aux vieillards et leur situation malheureuse s'avéraient spécialement fortes dans le monde ouvrier français. En 1901, 69 % des prolétaires de plus de 65 ans, dans l'Hexagone, continuaient à travailler. La seule et peu aimable perspective, pour ces travailleurs perpétuels, c'était l'indéfinie continuation de la besogne ; ou bien l'incapacité physique et la mort ; ou encore (variante) l'hospice, craint et détesté par les classes populaires. Les améliorations à cet état de choses, au départ, sont venues de l'État, de cet État français, si honni par les anticentralistes et tocquevilliens de toute espèce, américains y compris. Depuis longtemps (XVIIIe siècle), des pensions existaient pour les militaires de carrière. Les lois de 1910-1911, précédées par quelques autres décrets, ont représenté, ensuite, un incontestable progrès : elles ont renforcé la longue tradition à partir de laquelle de nombreuses catégories de fonctionnaires et même de non-fonctionnaires ont reçu des retraites ; pour leur soixantaine d'années, voire leur cinquantaine... Je pense aux postiers, aux instituteurs, aux cheminots... (les agriculteurs en revanche resteront longtemps défavorisés). L'éthique du travail, chère à Max Weber et à la tradition calviniste, recevait ainsi en 1911 un rude coup. Par moments, ce coup paraît même choquant à Peter Stearns. En France, ce n'était point cette morale weberienne, c'était tout simplement la théorie révolutionnaire, prônée par les syndicats, qui s'opposait à une bonne mise au point des retraites : certains jeunes ouvriers, peu compréhensifs, se mettaient en grève, contre les cotisations obligatoires au régime des futures retraites. « C'est au capitalisme, disaient ces jeunes ouvriers, qu'il appartient de faire les frais de l'entretien de la fraction du prolétariat devenue vieille ; ce n'est pas l'affaire des jeunes salariés de l'industrie, qui de toute manière ne sont jamais que des exploités. » Et puis en France, pays du loisir, on voulait ardemment la retraite mais on ne savait pas l'occuper. Une fois qu'elle était là, on se bornait à jouer aux cartes, de façon monotone, pour tuer le temps.

Fort originale, dans la lignée de l'œuvre de l'historien anglais Zeldin, est l'histoire de la gérontologie médicale sur le continent, bien esquissée dans le livre de Stearns. Ici la relation *love-hate* qu'entretient notre auteur avec la France délaisse le premier terme pour passer au second. Les Français s'imaginaient avoir tout inventé ; ils seront flattés d'apprendre de Stearns que leur pays était bon premier pour la gériatrie mondiale... au XIXe siècle. Certes, cette gériatrie encore archaïque présentait des particularités qui remontaient parfois... jusqu'aux médecins de Molière : on soulignait par exemple la notion du *coup de vieux* : elle vous transforme un homme mûr en vieillard cacochyme ; on insistait sur la saignée et sur l'émétique qui tuaient pourtant le personnage qu'il s'agissait de soigner ; on préconisait l'usage abondant du vin : il donnait, disait-on, une chance de survie au vieux buveur. Les greffages divers et les ordonnances de yaourt comme facteurs de longévité suscitèrent en revanche l'ironie des Français... et la compréhension des étrangers. La gériatrie française est entrée en décadence entre les deux guerres ; et cela malgré les efforts d'un médecin célèbre : dans des ouvrages à succès intitulés *Ne pas dételer*, il recommandait une existence active, comme recette pour parvenir à quatre-vingt-dix ans. Depuis les années 1950, cette gériatrie nationale selon Stearns a repris meilleure consistance. Acceptons donc le verdict favorable d'un historien-spécialiste, quant aux deux dernières décennies.

Plus qu'aux mâles âgés, c'est aux vieilles Françaises que Stearns dédie son admiration. Mariées ou célibataires, elles survivent aux hommes, de plusieurs années. Ces dames offrent aussi une bonne garantie pour la survie de leurs maris, tant qu'elles sont vivantes. Habituées depuis toujours aux travaux du ménage, elles y trouvent une source d'activité intéressante : celle-ci leur permet, même retraitées, de ne pas trop regretter la période active où elles travaillaient à l'extérieur ; alors que les mâles, eux, s'ennuient maintes fois, pendant le temps oisif qui s'écoule à partir de la retraite. Les féministes de notre époque, si dynamiques, seront sans doute mécontentes des compliments ambigus que Stearns décoche ainsi au deuxième sexe. Cet éloge mêle en effet l'admiration pour la vitalité des femmes, à l'exaltation du vieux mode de vie féminin, basé sur la cuisine et le balai.

Femmes ou pas, la vieillesse est aussi un processus de migrations. Départ vers la campagne. Autrefois, ce retour à la terre était le fait des vieux ouvriers ; c'était une méthode pour profiter du mode de vie moins coûteux des campagnes et pour se retremper *in fine* dans les origines familiales. Aujourd'hui, comme le montre notre auteur, qui jongle avec de solides statistiques et qui découvre à ce propos l'évidence, le soleil du midi de la France est au terme des retraites bourgeoises, sur la Côte d'Azur ou dans les Basses-Alpes.

Avec un optimisme modéré, l'auteur conclut à une certaine modernisation du vieillard français. Depuis 1946, l'immense majorité du groupe des sexagénaires (à la différence de la situation de 1901) ne travaille plus : ils jardinent, participent une fois par an aux banquets des anciens combattants des diverses guerres, jouent à la pétanque, pêchent à la ligne, et même voyagent en *jet*. Pourtant à la différence des jeunes, des femmes, etc., ils n'ont pas su ni pu créer un groupe de pression particulier. Ils restent en butte à une certaine hostilité, de la part de la société globale...

Le livre de Stearns, par moments, passe à côté de la question. Le problème des rôles familiaux du vieillard et de la vieille est à peine effleuré. Certes, pour beaucoup de personnes âgées, dénuées ou séparées d'une jeune famille, ces rôles sont inexistants. Mais enfin, dans un pays où l'on parle couramment de *Bon-Papa* et de *Bonne-Maman*, la fonction grand-parentale est une réalité gratifiante. Quelques enquêtes *orales* auraient sur ce point éclairé la lanterne de notre auteur. D'autre part, j'ai des sentiments mêlés vis-à-vis de l'admiration inconditionnelle que professe Stearns à propos du mode de vie des vieillards américains. Si insuffisant qu'il ait pu être, le régime des retraites en France dans la première moitié du XXe siècle n'est pas en retard par rapport à ce qu'on trouvait à la même époque aux États-Unis. Je ne suis pas convaincu non plus que le *face-lifting*, cher aux chirurgiens esthétiques d'outre-Atlantique, soit l'adéquate réponse ou la panacée pour les problèmes qui se posent après soixante ans. Bien sûr, j'ai admiré à travers le livre de Stearns ces *senior citizens* des U.S.A., qui brunissent au soleil des États du Sud ou de Californie, jouent au tennis, et partent en déplacements touristiques à travers les cinq continents. Je demeure quand même européen. Je n'envisage pas de passer ma retraite en Floride, ni même à Pittsburgh.

Dix-sept millions de morts ?

Maksudov, *Cahiers du monde russe et soviétique*, vol. XVIII-3, Paris, Éd. Mouton et E.H.E.S.S., 1977, pp. 233-267.
(*Le Monde*, 2 mai 1979).

Paru dans les *Cahiers du monde russe et soviétique*, l'article capital de Maksudov (démographe soviétique, vivant toujours dans son pays mais interdit de publication) chiffre les « pertes humaines » subies par la population de l'U.R.S.S., en « *quarante années d'histoire glorieuse, 1918-1958* » (ce qualificatif est employé par l'auteur lui-même). « *Par pertes*, écrit Maksudov, *nous entendons les disparus prématurément, avant l'heure de la mort naturelle. Elles comprennent aussi bien les victimes de la guerre que celles des camps, de la faim, des épidémies, etc.* »

L'auteur travaille sur la base d'une étude critique et très serrée des recensements, si « trafiqués » qu'ils puissent être, mais jamais totalement falsifiés ; il procède à l'aide de comparaisons avec les taux de mortalité et de natalité ; il utilise également bien d'autres documents directs et indirects ; il conclut, avec les approximations d'usage, à 10,3 millions de morts entre 1918 et 1926, du fait de la guerre civile, de la répression, de la famine et des grandes contagions favorisées par les troubles (typhus, etc.). De 1926 à 1938 (première partie de l'ère proprement stalinienne), le chiffre de morts « surnuméraires » monterait à 7,5 millions de personnes : celles-ci furent victimes de la famine de 1933-1934 (artificiellement provoquée par la collectivisation) ; victimes aussi des exécutions, et surtout des déportations enregistrées au « goulag » et ailleurs, pendant cette douzaine d'années. Famine et goulag se partageraient à peu près moitié-moitié les responsabilités de ces millions de morts de 1926-1938. La première tua davantage les enfants ; et le second, les adultes.

Suit la période 1939-1958 : elle inclut la guerre mondiale (1939-1945), ainsi que l'après-guerre stalinienne (1945-1953) et immédiatement post-stalinienne (1953-1956) : les pertes militaires dues au deuxième grand conflit s'élèveraient à 7,5 millions de personnes en U.R.S.S. Les pertes civiles causées, elles aussi, par la guerre monteraient à 6 ou 8 millions d'individus. Enfin, les exécutions ordonnées par le régime et surtout les déportations (celles des nationalités allogènes, des anciens prisonniers de guerre, etc.) auraient causé entre 9 et 11 millions de décès. « Le chiffre global pour les quarante années mises en cause serait donc de 42,3 millions de décès extraordinaires et surnuméraires ».

Ne tenons pas compte de l'excès inutile des pertes militaires qui fut enregistré pendant la guerre du fait de l'impéritie brutale du dictateur-généralissime. En bloc, et au sens strict du terme, le phénomène stalinien proprement dit, goulag et le reste, serait responsable de 17,5 millions de morts. Soit 7,5 millions de 1926 à 1938, et 9 à 11 millions pour la période qui va de 1939 aux années qui suivent immédiatement la mort (1953) du « chef génial ». Il est intéressant de constater que, contrairement à certaines idées préconçues, la deuxième période (1939-1953) a même été « stalinienement » plus meurtrière que la première (1926-1938).

Dans l'ensemble, ces chiffres en rabattent, légitimement, de certaines estimations excessives (« *Soixante millions de morts* », disait-on parfois...). Ils paraissent être les plus sérieusement étudiés, parmi tous ceux qui ont été proposés et publiés depuis une vingtaine d'années. Ils attestent l'ampleur extraordinaire des génocides qui ont déferlé sur l'U.R.S.S. On peut cependant remarquer, sans y voir la moindre circonstance atténuante, que Staline avait « travaillé » plus longtemps, et sur des populations plus importantes que celles que contrôlait l'Allemagne hitlérienne ou le Cambodge « démocratique », ces deux régimes ayant connu des massacres qui sont comparables en proportions ou en pourcentages, mais non pas tout à fait en valeur absolue avec ceux qu'a expérimentés l'U.R.S.S. De toute manière, l'abomination morale reste du même ordre dans les trois cas, qu'il s'agisse des millions de Juifs tués par Hitler ou des millions de victimes de Staline.

Abondamment pourvu de tableaux statistiques, l'article de Maksudov fournit des données fondamentales à tous ceux qui s'interrogent sur les traits « négatifs » du totalitarisme en général, et du communisme soviétique en particulier : simples « bavures » du système, simples « poux dans la crinière d'un lion » ou perversion radicale, certes atténuée depuis vingt-cinq ans, mais dont on ne pourra définitivement sortir, en U.R.S.S., que par une prise de conscience massive, et par des réformes d'une extraordinaire profondeur.

La rudesse angevine

François LEBRUN, *Les hommes et la mort en Anjou aux* XVIIe *et* XVIIIe *siècles,* Paris-La Haye, Éd. Mouton, 1970, 562 p. (*Le Monde,* 21 janvier 1972).

Sur *la Mort en Anjou* au XVIIIe siècle, François Lebrun écrit un livre râblé, qui crie la misère de l'époque classique. Le projet de cette grosse thèse de doctorat est ambitieux. Lebrun propose dans le cadre d'une province une histoire sociale de la mort.

L'auteur ne fait pas de la nécrologie dans un jardinet ; simplement pour prendre son temps, il limite l'espace... et gagne finalement son pari. Pendant cent quatre-vingts pages (première partie : *le Pays et les Hommes*), on décrit d'abord l'Anjou, sa croissance ratée, son incroyable immobilisme au XVIIIe siècle ; la région angevine appartient, en effet, à cette vaste zone de la France de l'Ouest, qui n'a pas connu, ou si peu, l'essor économique et démographique du siècle des Lumières. Un chapitre minutieux sur les fluctuations des intempéries et du climat qui causent les famines donne le ton de cette partie initiale ; elle se veut monographique.

Avec la seconde partie, *les Hommes et la Mort*, l'auteur se décide : la mort d'Anjou se profile à l'horizon, dans sa terrifiante ampleur. Vu de haut, le pays ligérien des temps modernes est une vallée de sueurs et de larmes. La douceur angevine est un mythe. Près d'un tiers des bébés du val, au temps de Voltaire, de Montesquieu puis du bonheur de vivre cher à Talleyrand, meurent avant l'âge d'un an révolu. Plus de la moitié des jeunes décèdent avant d'avoir atteint leur vingtième année. Il est vrai que ces morts pèsent assez peu, le décès d'un enfant et même d'une épouse est souvent moins grave que celui d'une vache : il est plus facile de remplacer l'une que de racheter l'autre.

Pourquoi meurt-on tellement, de quoi meurt-on trop dans cet Anjou misérable ? La météorologie désagréable du petit âge glaciaire culminant au XVIIe siècle produit les hivers glacés, les étés pourris, qui déclenchent, sur un fond de sous-alimentation et de pénurie, les famines horribles de 1630, 1661, 1694... Au XVIIIe siècle, la situation semble un peu moins mauvaise : l'Intendance distribue des sacs de farine ou des boules de pain qui sauvent *in extremis* les affamés. Des militants catholiques, charitablement stimulés par la Contre-Réforme, créent des hôpitaux. Le marquis de Turbilly, bavard intarissable, propose une belle et bonne révolution agricole... qu'il est le premier à ne pas réaliser sur ses domaines. Le docteur Hunauld, ses pairs et ses continuateurs lancent des projets de cure et de médications nouvelles (quinquina, ipéca, etc.).

Mais, comme l'écrit à peu près Lebrun, Hunauld n'est pas Pasteur ; quinquina n'est pas sulfamide. La famine et la peste épargnent, certes, les hommes après 1700. Mais ils meurent quand même, plus vite et plus tôt qu'ils ne devraient, de maladies intestinales quand ils sont jeunes, et du poumon quand ils sont âgés. D'effroyables dysenteries couchent dans l'ordure et dans la souffrance, et souvent dans la tombe, des villages entiers, curé en tête. Ceux qui en réchappent sont victimes de la typhoïde et de la variole ; des paysans, plus nombreux qu'on ne croirait, sont même dévorés par les loups, mordus par des chiens enragés, ou noyés dans la Loire, tout bêtement parce qu'ils ne savent pas nager.

Les survivants, au total, sont à peine assez nombreux pour simplement maintenir le niveau de la démographie. Au point que celle-ci semble avoir stagné au XVIIIe siècle. De quelque manière que ce soit, toute croissance de la population est exclue tant sont dévastatrices la misère, la vermine et les épidémies.

Heureusement, il y a l'Église. Au terme de ces centaines de milliers de vies paysannes, qui sont, comme l'écrivait superbement Hobbes, gâchées, brèves et déplaisantes *(nasty, bruttish and short)*, il subsiste au moins — et c'est cela qui compte, — l'espoir d'un décès réussi, l'espérance d'une mort sur laquelle veilleront, pour peu qu'on y ait mis le prix, tous les saints du Ciel, petits dieux efficaces, vénérés du paysan ; celui-ci oublie un peu trop vite en effet qu'en bonne théologie les saints ne devraient être que des intercesseurs et non des acteurs par eux-mêmes. Subsiste aussi la consolation la plus haute pour un fidèle des années 1700 : être enterré dans l'église même du village sous le pavé que foule le rassemblement des vivants ; ceux-ci peuvent ainsi respirer l'odeur de leurs morts, communier dans leur présence charnelle, et quasiment célébrer leur culte.

Au cas cependant où, par pauvreté ou par pingrerie, on est réduit, avec le *vulgum pecus*, à être inhumé au cimetière, on y a du moins la consolation d'y coudoyer, ou peu s'en faut, le peuple des survivants : dans ce champ de la sépulture, ceux-ci viennent en effet conduire leurs vaches, tenir les fêtes et marchés, danser... ils y flirtent même le soir venu. Cette amitié charnelle avec la mort s'efface à la fin du XVIIIe siècle ; l'Église, devenue hygiénique et rationnelle, interdit le sanctuaire aux inhumations ; elle clôt le cimetière pour en écarter les bestiaux, les marchands et les amoureux.

Du coup, le paysan d'Anjou, sevré d'un culte des morts qu'il identifiait à tort avec le christianisme, sent vaciller en lui la foi de ses pères ; il s'enferme désormais dans le silence des folklores ruraux, plus accueillants à ses fantasmes que ne sera la doctrine devenue désincarnée du clergé officiel.

Tout compte fait, cette résignation de fin de siècle, qu'on identifie un peu vite avec les Lumières et avec la mort de Dieu, sera récompensée sur le tard : au XIXe siècle, la science médicale et la bonne nourriture, « la quinine et la marmite », feront enfin reculer la mort angevine...

Les greffiers du purgatoire

Pierre CHAUNU, *La Mort à Paris*, Paris, Éd. Fayard, 1978, 530 p. (*Le Nouvel Observateur*, 29 avril 1978).

La Mort à Paris, que publie en cinq cent trente pages tassées le prolifique historien de la Sorbonne, est le dernier-né, le nouveau tome de cette *Histoire générale du décès* que Vovelle et Ariès, chez d'autres éditeurs[1], ont inaugurée déjà en deux volumes. Chaunu modifie peu la fine chronologie qu'ont bâtie ses prédécesseurs, quant aux images successives de la mort dans la culture occidentale : mort *apprivoisée* de Roland, Olivier, Turpin, et autres preux carolingiens du IXe siècle, qui soufflent dans leur olifant à s'en rompre les carotides ; mort *individualisée* des épitaphes verbeuses du

1. Éd. Plon et Éd. du Seuil.

XIIIᵉ siècle ; mort *macabre* du XVᵉ siècle pesteux ; mort baroque et « ultra-papiste » du XVIIᵉ siècle des enterrements-cohues ; mort *familiale* de l'âge romantique ; mort aseptisée, américanisée (la mort est *obscène* pour notre âge post-industriel)...

Débordant le cadre parisien qui, théoriquement, devrait limiter son enquête, Chaunu s'interroge sur l'optique religieuse où se place le décès chrétien. Elle fournit la toile de fond sur laquelle s'individualiseront dans notre capitale, du XVIᵉ au XVIIIᵉ siècle, deux millions de disparitions individuelles. La réflexion judéo-chrétienne souligne, depuis la Bible, les perspectives de *résurrection* finale. En cela, elle diffère des notions qu'ont forgées, quant à la mort et à l'après-mort, les adeptes traditionnels de la théorie du *double* : le double, autrement dit le revenant... Il retourne sans trêve afin d'errer autour de nous, sous notre menhir, aux environs de notre dolmen, dans notre salle à manger (ces visions fantomatiques hantaient encore, voici peu, les régions bretonnes). Le judéo-christianisme s'écarte aussi des systèmes religieux qui affirment avec force les réincarnations multiples de telle ou telle âme, opérées par métempsycose, à travers divers corps successifs d'hommes et d'animaux. Ces transmigrations subtiles étaient pratiques : « par sauts de puce », la même âme servait plusieurs fois chez diverses personnes, ce qui était fort commode, dans les moments de pression démographique, où il fallait faire feu de tout bois.

Féru de résurrection parce que passionné de théologie, le protestant convaincu qu'est Chaunu délaisse le double et la métempsycose. Il s'attarde, en revanche, sur les problèmes du Purgatoire. Cette fournaise ardente et provisoire fut mise en place au Moyen Âge[1]. Invention géniale ! Elle permet de meubler l'interminable *entre-deux* qui sépare les décès individuels d'avec la Fin du Monde, d'avec la résurrection générale et le Jugement dernier. Rien qu'à Paris, de 1550 à 1800, on a dit des dizaines de millions de messes dans le seul but de tirer du Purgatoire les âmes des morts... Rémunérées à l'acte ou au forfait, les messes antipurgatoire sont donc, avec le Textile et le Bâtiment, l'un des grands secteurs dans l'activité économique de Paris du temps jadis.

Au passage, le professeur de la Sorbonne, en veine de théologie, distribue quelques coups de patte à son camarade Luther, et au

---

1. Voir, à ce sujet, les travaux récents de Jacques Le Goff.

Démographie et mentalités

concile de Vatican II. Luther a le tort, pour Chaunu, de proscrire les prières en faveur des morts. Quant au concile de 1962, il a jeté, ô erreur, dans les refus de l'histoire, six siècles de débats scolastiques, souvent passionnants, relatifs aux brûlantes souffrances du Purgatoire.

Revenons à nos millions de messes pour les défunts : elles sont demandées, à l'agonie, par les Testateurs. De fait, les testaments, conservés par dizaines de milliers dans les archives notariales de la capitale, fournissent à Chaunu, qui sur ce point suit les techniques de Vovelle, sa méthode de recherche. Elle lui permet d'écrire l'histoire de la mort parisienne : les testaments sont en effet porteurs, en leurs clauses diverses, d'un vaste contenu religieux. Il s'affirme et il s'affine au XVIIe siècle. Il disparaît des écrits notariaux par abrupte laïcisation au XVIIIe siècle... Cette disparition-laïcisation permettra même à notre auteur d'affirmer prudemment une certaine déchristianisation de Paris au temps des Lumières... Occasion aussi pour Chaunu, en deux coups de pinceau, de nous présenter ce Paris du dernier siècle de l'Ancien Régime en voie d'irréligion, avec ses cinq cent mille habitants, ses lieux de culte, sa culture proliférante, sa prostitution du temps de Voltaire et de Louis XV...

Mais laissons ces fioritures. Ce que le livre apporte au fil d'une écriture difficile, obscure et rapide, c'est, vécue au lit du mourant, l'histoire quantitative de la sensibilité catholique à Paris depuis la Renaissance jusqu'à la Révolution. Cette sensibilité change, en fonction des enseignements variés de l'Église. Le mourant du XVIe siècle, dans son testament, recommandait son âme à toute la Cour céleste : à Dieu père et fils, bien sûr ; mais aussi à la Vierge et aux saints ; ils étaient mis sur un pied de quasi-égalité avec le Père éternel. Au XVIIe siècle, ce paysage spirituel se modifie. L'alphabétisation progresse : dans la méditation des derniers moments, un texte longuement imprimé chasse les bandes dessinées des « Arts de mourir » de la Renaissance. Surtout, la Vierge et les saints connaissent une mésaventure. De législateurs et décideurs qu'ils étaient, investis d'une portion du pouvoir souverain, voilà qu'ils se rétrécissent en simples intercesseurs.

Désormais, le mourant de 1680, à l'heure des dernières volontés, met au premier plan de ses préoccupations non plus la Cour des

Saints, mais le Christ en croix ; celui-là est seul capable par ses mérites souffrants de laver l'âme humaine, d'en ôter les péchés qui la polluent, et de tirer l'individu hors du Purgatoire. Le Christ-Roi de 1680 émerge au-dessus des saints qui rétrogradent au rang de petits intercesseurs ; tout comme Louis XIV simultanément se dresse à Versailles et domine de tout son haut la piétaille désormais humiliée des courtisans. Ce processus « christique », divinisateur et royalisant culmine en 1685, à l'heure où la France bourbonienne, en un maximum de ferveur catholique, expulse les huguenots, frappés par la révocation de l'Édit de Nantes. Les deux dates, antihérétique et pieuse, coïncident. Ce n'est pas un hasard.

Soixante-cinq ans plus tard, vers 1750, à Paris comme en Provence, tout cela bascule dans le néant d'une apparente indifférence : le testament parisien du XVIIIe siècle se débarrasse peu à peu de ses allusions et invocations religieuses.

Il ne se préoccupe plus que des « vraies » questions qui intéressent l'héritage du futur mort : propriétés, domaines, partages successoraux, murs mitoyens, etc. Le Christ et sa Sainte Famille quittent sur la pointe des pieds les paperasses de l'étude notariale. Ils n'y reviendront plus jusqu'à aujourd'hui. Déchristianisation ? Ou séparation des genres, notarial et chrétien ? On en discute...

Les figures de la Mort

Philippe ARIÈS, *L'homme devant la Mort,* Paris, Éd. du Seuil, 1977, 641 p. (*Le Monde,* 24 février 1978).

En ce gros livre, *L'homme devant la Mort,* Philippe Ariès détaille, sans nous faire grâce d'un crâne ni d'un tibia, les thèmes qu'il avait superbement résumés voici quelques années, dans son opuscule de Baltimore (paru aux États-Unis, en 1974, sous le titre *Western attitudes toward Death*... « Attitudes occidentales devant la mort, du Moyen Âge à l'époque actuelle »)[1]. L'Ariès de 1977 est surabondant de données, fertile en arbres qui masquent quelquefois la forêt profonde. Par moments, on aimerait que l'éditeur se soit fait bûcheron,

---

1. Version française aux Éd. du Seuil, 1975.

qu'il ait élagué cette masse vivante. N'importe. *L'homme devant la Mort* propose une chronologie dont séduit la simplicité. Rien ne vaut, en histoire, une bonne périodisation.

Premier stade : *la mort apprivoisée*. Elle caractérise le IXe siècle de Charlemagne, et les paysanneries traditionnelles. On n'y triche pas. On sait qu'on va mourir. Roland, Olivier, les villageois de Tolstoï et de Soljenitsyne sont mystérieusement prévenus, avec un peu d'avance, au nom d'une intuition surnaturelle, de l'heure et du lieu de leur décès. Malade ou blessé, sentant sa fin prochaine, le chevalier carolingien se couche de tout son long, joint les mains, tourne son crâne vers Jérusalem, adresse un bref regret aux choses de la vie, demande pardon à ses amis pour les fautes qu'il a commises à leur égard, reçoit l'absoute, et remet son âme à Dieu. Son corps ira reposer sous le pavé d'une église ou dans le cimetière proche de celle-ci (cette pratique médiévale qui place le cimetière au centre ecclésial du village, comme la mort est au centre de la vie, se traduit par une rupture avec les anciennes traditions romaines : elles exilaient les cadavres, devenus tabous, loin du cœur de la cité, dans des banlieues excentriques et parmi les tombeaux de la *voie Appienne*...). Le corps du chevalier ne perdra rien pour attendre : après quelques décennies de sépulture sous le pavé du sanctuaire, il sera rejeté au charnier commun... son âme sera brièvement errante ou *revenante* auprès des vivants. Elle ne tardera pas à s'immerger au *repos*, dans lequel elle séjournera jusqu'à la Fin du Monde et jusqu'au Jugement dernier. Ainsi soit-il. « Nous mourrons tous ». Cette mort apprivoisée, sereinement résignée, fleurit dans les chansons de geste ; elle persistera plus longtemps parmi les ruraux et petites gens des pays chrétiens jusqu'au XIXe siècle inclusivement.

Au niveau des « élites », les choses changent tôt : une première mutation culturelle intervient à partir du XIIe siècle. Elle intéresse la lente émersion de l'individu, et des biographies particulières ; elle évoque par contrecoup, la *mort de soi*. Non plus « tous-qui-meurent » ; mais « soi-qui-meurt ». Cet individualisme en plein essor s'affirme d'abord, selon Ariès, dans la nouvelle conception du jugement : non plus la Fin du Monde, mais l'ultime Justice. Le Christ, la Vierge, saint Jean et les Anges ailés, s'érigent en souverain juge et en intercesseurs. Ils s'arment de gigantesques balances. Ils pèsent la vie de chacun, homme par homme, femme par femme. Ils font le tri des élus et des damnés. La scène s'individualise davantage quand la grande parade de justice, avec les balances et tout l'attirail, se transporte personnellement dans la chambre du malade, au-dessus du lit de mort de l'agonisant ; on dispose, à ce sujet, d'une abondante iconographie médiévale. L'intéressé, dans ces conditions, n'est plus englué dans la cohue de la Fin du Monde. Il est seul à seul avec les puissances célestes. Il a tout loisir de faire un bilan presque commercial de sa biographie, de ses faits et gestes, bons ou mauvais. En même temps que le jugement s'individualise, la tombe se personnalise. Elle émerge enfin des charniers qui bordaient l'église. L'épitaphe était un usage romain, oublié pendant le haut Moyen Âge. Elle revient à la mode, à partir de l'époque gothique. Les dalles funéraires se couvrent de statues ou de bas-reliefs, à l'image des gens qui sont enterrés là ; les masques mortuaires et autres portraits des chers disparus se multiplient dans l'enceinte du cimetière. Le mort, au-dessus de sa fosse, est parfois représenté deux fois dans le marbre : à genoux, et gisant. Des regrets amers, pour la terrestre vie qui se termine, s'emparent de l'individu.

Aux XIVe et XVe siècles, l'homme des classes supérieures ne considère plus son existence comme une destinée. Se coucher pour mourir au terme d'un destin inéluctable, c'était bon pour Olivier ou Roland. Le marchand flamand ou parisien de la fin du Moyen Âge voit plutôt sa trajectoire terrestre comme une promesse de bonheur possible et de liberté *créatrice* douée d'une âpre saveur. La mort, en cette affaire, est une gêneuse, une casseuse. D'où l'amertume de l'échec, à l'heure du bilan final. De là découle aussi l'horreur fascinée, qu'on éprouve pour le cadavre décomposé : elle s'empare de la culture et de la peinture du bas Moyen Âge, si éprouvé par la peste en masse.

Au XVIIe siècle, s'impose la mort baroque, probablement l'une des plus grandes réussites esthétiques, quant à l'art de mourir et d'être enterré, qu'ait mise au point l'Occident. L'inhumation baroque unifie l'individuel et le social ; elle accepte les faits macabres, mais pas dans leurs versions névrotiques, centrées sur les pourritures. Elle répond aux soucis qui se font jour, pour le salut de l'âme du décédé. Au son des cloches, elle reconstitue l'ordre social de la ville, des pauvres aux privilégiés : cet ordre est pompeusement composé au fil de la procession funèbre ; elle accompagne le corbillard de luxe, derrière les têtes de mort et les larmes d'étoffe brodée.

L'oiseau qui semblait si bien apprivoisé finit par s'échapper de sa cage. La chouette va prendre son vol. Le XIXe siècle sur ce point commence vers 1780, au temps des drames larmoyants ; ce n'est pas encore l'époque de la mort sauvage. Mais les temps sont déjà porteurs d'un certain décès romantique ; il est, passionnellement, émotionnellement vécu par les proches du disparu. Bref, ce n'est plus la mort de soi, mais la mort de l'autre : la mère, le frère, le conjoint, l'être aimé... L'émotion devant la mort d'autrui peut aller jusqu'à l'érotisme macabre, préparé par toute une tradition qui va de Baldung à Sade. Surtout, les belles âmes romantiques, à l'instar des La Ferronays chers au cœur d'Ariès, s'épanchent dans les journaux intimes en longues descriptions qui nous touchent toujours, relatives à la mort de l'être cher.

Dès avant la Révolution, les tableaux de Greuze donnent le ton. Ils sont pleins de pleurs. Un fantastique culte familial et civique des morts, où communient les chrétiens de tous bords et les positivistes laïques, se met en place dans les cimetières monumentaux après 1850, dont le Père-Lachaise est l'archétype. En attendant que surgissent les monuments aux morts des guerres mondiales.

Dernier stade : le nôtre. Il se caractérise, déclarent gravement les spécialistes, par la pornographie de la mort. Relégué à l'hôpital, hérissé d'appareils tubulaires, le mourant est évacué du social. Il cesse de présider (comme il l'avait souvent fait jusqu'alors, de Charlemagne à Poincaré), à la mise en scène de son agonie et de son décès. Les derniers instants, la messe funéraire, l'inhumation sont bâclés, escamotés à la va-vite ; sauf à gauche, où l'on sait toujours, à défaut d'autre chose, « s'unifier » dans le défilé d'un beau cortège d'enterrement, derrière le char funèbre d'un grand leader. L'extrême-onction fut une préparation solennelle à l'au-delà ; elle devient le simple « sacrement des malades » : un remède de plus, mais spirituel. Les familles continuent à se rassembler autour des tombes largement fleuries lors de la Toussaint. Mais déjà, les présidents de la République, signe des temps, refusent d'« inaugurer les chrysanthèmes ».

J'ai voulu résumer, du mieux qu'il était possible, un livre décidément foisonnant. L'opuscule de Baltimore qui avait tracé, pour l'essentiel, les grandes lignes de la périodisation d'Ariès, se visitait en un tournemain, comme un cimetière de campagne. L'auteur nous a donné cette fois-ci, en 642 pages, un gigantesque Père-Lachaise, dessiné par le facteur Cheval.

Les médiévistes chicaneront Ariès sur ses théories. Il confond l'art de mourir de l'homme moyen ou général, bien mal connu de nous, avec la culture mortuaire d'une minuscule élite occidentale, commodément révélée par de nombreux textes... Mais justement, le film d'Ariès est succession d'images culturelles. Il introduit l'ordre souverain de la raison historique dans un paysage de très longue durée, où n'avait régné jusqu'alors que l'alignement désolé des files de squelettes et de *transis*.

La peste

Jean-Noël BIRABEN, *La Peste dans l'Histoire*, Paris-La Haye, Éd. Mouton, 1976, 456 p. (*Le Nouvel Observateur*, 12 août 1976).

Au départ, un monde grouillant de rongeurs. Rats d'Afrique et d'Asie, marmottes géantes du Baïkal et autres bestioles à quatre pattes. Les uns et les autres entretiennent sur leur pelage et dans leur fourrure d'innombrables colonies de puces. Celles-ci, contaminées par le bacille de Yersin (pesteux), communiquent leur maladie aux animaux qu'elles mordent et qu'elles parasitent ; la peste ainsi transmise est du reste assez bien tolérée par ces rongeurs — moins bien, toutefois, qu'un rhume de cerveau n'est supporté par nous. Ces groupes de mammifères sont susceptibles à leur tour de passer leur mal, *via* les puces encore une fois, à l'homme même. Pour lui, une telle transmission est catastrophique. On rencontre ou l'on rencontrait ces sociétés de rongeurs régulièrement contaminées en divers endroits du globe : en Éthiopie, près des grands lacs africains ; et aussi en Asie centrale, du côté du Tibet, du Turkestan...

Vastes zones pestiférées par les rats et les marmottes. À l'époque héroïque de l'épidémie, mieux valait, pour les humains, éviter de traverser ces régions, sous peine de contracter, puis de propager, par échange de puces avec les bêtes malades et ensuite avec d'autres hommes, « ce mal qui répand la terreur ».

Par deux fois, pour le moins, ces interdits géographiques ont été violés ; par deux fois, des voyageurs imprudents — missionnaires, marchands ou soldats — ont sillonné, qui l'Éthiopie, qui le Turkestan ; ils ont provoqué des courts-circuits microbiens, des cataclysmes d'importance mondiale.

Le premier accroc, nous dit le docteur et démographe Biraben dans le grand livre qu'il consacre à l'histoire de la peste, s'est produit au VIe siècle de notre ère. La peste est alors descendue d'Éthiopie, par le Nil ou par la mer Rouge. Elle a fracassé l'Empire byzantin, qui ne s'est jamais remis de cet assaut bacillaire. Elle a saigné aussi l'Occident, vers lequel l'ont conduite les navires et les ports de la Méditerranée. Cette peste haut-médiévale à successives résurgences est responsable du grand déclin démographique de l'Europe, au second tiers du Ier millénaire. Déclin qui a rendu ce petit continent si vulnérable à toutes les invasions, islamiques, normandes, etc.

Et puis, mystérieusement, ayant achevé sa mission historique, la peste, au VIIIe siècle, quarante ans avant Charlemagne, évacue l'Europe. Elle se replie sur ses bases africaines. De quoi permettre, en Occident, dans une tranquillité enfin retrouvée, un formidable essor, à terme, des populations. Essor qui s'incarnera dans les grands défrichements de l'âge gothique et dans la poussée des cathédrales.

En l'an 1348, surgit la seconde vague de la maladie, la peste noire. On replonge dans le désastre. Cette fois, le péril est à l'est. Il n'est plus en Afrique mais en Asie. Gengis Khan et les siens, au XIIIe siècle, viennent d'unifier le monde eurasiatique : les routes commerciales de la soie, enfin pacifiées, passent par les déserts pesteux de l'Asie centrale. Elles permettent aux négociants génois de faire venir les produits de Chine, à grands frais, jusqu'en Italie, et, de là, dans toute l'Europe. Mais, souvent, les puces pesteuses accompagnent les marchands de soie.

Un jour, dans les années 1330-1340, le court-circuit microbien prend forme et prend feu. Des bacilles empruntent la grand-route. Après le Turkestan, la Russie du Sud est contaminée. Puis la Crimée. Enfin tous les ports méditerranéens et, au-delà d'eux, leur arrière-pays, jusqu'à la Manche. Dès 1348, la catastrophe est épouvantable ; elle tient du massacre. Elle équivaut à ce que donnerait, de nos jours, une guerre atomique de calibre moyen. En Italie, en France, dans les pays germaniques et anglo-saxons, 30 à 50 % de la population, parfois, sont exterminés, pendant l'année 1348 ou à peu près ; la maladie est tantôt pulmonaire (et donc transmissible par le souffle, mortelle dans 99 % des cas), tantôt bubonique, localisée à l'aine, et liée, dans ce cas, plus spécifiquement aux morsures des puces.

Imaginons aujourd'hui une hécatombe de vingt millions de Français. Nous aurons bonne idée (proportionnellement) du cataclysme qu'affrontèrent nos prédécesseurs en 1348.

Cette année-là, le fléau visite la France, l'Angleterre, l'Irlande. *« J'attends la mort au milieu des morts »*, écrit calmement un moine irlandais ; il se prépare, on ne sait jamais, à son décès personnel, qui doit préluder à la fin du monde. En 1349, les rivages et pays frontaliers de la mer du Nord sont contaminés à leur tour. En 1350, le malheur s'étend jusqu'en zone baltique. En 1351, jusqu'aux pays slaves. Le grand commerce bordelais, qui dissémine les barriques de vin (par *millions* d'hectolitres !) dans tous les ports septentrionaux, propage du même coup les microbes sur la peau puceuse des matelots. A-t-il porté le coup de grâce aux Britanniques, amateurs des vins de Bordeaux ?

Face à l'hécatombe, les réactions des peuples sont déconcertantes, et parfois diaboliques. En 1348, on tue les Juifs, accusés d'avoir empoisonné l'air ou les fontaines. La première vague d'extermination antisémite, en Allemagne, remonte ainsi au XIVe siècle. Entre deux massacres de Juifs (ou de lépreux), des fanatiques, qui se disent chrétiens mais qui sont désavoués par la hiérarchie ecclésiastique, se déshabillent et se flagellent mutuellement. Ils pensent ainsi expier leurs fautes, qui ont provoqué, croient-ils, la colère divine, semeuse de peste pour la punition du genre humain. *« Battons nos charognes bien fort »*, chantent ces milliers de fouettards, dont le pape d'Avignon tente en vain de calmer l'humeur flagellante et massacrante.

Désormais, de 1348 à 1536 (les comptages annuels et statistiques de Biraben sont admirables), la peste est installée comme à demeure en Occident. Elle y réapparaît *tous les ans*, pas partout bien sûr ; mais il ne se passe pas d'année où elle n'éclate en quelque coin du vieux continent, à Béziers, à Brême ou à Londres, selon les cas.

Et puis, de 1536 à 1670, il y a, en quelque sorte, un mieux chèrement payé. Désormais, les hommes savent se défendre, même s'ils attrapent encore, de temps à autre, en masse, les fameux bubons, à l'aine ou à l'aisselle, que lèche le chien de saint Roch, guérisseur de l'infection. Des troupes de soldats, saines et fraîches, cernent dès 1660 les villes infectées de peste, qui sont closes de murs. Les habitants y décèdent comme des mouches ; 80 % d'une population urbaine peut mourir ainsi, à Digne par exemple, au XVIIe siècle. Mais les pestiférés encerclés ne peuvent plus s'échapper ni contaminer le voisinage. Au besoin, l'armée *fusille* sommairement, pour leur apprendre à vivre, ceux des citadins qui sautent le rempart afin d'échapper à la contagion. Celle-ci est donc circonscrite. Les mesures de quarantaine sont tellement efficaces que la peste, dès 1670, disparaît d'Occident. Échec à la mort ! À distance, cet échec rendra possible, entre autres facteurs, le grand essor démographique du XVIIIe siècle, plus ou moins continué jusqu'à nos jours.

Rémission des pestes, donc. Mais elle comporte quelques bavures, et de taille. En 1720, un navire chargé de coton arabe, le « Grand Saint-Antoine », venu d'Orient, apporte jusqu'à Marseille la peste levantine. Une quarantaine mal observée, des fraudes, des marins qui passent en catimini le cordon sanitaire... Et voilà la peste dans le grand port méditerranéen : cent mille morts en Provence. La pandémie démasque les dirigeants. Elle crève les baudruches, elle donne toute leur stature aux héros — quand ils survivent : tel Belzunce, courageux prélat marseillais. Tel le chevalier Roze ; à la tête d'une équipe de fossoyeurs, en pleine peste, il manipule et fait enterrer ou brûler, par mesure d'hygiène, les milliers de cadavres marseillais. Miraculeusement immunisé, Roze réussit à ne pas mourir malgré le trépas de ses croque-morts.

Après la description du passé de la peste, vient une autre étude, par Biraben, sur les causes historiques de cette maladie. La peste ne s'explique pas entièrement, selon notre docteur démographe, par les caprices du climat (et pourtant, ajoute-t-il, les puces qui la transmettent se complaisent dans une météorologie chaude et humide). La famine, elle non plus, n'est pas un « terrain » suffisant, capable de rendre compte à lui tout seul du déclenchement des pestes qui seraient, dans cette hypothèse, favorisées par l'affaiblissement des gens sous-alimentés (néanmoins les famines disséminent

les mendiants, puceux et pouilleux qui propagent l'épidémie).
 La guerre enfin est un facteur non négligeable : sous Richelieu, vers 1630, une petite armée française de huit mille hommes compte dans ses rangs quelques pestiférés ; elle se charge, à elle toute seule, de transporter le bacille depuis La Rochelle jusqu'au Piémont. Cette armée, sans tirer un coup de canon, fait des centaines de milliers de victimes d'un bout à l'autre de l'Hexagone, par la seule grâce des puces qui sont véhiculées par les militaires. Forme imprévue de la guerre « bactériologique... ».

Très quantitative, l'œuvre de Biraben contient toute une série de cartes et de courbes, dont certaines visualisent, d'étonnante façon, l'apocalypse pesteuse. Ce premier volume, en sa dernière partie, comporte une étude technique et démographique des épidémies. Elle insiste sur l'effrayant tribut que paient aux bubons, puis à la mort, les enfants, les adolescents, les jeunes adultes, bien plus vulnérables, relativement, que ne le sont les vieillards. À chaque atteinte du fléau, la ville ou la province qu'il visite est décapitée de sa jeunesse. Béantes, des « classes creuses » apparaissent aux rebords de la pyramide des âges, en 1348, 1361, 1586, etc.
 Pour finir, Biraben lance quelques chiffres globaux — hypothétiques mais solidement conjecturés. En France, de 1600 à 1670, il y aurait eu *grosso modo* cinquante millions de naissances ; quarante-quatre millions de décès « normaux » (non pesteux) et deux ou trois millions de morts par peste : l'excédent « normal » de la population fut donc réduit du tiers ou de la moitié par le bacille de Yersin... On n'a donc pas tort de tenir ce fléau pour l'un des freins démographiques les plus puissants de notre passé.
 Le livre de Biraben n'est pas toujours d'une lecture facile. Enrichi qu'il est, parfois, de chiffres, de démonstrations, dont plusieurs sont renvoyées dans les annexes finales. Telle qu'elle est, cette somme de travail et de recherche est spectaculaire. Prose captivante, sur un sujet atroce : Biraben réalise l'idéal du chercheur pluridisciplinaire ; à la fois démographe, médecin, historien. Multiple et unique, en sa trinité. Son chef-d'œuvre n'est pas dépourvu de valeur actuelle, tant s'en faut. L'ultime peste *parisienne* (une centaine de morts !) remonte à 1920. Et la dernière peste corse s'est produite en 1945, à Ajaccio ; elle a laissé derrière elle une dizaine de cadavres.

Découverte nationale et système ancien

André ARMENGAUD, *Démographie et Société,* Paris, Éd. Stock, 1966, 213 p. (*La Quinzaine Littéraire*, 15 juillet 1966).

À la base de *Démographie et Société*, d'André Armengaud, il y a l'observation globale du système démographique ancien, de cet ensemble organisé de relations qui s'établissent entre la fécondité et la mortalité, « entre le sexe et la mort ». Système ancien, système vénérable : dans notre pays, il a fonctionné non sans heurts, jusqu'au XVIIIe siècle, et parfois bien au-delà. La démographie historique en donne avec exactitude la description quantitative. Mais un cas précis, une biographie imaginaire et représentative suffira ici, dans le cadre restreint de cet article, pour en éclairer le fonctionnement.

Soit par exemple, dans la France de Louis XIV, une jeune fille « moyenne » de l'Ancien Régime, une paysanne bien sûr (80 % des Français de ce temps sont des ruraux). Elle est nécessairement prise dans le système, dans le cycle de mort et de fécondité, auquel il est impossible d'échapper tout à fait.

Elle se marie en moyenne à 24 ans, avec un garçon âgé de 26 ou 27 ans. Avant son mariage, elle est restée sage, elle n'a pas eu d'amant, elle n'a pas non plus « connu » son fiancé. (Les « conceptions prénuptiales », qui impliquent une première naissance avant huit mois de mariage, sont fréquentes dans la France actuelle, où elles sont considérées avec bonhomie. Elles sont rares au contraire dans la démographie d'ancien type, où, sauf exception qui confirme la règle, on ne plaisante pas avec la vertu des jeunes paysannes.)

Mariage conclu, donc. Désormais commence, pour notre jeune fille devenue femme, une période extraordinairement féconde. Admettons que la nouvelle épouse survive, et que, d'autre part, elle ne devienne pas veuve. Alors elle portera en moyenne, pendant un certain nombre d'années, un enfant tous les deux ans, ou tous les trente mois. Soit statistiquement, au total, sept à huit enfants. Peu question d'utiliser des procédés contraceptifs : si simples qu'ils puissent être, ceux-ci sont ou bien ignorés des usagers, ou bien proscrits par l'Église catholique.

Pour notre femme-type, harassée de grossesses multiples, la seule période de repos, c'est celle qui suit immédiatement ses accouchements. Pendant un an environ, l'allaitement induit en effet, chez la jeune mère, une période de stérilité temporaire. Mais supposons, par hypothèse pure, que notre jeune femme n'allaite pas, que jouant les bourgeoises, elle mette ses enfants en nourrice. Alors les possibilités de grossesse sont pour elle, beaucoup plus rapprochées encore : un enfant presque tous les ans, soit dix, douze, quinze enfants au total dans une carrière maternelle complète.

Cette fécondité, pléthorique, est corrigée par une mortalité précoce et dévorante. Beaucoup de mariages sont rompus, avant que la mère ait terminé sa couvée. Avant que soient nés les huit enfants fatidiques. Car le père meurt, ou bien la mère, celle-ci généralement par suite de couches difficiles. Et d'autre part la mortalité infantile (avant l'âge d'un an révolu) est beaucoup plus forte au XVIIe siècle qu'aujourd'hui : deux cent trente à deux cent cinquante morts, pour mille bébés. Toutes les familles ou presque toutes, au cours de leur vie conjugale, perdent, en route, un, deux, trois enfants ou davantage.

En bref, l'ancien système démographique est caractéristique d'une société presque sans limitation des naissances. La fécondité, qui surabonde, y est surtout compensée par la mort, et limitée par la vertu.

Compensation par la mort : famines, disettes, épidémies même, ne frappent pas au hasard. Elles constituent, tous les vingt ou trente ans (1631, 1661, 1693, etc.) un phénomène récurrent, qui ampute la société d'une partie de ses éléments les plus pauvres. Elles épongent cruellement l'excédent démographique d'une génération. Elles rétablissent l'équilibre, momentanément compromis, entre population et subsistance. Elles font partie du système, tel que Malthus déjà l'avait esquissé.

Limitation par la vertu : l'austérité pré-conjugale des jeunes gens, si fréquente dans la société traditionnelle, n'est pas le fait d'un puritanisme héroïque et gratuit. Cette austérité a des justifications profondes et des connections rigoureuses dans la structure démographique. Car se marier tard (à 24, 27 ans, ou davantage) et rester chaste jusqu'au mariage, c'est éviter par définition trois ou quatre enfants : puisque dans un régime sans contraception, à raison d'un enfant tous les deux ans, une femme mariée à 24 ans porte en moyenne trois enfants de moins qu'une fille mariée six années plus jeune, à 18 ans.

On sait qu'actuellement la Chine populaire, si différente pourtant de la France classique, découvre elle aussi les vertus du mariage tardif et de l'abstinence pré-conjugale, comme méthodes frustes de limitation des naissances.

Confrontés à notre propre système de valeurs (lui-même fort relatif), les principes d'un tel système sont contestables. Mais ses résultats sont probants. La population de la France classique reste bloquée, pendant plus d'un siècle, entre 18 et 22 millions d'habitants. Cette société, souvent malheureuse, est néanmoins équilibrée, elle fonctionne, comme telle, non sans rudes cahots et souffrances tragiques.

*

C'est ce système rigoureux que jette à bas la révolution démographique du XVIIIe siècle. D'abord on découvre ou on re-découvre, à cette époque, pour la limitation de naissances, des recettes plus subtiles que le mariage tardif ou que l'abstinence totale. Les classes supérieures, les premières, donnent l'exemple de la contraception. À Genève, chez les bourgeois huguenots, à partir de 1650-1700, les familles très nombreuses disparaissent ; les femmes ont leur dernier enfant à 34 ans, au lieu de 38 ans dans les générations antérieures : les « intervalles intergénésiques » (intervalles entre deux accouchements successifs d'une même mère) deviennent beaucoup plus longs que par le passé.

Plus typique encore de cette évolution, est l'étude de la fécondité des ducs et pairs, ou plutôt des duchesses et pairesses, qu'évoque Armengaud dans son petit livre. Dans ce milieu de courtisans ultra-privilégiés, à l'époque de Saint-Simon déjà, la limitation des naissances est largement répandue, et les couples totalement inféconds sont même plus nombreux que dans la France contemporaine ! L'âge moyen des mères à la dernière naissance y est extraordinairement bas : 26 ans, au lieu de 38 ou 39 ans chez les paysans et dans les milieux populaires. Voici l'un des résultats les plus inattendus des études historico-démographiques : la modernité des ducs et des pairs, dès le début du XVIIIe siècle.

C'est en vain que l'Église catholique veut endiguer ce mouvement. « *Éviter d'avoir des enfants est un crime abominable* », écrit Bossuet. Mais précisément, dans la société cultivée, le progrès des lumières et la désaffection vis-à-vis de la religion semblent aller de pair avec la diffusion des premières méthodes contraceptives, sous Louis XV et Louis XVI.

À partir des classes dirigeantes, les nouvelles pratiques[1] apparaissent et progressent dans le petit peuple. « *Il se répand un bruit peut-être trop fondé*, écrit en 1756 l'abbé G.-F. Coyer, *que ces hommes grossiers* (les cultivateurs), *dans le sein même du mariage, ont trouvé l'art de tromper la Nature.* » Et de fait, les patientes études de Louis Henry, et ses reconstitutions de familles, confirment cette impression du bon abbé. Dans les villages de Normandie, d'Artois, d'Île-de-France, la limitation des naissances apparaît clairement à partir de 1770-1790. Elle prend un essor foudroyant à partir de la Révolution. La rupture brutale avec l'Église catholique facilite et popularise les mœurs interdites jusque-là par la religion. La laïcisation de la société française, au XIXe siècle, se fait sentir aussi dans l'intimité du couple, avec les pratiques contraceptives dans la famille.

La suite de cette histoire est bien connue et, sur ce point, le travail d'Armengaud devient nécessairement moins original. La limitation des naissances, qui domine après 1820-1850, s'accompagne, non sans décalages variables selon les divers pays, d'un recul de la mortalité et d'une certaine libération des mœurs. Et un nouvel équilibre, très différent de l'ancien, s'instaure progressivement. Moins d'enfants, moins de décès. Berceaux plus rares et tombes relativement moins nombreuses. À nouveau s'opèrent des phénomènes de compensation, qui sont extrêmement marqués dans notre pays. La population française, longtemps bloquée à vingt millions d'habitants (à l'époque classique), retrouve entre 1870 et 1950 un nouvel et stable équilibre, qui la fixe aux environs de quarante millions d'habitants. Ailleurs, l'ajustement est moins net : et faute de contraception, il est même inexistant dans le Tiers-Monde, voué pour longtemps encore à l'explosion numérique des peuplements.

*

La démographie historique décrit donc, fondamentalement, le fonctionnement et la disparition d'un système ancien. Cette jeune

---

1. Quant à la définition précise de ces pratiques, il s'agit essentiellement, d'après les textes, du *coitus interruptus* ou retrait sexuel.

discipline ne peut pas être une science pure, refermée et rassemblée sur elle-même. À chaque instant, elle déborde son propre domaine, elle met en cause le système des mœurs, les croyances religieuses et les conduites sexuelles, les représentations collectives et les modèles culturels qui déterminent dans l'Ancien Régime les attitudes des hommes devant la naissance, le mariage et la mort. En ce sens, la démographie historique est beaucoup plus et beaucoup mieux qu'une description quantifiée des peuplements disparus. Elle porte en elle la possibilité à peine esquissée mais déjà perceptible, d'une anthropologie des sociétés traditionnelles.

CULTURES

Trois fonctions

Georges DUMÉZIL, *Mariages indo-européens,* Paris, Éd. Payot, 1979, 340 p. (*Le Monde,* 11-12 mars 1979).

Le nouveau livre de Georges Dumézil va bien au-delà d'une philosophie du mariage. Une fois encore son auteur nous fait réfléchir sur les institutions romaines et sur l'explication que fournit à leur propos l'histoire comparée ; celle-ci les confronte avec les structures homologues qu'on trouvait dans l'Inde ancienne. Par-delà les données relatives au destin de l'union conjugale, c'est tout le problème des filiations ethniques qui est mis en cause : « navigant » sans visible effort, depuis le Droit latin jusqu'aux religions asiatiques, Dumézil poursuit sans trêve un songe éveillé, qui dure depuis cinquante ans de recherches ; il cherche à savoir comment certains schémas sociaux ou idéologiques se sont transmis depuis les premières tribus indo-européennes qui les mirent au point, jusqu'aux Romains, aux Celtes d'Irlande, aux Scandinaves et aux Germains... Surgissent comme toujours les trois fonctions : religieuse, guerrière, et féconde-agricole ; les « Trois ordres » de nos États Généraux en 1789 en seront l'ultime écho. Trois ordres, autrement dit Clergé, bien sûr ; et Noblesse ; et Tiers-État : devenu bourgeois sur le tard, il dériva originellement du monde paysan.

Dans l'Inde d'autrefois, et dans la République romaine des origines, on distinguait non sans nuances trois grands types de mariages : le premier type correspondait au don *religieux* d'une fille, offerte rituellement par son brahmane de père, à l'intention d'un futur gendre. Le second type était le rapt *guerrier,* par lequel un homme s'appropriait une femme *manu militari ;* ou bien le libre don de soi de cette femme à cet homme (ces deux formes de conjugalité ressortissent à la violence et à la liberté qui caractérisent doublement la fonction militaire). Enfin la troisième fonction, celle des paysans et des marchands, ou de l'économie, avait inventé prosaïquement le mariage par achat, la future épouse étant vendue symboliquement par son père au mari qu'il lui destine. Les formes juridiques qui se sont fossilisées dans l'ancienne Rome ne sont pas seules à conserver les stigmates de cette triple modalité du mariage. Voyez aussi les vieux poèmes grecs et les épopées germaniques dont le héros s'appelle Héraklès ou Sigurdr. Hellénique ou nordique, il parcourt à grandes guides le cycle des noces : le voilà qui tantôt achète, et qui tantôt enlève sa nouvelle femme ; ou qui se fait religieusement donner une épouse par son futur beau-père ; ou qui s'unit à une fille, ou à plusieurs d'entre elles, en vue de noces conclues librement de part et d'autre, sans consultation des parents.

Cette reconstruction des manières d'épouser, qu'avaient pratiquées nos ethnies d'origine, dans l'immense espace qui s'étend de l'Himalaya jusqu'au golfe du Lion, fit jadis grincer les dents de quelques collègues de Dumézil. Tout cela s'oublie. Dumézil, à l'Olympe de l'Académie, règne dorénavant sur les études de mythologie comparée.

Aussi bien ce livre passionnant, techniquement difficile pour le lecteur non préparé, contient-il mainte autre découverte. Une étude sur la ville italienne de Gubbio (jadis *Iguvium*) souligne l'incroyable continuité entre les anciens cultes d'époque romaine ou préromaine qui célébraient les trois fonctions, et les actuelles processions chrétiennes qui deux mille ans plus tard défilent sous les auspices de trois saints catholiques. L'un, saint Antoine, flanqué d'un cochon, est dédié aux cultes de la fertilité agricole. L'autre, saint Georges le Moustachu, est viril et militaire. Le troisième, Ubaldo, travaille à la façon d'un Jupiter sacré et tonnant. Notre auteur, d'autre part, est grand amateur de Virgile... Y compris dans les traductions infidèles et superbes, en alexandrins, dues à l'abbé Delille : le célèbre poème virgilien *Ô trop heureux les paysans...* fait affleurer, lui aussi, le système trifonctionnel ; vaches bien en chair et colliers de baisers dessinent au rythme de ces vers agricoles un hymne de *fécondité ;* des concours rustiques de javelot exaltent la fonction *militaire ;* des libations à

Bacchus évoquent une ivresse *sacrée*. Ailleurs, c'est l'angle spécifiquement rural du triangle dumézilien qui est souligné, au moyen d'un commentaire sur des textes indiens et latins, relatifs au joug et au fumier. Ces deux ingrédients sur et sous le bœuf symbolisant bien sûr le laboureur labourant et l'agriculture agriculturante. Le célibat des prêtres catholiques, cher aux théologiens, rencontre des justifications inattendues dans les offrandes qui sont faites au Dieu suprême de l'ancienne triade (il s'agit de l'angle « religieux » du triangle). Offrandes de vaches stériles dans les Indes, et d'animaux mâles et châtrés dans la ville de Rome. C'est une façon de dire, par le biais du rite, que la créativité du Sacré se situe très au-dessus et très à part de la sexualité banalisante ; il convient donc de châtrer celle-ci pour s'élever d'autant mieux jusqu'au plan supérieur de la productivité spirituelle.

Une vision plus « politisée » des problèmes nous est proposée par l'un des chapitres terminaux, consacré à la piété filiale. En Chine, cette « piété » fonde la valeur suprême devant laquelle tout cède, y compris la mission de l'empereur. Aux Indes et à Rome, la piété filiale est essentielle, mais elle s'incline devant l'entité fondamentale qu'est la République à Rome, ou la caste aux Indes. Ainsi voit-on pour mieux exalter cette entité supérieure, un père saluer très bas son fils consul dans la Rome antique ; et un père se faire égorger joyeusement par son fils, dans le sous-continent indien des temps révolus. Des textes plus restreints traitent de questions qui ne sont pas sans intérêt : sait-on que l'esclave antique, semble-t-il, n'avait pas droit au *genius*... Le *genius* est cet être qui, à la façon de l'âme ou de l'ange gardien chez les chrétiens, mais dans un style différent, fonctionne comme Double protecteur de chaque être humain ; la condition préalable, pourtant, c'est que l'homme ainsi mis en cause soit de statut libre. Dans un paragraphe plus capricieux, Duméezil traite aussi des façons d'écrire qui sont propres à Virgile ; elles sont proches finalement de celle du père Hugo : les deux poètes, latin et français, n'hésitaient point à inventer des noms propres pour le bien pur et simple du rythme stylistique ou de la rime.

Un récent dictionnaire encyclopédique d'histoire[1] a sélectionné Fernand Braudel, Ernest Labrousse et Georges Dumézil comme

---

1. Jacques LE GOFF, et collaborateurs, *La Nouvelle Histoire,* Paris, Retz-C.E.P.L., 1978.

étant en France les seuls historiens *vivants,* susceptibles de constituer par eux-mêmes un article dudit dictionnaire... Hommage mérité : polyglotte, Dumézil pourrait parler ou du moins écrire dans la langue locale à un guerrier des Niebelungen, à un consul de Rome, ou à un brahmane de l'Indus. Qu'est-ce au fond que la mythologie comparée, sinon l'une des formes suprêmes d'une certaine linguistique universelle.

Mythes savants et barbares

Christian GUYONVARC'H, *Textes mythologiques irlandais,* OGAM, Boîte postale 574, 35007 Rennes, 1980, 281 p. (*Le Monde,* 21 août 1981).

Depuis longtemps, Christian Guyonvarc'h, disciple reconnu de Georges Dumézil, poursuit avec efficacité une vaste entreprise d'exhumation et de remise à jour de la mythologie celtique, pour l'usage des lecteurs français. Son terrain d'études essentiel, c'est l'Irlande : les bons auteurs, en effet, au XVIIe siècle encore y continuaient à recopier, sur manuscrit, les légendes relatives aux dieux locaux ; le souvenir de ceux-ci n'était pas mort, dans l'île, après dix siècles de christianisation plus ou moins profonde. Connaisseur parfait des langues gaélique, galloise et bretonne, C. Guyonvarc'h traduit en français les textes de base des épopées de la verte Érin.

Les épopées archaïques retracent les mythes de fondation du peuple irlandais. Au départ, cette Irlande fantastique est occupée par des démons, les Fomoire ; l'un de leurs chefs, Brès, accorde ou refuse à son gré la fécondité agricole, le lait des vaches et le grain des moissons, aux divers habitants de l'île ; il les accable de pressions fiscales, jusqu'à les pousser dans la révolte. Un personnage monstrueux, nommé Balor, dont l'œil immense est plein de grêle et de feu, terrorise les ennemis des Fomoire.

Divers groupes ou ethnies, toutes mythiques, se succèdent aux origines de l'Irlande ; ils essaient de combattre la prééminence des Fomoire. Parmi ces groupes, les Fir Bolg, militaires de passage, ne font guère qu'assurer une transition. Beaucoup plus importants sont les Thuatta Den Dann. Ce peuple de dieux brûla ses vaisseaux quand il débarqua dans l'île ; il apportait avec lui le panthéon irlandais, dont Guyonvarc'h et avant lui Dumézil ou César ont montré la parenté « indo-européenne » avec les divinités romaines. Lug-Mercure, dieu solaire et lumineux, polytechnicien « capable d'assurer toutes les fonctions », est simultanément druide, champion, forgeron... ; Jupiter-Dagda, maître du monde et dieu des contrats, est armé d'un chaudron ; Mars-Ogmé régit la guerre. Diancecht est dieu-médecin. Minerve-Brigit, déesse des arts, des techniques et même des poètes, deviendra plus tard l'une des saintes de notre panthéon chrétien, préposée à la protection contre la peste.

Deux batailles essentielles marquent les avatars de cette geste des origines insulaires. Celle de Mag-Tured du Sud d'abord : les Thuatta Den Dann y combattent les Fir Bolg. Quelques décennies plus tard viendra le combat de Mag-Tured du Nord pendant lequel les Thuatta Den Dann massacrent les démons Fomoire.

Ces divers épisodes tournent autour du domaine de Tara, où se trouve conservée la pierre de Fal, incarnation de la souveraineté irlandaise. Cette pierre crie chaque fois qu'un nouveau roi prend le pouvoir dans l'île. Le christianisme fera cesser de manière définitive les hurlements puissants de ce quartier de roche.

Ces récits barbares sont souvent d'une grande beauté : ils donnent une idée de ce que fut la littérature orale chez « nos ancêtres les Gaulois » qui partageaient avec leurs cousins irlandais le culte du dieu Lug.

Le Monde vu de l'Islam

André MIQUEL, *La Géographie humaine du monde musulman*, vol. II, Paris, Éd. Mouton, 1975, 705 p. (*Le Monde*, 24 octobre 1975).

La Corée est le pays des faucons blancs. Au Tibet, les hommes ont une peau d'Indien, des habits chinois, un nez de Turc. La Chine est une fourmilière d'hommes, mais l'Inde a pour elle l'immensité de son espace. Voulez-vous, au Cachemire, vous procurer des diamants ? Lancez des quartiers de chair saignante dans une certaine vallée. Un vautour vous rapportera ces morceaux, auxquels se seront collées des pierres précieuses. Aux Indes toujours, la femelle du rhinocéros porte son petit pendant sept ans : de temps à autre, celui-ci sort la tête du ventre maternel pour paître le pré, puis il la rentre et la remet au chaud. Quant aux femmes indiennes, elles sont si vigoureuses qu'elles cassent des noix entre leurs cuisses. D'une manière générale, l'Inde et la Chine occupent les sommets de la civilisation mondiale : les villes chinoises sont aussi régulières que des damiers ; l'alphabétisation est universelle au Céleste Empire. Les marchands arabes y connaissent toute sécurité : Indiens et Chinois seraient dignes d'être musulmans. Seule la grâce divine leur aura manqué.

Les géographes arabes du xe siècle (au sens large) auxquels nous devons ces notes de fait, de mythe ou d'admiration sur l'Extrême-Orient, ont tendance, en revanche, à déprécier l'Afrique. Racistes ? Peut-être bien. Encore que certains d'entre eux reconnaissent qu'une des causes de la prétendue infériorité des Africains pourrait bien tenir à l'esclavage, auquel les Arabes soumettent les populations du continent noir. Bien sûr, on doit reconnaître la beauté de certaines femmes noires, si souples et si cambrées que, même couchées, les enfants peuvent leur passer par-dessous la taille. Mais décidément, l'Afrique est trop écrasée de soleil : au point que certains hommes y sont forcés de vivre sous terre, et certains troupeaux, de ne sortir pour paître que la nuit. L'Afrique ne vaut guère que par ses mines d'or, que gardent des fourmis monstrueuses, qui attaquent les mineurs dans leurs galeries. Elle vaut par sa faune et surtout par ses girafes, mâtinées de chameau, de panthère et de taureau.

Les Turcs ? Leur pays est immense : seize millions de kilomètres carrés ! Certains d'entre eux, anthropophages, s'accouplent à quatre pattes. D'une façon générale, ils habitent des tentes en feutre ; ils se nourrissent de millet et de lait de jument ; à défaut de fer, ils fabriquent leurs flèches avec des os. Le froid effroyable qui règne dans l'Asie centrale rend les Turcs gras, féminins, mous, mais d'autant plus souples, bons tireurs à l'arc, et donc excellents guerriers. Inférieurs aux Perses quand même.

L'espace de ce qui deviendra la Russie d'Europe est couvert de peuplades, que nos géographes n'ont pas en haute estime : les Slaves sont pâteux, froids, stupides (toujours la faute du climat, trop glacé en l'occurrence). Ils ont des isbas, des saunas, des esclaves eunuques. Ils enterrent les grands personnages défunts, en compagnie de leurs chevaux... et de leurs femmes, qui se font un plaisir d'accompagner de tels époux dans la tombe. Les Khazars, en revanche, pratiquent une sympathique tolérance : ils ont un roi juif, une armée musulmane, des esclaves païens, des magistrats chrétiens.

Virons vers le sud, en Méditerranée : Rome est une très belle ville, pieuse, avec ses églises, et son immense marché aux oiseaux, long de cinq kilomètres. On s'y distribue chaque année les poils de saint Pierre, qui toujours repoussent. Et surtout (nouvelle envolée vers le mythe), Rome est une ville de cuivre, avec des ponts de cuivre, des oiseaux de cuivre... Quant à Byzance, ses habitants ont hérité, du moins l'espère-t-on, de la science des Grecs et de leur goût pour la beauté des statues. Mais méfions-nous, nous autres Arabes, des Byzantins : ils sont par excellence l'ennemi héréditaire des mahométans. Un jour, il faudra en découdre. Et rien ne dit que Byzance ne finira pas par gagner : tant les intellectuels arabes, au dixième siècle ont déjà le sentiment de vivre un Islam en déconfiture...

À cette tournée générale des civilisations, au miroir de la géographie la plus ancienne, il faudrait ajouter la revue des peuples fabuleux. Beaucoup d'entre eux vivent aux îles de la légende : îles des femmes seules, ou des hommes seuls, des hermaphrodites, des unijambistes.

Très loin vers le nord-est de l'Asie, on trouve aussi le pays monstrueux de Gog et Magog ; un poisson gigantesque hante ses rivages ; on lui mange le flanc, puis il repart à la mer pour se refaire un nouveau flanc jusqu'au prochain repas, et ainsi de suite... Gog et Magog sont au nord de la Grande Muraille de Chine : elle est connue des Arabes, qui pourtant la « confabulent » sans vergogne.

*

Le livre d'André Miquel restitue amplement une vision globale du monde et de l'espace terrestre. Vision qui reflète tout autant les mentalités arabes elles-mêmes que les réalités exotiques. Elle est le fait d'hommes savants et voyageurs, placés au cœur décentré de l'Eurasie et de l'Eurafrique. Capables donc d'embrasser d'un coup d'œil les continents noir et blanc, indien et chinois. Capables d'opérer le classement des civilisations, de la supérieure jusqu'à l'inférieure, sans lequel il n'est pas, pour ces auteurs, de bonne science géographique. Est-il besoin de dire que cette conception d'ensemble de la planète (moins l'Amérique, bien sûr) était totalement neuve en son temps ? Elle n'aura pas d'équivalent chez les Européens (qui sont si volontiers dédaigneux, pourtant, à l'égard du monde arabe), jusqu'à la fin du Moyen Âge.

Je n'ai pas toujours suivi jusqu'au bout les reconstructions structuralistes de Miquel. Celles-ci mises à part (mais nécessaires peut-être, dans une œuvre de puissante érudition), l'ouvrage est généralement de plaisante lecture, en raison de la beauté des textes que l'auteur résume ou cite. Refermée, cette géographie me laisse le sentiment d'un grand travail ; du fait de ses ambitions mondiales, il fait penser à la *Méditerranée* de Fernand Braudel.

Le livre est peu flatteur du reste pour notre amour-propre national. Au palmarès arabe des cultures, les Francs de la « France occidentale », autrement dit nos ancêtres et prédécesseurs, arrivent bons derniers, à l'époque de Charles Martel et de Pépin le Bref. Pour un peu, les Slaves et les Africains seraient mieux classés que nous ne le sommes. *« On ne peut voir gens plus sales, plus fourbes, ni plus vils,* écrit Ibrahim Yaqub, à propos des Francs occidentaux. *Ignorant la propreté, ils ne se lavent qu'une fois ou deux dans l'année, à l'eau froide. Ils ne nettoient jamais leurs vêtements, qu'ils endossent une fois pour toutes jusqu'à ce qu'ils tombent en lambeaux. »* Crasseux et loqueteux, voilà donc les Francs, sept siècles avant les gueux de Callot et les miséreux de Le Nain.

Médiévales

Norbert ELIAS, *La Civilisation des mœurs*, Paris, Éd. Calman-Lévy, 1973, 352 p. (*Le Monde*, 27 décembre 1973).

Ne plongez jamais les deux mains à la fois dans le même plat. Quand vous êtes à table, n'essuyez pas vos doigts graisseux sur l'habit de votre voisin ; utilisez plutôt la nappe à cet effet. Si vous éprouvez le besoin de vomir, écartez-vous. Aux repas, faites cuiller à part. Ne remettez pas dans la marmite commune l'os que vous venez de ronger. En mangeant, ne gonflez pas votre bouche comme un soufflet. Ne parlez pas la bouche pleine (bien sûr). Ne claquez pas des lèvres comme un blaireau. Ne bavez pas dans la soupière. Ne vous couchez pas sur la table pendant le repas. Grattez-vous au dîner, oui, mais avec votre habit. Pas directement avec les doigts. Pour saler votre viande, ne la trempez pas sans façon dans la salière.

Finissez entièrement votre soupe, ou bien jetez-la par terre, mais, au nom du ciel, n'en laissez pas de reste dans votre assiette. Si vous êtes allemand, mangez bouche fermée. Si français, à demi ouverte. Quand le potage vous brûle le gosier, rejetez-le dans votre assiette, mais en dissimulant cette action derrière votre main. Après avoir flairé les viandes, ne les remettez pas dans le plat. Ne jetez pas par terre la pelure d'orange ou la coquille d'œuf après usage. Ne tenez pas votre cuiller comme un bâton...

Servez-vous de votre serviette pour essuyer votre couteau, mais, par pitié ! ne vous mouchez pas dedans ni non plus dans la nappe. Après usage, n'inspectez pas votre mouchoir comme si des perles ou des rubis vous étaient sortis du cerveau (XVIe siècle). En vous mouchant, cachez votre face derrière votre chapeau, et prenez soin de ne faire ni trop de vacarme ni non plus trop peu ; tâchez d'émettre un bruit intelligent : imitez par exemple le son des trompettes ou le miaulement du chat (XVIIe siècle). Ne vous grattez pas le nez, vous pourriez vous rendre malade (conseil d'époque tardive, à pseudo-justifications hygiéniques).

Crachez en public, soit, mais jamais dans les braises du feu ni sur les habits des autres. Mettez immédiatement le pied sur votre crachat, et, pour ne pas avoir à vous déplacer dans ce but, expectorez si possible à courte distance (conseils d'époque classique). Chez les grands, ou dans une église, crachez dans votre mouchoir (XVIIIe siècle). Cracher en public peut être dangereux pour votre propre santé (avis anglais, pseudo-hygiénique lui aussi, et d'époque victorienne). Un homme bien élevé ne crache pas du tout, c'est aussi simple que ça (même époque).

En principe, ne tournez pas le dos ni le derrière à la face des gens.

Ne levez pas la cuisse intempestivement, au risque de découvrir les zones de la pudeur. Vous pouvez certes vous conduire de cette façon, mais seulement devant vos inférieurs. Car dans ce cas spécifique, en démontrant de la sorte votre simplicité, vous manifestez à vos gens votre sympathie et votre affection (XVIe siècle). Ne dénudez pas, même quand vous êtes seul, les parties secrètes de votre corps, car votre ange gardien est toujours présent (époque janséniste). *A fortiori* ne les exposez pas au toucher d'autrui *(idem)*. Ne saluez pas quelqu'un qui est en train d'uriner ou de déféquer. Vous-même, en cas de bruit malencontreux, toussez, pour éviter d'attirer l'attention (époque classique).

Si vous couchez avec une personne du même sexe par suite d'un nombre insuffisant de lits dans la maison, étendez les jambes, gardez la main sur la partie postéro-externe de la cuisse, ne touchez pas le corps de votre partenaire, ne causez pas, ne badinez pas (époque Renaissance).

Si vous vous levez, dissimulez votre bonnet de nuit (époque classique). Si vous êtes un homme véritablement viril, ne portez pas de pyjama (c'est trop féminin), mais une chemise de nuit. Washington, Lincoln, Napoléon dormaient en chemise de nuit et s'en montraient fiers (États-Unis, 1938). Quand vous allez au lit, ne dites pas vulgairement « Je vais me coucher », mais plutôt « Permettez-moi de me retirer » (époque victorienne).

Dans la rue, ne vous déplacez pas trop vite : on vous prendrait pour un palefrenier ; ni trop lentement, vous passeriez pour une matrone ou pour une jeune mariée (Renaissance).

*

L'histoire des mœurs, que nous conte ainsi Norbert Elias, par apophtegmes successifs, dans un livre truffé de textes, et juteux à souhait, c'est celle des deux phases du savoir-vivre. Surgit d'abord la « courtoisie » chère aux chevaliers du Moyen Âge.

Elle n'est pas moins ritualisée que notre civilité puérile et honnête ; mais elle s'accompagne d'une philosophie des corps qui diffère de celle d'aujourd'hui : puisqu'elle tolère, et même recommande, la promiscuité physique, la convivialité, la violence, à un degré que nous jugerions souvent cruel, inacceptable, voire inconvenant. Promiscuité du lit, du feu, du pot, du vin, de la soupe et de la marmite. Convivialité autour des grands quartiers de bœuf mis à la broche, que découperont les maîtres de maison, prompts à manier l'épée comme le couteau, et que dévoreront ensuite à belles dents et à pleines mains, les attablés. Violence enfin, toujours à fleur de peau, d'hommes qui n'ont pas désappris l'odeur du sang.

Et puis se développe, à partir de la Renaissance, la « politesse », italo-française, des hommes de cour, qui deviendra plus tard un snobisme de bourgeoisie. Les corps ne se touchent plus ; ou plus guère. Les formes dites basses de l'activité physique, rot, pet, crachat, deviennent clandestines. L'amour n'est plus physique que dans le secret des dieux ou des diables. Aujourd'hui même, les débordements d'une mode audacieuse ne sont rendus possibles que parce que les contraintes morales sont suffisamment intériorisées chez les spectateurs, pour que sang-froid soit gardé par eux. Depuis Calvin et depuis Jansenius, l'homme moderne fait l'apprentissage de l'austérité ; avec les cartésiens il réalise tout à coup qu'il n'a plus de corps, qu'il n'est qu'un « Je pense », un « Cogito ».

Le point ultime, dans cette volonté graduelle d'effacement du corps, c'est, selon Elias, la cuisine chinoise, fruit par excellence de la civilisation des mœurs la plus raffinée qui puisse être. Toute viande s'y trouve désormais hachée, pour que les bureaucrates sophistiqués de l'Empire céleste, qui répugnent à la violence guerrière, n'aient pas besoin d'apporter leur couteau ni leur épée jusqu'à la salle du repas.

Vieilli (l'édition originale a paru en 1939), un peu dépassé quelquefois, diffus de temps à autre, et pas toujours totalement convaincant, l'ouvrage d'Elias est quand même un grand livre, grâce auquel on comprend mieux l'avènement de cet être pourtant incompréhensible, prétendument dépourvu de sexe et d'intestin, voire de muscles, qu'est l'homme moderne, dans sa perfection victorienne. Je ne suis pas certain, en fin de compte, que notre culture actuelle éloigne tellement les Occidentaux de cet archétype. Quoi qu'il en soit, et quel que puisse être, à l'avenir, un éventuel retour à la barbarie, cette « civilisation des mœurs » témoignera longtemps sur l'un des secrets de notre histoire, quant à la formation de la personnalité des Européens : en termes théologiques, ce grand secret recouvre le mystère d'une graduelle désincarnation. La nôtre.

Hexagonales

Theodor ZELDIN, *Histoire des passions françaises,* T. I et II, Paris, Éd. Recherches, 1978, 421 p. et 390 p. (*Le Nouvel Observateur,* 17 juillet 1978).

Théodor Zeldin, enseignant d'Oxford, prétendait *déshabiller* les Français. Au terme de ce processus, l'auteur a réuni une impressionnante collection de défroques : vêtements bariolés, rôles passionnels dont se sont affublés nos compatriotes (d'où les titres des volumes, *ambition, amour, orgueil, intelligence...*) ; masques de toute sorte, bureaucratiques, ouvriers, paysans, bourgeois... L'ouvrage, une fois publié au complet, aura cinq volumes dans l'actuelle série, traduite en français par les soins des sympathiques éditions *Recherches.* N'ayant lu que les deux premiers tomes, je ne vois pas bien le fil rouge qui guidera jusqu'aux conclusions de l'ultime volume ; j'aperçois pourtant un lot séduisant de guenilles, un fascinant marché aux puces. Zeldin, avant de préparer puis d'écrire son œuvre, s'est ennuyé considérablement, à force d'écouter nos perpétuelles et paranoïaques ratiocinations, relatives aux deux cents familles ; relatives aussi à la droite élitiste et à la gauche populaire qui sont censées nous diviser de manière irrémédiable et dualiste. La bourgeoisie qui passionne notre auteur n'est pas dichotomique, mais plurielle, polycentrique, éclatée : Zeldin a une vraie passion (non réciproque ?) pour les petits-bourgeois ; il est friand des ex-ruraux de 1830, en col dur et chapeau haut-de-forme, qui exilent leur épouse à la cuisine, pour se donner des airs de Messieurs, à la table de leur salle à manger. Il s'intéresse aussi aux notaires, aux médecins à barbiche et monocle de la Belle Époque : ils se font décorer de la Légion d'honneur, afin de mieux attirer le client. Cette *histoire des passions* est courtelinesque. Elle campe les ronds-de-cuir des années 1900, que l'Europe nous enviait : au fait, si l'on en croit Zeldin, ils n'étaient pas aussi paresseux, inefficaces et budgétivores que le prétendaient leurs adversaires (la France du XIXᵉ siècle, par rapport à sa population globale, n'avait pas semble-t-il davantage de fonctionnaires que les U.S.A. de l'époque).

À l'encontre de l'image odieuse du paysan-gorille, du rustre sauvage et barbare qu'ont diffusée comme à plaisir les plus grands esprits du XIXe siècle tels Zola, Flaubert, Stendhal, Marx, Balzac et Maupassant, le professeur anglais réhabilite les millions d'habitants des villages de France, au temps des monarchies, des empires et des républiques successives. Il en donne une vision rugueuse mais humaine, et parfois tendre. Opprimés par l'intempérie et par la société, les travailleurs de la terre que décrit Zeldin sont proches du tableau chaleureux qu'a fourni Émile Guillaumin, dans sa *Vie d'un simple*.

Le livre se présente comme une succession d'instantanés sociologiques, à commencer par l'ethnographie de la famille française. Un auteur américain n'a-t-il pas constaté qu'il existait vers 1900 trois institutions fondamentales : l'Empire britannique, le grand État-Major allemand et la famille bourgeoise bien de chez nous. Zeldin déambule, à son tour, parmi les mésaventures historiques du couple ; il met à nu, dès 1860, les premiers théoriciens du droit au plaisir, et les apeurés de la syphilis. Il fait le décompte des passes journalières effectuées par la prostitution parisienne (40 000 passes par jour, aux années 1860). Il suit à la trace les homosexuels du XXe siècle, enfin sortis du « placard » de la clandestinité. Il s'attendrit sur la socialisation de l'enfant français, beaucoup plus familiale qu'elle ne l'est outre-Atlantique. Il note malicieusement que les femmes, en Turquie, ont eu le droit de vote bien avant que ne l'obtinrent nos concitoyens.

Oxfordien jusqu'aux moelles, Zeldin ne dissimule pas une certaine aversion antiparisienne. Nos provinces lui sont délectables. D'un revers de main, il balaie les prétentions de la langue française à l'universalité. Il y a peu de temps qu'à Paris ou Marseille on ne roule plus les r... En province, selon notre auteur, on est peut-être dialectal, patoisant, que sais-je encore, de 1848 à 1945. Mais on lit de gros livres, on pense, on aime, on se recueille, on a le temps. On publie de massifs ouvrages et d'innombrables articles, pas toujours très lus, mais conservés pour une éternelle et fragile éternité dans les collections de la Bibliothèque nationale. Zeldin n'est pas entièrement au fait de l'occitanisme contemporain. Mais il connaît à merveille, plus qu'aucun auteur anglais ou américain, la Provence de

Mistral et des félibres ; la Bretagne bretonnante du marquis de la Villemarqué et du celto-communiste Yann Sohier ; la Savoie que la modernisation décrétinisera de ses anciens goitreux ; l'Alsace qui ne se donnera totalement à la France, sous les auspices du gaullisme et du M.R.P., qu'après être passée malgré elle dans les pétaudières atroces de l'hitlérisme. Même la Normandie de La Varende (mais oui) n'a pas de secrets pour notre homme. Existe-t-il un historien français entre Dunkerque et Perpignan qui sache ainsi sur le bout du doigt ses provinces ? Avec Zeldin, le vieux rêve des Girondins prend corps... sur le papier. La France est enfin dé-capitalisée.

Apparaissent aussi les grandes entités extérieures, les Nations qui n'ont pas comme nous la chance d'être construites en forme hexagonale ; et auxquelles la France, tout en se considérant comme le nombril du monde, n'a pas dédaigné de s'ouvrir. Vis-à-vis de l'Allemagne conçue dans toute sa germanicité, la fascination des actuels Gaulois dépasse les bornes, mais n'est pas payée de retour. Trois guerres, dont deux mondiales, n'empêchent pas l'intelligentsia française de s'abreuver successivement à Kant, Mommsen, Marx, Freud, penseurs universels, et décollés du Reich germanique. L'Angleterre a fourni aux politiciens de chez nous ses modèles parlementaires, difficiles à naturaliser de ce côté-ci de la Manche. Les États-Unis sont restés depuis Tocqueville l'espace focal d'une admiration par excellence ; même et surtout pendant la IIIe République au cours de laquelle Georges Duhamel dénonça de façon ridicule les abattoirs de Chicago, en tant que cauchemar du travail à la chaîne. Mais il est vrai que culture américaine et culture française ont du mal à se compénétrer : pour l'une la Révolution fondatrice est à l'origine d'un consensus ; pour l'autre, elle représente un principe de division[1].

Volubile quant aux contacts culturels, Zeldin est nettement plus dédaigneux, quelquefois méprisant (à mon sens) pour l'enseignement français ; il l'est spécialement pour les instituteurs, regardés de loin par la haute culture, qui les qualifie trop vite de « primaires ». Non sans humour, le Britannique signale que la classe de philosophie, si florissante dans nos collèges et lycées, n'a pas produit un

---

1. Voir à ce sujet l'article de P. NORA, dans un numéro de *Daedalus*, consacré aux États-Unis.

seul philosophe d'envergure, Bergson mis à part. Les tendresses Zeldiniennes vont plutôt aux contestataires des lycées (un premier soulèvement lycéen, massif, remonte à 1883). Elles vont aussi, fait remarquable, à l'enseignement secondaire confessionnel et catholique, pour lequel l'oxfordien laïc professe une admiration non déguisée. Les Grandes Écoles ne recueillent de sa part qu'une appréciation mitigée, compte tenu de ce que la Sorbonne, selon notre homme, a encouru un échec historique, dont elles sont le substitut le moins déplorable.

ÉGLISE, HÉRÉSIE
PROPHÉTIE

Christ sans frontières

Marcel SIMON, *La Civilisation de l'Antiquité et le Christianisme*, Paris, Éd. Arthaud, 1972, 562 p. (*Le Monde*, 4 octobre 1972).

Marcel Simon a écrit, au sens légitime du terme, un livre d'histoire œcuménique. Destiné au croyant comme au non-croyant, cet ouvrage sait faire une juste part, dans les ingrédients de base du premier christianisme, à la philosophie gnostique et platonicienne, à la pensée juive, à l'héritage oriental... On devine aussitôt le péril qu'impliquait cette entreprise accueillante : le danger, c'était, par crainte du sectarisme, d'écrire un livre bénisseur, effaçant les différences radicales — qui individualisent la parole du Christ — au profit d'un christianisme fourre-tout, sorte de soupe éclectique à la Victor Cousin, où les fragments de la gnose évolueraient dans l'élixir du platonisme, sans qu'on puisse discerner, au sein de cette mixture, l'enseignement authentique du Rédempteur et de ses épigones. Mais bien sûr, il n'était pas question un seul instant pour le connaisseur averti des premiers siècles qu'est Marcel Simon d'écrire le *Tout le monde est bon, tout le monde est chrétien* de notre histoire religieuse des origines. Dans une composition de facture classique, dont les développements initiaux sont passionnants — la suite s'accommodant quelquefois d'un ennui de bonne compagnie —, Marcel Simon a su donner à ce christianisme des commencements, admirablement illustré par l'éditeur, l'ampleur généreuse que mérite le sujet, centré sur l'archéologie des influences.

Et d'abord pour ce spécialiste des antiquités chrétiennes, une première « influence » ne fait aucun doute : le christianisme est bien, d'entrée de jeu, le produit de la synagogue : le Christ le savait, qui, à partir de deux thèmes bibliques, populaires à son époque, s'identifiait lui-même au « Fils de l'homme » et au « Serviteur souffrant » des Écritures.

De cette filiation, la nouvelle foi, dans ses débuts, tire un avantage de première force : au moment où démarre la prédication des « Galiléens », la communauté juive est en pleine expansion autour de la Méditerranée. Avec son immense peuplement israélite, Alexandrie d'Égypte est le New York du monde romain. Disséminée sur les côtes de la mer intérieure, la population juive réussit un triple tour de force : elle exerce un remarquable prosélytisme ; elle s'ouvre aux influences culturelles du grand large ; elle préserve cependant son identité par une rigueur et par un rejet de la convivialité, qui font juger bizarres chez les Gentils ces Israélites qui refusent systématiquement, au nom d'un souci de pureté rituelle, les invitations à déjeuner des païens.

Les Juifs sont donc à cette époque « le peuple unique d'un Dieu universel ». Faisant fi du syncrétisme religieux cher aux Romains, leur Dieu refuse de cohabiter dans le Panthéon confusionniste, où Zeus fait bon ménage avec Isis et Mithra. Seuls, parmi tous les citoyens de l'empire, les Juifs bénéficient d'un statut spécial qui leur permet de ne point participer au culte de la personnalité de l'empereur, sans qu'ils soient pour autant accusés du crime de lèse-majesté.

Sur cette Diaspora dynamique, le christianisme a donc eu tout loisir de se greffer, puis de proliférer. Les disciples de Jésus ont emprunté au peuple juif son messianisme, rafraîchi avant notre ère par la persécution d'Antiochus. Et c'est à travers des filtres juifs (en l'occurrence à travers la communauté des Esséniens, désormais mieux connue grâce aux manuscrits de la mer Morte), qu'est parvenue jusqu'à l'évangile de saint Jean la doctrine dualiste sur l'antagonisme des forces des lumières et des forces des ténèbres, originellement inventée par les Mazdéens d'Iran.

Influencé par l'Orient, le christianisme s'organise, en un *credo* supranational, dans le monde grec dominé par Rome : l'apôtre Paul incorpore donc à la nouvelle Église la religiosité païenne des mystères, transmise elle aussi à travers un judaïsme hellénisé ; le « logos » abstrait des philosophes de l'Antiquité — accommodé depuis quelque temps, par le penseur juif Philon, au goût d'Israël, — devient chez Paul de Tarse le Christ incarné. De même, les conceptions « gnostiques », non chrétiennes au départ — avec leur pessimisme quant au sort du monde, leur dualisme des « deux principes » et leur valorisation de la connaissance ultime — fournissent à la nouvelle religion (qui en prend et qui en laisse) quelques-uns de ses thèmes essentiels. Au IIe siècle, un Clément d'Alexandrie, féru des philosophes païens et des bonnes manières, très hostile aux cheveux longs, incarne, non sans platitude, la synthèse entre christianisme et Antiquité.

C'est dans ce climat de rapprochement que Marcel Simon envisage le gros dossier des brimades antichrétiennes ; pendant les deux premiers siècles, les persécutions contre la nouvelle Église ne viennent pas, dit-il, des autorités impériales ; elles sont, dans la bonne tradition du syncrétisme, très accueillantes aux dieux étrangers ; la persécution de Néron est, elle-même, limitée à la ville de Rome ; en fait, les vrais persécuteurs surgissent de la base et de la masse ; celle-ci transférant sur les chrétiens sa vieille hostilité contre le judaïsme. Sans que le gouvernement y soit pour rien, le bon peuple, ou bien la populace, profère donc contre les sectateurs du Christ le ragot, père du pogrome.

On les accuse, pêle-mêle, d'anthropophagie, de misanthropie, d'inceste, de meurtre rituel, d'adoration d'un dieu à tête d'âne, et de refus de manger du boudin. Bref, la nouvelle secte rejette le mode de vie romain : « Qu'elle soit mise à mort. » Quelques intellectuels à la Monsieur Homais, comme Celse, se font l'écho de ces racontars meurtriers. Les empereurs s'en lavent les mains ; ils ne prendront la responsabilité des persécutions qu'à partir du IIIe siècle, quand la crise du système impérial les contraindra de chercher un bouc émissaire, dorénavant incarné par les chrétiens.

Ces répressions, enfin devenues officielles, n'auront qu'un temps. À la fin du IVe siècle, l'empire bascule définitivement dans le camp chrétien. Du coup s'accélèrent les phénomènes d'intégration ou de fusion : la fête de Noël s'ajuste aux cérémonies antiques du solstice d'hiver. Les pères de l'Église moulent leurs sermons dans la rhétorique des païens ; saint Jérôme, en rêve, se fait réprimander par le Christ, pour s'être intéressé à Cicéron. En même temps se mettent en place les caractères originaux de la civilisation chrétienne : la dévotion aux martyrs s'inspire, non sans changements, de l'ancien culte des morts ; les chasseurs de reliques se multiplient, plus acharnés à leur besogne que ne sont nos collectionneurs. Le pèlerinage devient la forme préférée du tourisme ; quant à ceux parmi les chrétiens qui refusent la culture antique, ils se réfugient désormais dans le monachisme du désert. Ils attirent l'hostilité de la foule, qui, souvent, déteste les moines, hommes vêtus de noir, accusés de s'empiffrer comme des éléphants.

Dans ce monde antique où les chrétiens sont devenus « le sel de l'État », les esprits les plus puissants prévoient pourtant l'écroulement du système et ils se disposent à prendre le large. L'élite quitte le navire : saint Augustin se désolidarise du monde romain.

Le Christ multiséculaire, aux prodigieuses facultés d'assimilation, qu'a dépeint de pied en cap Marcel Simon, est aussi éloigné que possible, on s'en doute, de ce *sans-culotte Jésus,* soi-disant abolisseur de l'esclavage, que des révolutionnaires naïfs, en 1848, avaient rallié à leur cause.

Le Christ de Marcel Simon, c'est un homme-Dieu qui a fait son chemin ; en trois siècles le petit charpentier palestinien a su mettre à son service les trésors de la sagesse humaine, venue d'Orient et d'Occident. Il s'est haussé de pair à compagnon jusqu'au niveau de l'empereur de Rome, que bientôt il dominera de très haut. Dépositaire désormais de toute la civilisation antique, Jésus sera-t-il crucifié avec elle, lors de la grande subversion par les barbares ? On peut en effet redouter le pire. Mais faisons-Lui confiance. Il saura bien, derechef, ressusciter.

Aux origines du grand domaine monacal

Walter HORN et Ernest BORN, *The Plan of Saint Gall,* Berkeley, University of California Press, 1979, 3 vol., 978 p. (*New York Times Book Review,* 15 juin 1980).

Le plan de l'abbaye de Saint-Gall fut dessiné entre les années 820 et 830, après Charlemagne, et probablement par l'abbé bénédictin Haïto, évêque de Bâle. Ce parchemin bien préservé contient, au verso, sous forme manuscrite, un fragment de texte religieux en latin haut-médiéval ; au recto, là gît l'extraordinaire ou même l'unique, on trouve une esquisse très précise, à partir de laquelle architectes et maçons pouvaient construire le monastère complet de Saint-Gall — église, cloître et annexes, y compris les granges et les étables.

Le plan d'Haïto s'intéresse aux détails les plus infimes, les plus intimes. Il prévoit par exemple que les jeunes moinillons qui séjournent au noviciat ou dans l'infirmerie disposeront au moins d'un siège de toilette purifié par eau courante, pour deux personnes. En fait, on trouvait ces sièges partout et en grand nombre, pour le clergé et pour les hôtes de l'abbaye. Remarquable modernité ! Les hôtels Hilton, aujourd'hui, ne font guère mieux.

À l'ouest du monastère, le plan d'Haïto prévoyait un groupe de bâtisses symétriques — écuries, étables, porcheries et bergeries, où logeaient les animaux domestiques et les ouvriers préposés à leur garde ou à leur entretien. L'ensemble de ces bâtiments d'usage agricole, à la différence de la vaste église bâtie en pierre, était construit de bois et d'argile (torchis). Les bergeries à moutons se dressaient au plus proche du sanctuaire : façon de dire que Jésus-Christ, le bon pasteur, n'est jamais très éloigné de son troupeau (ovin).

Contiguë aux bergeries, l'étable à porcs héberge une trentaine de truies et de cochonnets. Les moines sont censés ne pas consommer de jambon. Mais ils distribuent du lard à foison aux malades, aux ruraux, et à la noblesse en déplacement. L'immense saloir de l'abbaye est rempli, à satiété, de carcasses de porcs et bœufs salés, côte à côte avec des sacs de lentilles, des paniers de fèves, des pyramides d'oignons, et des étagères à fromages.

Le complexe des bâtiments monastiques qui sont réservés à l'élevage évoque les villages allemands, aux murailles formées de torchis, qu'Albert Dürer représentera sept siècles plus tard. Les canards, poules et oies, au IXe siècle du *Plan,* étaient parqués dans deux vastes cabanes circulaires, parfaitement construites : les volatiles y pondaient et couvaient leurs œufs en toute efficacité. Ces structures rondes présagent les pigeonniers cylindriques qu'on trouvera encore près des manoirs normands au XIXe siècle. Entre elles se situait la demeure à toit de chaume où résidait le préposé aux volailles : « maître des poules et maître des oies ». La réplique exacte de cette maison du maître des poules se trouvera au XVIIe siècle dans le tableau du Hollandais Hobbema, intitulé *Une ferme au soleil.* Étonnant exemple de longue durée rurale, des Carolingiens aux Orange-Nassau.

Les paysans qui vivaient et travaillaient à l'abbaye mangeaient des crêpes et des soupes. Les moines, plus haut situés dans l'échelle sociale, consommaient du pain et buvaient des doses considérables de bière (la région de Saint-Gall n'était pas spécialement viticole). Le plan de Haïto prévoyait aussi de vastes fours pour la boulangerie abbatiale et un grand « hall » pour le brassage de la bière. À cause de la chaleur que dégageaient ces diverses fabrications, les deux emplacements, boulange et brasserie, attiraient les moines, qui venaient y bavarder de bon gré pendant les longues soirées d'hiver. Au point que l'abbé devait promulguer certaines règles, qui interdisaient aux membres du couvent de se rassembler autour des fours.

Pour les céréales, une vaste grange s'élevait sur le côté sud de l'abbaye. Veut-on se faire une idée des dimensions de cette « aire de stockage » ? Il suffit de visiter l'immense grange dîmeresse de Vaulerent, à une lieue de l'aéroport Roissy/Charles-de-Gaulle. Ses volumes évoquent Notre-Dame de Paris, mais remplie de gerbes de grains.

À Saint-Gall, les moulins à eau tournaient les grosses meules ou manœuvraient les pilons et mortiers qui écrasaient le grain, lui-même prévu pour la bière des moines ou pour le gruau des serviteurs. Sur un gigantesque gril, sis dans un bâtiment contigu, on rôtissait les céréales préparées de la sorte. Haïto, comme Hercule, avait prévu de détourner un cours d'eau vers le flanc méridional de son abbaye, le long duquel se trouvaient les installations destinées à préparer la nourriture. L'énergie hydraulique devait y mouvoir les roues à aubes pour les meules et pilons.

Le monastère distribuait aussi des nourritures spirituelles. Une école y était réservée aux enfants des classes supérieures. Cet établissement se composait de deux salles de classe ; chacune était chauffée par un foyer central et éclairée par des fenêtres percées dans le toit. En outre, on comptait douze chambres pour les étudiants et quatorze sièges de toilette, soit une trentaine d'écoliers à raison de deux ou trois élèves par siège et par chambre. Inutile d'insister sur l'intérêt légendaire que Charlemagne portait à l'éducation (pour un petit nombre de jeunes, il est vrai). Non loin du centre de l'empire carolingien, l'école monastique de Saint-Gall contribuait à la formation d'élites restreintes ; elles géraient le territoire vaste, mais précaire qu'avait rassemblé l'homme à la barbe fleurie.

Les « facilités » pour les soins du corps et de l'âme confluaient dans l'infirmerie du monastère. On y trouvait une chambre pour le médecin, une pharmacie, une salle pour les soins, et un hôpital de huit lits, y compris pour les serviteurs, voire pour les paysans sérieusement malades qui, semble-t-il, n'étaient pas abandonnés à leur triste sort. Il y avait des sièges de toilette pour le médecin et pour les malades ; l'entier « complexe » de l'infirmerie formait un petit espace quadrangulaire, ingénieusement arrangé.

De sa résidence, le médecin avait accès direct au jardin des plantes médicinales, soigneusement tenu, fumé, clos d'un mur. Les « herbes » qui poussaient là, en petites plates-bandes rectangulaires, n'avaient pas d'effet curatif instantané. Mais l'horticulture qu'elles impliquaient allait graduellement renouveler la cuisine et le choix des fleurs, à l'usage des nobles, de la bourgeoisie et finalement des ruraux, pendant les siècles qui suivront.

Bordé à l'est par le « jardin des simples », le quartier général du médecin était flanqué à l'ouest par la « maison de la saignée ». Celle-ci était parfaitement chauffée grâce à un foyer central et quatre cheminées d'angle. Il y avait assez de place pour purger ou saigner trente-deux moines en une seule fournée, étendus sur des tréteaux. En réalité, le fait de se faire saigner, au IXe siècle, était souvent considéré comme une agréable distraction. Les moines qui se prêtaient (pour le bien de leur corps, croyaient-ils) à cette opération étaient correctement chauffés ; leur ration alimentaire était augmentée ; l'ambiance, dans la salle de la saignée, était à la blague et au chahut. En général, les médecins de l'époque pensaient que la saignée améliore la vue, renforce le cerveau, stimule la circulation, vide l'intestin, supprime l'ennui et empêche les pleurs.

Le « plan de Saint-Gall » est inoubliable. Richesse du détail, finesse du graphisme... L'unité structurale de conception évoque les utopies de la Renaissance et du Romantisme, monastiques ou non : la Thélème de Rabelais, les cités imaginaires de Thomas More et de Campanella, les coopératives laïques du Gallois Owen et du Français Fourier...

L'abbé Haïto pensait à tout. La grande église est presque au centre de l'ensemble conventuel. À l'est sont les logements des moines ; à l'ouest les étables et autres « résidences animales » ; au sud, les emplacements pour préparer la nourriture ; le système ainsi conçu ne pouvait que fonctionner. La collectivité humaine qui l'occupait était entièrement masculine ; elle ne risquait pas de succomber à l'enflure démographique. On n'avait, de temps à autre, qu'à combler les vides que creusait la mort. Tout au plus se prémunissait-on contre les tentations de la sensualité ; dans un environnement mâle à 100 % elles ne pouvaient être (en principe) qu'homosexuelles.

Les phalanstères de Fourier ne virent jamais le jour, ou bien leur réalisation fut souvent biaisée. Par contre le plan de Saint-Gall, à travers le couvent qui en naquit, deviendra un modèle pour les monastères bénédictins qu'on bâtira dans la période suivante. Qui plus est, ce genre d'établissement se réfractera dans les grands domaines agricoles et seigneuriaux, qui émergeront de 1000 à 1300, et que dirigeront les laïcs. Les moines du IXe siècle, avec leur esprit d'organisation, d'ascèse, d'économie et d'épargne sont les pères du capitalisme (voyez Max Weber). Leur esprit communautaire les place aussi aux origines de l'utopie socialiste... Multiples postérités.

Ces paternités de toute espèce rendent d'autant plus remarquable la conservation miraculeuse du plan de Saint-Gall presque aussi parfaite que celle du suaire de Turin. Le rédacteur qui au verso du plan calligraphia une insignifiante biographie de saint Martin nous a valu le sauvetage des précieux diagrammes du recto. Les éditions de l'université de Californie, et l'immense érudition de Horn et Born ne nous épargnent aucun détail quant aux commentaires relatifs au *Plan,* qu'il s'agisse de fours carolingiens à technologie ci-devant babylonienne, ou d'auvents de cheminées, ceux-ci retrouvés onze siècles plus tard, jusque sur les toits des fermes californiennes, lesquelles copiaient pour ce point précis les chaumières d'Europe, héritées directement du Moyen Âge.

Un sas

Jacques LE GOFF, *La Naissance du Purgatoire,* Paris, Éd. Gallimard, 1981, 516 p. + 4 H.T. (*Le Nouvel Observateur,* 17 octobre 1981).

Toutes les religions, depuis qu'il y a des hommes, et qui songent, ont fait un sort à l'au-delà. Les premières tombes préhistoriques, où le défunt gît sur un lit de fleurs (révélées aux archéologues par la survivance des pollens), ont au moins trente ou quarante milliers d'années. Ces bouquets indiquent mieux qu'un long discours que la famille du mort n'envisage pas le trépas comme un pur néant d'abandon. Et qui donc, dans son sommeil, n'a pas rêvé au moins une fois dans sa vie au retour impalpable d'un « cher disparu » ? L'expérience existentielle affirme l'existence d'une « après-mort », même si la science trouve des raisons pour la nier.

Dans ce système général, Jacques Le Goff situe son enquête. Définition d'un lieu *post mortem* : celui-ci, qui n'est ni l'enfer ni le paradis, accepte pour un temps les rigueurs de l'un afin de mieux accéder plus tard aux plaisirs de l'autre. En quoi se manifeste ce qu'on peut appeler avec Kolakowski un génie particulier du catholicisme : non pas diviser le monde entre élus et damnés, mais dépasser le manichéisme simplificateur, père des fanatismes ; donner leur chance aux minuscules pécheurs, aux petits délinquants : moyennant pénitence et modeste cuisson dans les flammes purgatoriales, les uns et les autres accéderont un jour aux délices de la vision béatifique.

Le purgatoire n'était guère connu de la primitive Église, malgré quelques textes obscurs et d'ambivalente interprétation, qu'on tirait de saint Paul ou de tel passage du Nouveau Testament. En revanche, il est déjà pressenti aux IVe et Ve siècles par saint Augustin. Il ne prendra forme définitive comme lieu bien déterminé que vers 1170-1180, en même temps que d'autres innovations médiévales. Elles font du XIIe siècle l'un des plus inventifs parmi les deux derniers millénaires ; au nombre des « percées » techniques ou sociales de ce temps-là figurent la charrue, le collier d'attelage, l'épanouissement de la féodalité puis de la monarchie, le sens de la justice royale et de l'individu, la comptabilité numérique, la famille conjugale, la légitimation du crédit bancaire qui peu à peu s'émancipe des hontes et des horreurs de l'usure ; la réhabilitation des professions ou confréries méprisées, telles que celle des barbiers ; le sens mathématique du temps, la complication des schémas binaires en modèles ternaires, etc.

Que la naissance du purgatoire s'inscrive au faîte d'une vaste croissance économique de l'Occident, initiée depuis l'an mil, voilà qui ne souffre guère d'objection. Mais comment passer de l'économique au culturel : Le Goff note que le purgatoire correspond étroitement au souci de justice qui anime à la fois les seigneuries et les royautés. Au lieu d'une rétribution en noir ou blanc qui pour un crime voue le coupable à l'enfer, ou à l'inverse, lui pardonne abusivement et lui accorde le paradis, voici que surgissent des pénitences fort nuancées : elles se caractérisent par un certain nombre d'années de souffrance ou par tel type de châtiment (le feu, le gel). Tout cela s'inspire des peines graduées qu'infligent à leurs sujets dans le territoire qu'ils contrôlent le monarque et le féodal. Qui plus est, ces nuances « féodales » sont parfois telles que les théologiens décrètent que ce qui est péché mortel à Orléans n'est que véniel à Paris et sans importance aucune à Dunkerque... Même la symbolique du noir et du blanc est mise à contribution : les revenants du purgatoire sont vêtus d'un costume en forme d'échiquier ou de domino ; les carrés noirs y font place aux carrés blancs au fur et à mesure que le temps des tortures s'écoule et que s'approche le seuil du paradis. Jacques Le Goff, dans ces récits de fantômes, fonctionne du reste comme un remarquable narrateur : il décortique un *exemplum* (anecdote édifiante). Il le pèle comme un oignon, il le transcrit du latin médiéval en plaisant français de notre époque.

Le purgatoire du XIIe siècle finissant et du XIIIe siècle glorieux, c'est aussi l'épanouissement d'une civilisation du chiffre : depuis longtemps les cultures connaissaient l'image de l'Ange ou du Dieu peseur d'âmes, qui appréciait les mérites de l'invidivu lors du passage vers l'au-delà. Autour de 1200, on va faire beaucoup mieux : les jours de la vie sur terre se compteront en années purgatoriales dans l'au-delà. Chez les conteurs folkloriques, c'était l'inverse : les années, dans le ciel du merveilleux des fées, passaient à toute vitesse comme de simples journées ici-bas. Quant au purgatoire de Dante, il forme montagne dont les étages sont soigneusement numérotés. Chacun d'eux correspond à un péché capital : l'escalade de ces pentes dantesques est extrêmement raide, elle exige des techniques proches de l'alpinisme. Les péchés sont calibrés, ventilés, gradués selon une échelle savante : on distingue désormais avec beaucoup de soin l'intention et l'acte. La mauvaise volonté, même quand elle n'est pas suivie d'effet, devient largement plus coupable que le crime non prémédité. Tout cela traduit le perfectionnement moral et l'éthique désormais scrupuleuse d'une société ; elle se soucie davantage des perfections individuelles, malgré les « bavures » nombreuses qu'entraîne nécessairement le sous-développement médiéval.

Les XIIe-XIIIe siècles valorisent aussi l'unité du couple ; bravement, il ne fait qu'une seule chair, il procrée l'enfant ; et il s'oppose à la tyrannie respective des lignages des deux époux. Le purgatoire offre donc à travers la barrière de la mort un théâtre privilégié pour l'affection conjugale. On ne compte plus les épouses, qui (soucieuses de sauver un défunt mari dont elles savent par apparition nocturne qu'il se morfond au purgatoire) sèchent de pénitence dans une petite cabane construite sur la tombe de l'homme aimé. Grâce à quoi celui-ci pourra plus rapidement filer comme une flèche vers les sentinelles du paradis : elles se décident au vu des mérites de l'épouse à ouvrir pour cette âme les portes du bonheur céleste.

Le purgatoire est aussi un lieu politique, et de la plus haute stratégie de l'époque. Le pape ne se contente plus de dominer une partie de la terre, au moins dans les domaines spirituels. Il s'efforce aussi, avec l'aide de Dieu, d'étendre son empire jusqu'au séjour provisoire des âmes des morts. Vers 1300, la papauté laisse entendre qu'elle dispose, grâce aux fameuses indulgences, du droit de libérer les âmes du feu purgatorial pour mieux les envoyer vers le sein de Dieu. Bientôt les indulgences se vendront comme des anguilles au marché. Ce pouvoir papal est exorbitant. Les hérétiques le refusent. Ils blasphèment le purgatoire...

Plus modestement, les esprits malins s'ingénient à prétendre que tel pape ou tel roi a vécu plusieurs années en purgatoire, comme châtiment des péchés. Le grand saint Bernard lui-même a fait un bref passage dans ce mauvais lieu, pour punition de son manque de zèle quant aux croyances à l'immaculée conception de la Vierge.

Le problème de l'usure et du crédit est l'un des plus passionnants parmi ceux qu'a traités Le Goff (à vrai dire, il les a, sur ce point, effleurés plutôt qu'envisagés en profondeur). Autrefois, les usuriers juifs ou lombards étaient voués aux flammes de l'enfer. Maintenant, quand ils sont chrétiens, ils peuvent expier leurs crimes dans le temps limité des tortures du purgatoire. Le paradis final ne leur est plus interdit. C'est une façon comme une autre, pour l'Église, de légitimer le capitalisme. Les fidèles voient donc s'ouvrir devant eux les carrières de la banque. A une époque où la finance n'était nullement étatisée, elles représentaient une voie royale pour la promotion à l'usage des minorités persécutées, juives et autres.

Comment en est-on arrivé là ? Le Goff, avec une science extraordinaire et une érudition polyglotte, nous promène pendant les cent premières pages du livre parmi les au-delà des civilisations archaïques : l'enfer égyptien du temps des pharaons implique des tortures (perte des organes des sens, atteintes à l'unité de la personne) qui sont pires que celles qu'envisageront jamais les chrétiens. Le schéol juif, lieu de ténèbres, possède son fleuve et ses montagnes, à l'instar des enfers de l'Antiquité ou de « la Divine Comédie ». Dans l'au-delà des apocalypses juives, les âmes des morts, comme plus tard au purgatoire des chrétiens, prient pour ceux de leurs disparus qui sont encore vivants sur notre terre : saint Cyprien décrit l'« après-mort » sous les auspices d'une boule de feu compacte : elle forme bouchon et elle se détend vers les supplices. Le Goff cite aussi l'admirable vision de sainte Perpétue, jeune martyre africaine du IIIe siècle commençant : au fond de sa prison et peu avant sa propre mort, elle soulage par les prières son jeune frère défunt, accablé par la double souffrance de l'autre monde (soif et chancre). Ainsi se développent les prières pour les morts, dont les anciens Égyptiens avaient eu la primitive intuition. Viennent enfin les diverses dialectiques du feu. Elles illuminent les débats théologiques du premier millénaire, pendant la gestation du purgatoire. Feu torturant pour les criminels ; feu purificateur et intelligent pour les âmes bonnes : il consomme leurs parties gâtées, leurs abcès et leurs furoncles. Il ne laisse survivre en elles que l'incombustible essence de la sainteté.

À partir de ces conceptions décousues, dispersées, le purgatoire du XIIIe siècle émerge comme un lieu précis dans la géographie de l'au-delà ; comme un substantif (purgatoire), et non plus comme un adjectif (région purgatoire). Cette mutation est l'œuvre d'un certain Pierre le Mangeur, que Le Goff a tiré d'un total oubli. Parti de là, le nouveau concept colonisera les grandes constructions théologiques (saint Thomas) et poétiques (Dante). Il diffusera dans le récit, le conte, l'exemplum. Il animera les retables provençaux du XVIIIe siècle, dédiés à la souffrance des âmes.

En même temps, l'auteur campe l'histoire face à la théologie. On admet désormais que celle-ci se déploie dans le temps. L'émergence du purgatoire en 1170 se réfère à une date presque aussi importante que celle de la création, de l'incarnation, de la crucifixion, des premiers conciles ou du Jugement dernier. Dans la débâcle actuelle des idéologies, le christianisme demeure l'une de nos plus importantes constructions symboliques. On y adhère avec la foi de charbonnier ou on y admire le développement d'un mythe signifiant et pertinent. Or il faut bien admettre avec Le Goff que cette lourde bâtisse ne fut pas érigée en un jour ni même en un siècle. Face à une ecclésiologie contemporaine qui creuse un grand vide temporel entre l'Évangile et Vatican II, face à une pastorale qui oscille entre le Sermon des béatitudes et les peuples révoltés, Jacques Le Goff rappelle le rôle essentiel des méditations médiévales.

Ni sorcière, ni bigote

Georges et Andrée DUBY, *Les Procès de Jeanne d'Arc*, Paris, Éd. Gallimard, 1973, 312 p. (*Le Monde*, 22 février 1974).

Georges et Andrée Duby, Jeanne d'Arc... et Cauchon ont écrit ce livre. Utile pari que de vouloir offrir à un grand public, même averti, ces textes malaisés. Il a fallu les remettre en français moderne à partir du latin ; mais aussi, tâche plus ardue, à partir du broussailleux langage d'oïl des temps de la Pucelle. Pour accéder à ce procès, il faut fondamentalement vouloir comprendre comment les Français voyaient Dieu, la Vierge, les saints, l'Église en ces années 1420-1430 ; en cette époque où s'écroule un monde et où s'interroge un peuple qui se sent près de mourir par hémorragie démographique.

Jeanne d'abord. « Ni sorcière ni bigote. » Elle participe en effet à la religion de plus en plus sophistiquée des simples : ceux-ci, dans une période où l'information s'accroît et où la propagande franciscaine se déchaîne, exigent dorénavant pour eux-mêmes un contact direct avec Dieu, avec la Vierge et avec les saints ; sans avoir à passer par-dessus cette planche pourrie qu'est, selon quelques personnes certes malveillantes, l'Église catholique, appelée « militante ». Jeanne d'Arc n'est ni devineresse ni magicienne. Elle ne croit ni aux fées ni aux sortilèges. Elle témoigne, au niveau du peuple dont elle sort, sur la présence d'une religion déjà épurée et qui n'est pas, qui n'est nullement le tissu de superstitions grossières et paganisantes que quelques historiens nous présentent aujourd'hui, à tort, comme étant la forme dominante de la religion populaire au bas Moyen Âge. Jeanne, entre autres indices, prouve bien que la paysannerie francophone était *déjà,* pour une part, sereinement christianisée ; et cela avant même que les missionnaires de la Contre-Réforme viennent compléter, mais non pas créer de toutes pièces, la catholicisation des campagnes, deux siècles plus tard.

Et puis, face à Jeanne, une Église un peu paranoïaque. Qui voit le diable partout, là où il n'est pas. Qui flaire des superstitions, des sortilèges, des philtres là où fleurit la pure, bonne et simple dévotion, lestée tout au plus d'un zeste d'anticléricalisme. Pour l'Église, et pour ce satellite du clergé qu'est l'université de Paris, brûler, châtier, c'est d'abord affirmer le pouvoir du clerc en face des laïcs ; ils s'estiment désormais assez grands garçons ou assez grandes filles pour avoir droit à leurs propres visions, à leurs propres conversations avec le divin sans être obligés de demander toutes les fois la permission des prêtres.

Les Anglais, dans ce dialogue de sourds, entre peuple de Dieu et clercs de France, font pâle figure. Ils jouent les utilités policières...

Auteur et bourreau

Nicolau EYMERICH et Francisco PEÑA, *Le Manuel des inquisiteurs*, trad. de Louis SALA-MOLINS, Paris-La Haye, Éd. Mouton, 1973, 250 p. (*Le Monde*, 22 février 1974).

Pneumotomaches, papinianistes, pépuzites, borborites, messaliens, euchytes (*alias* enthousiastes), audiens, hydroparastates, tascodrogistes, batrachistes (autrement dit brachites), marcelliens, encratistes, apotacites, saccophores... tous des hérétiques. On ne sait plus quelle est leur idéologie ni leur type d'erreur. N'importe. Leur souvenir passe. La haine reste, contre eux. Faites-les arrêter, si vous les découvrez ; enquêtez ; torturez, condamnez, brûlez. Au besoin, dressez procès contre leur squelette, si leur faute n'est détectée qu'après leur mort...

Et puis surgissent les vrais hérétiques, les bien connus : cathares du XIIIe siècle, luthériens d'Espagne au XVIe siècle... Vouez-les donc au feu, s'ils sont endurcis ou *relaps* (mais d'abord, n'oubliez pas de leur ligoter la langue : autrement, leurs blasphèmes pourraient influencer les spectateurs). Quant aux blasphémateurs, n'allez pas traiter leur faute à la légère. Qualifier la Vierge de putain, c'est attenter au dogme de la maternité virginale de Marie : si l'auteur d'un juron de ce genre est roturier, qu'il soit bâillonné. Si noble, mis à l'amende.

Pour les magiciens et devins, ne faites pas montre non plus de trop de pitié. Baptiser des images, s'enduire de saint chrême, enfumer la tête des défunts, piéger le diable dans une fiole, dans une bague, dans un miroir, c'est déjà l'hérésie. En cas d'impénitence, au feu le sorcier.

Les Juifs ? N'oubliez pas qu'ils sont un peu chrétiens. N'ont-ils pas l'Ancien Testament, comme nous autres ? Si un Israélite pèche contre sa propre religion, l'inquisiteur a son mot à dire. Faut-il rappeler que le pape de Rome a juridiction sur tous les hommes, juifs inclus, et pas seulement sur les « papistes » ? Au feu, le Juif sorcier. Comme les autres. Et puis en passant n'oubliez pas de brûler le *Talmud*, quand vous en dénichez un exemplaire. C'est un mauvais livre, qui n'a rien à voir avec la Bible.

Vous êtes dominicain. Vieux, déjà. Vous avez quarante ans tout juste. Vous venez d'être nommé inquisiteur. Quels sont vos premiers devoirs ? D'abord, présentez-vous au roi du pays, ou aux autorités locales. Munissez-vous de vos lettres de créance. Faites bien sentir aux puissances de ce monde que vous disposez du pouvoir spirituel, et qu'elles n'ont rien à redire. Convoquez sans plus de façons les seigneurs temporels : faites-leur savoir qu'ils doivent prier leurs sujets d'obtempérer à vos convocations. Si ces seigneurs renâclent, excommuniez-les, au son du tocsin. Restez en bons termes avec l'évêque du diocèse dans lequel vous opérez. N'oubliez pas que, s'il y a lieu de torturer un suspect, vous pouvez requérir l'assistance de ce prélat. Une fois en place, au chef-lieu du pays sur lequel vous ferez régner la terreur, convoquez les habitants à gros fracas, pour le *sermon général* que vous prononcerez en grande pompe, à leur intention, dans la principale église de la cité. À cette occasion, faites appel publiquement aux délateurs : en échange de leurs mouchardages, ils recevront de vous des indulgences, grâce auxquelles ils pourront gagner le ciel. Toutefois, cette garantie céleste risque de ne pas leur suffire : alors promettez l'anonymat aux mouchards : ils ne craindront plus les représailles, de la part des familles de leurs victimes.

Et maintenant, la chasse aux hérétiques est ouverte. Convoquez les suspects. Faites-les asseoir dans la salle de votre tribunal. Mais que ce soit sur une chaise, plus basse que votre fauteuil. Ces méthodes psychologiques ont leur importance. Si le prévenu n'a été hérétique que pendant son sommeil, à l'occasion d'un rêve, n'insistez pas, relâchez-le. Sinon, interrogez-le. Ne vous laissez pas intimider par les ruses de vos interlocuteurs. Une femme vous dira : « *J'ai mes règles.* » Un homme : « *Je suis fou.* » J'ai entendu ce genre de propos plus de mille fois dans l'exercice de mes fonctions d'inquisiteur. Dans ce cas, torturez, pour savoir. Vous verrez, alors, si l'homme est vraiment fou. S'il l'est, cela n'a pas d'importance. Les fous ne meurent pas sous la torture.

Vous aussi, usez de la ruse. La fin justifie les moyens, et le mensonge vous est permis, dès lors qu'il est au service du bien général. Promettez au suspect de lui faire grâce s'il avoue bien gentiment. Votre *grâce*, il en verra la couleur, juste avant le bûcher, quand vous lui aurez envoyé un confesseur, qui lui évitera les flammes... de l'enfer.

Église, hérésie, prophétie

Apprenez à distinguer les hérétiques les uns des autres. Les Vaudois se reconnaissent grâce à leurs savates écussonnées. Les Cathares s'écartent des femmes. Les pseudo-apôtres ont les cheveux longs. Les nécromanciens ont le regard oblique.

Utilisez la pression physique. Quelques mois dans un cachot solitaire rendent un homme compréhensif et intelligent. Il y a sept degrés de torture, parmi lesquels les brodequins, l'estrapade, les charbons ardents, l'eau, etc. N'essayez pas d'être inventif *a priori* dans ce domaine. Nous sommes des juges, pas des bourreaux. Contentez-vous des moyens de question existants, sans chercher à faire du fignolage. N'oubliez pas pourtant de soigner la publicité. Après condamnation, faites monter l'hérétique sur un immense échafaud : là, revêtu de croix jaunes ou rouges, ou d'un sac, il fera des aveux publics de repentance, devant toute la ville. Rien de tel pour convaincre la population. En cas de condamnation au bûcher, soyez humain. Si l'homme jusqu'alors endurci rétracte tout à coup sa faute, alors que déjà il est à demi brûlé, mais pas encore mort, n'hésitez pas, sortez-le du feu. J'ai moi-même fait cela pour un de mes « clients ». L'homme a survécu à ses brûlures, et, quatorze ans plus tard, il est quand même retombé dans ses erreurs d'hérétique. Du coup, je l'ai fait brûler pour de bon, et il en est mort. Mais pouvais-je prévoir ?

Ainsi Nicolau Eymerich (1376), revu et corrigé par Franciso Peña (XVIᵉ siècle), nous offre-t-il à partir de son expérience personnelle le manuel du Parfait Inquisiteur, en pleine action dans un diocèse. Une introduction de Louis Sala-Molins, qui, par ailleurs, a traduit l'ouvrage, donne les clés de ce texte, rébarbatif parfois, mais qui fascinera le lecteur assidu, jusqu'à l'écœurement. Tous les inquisiteurs n'étaient pas les crapules peu évangéliques idéalisées par Eymerich. Il y avait parmi eux, ou autour d'eux, des policiers consciencieux et subtils, tel Jacques Fournier, l'évêque de Pamiers, vers 1320 : il faisait son travail sans torturer et (si possible...) sans brûler. On me dira que le XXᵉ siècle, avec ses répressions massives, et ses génocides, a fait, quantitativement, beaucoup mieux que le XIVᵉ siècle. Certes ! La technologie moderne a rendu les méthodes d'écrasement humain plus efficaces. Pourtant, dès son principe, la codification de la chasse aux déviants a été génialement mise au point, et pour toujours, par Eymerich et par Peña. L'intérêt exceptionnel de ce livre, c'est qu'il est signé du bourreau lui-même, et non de la victime. En somme un *Archipel du Goulag* dont l'auteur ne s'appellerait pas Soljenitsyne mais Vichinsky.

Un millénarisme florentin

Donald WEINSTEIN, *Savonarole et Florence,* Paris, Éd. Calmann-Lévy, 1973, 352 p., traduit de l'américain par Marie-France de PALOMÉRA (*Le Monde*, 10 mai 1973).

Donald Weinstein a mis Savonarole au goût du jour. Pouvait-on, après les grands travaux de Norman Cohn sur les *Fanatiques de l'Apocalypse,* ignorer plus longtemps que le dominicain Savonarole était, lui aussi, un millénariste : au gré du moine, Florence régénérée devait devenir la nouvelle Jérusalem et le siège du paradis terrestre, à la veille du Jugement dernier... L'historien américain Weinstein, depuis sa thèse préparée dans l'Iowa, s'est spécialisé en historiographie florentine ; il ne nous laisse pas ignorer cet aspect fondamental de l'action du leader de la Toscane renaissante : inspiré directement par Dieu, Savonarole, selon Weinstein, manipule la prophétie de sainte Brigitte, le livre apocalyptique de Daniel, et les prédictions mathématiques des disciples de Joachim de Fiore. Il table aussi sur l'astrologie, et il profite de la conjonction de Jupiter et de Saturne, survenue en 1484, pour annoncer l'inévitable catastrophe qui remettra sur ses pieds la capitale des Médicis.

Pourtant le prophète-prêcheur se révèle vite un politicien de première force ; ami de Laurent de Médicis, Savonarole, après la mort de celui-ci et la chute de ses descendants, s'adapte : il retourne sa position du tout au tout, et devient le défenseur de la République. Lui qui pourchassait jadis impitoyablement le *cheval verdâtre de la tiédeur,* le voilà maintenant qui tempère la rigueur de son ascétisme, et promet aux gens de Florence la prospérité matérielle. À l'usage des marchands, affamés de sécurité dans les affaires et de profit d'entreprise, il va même jusqu'à fabriquer sur mesure, en combinant les enseignements des prophètes et les besoins du négoce, une apocalypse du juste milieu. Prédicateur chrétien avant tout, ce furibond radouci sait pourtant rallier à sa cause les humanistes : ceux-ci le présentent à la foule dans leur propagande comme le Socrate de Florence, ou comme un voyant debout sur la lune. Le pape finira néanmoins, au sens strict du terme, par abattre Savonarole. Mais le bûcher final de ce défenseur d'une certaine bourgeoisie florentine n'annule pas son œuvre d'inspiré. Savonarole demeure le théoricien d'un républicanisme messianique, où la figure centrale du Christ-Roi permet désormais de se passer commodément de monarque. Un peu lourde peut-être, la démonstration de Weinstein est, de ce point de vue, probante et probe.

On regrettera à la fin de cet ouvrage l'erreur d'optique au nom de laquelle Weinstein fait de Savonarole un précurseur des réformes protestantes. Même vue d'Iowa-City, la florentinité de Savonarole et de son disciple Botticelli est trop italienne, mariale et catholique pour qu'on puisse la présenter comme simple annonciatrice de réformes septentrionales. Entre les Toscans de Savonarole et les calvinistes de Genève, il y a l'énorme différence qui s'intercale entre ceux qui croyaient à la Vierge et ceux qui n'y croiront plus.

Huguenote et papiste,
la double réforme

Pierre CHAUNU, *Le Temps des Réformes,* Paris, Éd. Fayard, 1975, 574 p. (*Le Monde,* 24 octobre 1975).

La Réforme « protestante » de la chrétienté, vue par Pierre Chaunu, n'est pas seulement, comme on pourrait le croire, un phénomène du XVIe siècle. Elle a des origines beaucoup plus anciennes ; elle s'enracine dans les conditions du monde « plein », du monde démographiquement rempli d'hommes, tel qu'il sévit en Occident depuis le XIIIe siècle : le temps des cathédrales, et des triomphes du gothique, si l'on en croit notre auteur, est déjà pour l'Église surpeuplée l'époque du doute et du renouveau.

Dès le principe, Pierre Chaunu vise donc la très longue durée (1250-1550), et l'histoire totale : il fait marcher d'un même pas l'analyse des conditions matérielles, démographiques, etc., et celle des transformations spirituelles. Le projet est valable, généreux ; mais souvent répétitif. Sa mise en œuvre n'est pas toujours convaincante : le chapitre II, qui donne, d'après les travaux de Gilson, une esquisse de la philosophie médiévale, n'est pas fait, de ce point de vue, pour emporter pleinement l'adhésion des lecteurs. Il est obscur, sans être profond.

Chaunu est beaucoup plus à son aise sur le terrain de l'histoire sociale. Il y retrouve le meilleur de son grand talent. Après l'excursion philosophique, il décrit, en effet, en ce *Temps des Réformes,* qui est comme une histoire de l'Église au petit pied, la vie paroissiale du Moyen Âge. Au XIVe siècle, deux cent mille curés, disséminés parmi toute l'Europe catholique, souvent paillards, truculents et concubinaires, s'efforcent d'inculquer les gestes du christianisme à une masse paysanne, qui peut comporter, en certains lieux, jusqu'à 50 % d'indifférents au culte...

Ce pourcentage est énorme, effarant, et certains chercheurs, de la meilleure foi du monde, s'autorisent de cette « énormité » pour déprécier systématiquement la ferveur populaire au Moyen Âge et pour la présenter, quelque peu méprisants, comme une collection de mômeries ou mimiques rituelles, effectuées par une population superstitieuse, que n'a pas encore pénétrée, et pour cause, le christianisme « authentique ». L'auteur du *Temps des Réformes* est d'opinion différente : dans l'ascèse du jeûne, dans la folie des pèlerinages médiévaux, il déchiffre les mouvements d'une religion panique, passionnelle, affamée de foi et de salut, possédée par un « immense appétit du divin ».

A l'automne (prolongé) du Moyen Âge, la Réforme saxonne, animée par Luther, jouera de cette religiosité profonde, au détriment de l'Église officielle. Celle-ci, en effet, a été gravement affectée, au cours des siècles précédents, par la série des « grands schismes » de la papauté, en Avignon et à Rome. Schismes qu'ont mal replâtrés les réconciliations de la seconde moitié du XVe siècle, plus apparentes que réelles.

C'est sur ce terrain miné que vont opérer, bien avant Luther, les premiers réformateurs : l'Anglais Wyclif, dès 1375, revalorise l'Écriture ; il attaque l'inutilité des « œuvres » pieuses, considérées par lui comme autant de bigoteries. Et Jean Hus opère, au début du XVe siècle, pour le compte du patriotisme tchèque, un premier retour à l'Évangile.

Wyclif et Hus seraient demeurés sans continuateurs, si ne s'étaient formées peu à peu, comme une Renaissance, les « préconditions » de la grande Réforme luthéro-calviniste. Au premier rang de celles-ci : l'humanisme. Il transforme l'étude de l'Écriture sainte ; il consacre le triomphe de l'Esprit (biblique) sur la Lettre (latine). En l'occurrence, il remplace les vieilles traductions latines de l'Ancien et du Nouveau testament par le recours direct et rafraîchissant au texte hébreu. Autres « préconditions » : la mise au point, à la fin du Moyen Âge, du papier, puis de l'imprimerie. Il s'agit là de formidables multiplicateurs d'informations : à la fin du XVe siècle, vingt millions d'exemplaires de livres imprimés, presque tous religieux, sont en circulation. Et Luther, dès 1520, tire ses ouvrages, par éditions successives, à trois cent mille exemplaires...

Dans un monde où les plus grands intellectuels n'hésitent point à se faire correcteurs d'imprimerie, les nouvelles techniques inventées par Gutenberg favorisent l'expansion d'une double *intelligentsia,* d'humanistes et de théologiens. Avant même Gutenberg, la *xylographie* (imprimerie sur bois) permet aux petites gens, grâce à la diffusion des images pieuses qui concernent la Passion, de s'imprégner spirituellement des supplices et du sang du Rédempteur : les débuts de la Réforme accomplissent l'Imitation de Jésus-Christ.

Au terme de ces développements, Chaunu s'attarde sur les petits mystiques allemands, rhénans, flamands et sur les divers réformateurs de la Suisse (Zwingli, etc.). Un chapitre, bien sûr, intéresse Luther : dans ce livre de cinq cents pages, le réformateur de la Saxe se taille la part du lion. À son propos, reviennent inlassablement, chers au cœur de Chaunu, les thèmes nécessaires : justification par la foi, exigence de salut, grâce divine pour l'homme pécheur, et retour à saint Augustin.

Calvin, traité plus brièvement, est présenté, entre autres, comme un homme d'appareil, créateur de l'indispensable organisation ecclésiale. Henri VIII est presque passé sous silence ; on admettra, en effet, que ce roi schismatique et polygame n'innova qu'assez peu dans le domaine doctrinal. Peut-être cet escamotage, qui frappe presque d'oubli l'un des acteurs essentiels de la Réforme anglaise, était-il le prix à payer pour le lecteur dès lors que Chaunu, voulant traiter pleinement du Moyen Âge, refusait par cela même de s'appesantir sur tous les détails du XVIe siècle...

En revanche, « l'espace » de la Réforme est largement déployé, dans ses modalités allemandes, françaises, scandinaves, etc. À l'heure du léger assoupissement de la géographie officielle, il y a dans le cœur de tout bon historien français un vrai « cosmographe », et qui ne s'ignore pas.

Somme toute, ce *Temps des Réformes* est novateur, dès lors qu'il s'agit des nouvelles frontières de la connaissance historique (histoire des masses, des techniques et de l'alphabétisation ; démographie de la zone papiste ou réformée ; défilé haut en couleur des groupuscules régionaux...). Le livre porte aussi la trace d'une coutumière vitesse d'écriture, dont Chaunu, à raison d'une production de cinq à dix pages par jour, ne nous cache pas qu'elle est l'une des forces de son activité d'historien. Les formules heureuses, à l'emporte-pièce, jaillies dans la fièvre de la création, alternent avec un style parfois revêche qui rend plus ardu, et c'est dommage, l'accès à une pensée riche, originale, heureusement paradoxale. Quant à la bibliographie de cet ouvrage de synthèse, Chaunu a commis le tour de force de parler brillamment, intelligemment d'un phénomène qui est, pour une bonne part, allemand et anglais, en ne s'appuyant guère que sur les recherches des historiens français. La bibliographie germanique et britannique est maigre.

Ces critiques de détail ne sauraient ternir une pensée valide, qui rassemble plus qu'elle n'oppose. Chaunu insiste, en effet, sur l'unité essentielle des deux réformes, protestante au XVIe siècle et catholique au XVIIe siècle : unies toutes deux (par-dessus le fleuve de sang de leur conflit mutuel), dans la volonté de mettre à jour et de rajeunir le christianisme.

L'échec d'une reconquête catholique

Robert SAUZET, *Contre-Réforme et réforme catholique en Bas-Languedoc. Le diocèse de Nîmes au XVIIe siècle*, Bruxelles-Louvain-Paris, Éd. Nauwelaerts, 1979, 527 p. (Inédit).

Plaines, plateaux, garrigues, le diocèse de Nîmes, en ses frontières de jadis, était infiniment varié. Il reste bigarré, quant à sa composition religieuse. Les protestants, pendant des siècles, y furent majoritaires, les catholiques ou « papistes » formant la minorité. Les documents pour une histoire « diocésaine » ne manquent point dans le pays nîmois. Figurent, parmi eux, les fameuses « visites pastorales ». L'évêque, même quand il était âgé ou goutteux, effectuait à dos de mule la tournée de toutes ses paroisses, y compris les plus montueuses. Pour la circonstance, il faisait circuler, à l'intention des curés locaux, un questionnaire qu'ils tenaient souvent pour odieux. Impérativement, ils se devaient d'y répondre, et ils ne manquaient pas de le faire, souvent avec humour, dès lors qu'il s'agissait des interdits qui concernaient directement leur vie privée. Question : *« Le curé va-t-il à la chasse ? »* Réponse de l'intéressé : *« Oui, aux petits oiseaux. » « Vit-il avec une servante ? »* — *« Oui, très laide. »* D'autres documents, tels que les registres de délibération des chanoines de Nîmes jettent une lumière crue sur la vie quotidienne du clergé et des fidèles. La division religieuse reste essentielle : depuis le massacre de la *Michelade* aux années 1560, où des catholiques nîmois furent jetés vivants par les huguenots dans un puits, une coupure sanglante, puis cicatrisée, mais toujours mémorable, donne à la région son identité dédoublée. Les Cévennes sont devenues décidément protestantes, malgré certaines exceptions locales. Les zones plus basses forment comme une peau de léopard sur laquelle alternent les villages catholiques et protestants. Le problème pour le « papisme » régional au XVIIe siècle n'est pas tant de conquérir que de survivre. Il s'agit de rebâtir les églises détruites, et de sélectionner les prêtres valables qui ne serviront pas seulement de repoussoirs pour les pasteurs des communautés huguenotes. Ces modestes tâches demeurent difficiles, car des catastrophes les interrompent. De 1621 à 1634 sévit, sur place, la dernière des guerres religieuses : elle est dirigée par ce remarquable chef populaire qu'est le duc de Rohan. Elle jette bas les sanctuaires récemment rebâtis. Elle disperse les curés, menacés de mort par le protestantisme, et qui s'égaillent comme une volée de moineaux. Ce conflit n'a pas encore les aspects hystériques et convulsionnaires du soulèvement camisard ; mais authentiquement mené, contre Louis XIII, par les populations huguenotes, il mériterait d'être connu pour lui-même. À partir de 1634, un grand évêque nîmois, Anthime Cohon, porte à bout de bras le catholicisme local, qui reprend une nouvelle vigueur. Militant et savant, Cohon a un faible pour les dames, au point d'enfreindre, semble-t-il, les règles du célibat ecclésiastique, *a fortiori* épiscopal. Mais nous aurions tort de juger cet homme complet, en vertu des chastes convenances qui régiront le Séminaire de Saint-Sulpice aux années 1850. Les périodes médiévales, au cours desquelles le clergé se révélait concubinaire, furent de grandes époques pour la Foi, et pour la sensibilité catholique.

Après 1660, le dispositif de la Contre-Réforme, ou plus exactement de la contre-offensive catholique est mis en place au pied des Cévennes. Louis XIV, en la matière, ne prendra les devants qu'au moment de la Révocation de l'Édit de Nantes. Au départ, la poussée « romaine » est surtout déclenchée par le groupe des vingt-deux évêques de Languedoc. Ils suggèrent au Pouvoir royal, qui s'empresse d'obtempérer, les mesures répressives, dès l'époque de Colbert, à l'encontre des protestants. La révocation elle-même (1685) est un compromis boiteux : elle réconcilie l'État royal et l'Église de France (avec ses jansénistes et ses jésuites, ses ultramontains et ses gallicans) sur le dos des calvinistes. Trois années plus tard, un compromis homologue, mais bien différent dans sa structure, réconciliera la Monarchie d'Angleterre avec les diverses factions protestantes et avec les règles du pouvoir constitutionnel... sur le dos des catholiques. Ce sera la *glorious Revolution* de 1688.

L'Angleterre étant mise à part, on conçoit dans cette occurrence que les relations soient demeurées tendues, sur le double versant de la barricade, entre les fidèles des « deux religions » (catholique et huguenote), dans les territoires qui formeront par la suite le département du Gard. Borrelly, notaire catholique, ruiné par la crise louis-quatorzienne à la fin du XVIIe siècle et qui n'achète plus que d'occasion ses perruques miteuses, est le soutien le plus fanatique de la persécution antiprotestante. Il tient la Révocation, et les conversions (en fait hypocrites) qui l'ont accompagnée pour un vrai miracle, une divine surprise. Sa femme, gravement malade, est émouvante à force de piété ; elle se réjouit ouvertement de mourir, puisque le Dieu de l'Église romaine saura ainsi la rappeler à Lui, et lui conférer l'ineffable joie du Paradis. Mais des catholiques plus souples cohabitent volontiers avec les huguenots. Tel chanoine cache un protestant que recherchent les dragons. Dans un village dauphinois, non loin du Gard, le curé (qui, c'est vrai, est paillard et concubinaire) joue volontiers aux boules avec le pasteur ; l'évêque local en fronce les sourcils. Le pouvoir royal contraint souvent les villes protestantes à se donner des consuls, autrement dit des maires, entièrement catholiques... En ce cas, les huguenots trouvent facilement, parmi les papistes, des hommes de paille : ceux-ci gèrent la cité,... pour le compte des sectateurs de Calvin. Au village d'Aubais (Gard) sous Louis XV, une stratégie conjugale est habilement menée des deux côtés de la barrière des cultes : elle multiplie les mariages mixtes. La fiancée protestante prend grand soin, peu avant son mariage avec un papiste, de se convertir aux dogmes de l'Église de Rome. Mais tout le monde, curé inclus, sait déjà par avance que quelques mois après ses noces, elle ne manquera pas de se déclarer touchée par la grâce ! Elle se reconvertira donc à son ancienne religion, dont la capitale est à Genève. Au total, le protestantisme nîmois et gardois conserve une belle vigueur pendant le XVIIe siècle malgré les persécutions. Les huguenots profitent, du reste, de leur prépondérance économique : ils campent dans les sphères supérieures de la société parmi le patronat commercial et artisanal. Ils n'hésitent point à lock-outer leurs ouvriers catholiques et même à les convertir de force au protestantisme, sous peine de leur faire perdre l'emploi. Même après la révocation, qui consacre le triomphe apparent des catholiques, ceux-ci resteront en fait minoritaires au diocèse de Nîmes. Ils garderont les traits de la religion baroque : confréries du Saint-Sacrement, culte marial, troupes de pénitents coiffés de cagoules. Ils ne parviendront à la prépondérance numérique que grâce à l'immigration de nombreux « travailleurs de terre » non touchés par la croyance de Calvin et qui proviendront de l'Aveyron, et puis, en notre temps, de l'Espagne et de l'Italie.

On ne saurait trop recommander la lecture de ce livre à tous ceux, méridionaux ou nordistes, prêtres ou pasteurs, catholiques ou huguenots qui tentent de comprendre la situation actuelle des Églises diverses. Sans recourir à l'histoire, il n'est pas d'approfondissement possible de la conscience et de la mémoire religieuses. À défaut de ce recours, on tomberait dans les errements de certains Ecclésiastiques, oublieux de la réforme catholique du XVIIe siècle, ce grand moment de l'Église de France. À qui fera-t-on croire que l'histoire ecclésiale s'arrête au Concile de Nicée (325 après Jésus-Christ), pour ne recommencer qu'à Vatican II (1962) en attendant les fastes inégalés de la théologie post-conciliaire ?

Port-Royal, au jour le jour

René TAVENEAUX, *La Vie quotidienne des Jansénistes,* Paris, Éd. Hachette, 1973, 286 p. (*Le Monde,* 1er février 1974).

Tout commence dans ce livre, on s'en serait douté, par Saint-Cyran et les dames port-royalistes, qu'assistent en sous-main, au XVIIe siècle, les écrits de Quesnel et de Richer, partisan sévère d'un gallicanisme des prêtres. Contre les curés indignes, qui disent leur bréviaire au pas de course, Saint-Cyran se réclame d'une conception rigide de la grâce. Il restaure dans la vie quotidienne l'austérité la plus stricte. Il y veut évoquer sans trêve les grandes vérités de la religion : on distribue donc aux enfants les dragées trois par trois, pour qu'ils mémorisent plus commodément la Trinité. Les belles dames qui suivent, dans le siècle, la nouvelle secte, ne mettent plus de poudre ni de rouge, ni ne se frisent. Certains, parmi les solitaires de Port-Royal, gardent un œil sur le cloître et un pied dans le monde. Mais les plus purs s'enferment dans la sauvagerie marécageuse du célèbre monastère, d'autant plus parisien qu'il refuse Paris ; ils mangent du pain d'orge et des pimprenelles ; ils écoutent de longs offices sans jamais s'asseoir, « debout comme à l'apocalypse ».

Port-Royal était l'enfant putatif, mais authentique et purifié, du violent fanatisme papiste des Parisiens de la Ligue (1590). Soixante ans plus tard, les guerres de la Fronde menacent l'existence du monastère ; elles l'environnent d'une nuée de pauvres individus, déracinés par la soldatesque ; elles obligent les dames et les solitaires à se vouer aux œuvres de charité, qui resteront l'un des traits typiques du jansénisme français.

Surtout Port-Royal va mettre sa marque, on peut même dire sa griffe, sur l'éducation des enfants. Comment, d'un bébé né vaurien, pollué par la faute originelle, faire un adulte valable ? Le pessimisme profond que les disciples de Jansenius professent vis-à-vis de l'être humain leur dicte le modèle de vie quotidienne qu'ils imposent aux écoliers. Le résultat fascine. Pédagogie souvent neuve ! Elle est fondée sur un approfondissement, qui conduit quelquefois jusqu'au délire, de la relation maître-élève. Le pédagogue ne quitte pas ses écoliers de l'œil ; il sommeille avec eux dans leur dortoir ; il veille sans cesse à la sauvegarde de l'être jeune, petite forteresse mal gardée, autour duquel le diable fait sa ronde.

La suppression des châtiments absurdes, qui caractérisaient l'école d'ancien type, tels que « tenir ses sabots entre les dents » est une heureuse innovation des port-royalistes. Mais elle est compensée par l'annulation des joies et des spontanéités. Avec les professeurs jansénistes des « petites écoles » la scolarité accentue ses tendances répressives que voudront aujourd'hui abolir les tenants idylliques d'une société sans maîtres ni disciples.

Louis XIV, qui fait pénitence sur le dos d'autrui, tente l'éradication du Parti janséniste, accusé par la Cour d'user de l'esprit de libre critique au point d'en devenir *républicain*. Mais c'est trop tard. L'épidémie gagne la province : dans les diocèses dont l'évêque est du Parti, les autorités épiscopales traquent les bals et font fouetter les danseurs, dont le crime est d'avoir courtisé leur cavalière. Ces prélats rigoristes provoquent quand même l'admiration du peuple, en raison de leur charité (ils admettent les chômeurs dans leur salon) ; en raison aussi de leur vie exemplaire, si différente du libertinage d'un Le Tellier, archevêque de Reims.

Certains curés jansénistes vont plus loin encore : ils veulent élever le simple fidèle au rang de quasi-prêtre. Ils disent aussi de temps à autre la messe à haute voix ; et même en français, voire en occitan, à la place du sacro-saint latin. Ils envisagent (vrai, ou faux ?) de faire dire la messe par des femmes : car un(e) fidèle en vaut un autre, et vaut un ecclésiastique. Après tout, du moment qu'on a la grâce...

Il y a, bien sûr, un prix à payer : ces curés modernistes sont avant tout tracassiers ; certains, parmi eux, tiennent un fichier policier des âmes de leurs ouailles ; ou bien refusent l'absolution à un joueur de quilles, quand il est bouliste trop passionné.

Sur les sacrements nos « nouveaux sectaires » sont fort stricts ; on supprime les fanfreluches de la première communion. On rationne l'eucharistie. Car celle-ci n'est pas une pilule d'antimoine ou d'ellébore, comme sont censés le croire les Jésuites trop libéraux. La pénurie d'hosties, artificiellement décrétée par les jansénistes, est si sévère, qu'on voit de grands jeunes gens n'être admis à faire leur première communion qu'à 25 ans ; des mourants sont privés du viatique, car le prêtre n'est point assuré de la sincérité de leur contrition.

Cette crise des célestes subsistances se double d'une sévérité accrue, quant aux règles du confessionnal. « Finies les minauderies, finis les soupirs », disent les confesseurs renfrognés à leurs jeunes pénitentes. Montrez un repentir public. En cas de grossesse scandaleuse faites brûler un cierge au Saint-Sacrement devant l'assemblée générale de la paroisse, et dites, devant tous, pourquoi vous avez dû allumer ce flambeau. Allez pieds nus à Rome...

Les activités mondaines sont sévèrement contrôlées. Vous voyagez ? Soit. Mais profitez-en pour vous prosterner devant les reliques ; à Auxerre, honorez les ossements de saint Germain ; et à Lyon, le crâne de saint Irénée. Vénérez la poudre d'os issue du sciage de la tête de Saint-Cyran. Inutile d'ajouter qu'en matière d'art, le théâtre est infâme ; la comédie vient du diable. Pour mieux vous mortifier, *« aimez le laid »*. La peinture n'est bonne que si elle accède à la foi ; y parviennent par exemple Georges de la Tour et Philippe de Champaigne le janséniste.

En passant des robins aux prêtres, et des curés au bon peuple de Paris, ce jansénisme-là se charge de macération. Apparaissent vers 1730 les convulsionnaires de Saint-Médard. Les dévotes sauteuses, aboyeuses, crucifiées, miaulantes, font le grand écart ou le grand arc sur le tombeau du diacre Paris.

Un bon livre, donc, dans la tradition de Lucien Goldmann. Car le jansénisme est aussi comme l'avait magnifiquement compris Goldmann l'un des ingrédients dont fut élaborée la bourgeoisie française, dans le prolongement des robins et des officiers. Elle conserve de lui, aujourd'hui encore, un brin d'austérité vite en alerte, et une saine méfiance contre les instincts. Moins théoricien, moins conceptualisateur que Goldmann, mais soucieux du détail coloré comme de l'effet d'ensemble, René Taveneaux, érudit magistral, nous donne une galerie féroce des portraits de nos ancêtres spirituels. Sur les visages qu'il dessine pas une verrue ne manque à l'appel...

Du Baroque à l'intimité, via Jansenius

Michel VOVELLE, *Piété baroque et déchristianisation en Provence au XVIIIᵉ siècle*, Paris, Éd. Plon, 1973, 697 p. (*Le Monde*, 31 mai 1973).

La Révolution française est-elle un « islam », en rupture brusque avec des siècles de christianisme de masse, jusqu'alors intact et vécu sans problèmes ? Ou bien faut-il dire une fois pour toutes *c'est la faute à Voltaire, c'est la faute à Rousseau*, et considérer que la « Grande Révolution », du point de vue de la foi, n'est qu'un événement mineur ; elle n'aurait fait dans cette hypothèse que tirer les conséquences logiques du grignotage efficace qu'avaient pratiqué, à l'encontre de « l'infâme » religion catholique, les agents de la philosophie des Lumières.

On pourrait discuter de ce dilemme à l'infini : Michel Vovelle, professeur à Aix-en-Provence, a préféré plonger dans les archives régionales afin d'en rapporter une réponse sûre. Le document qu'il a choisi pour jauger la ferveur religieuse des masses, au XVIIIᵉ siècle, c'est le testament. À l'article de la mort, en effet, dans cette Provence qui constitue le champ d'observation de l'historien d'Aix, beaucoup de citoyens entre 1700 et 1789 rédigent plus ou moins pieusement leurs dernières volontés par-devant notaire. Les expressions qu'ils emploient (invocations à la Vierge, aux saints, etc.), les dispositions qu'ils prennent (nombre de messes mortuaires demandées pour le repos de l'âme après le décès) permettent, du fait même qu'elles sont absentes ou présentes, intenses, tièdes ou changeantes, d'aboutir à une statistique décennale des opinions religieuses aussi solide que les sondages modernes ou même plus valable.

Au départ, vers 1700-1720, Vovelle, au miroir de ses actes notariés, découvre une Provence baroque, peinte aux couleurs vives des églises rococo de Bavière. Les enterrements tels qu'ils sont programmés par les testaments donnent lieu à des débauches de processions, à des sonneries de cloches sonnant à toute volée dans les villes aux cent clochers, à des cortèges de pauvres enfants et d'orphelins bigarrés par douzaines, symbolisant les douze apôtres, etc.

Des confréries de pénitents, subventionnées grassement par les testateurs, regroupent, en vue d'un culte spectaculaire des morts, en vue aussi de la gaudriole et de la bonne chère, les Provençaux mâles de tous milieux sociaux. Le culte des cadavres — encore lui — est ostensiblement célébré par les inhumations dans l'église paroissiale, dont le pavé sans cesse est bouleversé par de nouvelles fosses ; il mêle dans l'assistance à la messe dominicale le village des morts sous le pavé et la paroisse des vivants, par dessus.

Vers 1730 survient la vague janséniste, car le peuple et la province ne sont touchés que très tardivement par ce courant hétérodoxe qu'avaient illustré dès le XVIIe siècle, parmi les élites, Pascal, Arnauld et Racine. Flux iconoclaste. Après 1730, dans certains diocèses ou bourgs devenus jansénistes en Provence, la Vierge, madone ou bonne mère, et le pandémonium des saints qu'à la génération précédente les testateurs invoquaient comme intercesseurs obligés, sont brusquement balayés, mis à la porte du paradis par des curés terrorisants dont les foudres augustiniennes intimident les auteurs des testaments. En un tournemain, voilà le ciel vide, disponible pour un dialogue réfrigérant, quasi huguenot, entre l'âme et Dieu, devenu désormais lui aussi le plus froid des monstres froids. Du même coup, les dépouilles des morts sont expulsées de l'église, enfouies dans l'espace hygiénique mais non pas déchristianisé du cimetière. L'évolution n'est pas menée partout jusqu'à son terme ultime et anti-baroque mais le trauma janséniste est souvent net.

Ça ne pouvait pas durer, nous dira-t-on. Imaginer jansénisée la Provence sans ses santons, c'est comme penser l'Italie sans sa Madone. Provençaux et saints du Paradis se sentaient trop proches pour vivre longtemps dans cet éloignement mutuel. Ils se languissaient les uns des autres. Après 1750, une réaction antijanséniste, épaulée par la hiérarchie des évêques, se fait momentanément sentir. La Vierge Marie, les saints, petite troupe ailée, font timidement leur rentrée dans le ciel des retables..., et sont réadmis à modeste dose dans les volontés des testateurs.

Tout va-t-il donc redevenir comme avant ? Non, le cœur n'y est plus. En fin de compte, et malgré cette re-baroquisation d'arrière-saison, le jansénisme a porté au rococo chrétien de Provence un coup mortel. À partir de 1760-1770, une tendance à l'intimisation, au détachement se manifeste à travers les chambres d'agonie, où les grands malades dictent au tabellion leurs dispositions testamentaires. C'est le commencement de la fin. Terminées les invocations à la Vierge, aux saints. Finies les commandes ou les demandes de cierges géants sur catafalques. Foin des petits cierges même. Et ne parlons pas des processions mortuaires, des défilés d'orphelinat chamarré, des sonneries de cloches, des confréries de pénitents... ils basculent aux oubliettes de l'histoire ou sont relégués dans le folklore paysan, devenu purgatoire ou exutoire de culture urbaine. La Provence est prête pour les tourmentes révolutionnaires. Elle tombera comme un fruit mûr. Seul résiste aux ravages (relatifs) de ce début d'irréligion la zone niçoise. Car ce pays, à la différence de la région provençale, est beaucoup plus italien que francisé.

Un livre de synthèse, donc. Mais il nous informe davantage sur le *quand* et sur le *comment* que sur le *pourquoi*. Le marxisme (un peu bénisseur) que professe de temps à autre Vovelle lui a été d'un faible secours quant à l'élucidation causale du phénomène séculaire, que ce gros volume se borne à décrire superbement, dans les délices de la quantification. Car le marxisme vovellien, c'est un peu le rameau de Salzbourg cher à Stendhal. Ce rameau a cristallisé dans la caverne d'archives où s'est enfermé Vovelle pendant dix années, et il en est ressorti méconnaissable, séduisant. Vovelle nous met donc en présence — et cet accomplissement est déjà considérable — d'une vaste mutation des sensibilités religieuses en territoire provençal. Mais les causes qu'il assigne à celle-ci (alphabétisation des masses, sociabilité plus chaleureuse, croissance économique, voire influence des Lumières qui peuvent du reste être effet autant que cause) restent subordonnées, inadéquates quelquefois...

Conservateurs, prophètes et néo-chrétiens

Robert BESSÈDE, *La Crise de la conscience catholique dans la littérature et la pensée françaises à la fin du XIXe siècle*, Paris, Éd. Klincksieck, 1975, 637 p. (*Le Nouvel Observateur*, 11 août 1975).

Dans sa *Crise de la conscience catholique,* Robert Bessède décrit (pour les années 1880-1910, fin de siècle et Belle Époque) les aspects protéiformes d'une religion et d'une religiosité, dont l'emprise demeure gigantesque encore, malgré certains reculs d'arrière-saison. Le catholicisme, *Janus trifrons,* prend alors trois visages essentiels et souvent contradictoires : traditionalisme, néo-christianisme, prophétisme. Robert Bessède, en dépit de la prudence d'appréciation à laquelle il se sent astreint, comme universitaire auteur de thèse, ne cache pas sa préférence, nuancée, pour le troisième volet du triptyque : il se voudrait prophète, plus que conservateur, et plus que néo-chrétien.

Le traditionalisme, d'abord, s'affiche fidèle à la lettre du dogme, et aux enseignements de la hiérarchie. Il a ses Excités, ses Enragés... Quand il est intelligent (ce qui lui arrive maintes fois), ses meilleurs produits sont à chercher du côté de la sociologie réactionnaire, dont les représentants sont Frédéric Le Play et le marquis de La Tour du Pin. Polytechnicien, Le Play retrouve dans l'observation « scientifique » des groupes humains les principes de base du conservatisme religieux. Parmi ces principes, figurent les dix Commandements de Dieu, c'est bien normal. Mais aussi l'autorité pesante et sage du père de famille, la souveraineté de l'État-Providence ; la propriété patronale, familiale, et communale-paroissiale... La robuste allégresse de ces vieilles valeurs ferait sourire, si l'énergie même de sa conviction n'avait amené l'admirable enquêteur qu'était Le Play à multiplier les monographies, enracinées dans des questionnaires sur le terrain. Elles demeurent, aujourd'hui encore, un modèle pour nos sociologues, même de gauche. Voyez de ce point de vue l'œuvre exemplaire de Pierre Bourdieu sur le Béarn et sur la Kabylie. Quant aux disciples de La Tour du Pin, lui-même élève de Le Play, ils compteront parmi les fondateurs d'un certain syndicalisme français (on peut se reporter, à ce sujet, au livre récent de l'Américaine

Suzanne Berger, *Les Paysans contre la politique*[1]). En ce sens, à travers de vastes mutations, l'action des grands traditionalistes n'est pas dépourvue de conséquences, jusqu'à nos jours.

Les recherches de Bessède, pourtant, ne séjournent pas outre mesure en ce secteur immobile, et quelquefois fécond, de la pensée catholique. Elles vont davantage vers les forces du renouveau, ou qui paraissent telles. Durant les années 1880-1890, certains pensent déjà que l'Église est morte, ou qu'« elle n'en a pas pour cinquante ans dans le ventre ». Or voici que se lèvent, contre toute attente, les générations du néo-christianisme et du néo-spiritualisme, les *cigognes,* comme on les appelle, qui « dans l'hiver des âmes, annoncent le printemps ». Le « vent d'Amérique » ici souffle fort : un évêque comme Mgr Ireland, aux U.S.A., incarne, pour beaucoup de gens, l'aile « progressiste » du clergé catholique, à l'échelle mondiale. En France, s'individualise le mouvement du *Sillon,* dirigé par Marc Sangnier ; le Catholicisme social d'Albert de Mun ; et enfin, aux frontières périlleuses de l'orthodoxie romaine, l'*Union pour l'action morale.* Paul Desjardins est l'infatigable ouvrier de cette *Union,* aux années 1890. Desjardins et ses amis se lancent dans la quête d'un *Graal* inaccessible. Il s'agit pour eux de mettre la main sur ce Monstre qu'est la conciliation du Spirituel et du Monde ; de la Foi et du Rationnel. Ils rejoignent les efforts d'un philosophe comme Maurice Blondel, qui se refuse à considérer le dépôt sacré de la Foi comme un aérolithe, qu'il faudrait soi-disant préserver sous vitrine contre toute rénovation sacrilège ; les efforts aussi de l'historien Lavisse, et d'Alfred Fouillée qui tentent, avec plus ou moins de succès, de laïciser les trois vertus théologales : Foi, Espérance et Charité. Les Traditionnels à leur tour contre-attaquent. Ils accusent les néo-chrétiens, qui sont sans mystique et sans théologie, de transformer le Dogme en un pur mythe qui ne préserverait la religion catholique que pour sa valeur extrinsèque, — sentimentale, sociale, morale. Cette contre-offensive n'abat pas l'adversaire : le néo-christianisme éveille la sympathie des socialistes spiritualistes à la Jaurès. Il plaît aux protestants libéraux et aux intellectuels juifs, en proie au prophétisme œcuménique. Les sectateurs de Desjardins se réclament de la religiosité tolstoïenne, et même des vulgarisations du paganisme antique ; pour l'édification

---

1. Éd. du Seuil.

des enfants des écoles, Maurice Bouchor, à cette époque, confond en un « mixte » inextricable les dieux de l'Olympe, et la Divinité de l'Évangile.

Il entre dans ce néo-christianisme aux contours mal définis bien des astuces et bien des naïvetés. On y table, pour une survie du sens du Divin, sur l'ineffaçable religiosité féminine *(« il n'est de femme tendre que catholique »,* aurait dit Jules Vallès). On y note, à toutes fins utiles, que « le peuple », même et surtout révolutionnaire, aura toujours besoin d'une religion de la mort ; c'est-à-dire de l'au-delà, messianique si besoin est *(on n'enterre bien qu'à gauche,* le fait est connu ; voyez les funérailles splendides et populaires des grands leaders progressistes, au XIXe comme au XXe siècle. Les religions du Progrès, au Père-Lachaise, sont sur leur terrain le plus solide ; elles mêlent la cendre des morts aux espoirs de l'avenir).

Enfin les néo-chrétiens fondent leurs espoirs de réconciliation sur l'ineffable besoin de moralisme, nécessairement alimenté aux sources religieuses, qui affecte les sociétés modernes, autour de 1900. Les sectateurs de l'*Union,* comme dit assez drôlement Bessède, *« ont la tentation du raidissement vertueux ».* Ils exaltent pêle-mêle l'abbé qui élève l'hostie avec ferveur, le pasteur qui chante les psaumes avec âme, le professeur qui corrige ses copies avec exactitude, l'officier qui conduit sa femme jusqu'à la messe. Ils ne veulent plus souffleter l'éthique des siècles passés, « mais la baiser sur l'autre joue ». Ils exigent du XXe siècle tout neuf, qui n'en pourra mais, une religion sans surnaturel, et une politique sans guerre (!). Certains vont jusqu'à penser, sans rire, que le développement de la morale, dans l'histoire, s'accroît en raison directe du carré des distances parcourues, depuis les origines.

C'était la belle époque des illusions pas encore envolées. Né en ce temps-là, le mouvement néo-chrétien aura de lointaines répercussions jusqu'à nos jours, jusqu'aux catholiques de gauche de notre temps, à la Cardonnel ou à la Garaudy. Sur le moment, il est condamné à l'échec, assez rapide. La discrète réprobation de l'Église officielle, et surtout l'affaire Dreyfus, diviseuse, font capoter le frêle esquif de l'*Union* que Desjardins, en 1892, avait lancé avec un beau zèle sur les eaux mêlées de la politique et des salons parisiens. Une partie des rescapés s'en ira chavirer décidément sur la droite. Ils rallieront l'*Action française* de Maurras, flanquée d'antisémites. Ils feront succéder un néo-christianisme autoritaire au néo-christianisme libéral. Un autre groupe, Desjardins en tête, se retirera vers les Verdurinades, du reste charmantes, qu'organiseront un peu plus tard les groupements d'intellectuels, pendant l'entre-deux-guerres.

Aussi bien notre auteur, pris par son sujet, ne s'attarde-t-il guère sur les avatars. Il délaisse ces synthèses bâtardes et pourtant sympathiques, pour en venir à son grand sujet : le prophétisme chrétien. Parmi les représentants de cette tendance ou réputés tels : Barbey d'Aurevilly ; Rimbaud (mais oui), que Bessède annexe un peu vite à son propos. Et surtout Léon Bloy.

Léon Bloy, plus que Huysmans. Bessède en fin de compte met assez bas Huysmans, dont l'antisémitisme est grotesque, accompagné... d'anti-méridionalisme. Cet auteur, entre autres inventions, ne prétendait-il pas que Jésus-Christ s'était fait crucifier face au nord, et dos vers le sud, afin d'exprimer ainsi son mépris pour les Juifs et pour les hommes du Midi, et afin de tourner sa face rayonnante et blonde vers les Flamands et autres races « supérieures » de l'Europe du Nord...

La Crise catholique s'épanouit donc, pour finir, sur un portrait haut en couleur de Léon Bloy. Converti par coup de foudre en 1869, Bloy, ex-socialisant, est « un Babouviste qui s'est fait Dominicain ». Il hait le monde moderne *(« tout ce qui est moderne est du démon »)*. Il vomit son XIXe siècle. Il appelle sur notre temps le feu dévastateur qui devra *« incendier nos pourrissoirs »* ; il est hostile à la Révolution, « plus bête qu'atroce », du reste ; il renie Jean-Jacques Rousseau, car il ne croit point, lui Bloy, à l'« immaculée conception du genre humain ». Il déteste le socialisme, qui, une fois la pauvreté abolie, nous fera une société de *« pourceaux insolvables »*, méritant d'être « tondus jusqu'à la chair vive ». Il exècre le catholicisme libéral, ce bouillon de veau, ce « sous-protestantisme », cette *« inqualifiable ordure »*. Il se méfie même de l'Église dont on a « tranché les mamelles » : elle traitera l'Esprit-Saint, dit-il, comme la Synagogue a manié Jésus. Millénariste, Bloy souhaite les grands chambardements, les *« cataclysmes suaves »*, dont il espère, à tort, qu'ils prendront place vers 1900, avec la naissance du nouveau siècle... Petite erreur, à quinze années près... Désirant les subversions pour la Terre, créée par ce Dieu qu'il ne cesse de prier, Bloy se présente volontiers comme le voleur qui demande l'aumône aux fermiers, à la porte des fermes qu'il veut incendier.

Bessède aime Bloy malgré des folies dont il mesure l'ampleur, parce que lui aussi, dans les années 1970, sans être pour autant prophète à temps plein, vomit les tièdes. Catholique qui n'est pas antisocialiste, mais qui se veut d'abord et avant tout religieux, Bessède ne croit guère à nos contemporaines synthèses entre Christianisme et Révolution. Il souhaite séparer les genres. Les amateurs de clarté (il en existe) ne s'en plaindront pas. Sa démarche irritera peut-être certains lecteurs qui, chrétiens ou non, se veulent « avancés ». Elle lui aura permis (en un style souvent ardu) de faire œuvre d'historien, au sens plein du terme : cette *Crise*, bien menée, ressuscite un cadavre ; elle arrache au néant toute une époque, frémissante de vie, qu'on aurait pu croire ensevelie à jamais dans le « pli du discours » d'un catholicisme aujourd'hui débilité.

D'un Pontife

R. P. de VAUCELLES, *Études,* tome 353, juillet 1980, (*Commentaire,* n° 11, 1980).

Dans un article récent de la revue *Études* (« fondée en 1856 par des Pères de la Compagnie de Jésus »), le père de Vaucelles dresse un bilan du « passage éclair » de Jean-Paul II en France[1]. Ce bilan est résolument placé, par le rédacteur des *Études,* sous le signe du spectacle : « Les feux de la rampe sont éteints », écrit Vaucelles. Le voyage du Pape, selon lui, saisit la société française comme une collectivité qui, ô horreur, « ne cherche pas à prendre en main son existence » ; au contraire, elle tend « à relire cette existence sous l'angle du spectacle », encore lui ; sous l'angle « du rêve, de la détente, de l'évasion ». Il s'est agi, somme toute, « d'une sorte de compensation imaginaire, ludique ». On a pu ainsi « échapper à la grisaille du quotidien, aux contraintes de la vie sociale, aux impératifs de la production... Tout cela traduit un certain sentiment d'impuissance ou de désintérêt à l'égard des affaires de la cité » (cette fois les fautes du Pape sont capitales : il a *dépolitisé* la France ; elle ne

---

[1]. Les passages entre guillemets dans le présent article sont tirés du texte du P. de Vaucelles.

demandait pas mieux...). Circonstance aggravante, ce déplacement d'un leader « fut célébré à la télévision et au sein de *l'establishment* politique ». Cette inculpation implicite de *show business* est lestée par les caractéristiques rédhibitoires que le Père Jésuite attribue à Jean-Paul II : parmi elles, « son aisance devant les caméras », et son aptitude à la « vedettisation », deux traits, bien entendu, péjoratifs. Vaucelles prononce à ce propos le mot fatidique et dépréciateur de *one man show*. Il évoque également les images selon lui « felliniennes » du Pape au Bourget : « un homme en blanc sous un parapluie blanc ». Rappelons d'après Luc Routeau *(Esprit,* mai 1980, page 64) que le *clown blanc,* chez Fellini, c'est l'acteur-né, mais qui ne fait pas rire. Voilà Wojtyla épinglé et de la belle manière. Sans avoir l'air d'y toucher.

Les mots « télévision », « écran » ou « petit écran », « performance », reviennent du reste avec fréquence dans la suite du texte des *Études.* La parole de Jean-Paul II, par suite du moyen d'expression choisi, s'adresse « à l'affectivité, à l'imaginaire et au consensus mythique ». Son effet n'est donc pas d'atteindre l'intelligence rationnelle (on se convaincra facilement de l'inexactitude de cette appréciation, en lisant le recueil, fort réflexif, des textes pontificaux du *Voyage,* récemment parus en édition de poche).

Parlons valeurs et politique maintenant : les valeurs que Jean-Paul II défend ne sont pas, paraît-il, d'avenir. Elles s'identifient par ce message des media à des thèmes « hérités du passé ». « Le Tout-État », ce pot-pourri, par définition malodorant, des divers pouvoirs qui dominent la France, a manifesté sa « connivence », nécessairement suspecte, avec le Pontife de Rome. La Droite et le Centre, lors de la réception du Pape, ont d'abord pensé à « l'utilité sociale » de la religion ; les fins de celle-ci dans leur visée tendaient donc au conservatisme. Les « classes moyennes » (autrement dit la bourgeoisie et la petite-bourgeoisie, *middle class et lower middle class, horresco referens*) « se sont enthousiasmées », nous dit-on, pour le séjour de l'illustre visiteur. Même enthousiasme, ajoute notre homme, chez les personnes nostalgiques qui regrettent le bon vieux temps « de l'éducation religieuse reçue dans leur enfance ». Bourgeoisisme et infantilisme se donnent donc la main, pour faire la ronde autour du Pape... Piégé par l'écran télé, Vaucelles, dans son texte, n'a pas donné d'analyses sérieuses de la pensée papale, telle qu'elle s'est exprimée au cours du voyage.

Doit-on voir dans l'article de Vaucelles l'expression d'un néo-gallicanisme ? Il s'agirait alors de tendances inédites pour la Compagnie de Jésus, telle qu'elle fonctionnait jusqu'aux années 1950. Mais n'allons pas chercher, dans un écrit de circonstance, les profondeurs d'une doctrine : le style de ce texte se fonde sur des attaques feutrées.

L'analyse du fragment des *Études* resterait incomplète si elle n'évoquait aussi les positions que Vaucelles, dans la même circonstance, adopte vis-à-vis du communisme. Il mentionne, à propos d'une zone septentrionale de la banlieue parisienne, dominée par le P.C.F., telle scène qui fut longuement télévisée : « les militants ouvriers, dit-il, ont célébré à Saint-Denis avec le Pape leur fidélité à l'Évangile en même temps que *les luttes de libération de la classe ouvrière* » (on notera au passage cet ultime syntagme en quatre mots, directement emprunté à la *langue de bois* des P.C., dans ce qu'elle a de plus contestable). Vaucelles ajoute (p. 85) que la « liturgie de la *Mission ouvrière* à Saint-Denis fut l'une des rares expressions véritables de l'Église de France ». Or quelle expression, quelle libération doit-on mettre en cause ? On se réjouira, certes, de ce que l'Église et la « Mission ouvrière » s'efforcent d'aider les immigrés ; ils sont nombreux, en situation souvent difficile, dans la région de Saint-Denis. Mais la « libération » de cette même région devrait concerner *aussi* les aliénations intellectuelles, spirituelles, matérielles, qui résultent de l'omnipotence communiste dans la banlieue de Paris. Nous ne sommes plus en 1942, que diable, quand le combat pleinement légitime contre le nazisme autorisait diverses confusions : un mot tel que « communisme » était alors volontiers confondu avec « ouvrier » et avec « libérateur ». Le P.C.F. d'aujourd'hui, en banlieue parisienne, fait peser une certaine oppression, subtile ou explicite, sur les non-communistes et sur les chrétiens. On se reportera, si l'on en doute, au livre du militant Antoine Spire, *Profession : permanent* (Paris, Seuil, p. 172-174). D'une telle aliénation qui n'a rien de « capitaliste » et pour cause, il n'a jamais été question à Saint-Denis, dans les interventions télévisées de la Mission ouvrière. Par crainte ou par connivence, elles ont dissimulé cet aspect pourtant topique de la conjoncture locale. Partielles et partiales, ces interventions ne méritent donc pas l'éloge triomphaliste que leur décerne Vaucelles. Le Pape, en revanche, dans le discours qu'il a prononcé en banlieue Nord, a fait une allusion discrète, mais fort claire aux inconvénients de la toute-puissance d'un Parti Unique. On connaît les désastres qu'implique celle-ci dans le « camp socialiste » ; ils devraient préoccuper les chrétiens aussi bien que les agnostiques, même et surtout dans nos banlieues où l'on en voit déjà l'épiphanie.

D'autant plus confusionniste est l'attitude de Vaucelles, s'agissant des dirigeants communistes français et des Soviétiques, dont on sait à quel point, en ce moment, ils sont solidaires les uns des autres. Dire, comme le fait Vaucelles (p. 80), que « les communistes français manifestent généralement une attitude conciliante à l'égard de l'institution ecclésiale » et que les « Soviétiques ne paraissent pas désireux de se heurter au Saint-Siège dans l'état actuel de la situation mondiale[1] », c'est tout simplement manquer l'essentiel : le fait capital en effet pour les *Études* devrait se situer ailleurs. Il concerne la persécution, l'oppression et la destruction systématiques dont sont victimes toutes les religions dans les régimes communistes, une fois ceux-ci solidement installés au pouvoir. C'est cela qui fait problème (entre autres) pour les croyants, et aussi pour les incroyants, quand ils sont authentiquement partisans de la *libre pensée* au sens plein de ce terme. Cette persécution est un symptôme parmi plusieurs, quant au totalitarisme de l'Est, dont le P.C.F. demeure, chez nous, le zélateur attitré.

Voilà pourquoi, aux yeux de multiples chrétiens et de nombreux agnostiques, la liturgie télévisée de Saint-Denis, quoi qu'en dise Vaucelles, a fait l'effet d'une mascarade. Célébrée en pleine banlieue, dans la seigneurie même du P.C.F., elle escamotait totalement, au profit de la « libération du peuple », les problèmes que pose l'oppression des consciences promulguée par les systèmes totalitaires. On ne demandait nullement à cette « liturgie » d'être politisée : à partir du moment où elle se voulait telle, il convenait qu'elle aborde sincèrement les diverses faces du problème social et politique. Elle n'en a rien fait ; elle fut complètement unilatérale. Jean-Paul II, par contre, a maintes fois démontré qu'il n'entretient aucune illusion dans un tel domaine. Son censeur des *Études* n'a pas ou ne souhaite pas, pour lui-même, cette lucidité. Escobar est devenu jobard.

---

1. Ce texte a été écrit avant les développements récents, qui concernent l'attentat contre Jean-Paul II.

LE SURNATUREL DU PAUVRE

Les origines du Sabbat

Norman COHN, *Démonologie et sorcellerie au Moyen Âge*, Paris, Éd. Payot, 1982, 320 p. (*Le Monde*, 10 septembre 1982).

Norman Cohn, dont on vient de traduire à Paris l'ouvrage « démonologique », se situe dans un vaste flux, sans reflux, d'études sur la sorcellerie : celles-ci ont constitué, depuis deux décennies, une espèce d'industrie universitaire à soi tout seul, et à temps partiel, absolument florissante. L'œuvre du maître anglais sur le millénarisme médiéval, *Les fanatiques de l'Apocalypse,* était déjà considérable. Son nouveau travail appelle quelques comparaisons avec les recherches d'autres spécialistes.

Pour Cohn, l'apogée de la chasse aux sorcières, entre 1450 et 1650, se situe à l'intersection de deux courants. D'un côté, on suit à la trace les vieilles magies campagnardes ; elles produisent le maléfice ou *maleficium*, mais aussi dans certains cas le bienfait *(beneficium)*, car qui peut nuire peut guérir, et il n'y a pas de magie noire sans magie blanche. Face aux tours de passe-passe de ces rites agraires s'individualise d'autre part (dans le registre des cultures ecclésiales et savantes) la démonologie. Elle traque le diable. Elle assigne à Satan des actions que d'aucuns, auparavant, croyaient non démoniaques et qu'avaient pratiquées sans penser à mal les bonnes vieilles sorcières des contes de fées.

Sur ce chemin, Cohn rencontre inévitablement la pensée de Carlo Ginzburg. Pour l'auteur italien, les sorciers sont loin d'être les affreux personnages que d'aucuns croient qu'ils sont. « Le diable n'est pas aussi noir qu'on le fait. » Si tant est qu'il s'agisse du diable... Dans la secte agraire des *Benandanti* (Frioul, XVIe siècle) évoquée par Ginzburg, puis par Cohn, les magiciens ruraux apparaissent surtout comme de sympathiques gardiens des récoltes du village. En vue d'équipées nocturnes, ils quittent par un processus « chamanique » leurs corps assoupis : ils vont combattre à grands coups de tiges de fenouil (plante surnaturellement prophylactique) les méchants sorciers qui veulent détruire les récoltes. Ceux-ci se défendent du mieux qu'ils peuvent,... à grands coups de tiges de sorgho. Ginzburg croit repérer là-dedans les restes d'un vieux paganisme agraire qui (par définition) est fort étranger au christianisme officiel. Les vestiges s'en retrouvent depuis le Frioul jusqu'en Lituanie.

Malgré ces gentils magiciens (qui font peut-être exception) l'idéologie « sorcellaire » est plus souvent maléficieuse que bienfaitrice. À ce propos, Cohn a repris quelques beaux textes, issus de la Suisse alémanique, aux XIVe et XVe siècles. On en trouverait l'équivalent plus tard, chez les Gascons au temps de Charles IX et d'Henri IV. Les sorciers ruraux de ces diverses zones sont toujours capables de faire et le mal et le bien, au choix, sur commande. Mais ils se spécialisent plus volontiers dans la première branche de l'alternative ; ils montent des attaques, de bout en bout, contre le cycle vital. Ils empêchent l'acte sexuel par le nouement magique de *l'aiguillette* (rite de castration) : puis ils tuent le fœtus ou le nouveau-né (dans les accusations de *Sabbat*, concoctées par les Inquisiteurs ou par les juges laïcs, ce « crime » d'infanticide dégénère en grief fantasmatique d'anthropophagie collective, celle-ci étant pratiquée de façon rituelle à l'encontre des petits enfants). Les sorciers s'en prennent aussi à la santé des adultes dont ils cassent volontiers le bras ou détruisent la raison. L'offensive contre la vie des individus s'accompagne d'un assaut général contre les biens de la terre. Le sorcier détruit les récoltes par la grêle, et les clochers par la foudre. Il subtilise le lait des vaches du voisinage pour renforcer sa propre production laitière ou beurrière. Il met à mort par épizooties les bœufs et moutons des éleveurs. La sorcière vue par son entourage fait donc figure de machine à tuer : nourrice du bébé d'autrui, son lait s'avère mortel pour l'enfant qu'elle tient au sein ; son souffle, son crachat, son mauvais œil terrifient les alentours ; les fermières se plaignent du trépas de leurs chiens de garde, tués par les quignons de pain qu'elle distribue dans les niches.

Le sorcier pourtant n'est pas qu'une force de mort : il ne perd pas tout à fait les pouvoirs de fécondité que lui assignait Ginzburg. Comme l'ont bien montré les recherches menées dans le Bocage normand[1], le sorcier ne prélève la force d'autrui que pour mieux accroître la sienne propre... jusqu'à ce que survienne un contre-sorcier payé par la victime et qui à son tour *tirera* la force du sorcier pour la restituer à son premier propriétaire ou pour s'en prévaloir personnellement. Et ainsi de suite...

Comment expliquer dans de telles conditions, que ces processus somme toute prosaïques aient pu momentanément se *diaboliser*, dans la pire période de chasse aux sorcières, vers 1550-1650 ? Alors qu'aujourd'hui, quand on tombe au coin d'une haie sur un sorcier de l'Orne ou de la Mayenne, on n'imagine pas de l'affubler des cornes ou du pied fourchu d'un diablotin...

Cohn, comme du reste Ginzburg, pense que la grande vague de démonisation des sorcières ainsi que la mise au point (mi-folklorique, mi-judiciaire) du *Sabbat* diabolique remonte au XIVe ou XVe siècle : elle se déploie ensuite dans toute sa splendeur pendant la Renaissance et le premier âge baroque.

Les Inquisiteurs et juges ecclésiastiques, en vue de cette création d'une machine infernale ou *Sabbat*, dirigée contre les sorciers, pouvaient tabler sur de solides traditions : depuis le premier millénaire, il était de bon ton, chez certains clercs, d'appeler démoniaques les activités des hérétiques, des Juifs, et de diverses sectes. On les accusait de tuer rituellement les enfants et autres fables. Vers 1400 ou 1450, l'idée vint d'appliquer cette griffe de Satan aux sorciers ruraux. On avait toujours soupçonné ceux-ci de se métamorphoser en animaux (loup-garou, rat ou lézard) et de s'envoler vers des lieux magiques où se jouait la prospérité du groupe humain. Mais maintenant leurs ennemis cléricaux prétendent que cet envol surnaturel mène les sorciers jusqu'à un emplacement nocturne appelé *Sabbat* : on y baise en cérémonie le cul du diable, afin d'en devenir l'esclave, ou le serf.

Pourquoi cette émersion du *Sabbat*, au dernier siècle du Moyen

---

1. Voir les livres de Jeanne FAVRET, *Les Mots, la Mort, les sorts* et *Corps pour corps*, parus chez Gallimard.

Âge ? Selon Cohn, c'est l'hérésie vaudoise qui a permis de franchir le pas décisif. Tout s'est joué en Savoie, Suisse, Dauphiné, Jura aux marges des cultures alémanique et romane. Les Alpes, qu'elles soient helvétiques, savoyardes ou françaises, grouillaient en effet de Vaudois, d'hérétiques et de sorciers agraires, fort différents les uns des autres. La proximité des uns et des autres dans les massifs alpins a permis l'amalgame diabolique : les griefs habituellement dirigés contre la « vauderie » furent transférés sans crier gare à la sorcellerie. Ainsi se créa vers 1450 (à travers le néo-concept du *Sabbat*), un stéréotype coriace et destiné à durer pendant des siècles. Les traités de démonologie le diffuseront dans toute l'Europe savante aux XVIe et XVIIe siècles, et jusqu'aux petits juges de fief ou de seigneurie sous la plume prestigieuse de Boguet et de Lancre, impitoyables chasseurs de sorcières. Le sommeil de la raison enfantera des monstres.

La chronologie de Carlo Ginzburg n'est pas tellement différente de celle de Norman Cohn. Pour Ginzburg aussi les années 1350-1450 paraissent décisives. Mais le climat d'angoisse qui naît de la peste noire (1348) et des crises qui la suivront, paraît à l'auteur italien plus essentiel que l'hérésie vaudoise, quant à la cristallisation des stéréotypes démoniaques qui environnent les nouvelles notions du *Sabbat*. On cherchait des boucs émissaires pour expliquer les infortunes de l'époque, celles-ci bien pénibles dès 1300, mais épouvantables après 1347 ; on les trouva d'abord parmi les Juifs, les lépreux, les templiers. Les sorciers ruraux, finalement, fournirent à leur tour une cible rêvée. Par-delà ces divergences avec Ginzburg, les intuitions de Cohn demeurent chronologiquement pertinentes ; et son livre est un trésor d'érudition ou de références dont nul chercheur ou chasseur de sorcières ne pourra désormais se passer.

Un prochain ouvrage sur le *Sabbat*, dont Carlo Ginzburg annonce la parution, permettra sans doute d'y voir plus net dans ce que fut l'épaisse ténèbre de la magie « sorcellaire ».

Les Benandanti *et la fécondité*

Carlo GINZBURG, *Les Batailles nocturnes*, Lagrasse (Aude), Éd. Verdier, 1980, 240 p. (*Le Monde*, 1er août 1980).

Professeur à l'université de Bologne, Carlo Ginzburg est-il de nos jours l'historien d'Italie le plus profond, voire le plus influent à l'échelle internationale ? Il demeure le grand spécialiste des dossiers de l'Inquisition, qui fut si active en Frioul[1] au XVIe siècle. Il a donné deux ouvrages, *Les Batailles nocturnes* et *Le Fromage et les vers* : ces œuvres restituent l'univers mental et la culture spécifique des paysans d'autrefois. Les voilà piégés par le chercheur grâce au témoignage qu'ils rendaient bon gré mal gré devant les tribunaux de l'Église. Levons tout de suite une équivoque : l'Inquisition (frioulane) des années 1570 n'est pas le monstre torturant et brûlant qu'incarnèrent parfois certaines persécutions ; elles avaient accablé vers 1500 l'infortuné judaïsme d'Espagne. Les flammes des bûchers antisémites avaient sinistrement illuminé les rues de Madrid et les places de Barcelone. Mais en Frioul, cent ans plus tard, on se borne à expulser pour quelques mois le paysan coupable, né de souche chrétienne ; on le chasse momentanément hors de son village ; ou bien on l'emprisonne pendant plusieurs semaines ; il en est quitte, autre solution, pour des coups de fouet, humiliants mais non mortels. C'est encore excessif ; mais la permissive Italie, de ce point de vue, est moins néfaste que ne le fut l'intolérante Espagne.

Au fil de son livre, Ginzburg fait revivre l'étrange secte agraire des *Benandanti* ; ces gentils sorciers frioulans sont contemporains de nos guerres de religion. Armés chacun d'une tige de fenouil, ils se rendent en rêve, ou pendant un délire semi-onirique, jusqu'à la vallée des magiciens : là, fenouil en main, ils livrent bataille aux mauvais sorciers qui brandissent des tiges de sorgho pour se défendre. Ces combats bizarres restent longtemps indécis. Si les bons magiciens ont le dessus, les récoltes de blé ou de vin seront superbes au cours de l'année qui va venir. En revanche, si les méchants sorciers l'emportent, la famine se fera sentir. Rites caractéristiques ! Ils sont

---

1. Région d'Udine en Italie du Nord.

centrés sur la fécondité agricole. Par de multiples traits, la bonne magie des *Benandanti* est proche du chamanisme classique, tel que le décriront les ethnologues. Pour se rendre aux emplacements (mythiques) de la bagarre, qui les oppose aux nuisibles porteurs de sorgho, les *Benandanti* quittent en esprit, et pour un long voyage, leur propre corps ; celui-ci reste paralysé sur quelque couche ; il est victime de ce qu'on appelait jadis une crise cataleptique ou léthargique. Le corps du *Benandante*, devenu inconscient, ne se ranimera qu'au retour de l'esprit de son propriétaire, une fois gagnée ou perdue la bataille magique des fenouils contre les sorghos.

Depuis des décennies, les « historiens des mentalités » cherchent à traquer les fameuses « survivances païennes » : dans la conscience des paysans de jadis, elles coexistaient avec le christianisme officiel, qui lui-même était inculqué d'en haut par la hiérarchie ecclésiastique et par les prêtres. Ginzburg a enfin détecté, lui, ces mystérieuses survivances du paganisme ; au XVIe siècle encore (mille six cents ans ou presque *après* Jésus-Christ) elles correspondent à des croyances vivantes : un coin perdu du Frioul fonctionne comme conservatoire des anciennes cultures. Qui plus est, l'historien italien, fort d'une extraordinaire érudition, rattache ces données païennes aux lambeaux périmés d'une « religion paysanne » à la fois vaste et diffuse. On en retrouve les traces depuis la Lituanie jusqu'à la Lombardie en passant par la Suède, l'Allemagne et la Suisse. S'agit-il vraiment d'un vieux fond de mythologie germanique, balte et slave qui s'est glissé comme un coin sous la strate de la clarté latine, au sud des Alpes ? En pays lituanien, vers la même époque, les bons et gentils sorciers déguisés en loups-garous s'arment de cravaches en fer ; ils se rendent (fantasmatiquement) jusqu'en Enfer, si besoin est ; ils s'y donnent pour tâche de combattre les sorciers malfaisants (infernaux) qui sont armés de manches à balais. Les magiciens bienfaisants parviennent ainsi, sous forme de loups-garous, à sauver les moissons de leur territoire villageois, menacées par les forces du mal. Ce n'est plus fenouil contre sorgho, mais tiges de fer contre manches de bois.

Qui plus est : la croyance aux « batailles nocturnes » menées entre sorciers antagonistes, ceux du bien et ceux du mal, qui stimuleront ou détruiront les récoltes, se rattache à un ancien culte des morts ; il n'a guère à voir, lui non plus, avec le christianisme officiel. Selon les archives qu'a consultées Ginzburg, les *Benandanti* ont la particularité d'être nés *coiffés* (ça porte bonheur, c'est une promesse de fécondité). Ils parlent aux morts ; ils aperçoivent les processions des défunts, ils les combattent ; ils affrontent même la fameuse chasse sauvage, monstrueuse cavalcade, menée par les démons ; ils voient défiler dans cette « chasse » les fantômes ou revenants des prostituées, des aigrefins, et aussi ceux des enfants qui moururent avant le baptême. Confrontés à cette procession, les *Benandanti* n'attaquent plus seulement les magiciens du mal ; ils combattent (ce qui revient au même) contre les morts ; ou du moins ils tâchent par la violence ou par toute autre méthode d'apaiser les revenants. Le but reste toujours de garantir une certaine fertilité pour les récoltes de blé ou de vin : à cet effet, les *Benandanti* séduisent ou répriment les puissances macabres et maléfiques qui opèrent depuis l'au-delà et qui pourraient détruire les plantes cultivées. Vers 1580 encore, certaines déesses du peuple, héritières d'une antiquité non chrétienne, sont connues par les petites gens sous divers noms : Diane, Vénus, ou simplement Frau Perchta ou Dame Abonde. Elles président aux confrontations sacrées, au cours desquelles l'âme des *Benandanti* se mesure aux forces du mal ou de la Mort.

L'Église frioulane des années 1580-1650 est prise de court par ces phénomènes : elle ne comprend pas grand-chose aux croyances bizarres qui n'ont rien de commun avec le Savoir écrit, ni avec le Dogme catholique. Elles sont les restes déchiquetés d'une vaste culture orale, païenne et populaire, répandue aux quatre coins de l'Europe et aux quatre temps de l'année. L'inquisiteur se montre indulgent, du reste, à l'égard des *Benandanti*. Il ne les brûle ni ne les torture ni ne les pend. Fort de ses propres systèmes, il essaye pourtant de leur faire avouer que les « batailles nocturnes » à coup de fenouil contre les méchants magiciens du sorgho sont simplement les rééditions frioulanes du classique *Sabbat*, au cours duquel les sorcières étaient censées baiser le cul noir ou vert d'un diable-bouc. Ce *Sabbat* canonique était (pour une part) sorti tout armé du cerveau fécond des juges ecclésiastiques ; en Allemagne, en France, en Italie, ils l'avaient plaqué sur les dépositions des accusés de sorcellerie ; on imposait à ces malheureux les aveux les plus préfabriqués... Dans certains cas, peut-être exceptionnels, le *Sabbat* se réalisait pour de bon parmi des paysans de chair et d'os. Il s'incarnait, dans cette hypothèse, en modestes orgies rurales ; elles accompagnaient quelques ébats sexuels pris en commun. L'un dans l'autre, ce vieux *Sab-*

bat de nos arrière-grands-pères n'avait rien à voir avec la religion païenne et bienfaisante des *Benandanti*. Ginzburg n'a aucun mal sur ce point à opérer la démonstration et la séparation nécessaires. Découvreur d'une religiosité non chrétienne, liée à la fécondité agricole et aux croyances dangereuses en l'au-delà, l'historien bolonais prouve dans ce livre magistral, que l'érudition la plus scrupuleuse devient quelquefois la forme accomplie du Fantastique.

Convulsionnaires Yankees

Chadwick HANSEN, *Sorcellerie à Salem*, trad. de Claude CARME, Paris, Éd. Denoël, 1971, 381 p. (*Le Monde*, 7 avril 1972).

Les livres sur l'histoire de la sorcellerie ou de la magie s'amoncellent. L'épidémie a à peine atteint la France où l'excellent ouvrage de Michel de Certeau sur Loudun constitue tout juste un symptôme. En Angleterre, cependant, et aux U.S.A., les œuvres de Keith Thomas, de Mac Farlane, de Chadwick Hansen, sont les tout derniers produits d'une lame de fond puissante.

En Espagne, Julio Caro Baroja a donné, sur le même sujet, une étude importante, traduite dans la « Bibliothèque des Histoires », aux éditions Gallimard. Du Massachusetts au Pays basque, le *Sabbat* et le bûcher n'ont pas fini d'inspirer les historiens et de fasciner les lecteurs.

Salem, petite bourgade du Massachusetts, où sévit, en 1692, le plus grand procès et l'ultime accès du diabolisme en Amérique du Nord, attendait depuis longtemps qu'un chercheur d'archives, plus attentif aux textes qu'aux racontars, voulût bien se consacrer aux *Sabbats* locaux du XVIIe siècle. Hansen, professeur en Pennsylvanie, s'est montré l'homme de la situation : son livre en témoigne.

Qui sont, que sont, d'après l'entourage, les femmes diaboliques ou pseudo-diaboliques de Salem ? Certaines d'entre elles d'abord sont maléfiques « pour de vrai », et sur ce point la démonstration d'Hansen est neuve et convaincante. L'historien américain ne réhabilite pas les chasseurs de sorcières. Mais il souligne qu'en Massachusetts sévissaient de dangereuses harpies ou chipies qui terrorisaient de propos délibéré leurs voisins : lesdits voisins étaient persuadés, fermement, des pouvoirs thaumaturgiques des harpies-chipies. Celles-ci croyaient elles-mêmes à leurs propres dons. Toutes les conditions nécessaires à une agression symbolique se trouvaient donc réunies.

Il était criminel de pendre ces méchantes femmes, mais on devait quand même se prémunir contre leurs coups. Bien sûr, à côté des vraies coupables, odieusement châtiées, il y avait aussi et surtout des innocentes. Bonnes chrétiennes, elles n'en furent pas moins pendues comme les autres.

Par-delà les femmes maléfiques vraies ou supposées vient le second cercle des ensorcelées, celui des pures jeunes filles de Salem ; celles-ci, par rapport aux sorcières du Massachusetts, occupent (dans le protestantisme) le rôle même que tinrent au couvent de Loudun les nonnes et Mère Jeanne des Anges vis-à-vis d'Urbain Grandier.

Les vierges puritaines de Salem sont en effet rendues hystériques en un clin d'œil par le simple signal, vrai ou faux, que leur transmet soit la sorcière elle-même, soit le « corps spectral » de celle-ci, emprunté commodément par le diable. Les filles ainsi agressées connaissent l'hystérie, aujourd'hui quasi disparue de nos sociétés ; il s'agit des contorsions, des entrechats et du « grand arc » d'un corps tendu à se briser qu'apercevront encore Charcot, Breuer et le jeune Freud dans les dernières décennies du XIXe siècle. Les jeunes filles de Salem, hystérisées, sont donc battues par des mains invisibles, qui laissent sur les corps et sur les visages des « bleus » indéniables, ou des yeux traumatisés d'origine psychosomatique.

Honorées de ces grâces particulières, à causalité « démoniaque », les jeunes filles sont désormais promues, pour le compte des maniaques de la persécution, au rôle de machines à dépister la sorcière : en grande pompe, on les transporte de ville en ville pour qu'elles détectent, par leurs convulsions, la présence locale des suppôts du Diable, susceptibles ensuite d'être envoyés au gibet. Le couvent de Loudun était un théâtre fixe. Le carnaval tragique de Salem se transforme en cirque ambulant. Si on avait laissé faire cette brigade errante, elle aurait fait pendre, n'en doutons pas, des centaines de gens dans le Massachusetts.

On n'en vint pas là. Et les dégâts furent finalement limités. Hansen tente même, à ce propos, de blanchir la Nouvelle-Angleterre au moyen d'une comparaison avec les dossiers de la sorcellerie française que, du reste, il connaît mal (il utilise surtout le procès de la Voisin, où fut impliquée la Montespan, maîtresse de Louis XIV : or il s'agit là d'une affaire marginale par rapport aux grandes épidémies de sorcellerie qui, chez nous, sont antérieures à Salem et prennent place vers 1560-1640). Hansen pense que l'Amérique anglaise, durement secouée par Salem, a tout de même stoppé — immédiatement après — les chasses aux sorcières et qu'elle a précédé ainsi l'Europe papiste d'une bonne longueur.

Mais, sur ce point, notre auteur se laisse influencer par un chauvinisme de religion, fréquent chez certains Américains. Ceux-ci sont toujours prêts, Max Weber en main, à décréter, dans divers domaines, la supériorité des pays protestants sur les malheureux papistes. En fait, le contraire est vrai, dans ce cas particulier. Salem jalonne une explosion de forces diaboliques et de persécutions obsessionnelles à une époque (1692) où, en France, la chasse aux sorcières a déjà perdu de son acuité. Rien d'étonnant à cela : le puritanisme, avec son insistance sur la faute originelle et sur le rôle du Diable, exposait son pays d'élection à toutes les entreprises de falsification du Malin.

Dans un domaine, pourtant, la fierté nationale d'Hansen, si naïve qu'elle soit, s'avère justifiée. Je veux parler de la formidable rapidité avec laquelle la religion puritaine du péché, de la culpabilité individuelle et du retour sur soi-même sut reconnaître sa propre faute, quelques mois après les événements de Salem, afin d'en effacer courageusement les conséquences : peu d'années après les pendaisons et les supplices qui avaient déshonoré le Massachusetts, une vague de repentance, de réflexion équitable et de miséricorde lucide à l'égard des victimes des procès, désormais reconnues innocentes, submerge la communauté puritaine. « Comment avons-nous pu pécher à ce point », se demandent — avec gentillesse et honnêteté — les pendeurs de la veille, devenus les réhabiliteurs du lendemain.

Il faudra attendre, en France, l'affaire Dreyfus — beaucoup plus tardive ! — pour voir un pays, ou du moins, une portion de pays, reconnaître ses propres erreurs de la même façon et tenter de réparer le tort fait au condamné. Au XVIIe siècle, en revanche, la France catholique, qui, jusqu'aux années 1660, fit pendre tant et tant de malheureuses sorcières, n'en manifeste guère de repentir.

Trop événementiel, trop constamment proche du déroulement minutieux des faits, un peu dénué de perspectives et de comparatisme, traduit enfin avec plus de fidélité pédestre que d'entrain endiablé, le livre de Chadwick Hansen n'est pas toujours d'une lecture facile. Mais par son souci de vérité poussé à l'extrême, cet ouvrage (qui contient quelques textes admirables où des « sorcières » crient leur innocence) intéressera les lecteurs qui restent fascinés par Salem et par sa folie.

Traitant précisément de folie satanique, Alain Besançon, dans le livre qu'il a donné sur *Histoire et expérience du moi*, a récemment proposé, après lecture de Michelet, une théorie freudienne de la *Sorcière*, « image maternelle dans sa dualité bonne et mauvaise... mère phallique à qui est confiée la charge de l'agression..., support de scénarios imaginaires de grossesse ». La sorcière nord-américaine, blanche et protestante de 1692, correspond-elle à cette image de sa consœur d'Europe, déchiffrée par Besançon ? Hansen, à ce propos, nous laisse un peu sur notre faim. Historien des faits, il est peu attiré, et c'est dommage, par le psychisme profond des ensorcelées de Salem. Après trois siècles ou presque, elles attendent toujours leur psychiatre, ou tout simplement leur historien psychanalyste.

Le sabbat et le bûcher

Julio Caro BAROJA, *Les Sorcières et leur monde*, trad. de l'espagnol par A.-A. SARRAILH, Paris, Éd. Gallimard, 1972, 304 p. (*Le Monde*, 7 avril 1972).

Autant qu'historien, Baroja est ethnographe ; l'un des meilleurs du monde basque et castillan. Dénué de rigidité, l'auteur de ces *Sorcières* pratique de temps à autre un style quelque peu impressionniste. En ce livre (qui par ailleurs est dénué d'analyse sérielle ou quantitative), un tel impressionnisme débarrasse de toute obscurité ou jargon sociologique, lequel n'aurait fait qu'embrumer davantage un dossier diabolique qui, par la nature des choses, était déjà compliqué. L'œuvre de Baroja se veut d'intérêt général ; elle court le grand galop à travers les siècles ; tout autre auteur, à ce rythme, se serait vingt fois rompu le cou. Mais Baroja réussit en fin de compte son histoire des sorcelleries à travers les âges. Question d'objectif : par choix, cet historien des Pyrénées basques a décidé d'explorer le dérangement des ensorcelées plutôt que les manigances des suppôts des diables. En ce sens, son livre est complémentaire de celui de Chadwick Hansen, analysé précédemment.

D'emblée, Baroja s'est placé sur le terrain des faits et des textes. Il n'aime pas extrapoler ; il ne croit guère au dieu cornu et fertile de la préhistoire, que Margaret Murray, historienne des sorcières, avait cru pouvoir déchiffrer, par-delà le masque du Diable chrétien. Humaniste, Baroja ne part pas des peintures de grotte, mais des grands textes de l'Antiquité. Il note que Lucien de Samosate dès le IIe siècle de notre ère avait signalé « l'onguent » des sorcières toujours dénoncé dix-huit cents années plus tard par les inquisiteurs : les bonnes dames décrites par Lucien s'enduisaient tout le corps d'une certaine pommade, jusqu'à ce qu'un bec et des ailes leur poussent sur le visage et sur le dos ; elles s'envolaient par la fenêtre en croassant.

Autre trait de longue durée : chez les anciens Scandinaves il existait déjà, comme plus tard dans la France du XVIIe siècle, des lignages spécialisés de femmes ensorceleuses. Quant aux poupées de cire qui servent à l'envoûtement et qu'on fait brûler à petit feu ou bien qu'on perce avec des épingles, elles sont elles aussi fort anciennes, puisque attestées dès le IXe siècle de notre ère. Le chaudron des sorcières enfin est signalé pour la première fois, au très haut Moyen Âge, dans la loi salique. (À cette époque, les sorcières qui mangeaient des hommes étaient condamnées à deux cents sous d'amende). Un peu plus tard, au XIe siècle (d'après les *Décrétales*), d'autres sorcières (leur époux endormi continuant à reposer sur leur sein), quittent le lit conjugal ; elles traversent des portes closes, franchissent l'espace, et assassinent à distance Untel ou Untel... Jusqu'au XIVe siècle on reste indulgent à ce genre de sortilèges : un curé de campagne, par exemple, se borne à administrer une bonne volée à l'une de ses paroissiennes qui, pendant qu'il dormait, était entrée dans sa chambre à travers le trou de la serrure. C'est que la sorcellerie est considérée, à tort ou à raison, comme très utile par les gens du Moyen Âge : ceux-ci, quand ils ne se sentent plus protégés par leur seigneur de village, se vouent au Diable, pour qu'il leur serve de protecteur féodal. Et, inversement, des paysans anticléricaux d'Allemagne qui font la grève des dîmes contre leur évêque se détournent du même coup du christianisme : ils en viennent, dit-on, à adorer un crapaud gros comme un jars ou comme la gueule d'un four.

Selon Baroja, les choses se sont corsées vers 1335, dans le midi de la France, avec l'agonie du catharisme. À cette date, un inquisiteur génial, prévoyant que ses collègues en Inquisition vont être mis au chômage, par suite de l'extermination des derniers hérétiques, décide de reconvertir son organisation en l'orientant vers la chasse aux sorcières[1]. Avec des éléments réels du folklore pyrénéen et aquitain, et en s'aidant de racontars de bonne femme probablement obtenus par la torture, ce persécuteur-bricoleur fabrique la version fameuse et standardisée du sabbat, où les participantes adorent de toutes les manières un diable-bouc ; cette version contient également quelques thèmes anticathares et antisémites : les crises de la fin du Moyen Âge, au cours desquelles on cultive volontiers le *bouc émissaire*, popularisent ce nouveau stéréotype du sabbat, qu'on appelle précisément *synagogue pute*. Le sabbat-stéréotype en question, vulgarisé par les procès d'Inquisition eux-mêmes, se répand sans tarder, au prix de quelques adultérations, hors de son aire folklorique originelle (Pyrénées, Aquitaine, Catalogne, nord de l'Espagne). Les montagnes de Suisse, fort ensorcelées depuis belle lurette, sont spécialement réceptives à cette propagande. Et puis, en 1486, deux frères prêcheurs d'Allemagne reprennent à leur compte ce bric-à-brac médiéval. Ils publient le célèbre *Malleus maleficarum* ou « *Maillet des Maléfiques* ». Avec la puissance de multiplication propre aux nouveaux *media* de l'époque, ce livre d'anti-sorcellerie — le premier à pénétrer dans la « Galaxie de Gutenberg », — va désormais imposer à tout l'Occident l'image standardisée du diable-bouc. Le reste n'est plus qu'affaire d'exécution : un peu partout, du Pays basque au Jura et de l'Écosse à la Haute-Allemagne, les juges civils (qui contrairement à une légende tenace se montreront, à l'usage, beaucoup plus durs et répressifs que l'Inquisition) se procurent le *Malleus maleficarum* : lisant ce manuel, puis torturant leurs victimes, ils suggèrent aux pauvres femmes incarcérées, qui ont ou qui n'ont pas pratiqué quelque maléfice, qu'elles ont participé au fameux sabbat. De gré ou de force, le vieux folklore païen ou pré-chrétien des paysans, qui,

---

1. Les travaux de N. Cohn ont dénoncé ici une supercherie ; l'« invention » du sabbat est probablement plus tardive (vers 1350-1450).

au départ, n'avait rien de satanique, est couché dans le lit de Procuste des élucubrations du *Malleus*, sous l'œil complaisant de tortionnaires qui quelquefois s'avèrent sadiques.

Deux types de sorcières ou de sorciers (vrais ou faux, innocents ou coupables, peu importe ici) se détachent sur l'avant-scène des grands bûchers. D'une part, les magiciens citadins, qu'incarne par exemple Urbain Grandier. D'autre part, les sorciers ruraux, très nombreux dans les Pyrénées, le Jura, les Highlands. Quelques penseurs sceptiques, tel le jésuite allemand Spée, ou bien Montaigne, ou Cervantès, ne réussissent pas à ébranler l'opinion publique, qui croit aux sorcières parce qu'elle a de bonnes raisons pour y croire. En Suède, en 1670 encore, trois cents gamins mythomanes, devenus dénonciateurs de diabolisme, font brûler soixante-dix femmes et fouetter quarante autres. L'image du sabbat devient si commune que Jérôme Bosch peint des couples qui s'y rendent à cheval sur un poisson volant, avec leur chaudron attaché au bout d'une perche. Le sommet de la répression paraît avoir été atteint avec le célèbre Pierre de Lancre, juge persécuteur. Originaire de Bordeaux, il alluma, vers 1600-1610, des centaines de bûchers dans le Pays basque. Il y gagna une telle célébrité qu'il fut nommé à Paris où il termina brillamment sa carrière.

On aurait trop beau jeu cependant à se débarrasser aujourd'hui du problème diabolique en imputant tous les dégâts et tous les bûchers de jadis au sadisme ou à la stupidité des juges. À la base, la sorcellerie basque, lorraine ou franc-comtoise constitue aussi pour les villageois eux-mêmes un moyen d'exprimer leur culture et surtout de régler leurs comptes entre eux : les personnages qui se prétendent persécutés par les sorcières peuvent aboutir, ce faisant, de bonne ou de mauvaise foi, à se débarrasser de leurs ennemis personnels puisqu'ils les dénoncent comme maléfiques à l'Inquisition ou à la justice. Dans cette perspective, la sorcellerie devient un enjeu des conflits pour le pouvoir, ou même un objet des luttes de classes à l'intérieur du village.

Aux XVIIe et XVIIIe siècles, enfin, la raison classique, sous sa forme chrétienne (Malebranche) ou laïque (Voltaire), mettra bon ordre à tout cela. Les juges, devenus éclairés, cesseront d'ajouter foi aux inventions mythomanes des villageois. Et les croyants de la sorcellerie retourneront à leur pur et simple folklore, dont ils font aujourd'hui encore leurs délices, et dont ils n'auraient jamais dû s'évader...

CARNAVAL ET CARÊME

La Tarasque et le Baroque

Michel VOVELLE, *Les Métamorphoses de la fête en Provence*, Paris, Éd. Aubier-Flammarion, 1976, 304 p. (*Le Monde*, 31 décembre 1976).

Vovelle fut longtemps l'historien compétent de la mort. Il s'oriente maintenant vers un secteur plus ensoleillé ; il raconte avec des faits, des chiffres et surtout des idées, les mille et une façons des Provençaux pour faire la fête, avant, pendant et après la Révolution française. Le terrain de l'enquête, dans le Midi, n'est pas mal choisi. Sans vouloir offenser personne, un Provençal, quand il y met le prix, sait mieux s'amuser qu'un Normand.

Famille, saison, village, sont les trois piliers de la fête provençale d'Ancien Régime. Autour de la famille, d'abord, s'organisent les festivités du mariage et de la sépulture, celles-ci gastronomiques. S'instaurent aussi Pâques et Noël, célébrés dans l'intimité du foyer... Les fastes de la saison coïncident, eux, avec la grande montée du printemps : depuis les premiers dégels du carnaval jusqu'aux cérémonies de Pentecôte, et jusqu'aux feux de la Saint-Jean. La fête du village, enfin, se situe souvent après les récoltes, en plein été, lors de l'Assomption ou de la Nativité de la Vierge.

À ces trois séries d'événements, familiaux, saisonniers ou villageois, viennent s'ajouter d'autres pratiques « festives », plus dispersées : parmi elles, les foires, qui concilient le jeu et les affaires ; les défilés pseudo-militaires de la jeunesse, qui font pétarader dans la rue les vieux mousquets ; et puis les pèlerinages, les missions des prédicateurs, qui attirent des foules passionnées ; les grandes entrées princières et autres joyeusetés ; ces diverses démonstrations s'entrecoupant de rites païens ou salaces : libations de vin sur les tombes, courses à pied des filles de joie, etc.

Contre les seigneurs, qui sont généralement exclus du comité des fêtes, la réjouissance villageoise affirme les droits momentanés, mais souverains, des communautés paysannes, investies de tous les pouvoirs ; elle proclame les revendications de la jeunesse locale et masculine, représentée de façon fantaisiste par un « capitaine », un « abbé » des jeunes, ou un « prince d'amour ». Si structurée qu'elle soit, la fête n'exclut pas les bagarres. Elle les implique même, puisqu'elle exhibe la société dans toute sa complexité, conflits inclus.

Dans les villes (Marseille, Aix, Tarascon), le génie provençal des temps « festifs » se déploie en sa plénitude. À Marseille, sous Louis XV, tous les dix jours et parfois tous les jours, une procession joyeuse de jeunesse ou de métiers parcourt la ville. En ce domaine « processionnel » s'étaient affirmés depuis belle lurette les talents immenses du bon roi René, qui fut le scénariste inventif du XVe siècle. Dans l'esprit de la Renaissance, ce monarque avait codifié les grandes parades de la Fête-Dieu, où culminait l'imaginaire de la France du Sud.

À Aix, le prince d'amour préside aux joies urbaines de cette fête ; les dieux païens, de Bacchus à Vénus, y défilent le premier jour, accompagnés par les jeunes garçons de la ville ou *tirassouns*, qui se roulent dans des bains de boue. Le lendemain, dans la même ville, surgissent la Fête-Dieu chrétienne et la « Belle Étoile ».

À Tarascon, un mélange analogue de religion païenne et chrétienne est symbolisé par la Tarasque : cette bête mystérieuse, terrifiante et comique parcourt les rues de la ville en bousculant les piétons et en soufflant des pétards par les naseaux. Mais le jour d'après, ladite Tarasque, miraculeusement domptée, est conduite à travers la ville, promenée par les soins de sainte Marthe, qui incarne la victoire des forces du bien.

On comprend, dans ces conditions, que de grandes inquiétudes affectent parfois l'Église catholique ; organisatrice majeure des fêtes baroques, elle craint toujours d'être débordée par les orgies. Aux années 1780, lors de l'apogée des fêtes urbaines en Provence, certains Provençaux n'ont-ils pas l'audace de faire parader un saint Joseph dérisoire, transformé par leurs soins en cocu sénile, égrotant, grotesque. Des adversaires chrétiens... et non-chrétiens dénoncent le caractère païen de ces fêtes ; ou bien les côtés « *ridicules* » de celles-ci : aspects rustiques, obscurantistes, immoraux, superstitieux...

Au terme du cycle festif d'Ancien Régime, la Révolution française constitue le moment de la vérité. Voici qu'apparaît, inattendue, l'ultime revanche de Carnaval contre Carême ; vengeance des jours gras contre les jours maigres ; des andouilles contre les morues. Le février carnavalesque et révolutionnaire de 1793-1794 est préparé par le 21 janvier de la guillotinade de Louis XVI. La fête d'hiver demeurée païenne (Carnaval) évince donc, en pleine révolution, la fête d'été que l'Église avait christianisée (Assomption, Fête-Dieu). L'épidémie de *fiesta* révolutionnaire atteint, dans les années 1790, les plus petites communautés provençales : à califourchon sur des dizaines d'ânes, recrutés pour la circonstance, les caricatures du roi Louis XVI et du pape sont promenées en procession funambulesque. On brûle ces mannequins au nom d'un rite purificateur. Les révolutionnaires ou « patriotes » provençaux prennent aussi l'habitude de faire parader en cortège les métiers, les âges de la vie (du bébé au vieillard) ; défilent également les femmes ; certaines d'entre elles, la cuisse et le sein nus, sont promues au rôle théâtral de déesse Raison. Elles s'en souviendront un demi-siècle plus tard, petites vieilles ratatinées, qui raconteront leur exaltante jeunesse au jeune Frédéric Mistral.

Et pourtant, la Révolution française, en Provence, a quelquefois jeté l'enfant avec l'eau du bain. Elle a voulu purifier la fête de ses éléments réactionnaires. Elle l'a exaltée momentanément. Mais c'était pour mieux la laisser mourir de sa belle mort, une fois la tourmente passée. Du coup, le livre de Vovelle se termine par une autopsie ; l'auteur dresse la nécrologie des festivités provençales ; elles auront largement disparu au XIXe siècle et plus encore au XXe.

Saturnales ou Panathénées

Mona OZOUF, *La Fête révolutionnaire 1789-1799*, Paris, Éd. Gallimard, 1976, 352 p. (*Le Monde*, 31 décembre 1976).

Mona Ozouf est une transfuge. Comme divers chercheurs qui furent philosophes de formation, mais se sont reconvertis à d'autres emplois. À l'heure où le navire philosophique commençait à donner de la bande, ils ont choisi, judicieusement, de s'échapper vers d'autres disciplines. Ils se sont faits ethnologues (M. Godelier) ou historiens (M. Ozouf).

Mona Ozouf est donc devenue l'historienne de la Fête et des fêtes pendant la Révolution française (1789-1799). Le projet est proche de celui de Vovelle. Mais le point de vue diffère : Vovelle, enquêteur quantitatif, observe la Festivité, dans le temps long (1750-1820), depuis un promontoire provençal. Mona Ozouf, chercheuse plus « centralisée », embrasse du regard le territoire français tout entier, à partir des Archives nationales ; elle s'est aidée, pour cela, de nombreux voyages dans les archives départementales.

Le livre s'oppose à l'historiographie traditionnelle et « classique » des phénomènes révolutionnaires : celle-ci, en la personne d'Aulard, ne voyait dans les grandes célébrations de la décennie 1790 (fête de l'Être suprême, déchristianisation, etc.) que machinations machiavéliques, combinées par les dirigeants pour faire passer, au mieux possible, la « ligne » politique du moment. Or, adopter ce point de vue, ce serait oublier la dose d'énergie sauvage, incontrôlée par les pouvoirs publics, qui, en toute époque, fait irruption dans les fêtes. Énergie ou orgie : dans les pays d'oïl, et davantage encore dans les provinces occitanes, la fête décrite par Mona Ozouf affecte plus d'une fois les dehors carnavalesques qu'on lui connaît en Provence. Notre historienne signale, par exemple, les grands défilés de corbillards, chargés de crapauds, de vipères et de rats, qui symbolisent l'aristocratie ; les processions de cercueils, surmontés d'oreilles d'âne, dans lesquels on enterre l'Ancien Régime ; les cortèges de fourches et de bâtons ; les fêtes tambourinées ; les charivaris provinciaux du temps du Directoire, qui sont tantôt de droite et tantôt de gauche.

Les forces d'anarchie pourtant sont minoritaires quant à la Fête, de 1789 à 1799. Celle-ci délaisse, assez vite, les débordements carnavalesques ; elle célèbre, dans sa version robespierriste, un culte musical de l'ordre, de l'unité rayonnante et patriotique. Elle fait bloc, et bloc national, contre l'ennemi commun qu'est l'aristocratie, bouc émissaire. En ce sens, les défoulements de l'inconscient dans la Saturnale, chers aux conceptions de Freud, apparaissent bien secondaires si l'on en croit Mona Ozouf. Le thème central de l'événement festif, après 1789, c'est la passion d'honorer la Communauté, dont Durkheim proposera la théorie. Depuis la « Fédération » de 1790, jusqu'aux fastes de l'Être suprême, la fête révolutionnaire incarne une collectivité célébrante ; elle se voudrait chaleureuse, au nom des chaleurs communicatives du banquet, qui réunit tous les participants. Mais ne brûle pas qui veut : le militant du XVIIIe siècle finissant, de type robespierriste, est à la fois vertueux et glacé.

Envisagée de cette façon, la Fête veut faire de la France un village global. Elle tente d'unifier le ciel bleu, pour qu'il devienne comme un dôme national, un bouclier d'amour, un couvercle d'azur ; il enjamberait le territoire français, depuis les Vosges jusqu'aux Pyrénées.

Pédagogique, la fête jacobine ou directoriale est parfois répressive : elle fait processionner les enfants des écoles, précédés par leur instituteur, qui tient le livre d'une main et, de l'autre, les verges pour fouetter la marmaille.

La célébration est sacralisante et religieuse : les Jacobins frappent le Sacré-Cœur de Marie. Mais c'est pour mieux exalter le sacré-cœur de Marat. Ils veulent une religion épurée, à l'antique ; ils l'empruntent aux modèles de la vertu romaine, et du rigorisme spartiate. Ils introduisent dans les festivités le rituel maçonnique qu'ont mis au point, dans leurs loges, au temps des Lumières, les nobles libéraux et les bourgeois éclairés. Sur les problèmes de la symbolique du Temps, l'analyse de Mona Ozouf est plus profonde que celle de Vovelle : la fête révolutionnaire remplace peu à peu les défilés des corps de métier par ceux des âges et des sexes (jeunes hommes et jeunes filles ; enfants, adultes et vieillards, etc.) : ce faisant, elle abolit la lutte des classes ; elle forge l'unité fictive de la société, mise en évidence par l'unité réelle de la vie, depuis le fœtus jusqu'au squelette.

Cette symbolique sociale et sacrée se heurte aux traditions solides du christianisme populaire. On peut toujours remplacer tel ou tel calvaire, par le buste d'un conventionnel, ou d'un « patriote ». Arrachée du sol, la croix germera de nouveau, plus solide que jamais, dans les cœurs et dans les têtes. La Vierge Marie tiendra tête à la déesse Raison.

Le livre de Mona Ozouf est rondement mené. Il s'endort un peu, pendant quelques pages, dans la monographie des fêtes à Caen : j'ai dodeliné en suivant ces processions caennaises, de la Constituante au Directoire. Et puis, je me suis réveillé en fanfare, sous les verts feuillages de l'arbre de Mai. Morceau de bravoure, qui ferme le livre. Mai de joie, mai d'amour, mai de pouvoir et de franchises ; arbre de la Liberté, planté à des milliers d'exemplaires dans l'Hexagone, entre 1789 et 1799.

En ses débuts, le Mai de 1789 est un symbole de contestation sociale : on l'enracine auprès des feux de joie où l'on brûle les bancs seigneuriaux tirés des églises. Car, le roi lui-même, dit une superbe légende paysanne de ce temps, est venu en gros sabots et costume de paysan pour s'asseoir sur un banc seigneurial à la messe. Le seigneur, qui n'a pas reconnu son monarque, l'a jeté dehors. Alors, le monarque a ordonné l'autodafé de ces bancs.

Le Mai peut être un chêne ou un orme tortillard : on le plante en signe d'amour à la fenêtre des jeunes filles ; on le plante aussi, en symbole de respect ou de dérision, selon les cas, devant la porte du maire ou du curé. Les racines de ce Mai baignent dans le sang des aristocrates : ses branches protègent la jeunesse et la communauté. Cet arbre est un professeur d'égalité ; un tronc vert de la fécondité arrosé par les femmes enceintes. Il évince la souche informe et cadavéreuse de l'Ancien Régime. Il unit la joie paysanne comme orgie verdoyante avec la fête révolutionnaire que sous-tend l'amour pour la patrie.

Les portes du carême

Julio Caro Baroja, *Le Carnaval*, Paris, Éd. Gallimard, 1979, 417 p. (*Le Monde*, 17 février 1980).

Il est question de ressusciter le Carnaval. Certains s'y activent, chaque année, chaque février, du côté de Carcassonne, de Montpellier... Mais si vous tenez pour de bon à cette résurrection carnavalesque, demandez d'abord au pape de Rome, de ressusciter autoritairement... le Carême. Ne vous faites pas d'illusions. Tout se tient : sans morue et sans hareng obligatoires au mois de mars, pas de boudin ni de saucisse à foison pendant février. Sans ascétisme et sans prières de mortification en Carême, pas de liesse païenne au préalable lors du mardi gras (ce jour joyeux étant la veille du mercredi des Cendres, qui marquera lui-même le premier jour du Carême).

Les théoriciens du Carnaval se divisent en deux camps : les uns croient aux pures et simples survivances païennes. Ils pensent que les fêtes d'hiver de l'Antiquité latine, *Lupercales* et *Saturnales* se sont prolongées miraculeusement jusqu'à nos jours sous les oripeaux du Mannequin de mardi gras. Sans nier totalement ce point de vue, d'autres chercheurs, comme Baroja, ethnographe d'Espagne, estiment que parmi des pays comme les nôtres, christianisés depuis 1 500 ans, la phase débridée du Carnaval ne peut absolument pas s'expliquer, y compris quant aux fameuses survivances païennes, si elle n'est pas insérée par les anthropologues, avec une implacable logique, dans le temps structural du christianisme. Sur ce point, Baroja m'a depuis longtemps convaincu. Voyons les choses de plus près, grâce à son livre, surtout consacré à l'Espagne.

Au centre de ce temps structuré que rythment les fêtes catholiques d'hiver et de printemps (depuis Noël jusqu'à la Pentecôte), s'inscrit, négligé aujourd'hui par certains Croyants, le *Carême*. Originellement, dès les derniers temps de l'Empire romain, le Carême était l'époque où les païens qui se destinaient à devenir Chrétiens *se purifiaient* par le jeûne, par l'abstinence, par la prière... Ils devenaient alors, pendant la quarantaine de jours que durait ce Carême purificatoire, des Ex-païens-pas-encore-chrétiens, des hommes de l'Entre-deux ; bref, comme on disait alors, des *catéchumènes*. Puis venait, telle une lumière, la joie de Pâques, au-delà des douleurs terminales de la Semaine Sainte ; les ex-païens recevaient le baptême pascal : ils se transformaient, pour finir, en chrétiens. Le cycle de leur Renaissance spirituelle était accompli. Cette traversée du Désert, autrement dit du Carême, avec deux oasis, l'une païenne au point de départ, l'autre chrétienne au moment d'arrivée, dessinait un enchaînement de fêtes qu'allait bientôt répéter ou rejouer en une mémorisation triomphale l'ensemble du peuple chrétien, et cela bien après la disparition définitive du paganisme. Le trajet indéfiniment reconstitué par les mémoires collectives dessine ainsi le « parcours » des athlètes chrétiens ; il nous apparaît comme définitivement constitué au XIe siècle ou XIIe siècle. Cela ressort des premiers textes qui font enfin émerger le folklore carnavalesque et médiéval au grand jour de la culture écrite ; à la veille du Carême, pendant les jours gras qui précèdent le mercredi des Cendres, les chrétiens *enterrent leur vie de païen* : alors prennent place les réjouissances festives et gastronomiques. Au Moyen Âge, on désignait cette période carnavalesque par un mot qui évoquait à la fois, synonymes, la viande et la chair : c'était le temps du *charnage*. Bien sûr il y a quelque chose de peu chrétien dans toute cette chair qui s'étale pendant les jours gras ; elle contraste avec le supplément d'âme qui est dûment enregistré pendant le Carême ; c'est le combat de la *charnalité* (Carnaval) contre la *spiritualité* (Carême). Dans la perspective finale de l'ascèse quadragésimale, il devient donc légitime de chercher pour la période carnavalesque qui va de l'après-Noël à la veille du mercredi des Cendres les « survivances du paganisme » puisque aussi bien elles sont intégrées, dorénavant, au temps chrétien.

Baroja s'interroge sur ce problème dans la seconde partie de son livre : le *Carnaval* lui-même (en février), la *fête des fous* ou fête des Saints-Innocents (28 décembre), et la *sainte Agathe* (5 février), ont-elles récupéré, voici bien longtemps, certains rites des festivités plus anciennes encore, qu'on avait déjà célébrées à l'époque païenne ? Parmi celles-ci figuraient les mascarades des *Saturnales*, les fouettages et déguisements en loups et renards des *Lupercales*, enfin les célébrations des commères à l'imitation des *Matronales* latines. À ce propos, on réfléchira au prodigieux bricolage ou métissage culturel du premier millénaire de notre ère, au cours duquel des prêtres pieux et des paysans tenaces surent réaliser, en termes pré-jésuitiques, un incroyable compromis. Ils réussirent à fusionner de façon harmonieuse les exigences d'une sensibilité païenne, toujours bien vivante dans nos campagnes, et les revendications sacrées de l'Église, centrées sur le temps liturgique de la Chrétienté médiévale.

L'essentiel tient dans une dialectique contrastée : le Carnaval, c'est l'ostentation d'un bon gros péché païen qu'on exhibe, qu'on met en valeur goulûment, afin de mieux basculer quelques jours plus tard dans les tristesses et dans les macérations catholiques du Carême. D'où le côté *satirique* de la phase carnavalesque : on y dénigrera en grande pompe théâtrale tous les péchés qu'a commis la communauté dans l'année ; les cocuages et adultères seront ridiculisés ; et aussi les péchés sociaux, tels que l'avarice des riches, ou la « criminelle » contestation que se permettent quelquefois les pauvres à l'encontre des élites « supérieures ». Chaque classe sociale a donc son mot à dire en Carnaval contre la classe sociale du dessus ou du dessous ; chaque quartier de ville, chaque village tire à boulets rouges contre le quartier ou contre le village des voisins les plus proches ; ils sont accusés de toutes les fautes : elles sont critiquées pendant le Carnaval. Le groupe humain qui s'estime le plus frustré du fait des oppressions et péchés qu'engendre la communauté, correspond à la classe d'âge des jeunes mâles : ils s'expriment de façon hostile ou simplement farceuse contre la tyrannie des adultes. Ils organisent des quêtes agressives de nourriture, des vols d'outils agricoles. Le Carnaval devient ainsi, à force d'attaques et de contre-attaques, une description poétique et colorée de la société globale, avec ses tensions contradictoires. Il voit s'affronter, dans le rire et parfois dans la lutte violente, les groupes sociaux, les quartiers, les classes d'âge, les diverses tendances politiques et religieuses qui écartèlent la ville comme un blason. De ce fait, on rencontrera malheureusement des Carnavals antisémites (à Rome, à Montpellier, en Espagne) ; surtout, on verra s'affronter des Carnavals anti-notables et anti-plébéiens sur les deux versants de la barricade, dans une même ville (Romans-en-Dauphiné, 1580). Les jeunes mâles, encore eux, sont décidés à prendre momentanément le pouvoir pendant les jours gras ; ils se substitueront donc de façon provisoire aux adultes, mais aussi aux femmes ! Du coup, certains de ces jeunes hommes se déguisent en femmes pour signifier qu'ils forment désormais à eux tous une société dominante et complète, à la fois masculine et (pseudo-) féminine ; elle peut par conséquent se passer des véritables représentantes du deuxième sexe en chair et en os. Dans le meilleur des cas, en Allemagne, en Italie, en Avignon, les pièces de théâtre écrites pour la circonstance par des auteurs locaux déploieront comme à plaisir sur la scène ou sur la place publique tout ce défoulement satirique et licencieux. Paolo Toschi, dans un grand livre qui est symétrique de celui de Baroja, a même vu dans les comédies (rédigées pour le Carnaval ou pour les fêtes de Mai) l'authentique origine du Théâtre italien....

LUMIÈRES, ÉLITES, RÉVOLUTION

Entre prêtre et laïc :
les petites écoles

François FURET, Jacques OZOUF et leurs collaborateurs, *Lire et Écrire. L'alphabétisation des Français de Calvin à Jules Ferry*, 2 vol., Paris, Éd. de Minuit, 1977, 320 p. et 375 p. (*Le Monde*, 16 décembre 1977).

Après l'intervalle d'un quasi-siècle, Furet, Ozouf et leurs collaborateurs ont ressuscité, magnifié l'œuvre du professeur Maggiolo. Vers 1880, ce chercheur enquêtait sur une question pertinente : « *Dans quelles conditions entre le XVII*^{e} *siècle et le XIX*^{e} *siècle, les Français ont-ils appris à lire et à écrire ?* » Aidé par les circulaires *ad hoc* du ministère de l'Instruction publique, Maggiolo avait fait relever par seize mille instituteurs bénévoles, dans tous nos départements, les pourcentages des époux, mâles et femelles, qui savaient (ou non) signer leur nom à l'acte de mariage. Les milliers de maîtres d'école mis à contribution s'étaient donc livrés à des fouilles harassantes dans les registres d'état civil ou de paroisse, depuis Louis XIV jusqu'à Napoléon III. Au terme de ce travail plusieurs « coupes » chronologiques furent réalisées pour l'époque de Louis XIV (1686), Louis XVI (1786), Louis XVIII (1816), et pour le début de la IIIe République (1872).

Les premiers résultats de cette enquête, calculés dès 1880 et cartographiés en 1957 par Fleury et Valmary, étaient étonnants. On a de bonnes raisons de penser que, *grosso modo*, savoir signer, c'est avoir quelques rudiments de lecture et d'écriture. Or, dès l'époque prétendument obscurantiste de Louis XIV, près d'un Français sur trois, en 1686, pratique la signature (mais seulement une Française sur sept). Sous Louis XVI, à la veille de la Révolution, c'est près d'un sur deux, et plus d'une sur quatre. Les grandes révolutions politico-sociales, anglaise du XVIIe siècle, française de 1789, russe de 1905 et 1917, sont survenues, est-ce un hasard, dans des pays où plus d'un tiers de la population venait récemment d'être arraché aux « ténèbres » de l'obscurantisme. En 1872, ces pourcentages sont de 72 % pour les hommes et 55 % pour les femmes, qui rattrapent peu à peu le « sexe fort ».

Les petits Français apprendront plus tard, à l'école justement, que les lois scolaires de Jules Ferry, vers 1880, nous ont donné l'enseignement laïc, gratuit et obligatoire ; elles auraient, dit-on, dissipé la nuée ignorantine qui pesait auparavant, comme un sombre couvercle, sur la conscience populaire. Or, bien au contraire, on savait déjà dès 1880, grâce à Maggiolo, qu'il n'en était rien. Avant même l'établissement de la IIIe République, la nation s'était préalablement déniaisée ou décrassée de ses carences de savoir ; elle n'avait eu besoin pour cela de la permission de personne, et encore moins de celle du républicain, ou du libre penseur de service, toujours prêt pourtant à prendre feu et flammes, à « écraser l'infâme » et à accuser l'Église catholique, jadis toute-puissante, d'avoir voulu étouffer dans l'âme populaire les semences de l'instruction !

Il y avait là une curieuse et irritante série d'affirmations. Un vrai débat. Pour y voir clair, Furet et Ozouf se sont donc aidés du bon vieil ordinateur. Les ont assistés aussi les enquêteurs du centre de recherches historiques de l'École des hautes études, et d'éminents universitaires, hors de Paris. Les deux maîtres d'œuvre ont ainsi produit le premier volume de ce *Lire et Écrire*. Le second volume est dû collectivement aux collaborations de leurs collègues.

Première tâche : chiffrer, graphiques et cartes en main, l'histoire et la géographie de l'alphabétisation. Au terme de ce travail initial, les deux amis, dare-dare, ont renvoyé dos à dos les « curés » et les « anticurés ». Qu'on me pardonne ce langage, hérité des passions anticléricales de 1885 ! En d'autres termes, Furet et Ozouf ont éludé ceux qui, anticléricaux, prétendaient que les continuateurs laïcs de la Révolution française, à retardement, avaient sauvé notre pays, en

1880, de l'ignorance ancestrale ; et ceux qui, cléricaux, affirmaient, à l'inverse, que ladite Révolution, en fermant les petites écoles catholiques de paroisse, avait naufragé l'instruction du peuple.

Dans la lignée des grandes recherches de la Restauration, menées par Dupin ou par d'Angeville, en accord aussi avec les travaux récents sur l'instruction des conscrits au XIXe siècle, Furet et Ozouf ont retracé l'histoire originelle du phénomène. Ils ont situé initialement les responsabilités. Au départ, pas de doute : l'influence des Églises, dans la mise en train de l'alphabétisation, depuis la Renaissance, est indéniable. Seulement, ce ne sont pas les prêtres « papistes » qui donnent le branle. Ce sont Luther, Calvin et nos huguenots : les uns et les autres déclarent en effet que, pour gagner le ciel, il est bon de savoir lire la Bible. Mais rendons justice, immédiatement, à l'Église romaine : elle a très vite compris, assimilé cette leçon protestante. Dès le milieu du XVIe siècle, dès le concile de Trente, Rome enjoint aux évêques, aux simples prêtres, de veiller à l'instruction du petit peuple, et cela revient à ordonner que soient créées des écoles.

Ces injonctions pieuses n'auraient pas suffi, tant s'en faut, si elles n'avaient rencontré dans les régions riches du royaume, capables de financer des instituteurs, l'adhésion solide des communautés villageoises (celles-ci étant plus ou moins équivalentes à nos actuelles municipalités). Or ces communautés, dirigées par de riches laboureurs, ne veulent pas seulement que le maître d'école éduque l'âme paysanne pour aider celle-ci à gagner le paradis ; elles souhaitent aussi que soient formés de jeunes fermiers susceptibles de lire un bail, de compter le prix de leurs vaches et de leurs moutons. C'est ainsi qu'en France, au XVIIe siècle, l'instruction élémentaire se répand comme une traînée de poudre au nord de la fameuse ligne Saint-Malo-Genève, dans les régions septentrionales ; Normandie, Champagne, Ile-de-France, Artois, Lorraine et parmi toutes « nos vaillantes populations de l'Est ».

La demande sociale d'éducation émane en effet de ces zones ; depuis le Bocage normand jusqu'au Rhin, elles forment la France aisée, industrieuse, pourvue de routes et de champs ouverts ; le blé y rend mieux ; on y mange davantage ; on a un meilleur niveau de vie ; on est plus intégré à la nation en formation... Les instituteurs y sont salariés par les communes, qui sont en bonne forme financière ; cet élan est tel que le Midi à son tour commence, par contagion, à sortir de son analphabétisme léthargique ; le voilà qui prend ses jambes à son cou et qui rattrape le Nord. Ce double processus de développement et de rattrapage se poursuit au XVIIIe siècle ; il continue imperturbablement à travers la Révolution française, qui ne le ralentit ni ne l'accélère.

Au XIXe siècle enfin, l'État national prend le relais, en Léviathan qu'il est. Jusqu'alors, ce nonchalant qu'était le pouvoir central avait eu pour devise, depuis 1600 jusqu'à 1789 : *pas un sou, pas un homme* pour les petites écoles des villages. Tout au plus le monarque avait-il encouragé ces établissements par des proclamations platoniques, destinées à soutenir l'action du clergé scolarisateur et des Frères des écoles chrétiennes. Au XIXe siècle, l'État commence à aider les communes ; il finance partiellement les premières écoles normales d'instituteurs et les bâtiments scolaires des ruraux.

En même temps se produit un total virage idéologique. Dès avant la IIIe République, les laïcs, les hommes de ce qui sera bientôt la ligue de l'enseignement, les francs-maçons, toute la postérité des « lumières » voltairiennes commencent à arracher des mains de l'Église le flambeau de l'éducation qu'elle avait brandi auparavant pour son propre bénéfice. L'école de paroisse avait longtemps été, au XVIIIe siècle, le symbole de la christianisation des campagnes ; elle devient, au dernier tiers du XIXe siècle, la pointe avancée de l'anticléricalisme. Mais le résultat final n'est pas très différent : le peuple français est graduellement soustrait à l'ignorance. Au XXe siècle, le nombre des analphabètes tombera au-dessous de 5 % de la population totale.

Par-delà ce vaste tableau, l'ouvrage affirme encore un certain nombre de thèses, des plus neuves. L'école, par exemple, est la cause de l'alphabétisation, bien sûr ; mais elle est aussi circulairement l'effet de celle-ci, l'effet de la demande sociale d'instruction ; celle-ci se traduit, avant même l'érection des bâtiments scolaires, par l'enseignement, « en famille », du Lire-Écrire. La ville, en principe, pousse à l'alphabétisation populaire, plus que ne le font les campagnes. Mais la révolution industrielle multiplie un prolétariat misérable et analphabète. Donc la ville manufacturière (Lille) sera paradoxalement plus ignorante que le pays rural qui l'environne, alors que la ville bourgeoise (Caen) le sera moins.

Quant aux minorités linguistiques, elles ne sont pas forcément contraires à une bonne assimilation, par le peuple, de la langue française écrite et lue. Les Alsaciens, les Flamands, les Béarnais se sont donné une instruction élémentaire avant même que les citoyens purement francophones de langue d'oïl n'en fassent autant. En revanche, il est exact que les Bretons, les Basques et beaucoup d'Occitans (Aveyron, Cantal) sont restés longtemps « à la traîne » (ce dernier terme n'étant du reste pour nos auteurs qu'un constat de non-alphabétisation ; il n'a rien de péjoratif en soi ; faut-il rappeler que la plus grande découverte de l'histoire de l'humanité, à savoir la domestication des plantes et des animaux, a été faite par les illettrés totaux et géniaux du néolithique ?).

Enfin, Furet et Ozouf soulignent le curieux fait, dans l'ouest et le sud du royaume, d'une alphabétisation spécifiquement catholique et féminine : prisonnières d'une vieille méthode pédagogique, les « béates » (dévotes maîtresses d'école) enseignent aux filles à lire (les livres édifiants), mais pas à écrire (les lettres d'amour...).

Ce livre fut précédé, dès 1976, par d'excellents travaux collectifs de Chartier, Compère et Julia ; il restera longtemps l'ouvrage de référence sur le problème. Austère, presque janséniste, il refuse légitimement la facilité, sans négliger pourtant les bonheurs de style. Les auteurs annoncent, peut-être, un troisième volume. C'est le moment de leur suggérer certaines questions qu'ils ont laissées en suspens : corrélations anthropologiques entre l'instruction intellectuelle et la stature physique par exemple (puisque celles-ci sont, toutes deux, l'expression globale de l'aisance et d'un bon niveau de vie) ; publication aussi des chiffres mêmes de Maggiolo, département par département ; bilan enfin de la haute créativité culturelle des analphabètes (je pense aux brillantes civilisations baroques qu'ont soutenues, dès le XVIIIe siècle, les paysanneries illettrées de Provence et de Languedoc).

Alphabétisation et stature :
Un tableau comparé

Annales, E.S.C., XXXV, 1980, pp. 1329-1332. Article écrit
en collaboration avec Michel DEMONET (sur une idée du
Prof. G. SHAPIRO, de Pittsburgh).

Il est assez rare, dans les sciences sociales, d'obtenir des coefficients de corrélation réellement élevés, quand on compare entre elles des variables provenant de secteurs qui eux-mêmes, en apparence du moins, sont très différents les uns des autres. Les cas où se produit cette occurrence favorable et peu fréquente sont donc d'autant plus intéressants. Nous voudrions développer brièvement l'un de ces exemples privilégiés. Il s'agit de la confrontation, dans la France des années 1820-1830, de deux facteurs qui sont l'un à l'autre fort hétérogènes : alphabétisation et stature.

Déjà, la simple projection géographique de ces données sur les cartes départementales de la France illustrait une forte convergence[1]. Sous la Restauration et la Monarchie de Juillet, la ligne Saint-Malo/Genève sépare l'« hexagone » en deux zones.

Nord-Est	Régions « plus alphabétisées »	« Hautes » statures
Centre, Sud et Ouest	Régions « moins alphabétisées »	Moins « hautes » statures

Le lien entre les deux phénomènes, alphabétisation et stature, anthropologie culturelle et anthropologie physique, est sans mystère, même si avant nos recherches, il était resté dans l'ombre, du moins dans ce secteur particulier. Ce lien, bien sûr, n'a rien à voir avec la génétique. Il concerne essentiellement la richesse (ou la pauvreté) des familles et des « communautés » de village.

Le fait que des parents soient aisés ou relativement « non pauvres » les encourage en effet :

---

1. Cf. E. LE ROY LADURIE, *Le territoire de l'historien*, vol. 1, Paris, Gallimard, « Bibliothèque des Histoires », 1973, cartes des pp. 86-87.

1. à financer certaines études au moins « primaires » pour leurs enfants ;
2. à donner à ces mêmes enfants une dose de nourriture suffisante en quantité et en qualité, ce qui, dans les faits, garantit que la stature des jeunes êtres sera, le moment venu, relativement élevée.

Il n'est pas exclu, par ailleurs, que le fait de passer de longues heures, semaines et mois dans la calme sédentarité de l'école aboutisse aussi à stimuler la « pousse humaine ». Mais, sur ce point, nous ne disposons d'aucune démonstration sérieuse, même balbutiante.

Nous avons donc mis en rapport, par le biais de l'ordinateur, des batteries de 85 chiffres en pourcentage, un par département ; ou un peu moins quand tel département manque dans nos dossiers, en ce qui concerne telle ou telle donnée. Nous comparons terme à terme telle colonne de 85 pourcentages (relative à tel aspect de l'alphabétisation) à telle autre colonne qui concerne tel aspect de la stature.

Nous obtenons alors des coefficients de corrélation élevés, entre 0,773 et 0,751 ou au pire entre 0,773 et 0,734 ; ces coefficients sont *positifs* quand nous confrontons, par exemple, haute stature et forte alphabétisation (variables parallèles) ; *négatifs* quand nous comparons haute stature et basse alphabétisation (ou l'inverse) ; il s'agit, en effet, dans ce deuxième cas, de variables antagonistes.

Nos sources sont données en détail dans la bibliographie. Dans le tableau ci-après, elles figurent sous forme d'abréviations dont le sens est indiqué à la fin de notre article.

Par contraste, on peut signaler quelques corrélations nulles ou quasi nulles : elles relient entre eux deux facteurs qui, bien que ressortissant respectivement à l'alphabétisation et à la stature, n'ont effectivement rien à voir l'un avec l'autre.

On sait que le fait de « savoir seulement lire » (mais non pas écrire) est lié à certaines formes très spécifiques de l'éducation catholique, telle qu'on la rencontre dans des régions pieuses, situées alternativement au nord et au sud de la ligne Saint-Malo/Genève. Leurs corrélations avec les conscrits ultra-petits (ligne 13) sont donc très basses. Elles sont nulles en ce qui concerne les conscrits de taille moyenne ; celle-ci étant, par définition, inexpressive du « plus » ou du « moins ».

	Variables « stature »	Variables « alphabétisation » (ou analphabétisme)	Coefficient de corrélation
1	Moyenne des tailles par département (1825-1833) [DA]	Pourcentages de conscrits analphabètes [DA]	− 0,773
2	% de conscrits petits (entre 1,57 m et 1,625 m) par département (1819-1830) [CA]	Même variable que ci-dessus	+ 0,771
3	% de conscrits grands (plus de 1,679 m) [CA]	Même variable que ci-dessus	− 0,767
4	% de conscrits grands (id.) [ANT]	% de conscrits analphabètes dans l'ensemble de la classe de jeunes gens examinée [CA]	− 0,762
5	% de conscrits petits [CA]	% de conscrits sachant lire et écrire dans la classe [CA]	− 0,758
6	Même variable que ci-dessus[1]	% de conscrits analphabètes dans la classe [CA]	+ 0,757
7	% de conscrits grands [ANT]	% de conscrits analphabètes dans l'ensemble du contingent (contingent, autrement dit conscrits ayant tiré un mauvais numéro) [CA]	− 0,755
8	Même variable que ci-dessus	% de conscrits alphabétisés [GUE]	+ 0,754
9	% de conscrits petits [CA]	Même variable que ci-dessus[2]	− 0,754
10	Moyenne des tailles par département (1825-1833) [DA]	% de conscrits analphabètes dans le contingent [CA]	0,751

Nous sautons une dizaine de corrélations de même type, situées autour de 0,75 et nous passons à

11	% de conscrits éliminés pour dé-faut de taille (inférieure à 1,57 m) [ANT]	% de conscrits analphabètes [DA]	+0,740
12	% de conscrits petits [CA]	Nombre d'écoliers pour mille habi-tants [DA]	− 0,734

Enfin, citons quelques corrélations quasi nulles

13	% de conscrits éliminés pour dé-faut de taille [ANT]	Conscrits de la classe, sachant seule-ment lire [ANT]	− 0,002
14	% de conscrits de taille moyenne (entre 1,625 m et 1,679 m) [CA]	Conscrits de la classe sachant seule-ment lire [CA]	− 0,120

1. On remarquera la parfaite similitude entre ces deux coefficients de corrélation (cette ligne et la précédente) : l'un est positif, l'autre est négatif, avec la même valeur absolue. La seule différence consiste dans l'introduction de la variable *analphabètes* au lieu de la variable antagoniste *sachant lire et écrire* (ligne précédente).
2. Même remarque à propos de cette ligne et de la précédente que dans la note précédente.

Abréviations et bibliographie, relatives aux sources

ANT : ARON (J.-P.), DUMONT (P.), LE ROY LADURIE (E.), *Anthropologie du conscrit français d'après les comptes numériques et sommaires du recrutement de l'armée (1819-1826)*, Paris-La Haye, Mouton, 1972.
CA : série de chiffres et pourcentages *cantonaux* inédits, utilisés par ailleurs dans « Anthropologie de la jeunesse masculine française, cartographie cantonale (1819-1830) » par les auteurs (E. LE ROY LADURIE et M. DEMONET), et par Paul DUMONT ; texte publié dans *Annales ESC*, juillet-août 1976, et republié dans E. LE ROY LADURIE, *Le territoire de l'historien*, vol. II, Paris, 1978, pp. 98-135.
DA : D'ANGEVILLE (A.), *Essai sur la statistique de la population française*, Bourg-en-Bresse, 1836 (réédition chez Mouton, Paris-La Haye, 1969).
GUE : GUERRY (A.-M.), *Essai sur la statistique morale de la France...*, Paris, 1833.

Un voyage philosophique

Michèle Duchet, *Anthropologie et Histoire au siècle des Lumières*, et *De l'homme* de Buffon, Paris, Éd. Maspero, 1971, 568 p. et 510 p. (*Le Monde*, 21 janvier 1972).

La nouvelle histoire anthropologique fait éclater les cadres devenus trop étroits d'une historiographie purement économique et sociale ; celle-là même qui fit, à juste titre, les délices d'une génération de chercheurs. L'historien anthropologue veut dépasser la série des prix du grain et les fluctuations du salaire. Il applique à ces champs nouvellement explorés du passé humain que sont les mœurs, le sexe, la mort, le crime, le folklore, l'anthropologie physique et la coutume, les techniques éprouvées de l'étude quantitative et de l'analyse structurale.

D'où l'intérêt des livres récents de Michèle Duchet : réédition critique de *De l'homme* de Buffon ; et surtout *Anthropologie et Histoire au siècle des Lumières*.

Nantie d'un formidable fichier, Michèle Duchet connaît sur le bout du doigt sa littérature de voyages au XVIIIe ; elle se dirigerait les yeux fermés vers le Pérou de La Condamine, ou vers le Pacifique du capitaine Cook. Femme de tête, cette spécialiste des Lumières ne s'en laisse pas compter, et elle démystifie à tour de bras. Si l'abbé Raynal nous apparaît comme anti-esclavagiste et anti-impérialiste, c'est, dit-elle, parce qu'il reflète fidèlement « *de par ses amis et de par ses sources* », la politique néo-colonialiste du ministère de la Marine sous Louis XVI. Si les hommes qui font l'opinion des Lumières s'intéressent aux Noirs, ce n'est point, ajoute Michèle Duchet, par pure bonté d'âme ; c'est parce que ces hommes s'inquiètent de la rébellion endémique et maquisarde, à base d'esclaves fugitifs, qui sévit en Guyane et ailleurs sous le nom de *marronnage*. La Guyane, aujourd'hui simple bagne en déshérence et site de nos missiles, était au XVIIIe siècle le cauchemar des fonctionnaires chargés du maintien de l'ordre et la base d'essai des réflexions des « amis des Noirs ».

En Europe aussi, cette *Anthropologie* brise quelques idoles d'Épinal : Voltaire par exemple formule parfois un mot aimable pour ses paysans alors que d'ordinaire il les regarde plutôt comme des êtres de seconde zone ; s'il agit ainsi, affirme notre guide, ce n'est point par élan du cœur, c'est par aversion pour le servage. Cette institution surannée gêne en effet, plus qu'elle ne stimule, la mise en valeur des grands domaines de Ferney. Le servage motive donc de temps à autre les imprécations philanthropiques du philosophe-patriarche. Sur Buffon, chauvin de la race blanche et précurseur du transformisme, sur Voltaire, encore lui, théoricien farfelu des deux humanités disjointes, dont chacune serait née indépendamment de l'autre, qui en Eurasie, qui en Amérique, Michèle Duchet a souvent d'intéressants chapitres.

Et pourtant le livre déçoit, qui promet plus qu'il ne tient : car, dès la seconde partie, son anthropologie n'est plus, ou si peu, celle des anthropologues. Et son histoire n'est pas celle des historiens.

L'anthropologie d'abord : dans bien des cas, celle-ci se ramène (voir la seconde partie) à une revue traditionnelle et littéraire des diverses conceptions abstraites qui prétendaient, au XVIIIe siècle, décrire et analyser l'être humain. Cela n'a pas grand-chose à voir avec l'ethnographie vraie, — ancienne ou présente, — qui, elle, est à base de « terrain ». Homme de son village, Rétif, qui n'est guère cité, aurait été de ce point de vue plus important que Voltaire.

Dans d'autres temps, et sous d'autres modes, le livre de Michèle Duchet se fût appelé tout simplement *l'Idée de l'homme* ou *l'Idée du voyage au* XVIIIe *siècle*.

En outre, dans cette grosse thèse, consacrée pour moitié à l'Histoire, Clio ne reconnaît pas les siens : « l'Histoire » que nous offre Michèle Duchet, pour l'époque des philosophes se ramène presque exclusivement à une méditation linéaire et planétaire, relative au temps humain et pré-humain ; elle remonte immédiatement aux origines, voire à la Terre primitive et au durcissement de sa Croûte. Et pourtant il y avait au XVIIIe siècle, à propos de périodes moins démesurées, des historiens professionnels qui n'étaient pas négligeables.

Le vocabulaire à la mode qu'emploie l'auteur en cette *Anthropologie* serait tout à fait justifié s'il était intégré pour de bon à celle-ci, et s'il n'était pas simplement plaqué aux paragraphes de l'ouvrage. Toute la seconde partie en effet, dont j'ai mentionné le contenu surtout littéraire, est centrée non pas comme on l'aurait souhaité sur des « nappes de discours », archéologiquement empilées à la Foucault, mais sur cinq grands auteurs (Buffon, Helvétius, Voltaire, Diderot, Rousseau) sagement étudiés l'un après l'autre. Une telle méthode n'a rien d'illégitime. Mais dans ces conditions pourquoi vouloir absolument dérober aux structuralistes, surpris au bain et qui n'en peuvent mais, leurs vêtements et leurs formules ? Pourquoi utiliser les termes de *système*, de *discours*, de *sous-système* qui renvoient à des techniques d'analyse différentes de celles qui sont employées sous nos yeux ? Les bons vieux mots tels que *exposé, auteur, théorie, œuvre* eussent été dans ce cas pleinement adéquats.

La thèse de Michèle Duchet ne répond donc ni au titre qu'elle affiche ni à l'ambition qu'elle se propose. C'est pourtant un livre qui marquera, qui restera : monument d'érudition littéraire, il s'offre à nous, et c'est déjà beaucoup, comme une invitation puissante au voyage philosophique.

Élite et promotion

Guy CHAUSSINAND-NOGARET, *La Noblesse au* XVIIIe *siècle*, Paris, Éd. Hachette, 1976, 239 p. (*Le Monde*, 2 juin 1976).

Guy Chaussinand-Nogaret cultive le paradoxe. Sa *noblesse* (au XVIIIe siècle) n'est pas la classe « féodale », grasse, inutile et parasitaire qu'on a peinte quelquefois, pour la fin de l'Ancien Régime. Mais plutôt un groupe restreint, souvent actif, jeune ; en état de renouvellement assez rapide. Et puis, fort éclairé, quant à ses élites. Elles sèment le vent de 1789, et récolteront la tempête.

Quand un paradoxe est exact, il se change en truisme utile. La démonstration de Chaussinand est largement inspirée des travaux de François Furet, Denis Richet, Daniel Roche... Elle risque de passer dans les Vulgates. Tant pis pour les dogmatismes.

Tout n'est pas faux, sans doute, dans les lieux communs de l'historiographie d'hier, que notre historien, armé de textes, bardé de chiffres et d'archives, pourfend avec bonne humeur. Il est vrai que les très hautes noblesses, celles des ducs et pairs, s'étaient laissé enfermer dans le ghetto doré de la Cour. En se barricadant ainsi, elles risquaient de devenir les victimes d'un exclusivisme, émané du Tiers-État.

Mais le ghetto nobiliaire n'est qu'un aspect du problème. En fait, c'est la tendance à l'*ouverture*, sociologique et intellectuelle qui dominera dans le « second ordre »[1] (dans la noblesse), au temps des Lumières. Dès la fin du XVIIᵉ siècle, Fénelon identifie la cause des Nobles à celle de la Nation tout entière, dressée contre l'absolutisme bureaucratique de Louis XIV. Quant à Montesquieu, il fait de l'aristocratie le butoir tout trouvé contre les excès du pouvoir central ; elle est, pour lui, la protectrice naturelle de la liberté. Mably, d'Argenson et d'Antraigues, autres théoriciens, sortis de la noblesse, et décidés à ne pas y rentrer, nient la supériorité de leur ordre, ainsi que sa différence avec le Tiers-État. Annonçant les jeunes bourgeois de notre temps, qui se font les hérauts du socialisme, ils demandent l'abolition des privilèges nobles.

Entre noblesse et bourgeoisie, pas de muraille de Chine. Classe peu nombreuse, la noblesse absorbe les élites bourgeoises ; elle ne compterait (en adultes, vieillards et bébés, mâles et femelles) que 120 000 personnes à la veille de la Révolution, sur 27 millions de « Français ». C'est fort peu, en pourcentage (mais il est vrai que d'autres historiens ne se priveront pas de critiquer Chaussinand pour cette statistique ; ils parlent de nobles plus nombreux pendant cette époque...). Ce groupe numériquement restreint est perméable au Mérite, au Talent ; bref aux Bourgeois, quand ils veulent savonner ou décrasser leur roture.

Certes, la hiérarchie de la noblesse n'est pas facile d'accès ; il est malaisé quand on est noblaillon dépenaillé de campagne, maniant l'épée rouillée dans un castel branlant, de parvenir jusqu'aux honneurs de l'aristocratie versaillaise : la cheminée ascensionnelle, dans le second ordre, est quasi bouchée. Mais on peut pénétrer dans cette cheminée par en haut : les très riches bourgeois n'ont que peu de peine à marier leurs filles, avec les fils des hauts courtisans, hérissés de titres et de particules ; ces jeunes aristocrates, à force de grosses dots, espèrent fumer leurs terres et redorer leur blason. De toute manière, haute noblesse et haute finance sont du même monde, hantent les mêmes salons et les mêmes tripots. C'est ce qu'on appelle l'« élite ».

L'anoblissement, d'autre part, est fréquent au XVIIIᵉ siècle : la plupart des lignages nobles, si haut placés qu'ils soient, procèdent de géniteurs médiévaux qui étaient roturiers, ou même paysans. Il n'y

---

1. Le premier ordre, c'est le clergé. Le second et le troisième ordres correspondent à la noblesse et, bien sûr, au Tiers-État.

a plus que Boulainvilliers, au temps des Lumières, pour croire ou pour faire croire que les familles nobles descendent des anciens conquérants germains.

Trouées comme des passoires, accessibles de plus en plus au *Mérite*, valeur quelquefois bourgeoise, « les » Noblesses françaises par ailleurs sont fort inégales entre elles. Du bon côté de la barricade, on trouve le courtisan-ploutocrate (Coigny, Saulx-Tavanes, ou Polignac...). Il croque allégrement ses 100 000 livres par an, ou davantage. Il « casse la croûte » *(sic)* avec le Monarque ; il soupe avec les Cardinaux et les filles d'Opéra. Il fréquente les salons des Financiers. Il correspond avec les philosophes. Par contraste, le hobereau misérable du Morvan, militaire dans l'âme, et de bonne naissance, est toujours prêt à se faire tuer au service du Roi. Mais il lui faut dix-huit sous pour faire un franc ; il n'a pas lu deux bouquins dans sa vie ; son discours n'est qu'une longue furie contre les pensions de la Cour, dont il ne voit pas la couleur, et contre les privilèges des parvenus de la bourgeoisie parisienne.

L'inégalité des deux noblesses est spécialement marquée dans le domaine culturel. Les gentilshommes campagnards font leur éducation, ou ce qui en tient lieu, auprès du curé de leur village. *« Je croissais sans études dans ma famille... »* écrit Chateaubriand, fils d'aristocrate du bocage breton. Mais, à l'autre bout de l'échelle sociale, la riche et noble nièce de l'archevêque Dillon a lu tous les livres (sauf le Catéchisme) ; elle sait plusieurs langues ; elle introduit à la Cour l'habitude anglaise du serrement de mains ou *shake-hand* que lui a inculquée sa gouvernante britannique. Parmi les grands esprits du XVIIIe siècle, les nobles (Montesquieu, Condorcet, Condillac, Turgot) sont presque aussi nombreux que les roturiers (Voltaire, Diderot,...). L'élite des Lumières, des Académies, des correspondants de Rousseau, est mi-noble, mi-roturière, dans une mixité fraternelle. Toutes les audaces intellectuelles sont possibles dans le second ordre, ou presque ; il faut être un Sade, poussant l'extrémisme trop loin, pour se faire exclure du groupe.

Quant à l'économie, la noblesse n'est pas essentiellement la classe « féodale » qu'on a décrite. Ses domaines terriens sont souvent cultivés, surtout dans le Nord, par de modernes fermiers sortis de l'élite de la paysannerie ; ils jouent donc un rôle formateur pour le capitalisme agricole. Et ce sont des nobles, encore eux, qui aux côtés des marchands et des financiers, ou parfois seuls, animent une part du grand capitalisme commercial. Surtout, ils s'intéressent au capitalisme industriel le plus moderne, symbolisé par les houillères d'Anzin et par les forges du Creusot ; le duc d'Orléans introduit chez nous la filature de coton et la machine à vapeur. Plus tard, devenu Philippe Égalité, il reste — si l'on peut dire ! — à la « pointe » du « progrès » : il votera la mort de son cousin Louis XVI...

S'agit-il de positions politiques ? Les nobles ont en effet refusé, contre l'humeur des historiens à venir, de suivre les velléités réformatrices, émanées du pouvoir Central.

Rien de scandaleux à cela : ils récusaient ainsi la tyrannie, même bien inspirée, du Despotisme royal. Mais que surgisse en 1788-1789, l'occasion de la liberté véritable : on verra les nobles, dans leurs cahiers de doléances, se ranger, en majorité ou parfois en quasi-totalité, dans le camp des idées nouvelles : égalité devant l'impôt ; défense et promotion des libertés ; consentement de la nation aux taxes, etc.

Tout serait donc pour le mieux. Mais comment expliquer, du coup, le grand retournement de la noblesse, contre la Révolution (dans la décennie 1790) ; et, vice versa, la vaste haine des sans-culottes contre « les ci-devant » ? Chaussinand, sur ce point (qui n'est pas son sujet), n'est guère bavard... Faut-il penser que la Révolution n'est qu'un intermède, certes capital ? Puisque aussi bien la noblesse riche, au XIXe siècle, se retrouvera au Pouvoir, selon le schéma de 1788, dans des gouvernements déjà modernes, aux côtés de la riche bourgeoisie...

D'un libéralisme aristocratique

Élisabeth BADINTER, Les « Remontrances » de Malesherbes, 1771-1775, Paris, Union Générale d'Éditions, 1978, 286 p. (Le Nouvel Observateur, 26 février 1979).

L'un des thèmes centraux de livres récents sur la période 1789-1799, à l'encontre du concept, décidément trop étroit, de « Révolution bourgeoise », c'est ce qu'on pourrait appeler le « libéralisme aristocratique », en tant que parti d'opposition, vis-à-vis des bureaux absolutistes de Versailles. De ce point de vue, la publication, commentée par É. Badinter, des *« Remontrances »* de Malesherbes (1771-1775) a le mérite de faire revivre la personne et les textes d'un des « militants » les plus éminents de ce libéralisme spécifique. Chrétien-Guillaume de Malesherbes (1721-1794), né dans la grande famille parlementaire des Lamoignon, fut ce paradoxal Responsable de la Censure (ou « Directeur de la librairie ») grâce auquel furent sauvés de la saisie par la Censure les dossiers de l'*Encyclopédie* (1752) ! Premier président de la Cour des aides (celle-ci constituant une haute instance judiciaire pour les affaires fiscales), Malesherbes présente au nom de cette Compagnie, des *Remontrances* au Roi contre le despotisme du ministère. Et cela par deux fois : en 1771 et en 1775. Cette fermeté oppositionnelle n'empêche pas notre homme, vingt ans plus tard, de se faire l'avocat courageux de Louis XVI, effectivement menacé de décapitation. Un peu plus tard, le défenseur périra à son tour sur l'échafaud, en même temps, tragédie, que sa fille et sa petite-fille. Destinée affreuse, mais exemplaire : un avocat suivra son client sur la guillotine.

Malesherbes le libéral, dans les années 1770, est aussi méconnu qu'intéressant. La double Remontrance qu'il écrit soutient la cause des Parlements : ces Tribunaux supérieurs de l'Ancien Régime incarnent, en effet, faute de mieux, l'opposition nationale... Mais Malesherbes sait bien que la véritable représentation du pays n'est pas à chercher du côté des magistrats privilégiés que sont les parlementaires. Seule la convocation des États Généraux fournirait, à l'usage du Roi, une image valable de la Nation.

Le plaidoyer de l'auteur des deux *Remontrances*, pour une certaine justice fiscale, contre l'anonymat et la clandestinité de l'administration budgétaire rend, lui aussi, un son fort moderne. Il est vrai que la France de 1763 n'est pas le pays « exsangue » qu'Élisabeth Badinter évoque en une formule trop rapide. Mais les textes reproduits dans ce livre « de poche » donnent au lecteur, à leur manière, une certaine idée de ce que furent, dans la Haute Noblesse, les Novateurs : ils allaient devenir, sans l'avoir voulu tout à fait, les fossoyeurs de l'Ancien Régime ; plus tard, ils rouleront à leur tour dans la fosse commune, décapités par la faux de l'Égalité. « L'histoire est un cimetière d'aristocraties. »

Aristocraties régionales

Jean MEYER, *La Noblesse bretonne au* XVIIIe *siècle,* Paris, Sevpen, 1966, 2 vol., 1290 p., et texte abrégé, Paris, Éd. Flammarion, 1972, 375 p.

Ayant lu Jean Meyer, je paraphraserai Jean-Paul Sartre : jusqu'aux environs de 1670, en Bretagne, un *noble*, c'était *simplement celui que les autres hommes considéraient comme un noble.* Car tout était encore affaire de coutume dans la grande péninsule de l'ouest ; affaire de convenance, de consensus social, et de connivence tacite. On pouvait entrer doucement dans la noblesse, en famille, par effraction silencieuse, au terme d'une usurpation séculaire. Il suffisait pour cela de posséder des terres, et aussi des ancêtres, vrais ou fictifs ; de boire sec, à la bretonne ; d'aimer les chiens et surtout, les chevaux ; de fumer ses terres de temps à autre par un riche mariage ; d'avoir de l'outrecuidance et de l'aplomb. La culture et la religion, à doses variables, n'étaient pas non plus contre-indiquées. Dès lors, pour peu qu'on sût un peu paraître, on était admis. Si en revanche l'on était un *vrai* noble, mais puîné, cadet, exclu de l'héritage paternel en vertu du droit d'aînesse, on devenait gueux. On faisait quand même beaucoup d'enfants, plus gueux que leur père. Les enfants de ces pauvres, ou leurs descendants « retombaient dans les classes ouvrières » (Chateaubriand). On les oubliait, et on n'en parlait plus. Ainsi allait au temps des très anciens régimes la noblesse bretonne, fine fleur d'une élite à gros grains ; et moment fugitif dans le cycle ininterrompu de l'ascension et de la déchéance sociales.

C'est à ce point du récit raconté par J. Meyer que surgit Colbert : le « rude ministre », dans ce domaine comme en d'autres, instaure par ses *Réformations de noblesse* un terrorisme de l'écriture. Là où régnaient jusqu'alors la tradition orale et les coutumes, Colbert, qui ne fait du reste qu'exprimer en cela son époque, modifie les règles du jeu. Il fait coucher sur de gros registres toutes les familles nobles ou soi-disant telles qui pullulent en Armorique. Il les somme de fournir leur preuve de noblesse, afin qu'elles puissent jouir de l'exemption d'impôts, qui constitue normalement le plus fructueux des privilèges nobiliaires. Du coup, dans les manoirs de granite ou de torchis, c'est l'affolement : à minuit passé, les gentilshommes fourragent dans les coffres de leurs greniers pour y dénicher la preuve de noblesse, parchemin hypothétique et rongé par les souris. Ils commettent des faux. Ils graissent des pattes. Ils se rendent, la tête basse, devant les commissaires des Réformations. Ils font jouer l'influence des amis, ou des parents bien placés... Au terme de ces démarches humiliantes et de ces « réformes », le partage est fait ; le bon grain est séparé de l'ivraie. Victimes de « l'épuration » colbertienne, un certain nombre de lignages — faussement ou même authentiquement nobles, — sont rejetés néanmoins dans les ténèbres extérieures : elles croupiront dorénavant parmi la roture. Les familles qui en revanche réussissent à prouver leur noblesse sortent de l'épreuve grandies et purifiées. Elles arborent le sourire du lauréat, qui vient de réussir à un grand concours. Simultanément, l'entrée subreptice dans l'ordre noble devient un exploit presque impossible. La noblesse bretonne a donc été magistralement mutilée par Colbert qui, ménager du budget, espérait ainsi limiter les exonérations fiscales, dont profitaient les privilégiés ; elle est privée, par les réformateurs, de ses possibilités de renouvellement et d'assimilation progressive des nouvelles couches sociales. Elle cesse d'être une élite largement ouverte à la mobilité ascendante et au talent. Elle devient une quasi-caste, à peine plus tolérante à l'admission des nouveaux membres que ne l'étaient certains groupes en Orient.

Dans la longue histoire des nobles bretons exposée par Meyer, il n'est pas de mutation plus importante que celle-là, fruit typique de l'étatisme colbertien. Au terme de cette mutation, la noblesse bretonne est une classe diminuée ; elle est isolée du reste de la société par la muraille de Chine que vient d'édifier le ministère autour d'elle ; elle est appauvrie aussi par l'impitoyable crise matérielle qui désole la France à la fin du règne de Louis XIV. Le noble apparaît désormais comme un refoulé social ; il est aussi en passe de devenir un raté de l'économie.

Mais paradoxe, sous Louis XV et Louis XVI, cette noblesse momentanément appauvrie va refaire en sens inverse, à rebours de sa décadence, le chemin qui la mènera au renouveau.

Si la bourgeoisie est la classe ascendante du XVIIIe siècle, la noblesse, elle, en est la caste montante. Elle doit cette promotion à l'essor économique du temps des Lumières. Les fermages que perçoivent les nobles, quand ils donnent en bail leurs terres à des exploitants agricoles, avaient atteint le fond de l'abîme au milieu du

XVIIe siècle. Au XVIIIe siècle, ces fermages remontent à très vive allure, laissant loin derrière eux les prix, et surtout les salaires, qui sont les grands sacrifiés de l'expansion. Les rentes foncières en hausse ne sont pas, du reste, le seul pactole des nobles bretons ; en même temps que l'argent, ceux-ci s'arrogent le pouvoir ; ils conservent par-devers eux les vieilles justices seigneuriales grâce auxquelles ils dominent leurs paysans. Contrôlant les États de Bretagne, les nobles de la province réussissent d'autre part à limer les griffes des Intendants, délégués par le gouvernement central de Versailles. Surtout les nobles les plus en vue, sans distinction désuète de « robe », ni d'« épée » monopolisent les prestigieux offices du Parlement de Bretagne, et ils peuvent ainsi surveiller, de près ou de loin, toutes les machines judiciaires de la région. Polyvalente, la vieille noblesse de l'Ouest joue donc sur tous les tableaux, elle peuple les groupes de pression : elle perçoit un tiers des revenus terriens de la province ; elle tient la terre, les États, les offices ; elle accapare les riches mariages bourgeois, avec les filles des armateurs de Saint-Malo ; mariages qui n'altèrent pas la pureté du sang, puisque le ventre en Bretagne n'anoblit ni ne désanoblit personne. Des nobles, fort bien intégrés au grand capitalisme, pratiquent d'autre part le commerce colonial, qui ne fait pas *déroger* ceux qui s'y livrent. Quant au noble ruiné, qui déroge pour tout de bon, parce qu'il pratique une profession « ignoble » de gargotier, de maître d'école ou de coiffeur, il perd momentanément sa qualité nobiliaire ; mais ses descendants, si lointains qu'ils soient, récupèrent automatiquement celle-ci, pour peu qu'ils reviennent un jour à un genre de vie plus prestigieux et plus digne de leur race. Cette curieuse « noblesse à éclipses » propre à l'Armorique est qualifiée par la coutume locale de *noblesse dormante*. Tapie, comme une belle endormie, dans les chromosomes du lignage, cette noblesse s'assoupit ou se réveille en effet, au moment voulu, selon la fantaisie de son titulaire. Alternativement noble ou bourgeois, Docteur Jekyll ou Mr Hyde : ces variations sont fort pratiques.

Enrichie, souple, souvent pourvue d'argent et de culture, possédant, du moins en ville, d'admirables bibliothèques et de beaux hôtels, la noblesse bretonne n'a qu'un talon d'Achille : son exclusivisme, sa castification, legs indélébile du colbertisme. Quelques anoblis, certes, gens de mérite et de talent, ou d'argent, viennent, de temps à autre, rejoindre les rangs de la « race des seigneurs ». De vaillants militaires, couturés de cicatrices à toutes les batailles du siècle, sont anoblis à soixante-dix ans, en même temps qu'on leur jette, comme un os à ronger, un grade ridicule de sous-lieutenant. Quelques autres astuces permettent d'anoblir leur homme : la « noblesse de cloche », assez méprisée, est réservée à divers membres des conseils municipaux des grandes villes ; les « secrétaireries du roi », offices anoblissants, sont appelées savonnettes à vilain : achetée très cher, on se repasse de main en main la fameuse savonnette, une fois qu'elle a décrassé son possesseur provisoire... Tout cela ne va pas bien loin. La noblesse bretonne à la fin du XVIIIe siècle, demeure l'un des clubs les plus fermés du monde. D'où les frustrations, révolutionnaires, des non-privilégiés : en 1789, le Tiers-État des villes de Bretagne est de ce point de vue l'un des plus activistes du royaume ; les paysans de la péninsule, réputés si sages et si « royalistes », brûlent tout de même quelques châteaux.

Mais c'est ici qu'intervient la *divine surprise* de 1793, et le troisième souffle de notre noblesse : au bout de quelques années de Révolution française, les paysans bretons se fatiguent en effet d'un bouleversement qu'ils avaient d'abord accueilli avec faveur : ils n'ont rien gagné, croient-ils, à changer de maître, et à troquer leur seigneur noble de l'Ancien Régime contre un Dominant bourgeois venu de la cité proche ou même de Paris. Antinobles en 89, ces ruraux d'Armorique, pratiquant une stratégie multiple, ne tardent pas à retourner leurs batteries et à devenir anti-bourgeois, anti-ville, anti-républicains ; bref maquisards bretons, et guérilleros contre-révolutionnaires dans le style chouan. Ils donnent ainsi à la noblesse bretonne, qui du même coup les récupère, sa nouvelle chance, qu'elle saisit et qu'elle exploite. Le XIXe siècle verra donc un ultime et spectaculaire rétablissement de l'aristocratie armoricaine.

Histoire urbaine au dernier siècle de l'Ancien Régime

Maurice GARDEN, *Lyon et les Lyonnais au* XVIIIe *siècle*, Paris, Éd. Flammarion, 1974, 375 p. ; Jeffry KAPLOW, *Les Noms des Rois*, trad. de l'anglais par Pierre BIRMAN, Paris, Éd. Maspero, 1974, 288 p. (*Le Monde*, 14 février 1975).

En 1750, diverses émeutes, qui firent plusieurs morts, eurent lieu dans les rues de Paris : les manifestants s'en prenaient à la police. Ils prétendaient qu'elle enlevait les enfants du peuple ; ceux-ci, ensuite, devaient être saignés par leurs kidnappeurs afin de fournir le liquide nécessaire aux bains de sang qu'on administrait à une princesse malade que seul ce remède pouvait guérir. En 1768, à Lyon, la « populace » saccagea le collège des oratoriens. Elle accusait ces bons Pères, enseignants de profession, d'héberger un prince manchot. Tous les soirs, racontait la foule, dans les rues adjacentes au collège, les prêtres s'emparaient d'enfants, auxquels ils coupaient un bras pour l'ajuster au moignon du prince mutilé...

Jeffry Kaplow et Maurice Garden viennent de publier, chacun pour son compte, un livre important sur une grande ville française du XVIIIe siècle (Paris et Lyon, respectivement). Ils ont déterré cette anecdote, ici parisienne, là lyonnaise : identique à elle-même, au fond, dans les deux cités. Elle témoigne sur les paniques citadines, et sur certaines mentalités populaires, imbibées de Merveilleux. Kaplow et Garden ont fait l'histoire des idées ou des comportements des pauvres ; et l'histoire des pauvres eux-mêmes, dans la ville, parmi les riches.

Là s'arrête la démarche commune des deux auteurs. Kaplow, au départ, n'était ni gâté ni gêné par les archives de la capitale (elles ont brûlé au cours de grands incendies). Il a donc suppléé à cette carence des dossiers par son talent de plume, et par ses vastes lectures. Il a peint le tableau vif, coloré, misérable des foules parisiennes. Il les montre, à mon sens, plus lamentables encore, plus chrétiennes, plus royalistes, plus mal nourries, plus sauvages, plus primitives et violentes, plus inaccessibles à la culture savante ou demi-savante, qu'elles ne l'étaient en réalité. Ce Paris de Kaplow appartient au genre du roman noir. Il n'est pas encombré de statistiques, de toute manière difficiles à constituer. Il se laisse lire avec plaisir. Il appelle pourtant les révisions que suscitera, un jour, l'histoire quantitative, en profondeur, des masses parisiennes.

C'est justement ce second type d'historiographie, austère et précise, convaincante, parfois rebutante de sécheresse, qu'a réussi, quand même, Maurice Garden à propos de Lyon : entre 1700 et 1789. Le résultat est saisissant, pour qui veut lire.

Démographiquement d'abord : l'histoire de la ville, c'est l'histoire de la femme. L'épouse lyonnaise est une entité à fabriquer des bébés. *Un tous les ans*, pendant la période où la mère encore féconde se trouve en état de mariage. À côté de cette fécondité prodigieuse des citadines, la natalité chez les campagnardes (encore que très forte) paraît assez basse. Dans les ménages paysans des années 1700-1750, on ne recensait, en effet, qu'un bébé tous les vingt-cinq mois. Sous l'Ancien Régime, au rebours de notre époque, c'était la ville qui battait les records quant au nombre des naissances.

Pourquoi donc sont-elles tellement prolifiques, ces Lyonnaises du temps des « Lumières » ? La réponse est simple : à cause de la mise en nourrice.

Dans le monde de jadis, en effet, où la limitation des naissances n'existe guère, l'allaitement *maternel* crée statistiquement une phase de stérilité. Inversement, si cette même mère confie le bébé au sein d'autrui, elle s'expose *ipso facto* à être engrossée par l'époux dans les quatre mois qui suivent.

Et pourtant cette supernatalité urbaine ne se traduit nullement par une explosion démographique. Lyon en 1770 n'est pas Calcutta en 1970. Garden dit les choses comme elles sont, cruellement : les bébés mis en nourrice meurent en majorité. L'un dans l'autre, et compte tenu des bébés citadins non mis en nourrice, de la mortalité infantile et juvénile, etc., plus d'un enfant lyonnais sur deux décède, à cette époque, avant l'âge de vingt ans révolus. Il y a chaque année un déficit humain. Lyon, comme toutes les grandes cités françaises du XVIIIe siècle, est une ville-tombeau.

Pour maintenir et même augmenter sa population (150 000 habitants vers 1789), elle doit faire appel sans trêve et sans cesse à l'immigration en provenance des campagnes voisines. Du Dauphiné, du Beaujolais, de la Bresse... Les pauvres immigrées, arrivées tout droit de leur village, végètent comme ouvrières dans les fabriques urbaines de soieries et de chapeaux. Trop heureuses, à trente ans bien sonnés, de parvenir à se procurer un mari. Trop contentes de ne pas périr dans le célibat, phtisiques et chlorotiques au dernier degré.

Le livre de Garden marque donc une exploration neuve dans le monde buissonnant et mortifère de la démographie des grandes villes du temps jadis. L'historien de Lyon nous emmène ensuite vers les différents échelons de la société citadine. Depuis la « canaille » et les prostituées, jusqu'à la noblesse de robe et d'épée, en passant par les artisans, les ouvriers, la boutique, les marchands grands et petits. Bref, les Dominants et les Dominés. Ou encore, comme on disait à Paris (où la circulation des voitures dans les rues étroites et sans trottoirs posait quelques problèmes aux piétons), les *Écrasants* et les *Écrasés*.

Sur ce point, l'économie et la sociologie de Garden sont moins noires que sa démographie. En première analyse, pas trop de problèmes : Lyon se désappauvrit au XVIIIe siècle. La Révolution française, là et ailleurs, n'est pas fille de la misère ; mais d'un enrichissement. Seulement, c'est là que le bât blesse, cet enrichissement est inégal. L'écart des revenus, fort bien mesuré, se creuse entre maîtres et ouvriers, entre artisans aisés et artisans pauvres, entre boulangers et cordonniers, entre maçons et maîtres chapeliers... Tout en haut de la pyramide sociale, quelques gros *milords* éclaboussent de leur luxe la majorité : sortie des affres du XVIIe siècle, celle-ci vient tout juste d'apprendre à ne pas mourir de faim. Certains de ses membres n'en sont que plus ardents à revendiquer ce qu'ils considèrent comme leur dû. « Quatre-vingt-neuf » sortira tout armé de ce fossé d'amertume.

Quatre-vingt-neuf, et bien d'autres faits encore... Le mouvement ouvrier que nous connaissons aujourd'hui a expérimenté, dit Garden, dans le XVIIIe siècle lyonnais, sa phase de gestation. Les travailleurs de la soie, pas riches, mais cultivés, sachant lire et écrire, pleins d'entregent et d'idées, bien nourris sauf en période de crise, tissent déjà sans trop le savoir le « linceul du vieux monde ». Ils s'adonnent, dès 1750, à des combats qui vont au-delà des « révolutions bourgeoises ». Ils ne se révoltent pas seulement pour le pain ; ou contre les fantasmes du « prince manchot ». Ils luttent pour l'emploi, pour la dignité. Au niveau plus élevé, d'autre part, dépassant les querelles du « Corps de ville », une élite lyonnaise des Lumières se cherche et se trouve dans les académies locales et plus encore dans la franc-maçonnerie : mêlant les groupes, elle se prépare à contester les valeurs reçues.

Le Paris de Louis XV et de Nicolas Rétif

Arlette FARGE, *Vivre dans la rue au XVIIIe siècle*, Paris, Éd. Gallimard, 1979, 252 p. (*Le Monde*, 24 août 1979).

Grande fouilleuse d'archives, Arlette Farge est disciple de Michel Foucault *(Surveiller et punir)* et de Louis Chevalier *(Classes laborieuses, classes dangereuses)*. Elle a vu dans la rue parisienne du XVIIIe siècle l'espace urbain par excellence : on y saisit au vol ces « animaux étranges » qu'étaient, pour les hommes d'ordre, les petites gens de la capitale.

Les immeubles qui bornent cette « rue des pauvres » nous emmènent loin du Paris pomponné sur lequel témoignent les estampes. Les carreaux des fenêtres manquent, les chambres garnies puent, les lits gémissent, les tapisseries pourrissent, les escaliers sont troués aux marches, les punaises grouillent, les locataires déménagent à la cloche de bois. On aurait tort de se féliciter de l'absence d'automobiles : les voitures chevalines renversent les passants, que les cochers insultent et flagellent (l'impolitesse des conducteurs ne date pas d'hier). L'accident, comme aujourd'hui, est parfois gigantesque : la « presse » de ceux qui moururent écrasés dans la foule lors du mariage du Dauphin (132 morts) nous livre les inventaires des poches d'habits des cadavres : tabatières, almanachs, dés, cartes à jouer, chapelets, sacrés-cœurs, livres de piété... Seules quelques victimes ont sur elles un écrit qui porte leur nom, un papier d'identité, comme nous dirions.

Sous Louis XV, la pathologie urbaine s'en donne à cœur joie. Sept à huit mille mendiants sont enfermés à Paris dans les établissements *ad hoc*. Surtout, plaie principale, quatre mille enfants sont abandonnés tous les ans, à l'air libre ; on les recueille à l'hôpital ; ils en meurent. Infanticide à peine différé.

La rue est gaie cependant : les femmes fréquentent les cabarets ;

on est loin des zones méditerranéennes, où la taverne est surtout masculine. On joue aux quilles, aux dés, aux cartes et au biribi. Trente-deux jours de fêtes chômées s'ajoutent aux cinquante-deux dimanches de l'année. On fait la fête, plus ou moins, un jour sur quatre... L'exécution publique des condamnés a pourtant perdu quelque peu de son ancienne intensité festive et religieuse : au XVIIe siècle, l'homme que le bourreau allait tuer priait d'abord avec la foule, en un moment de ferveur intense et globale. Le scepticisme religieux des Lumières balaie cela.

D'excellents historiens comme Pierre Chaunu pensent que la violence des rues *décroît* au XVIIIe siècle. Le point de vue d'Arlette Farge est différent : pour elle, la violence populaire reste importante, mais les tribunaux s'occupent surtout du vol... Justice de classe ? Le peuple est bagarreur ; il règle ses comptes entre soi ; il ne s'attaque guère aux groupes sociaux « supérieurs ». Tout au plus s'en prend-il à la police, en laquelle A. Farge, fidèle aux modes actuelles, voit abusivement le bras séculier du Capital. La bataille éclate vite entre la harengère et ses clients, bombardés de poissons pourris ; entre le maître et l'apprenti, entre la maîtresse et la servante, qui se prennent aux cheveux. Il est vrai que les querelles de femmes ne sont pas prises au sérieux par la police. *« Dispute de femme ne trouble pas la foire »*. Les dames battues sont légion. Faut-il penser, en revanche, avec Arlette Farge, que l'absence du viol, ignoré par les archives, prouve en réalité l'importance de cette déplorable pratique ? Ce paradoxe ultra-féministe chez une historienne de grande classe me laisse rêveur.

Fléaux sociaux encore : trente-cinq mille prostituées (?) collent au pavé ou, plus reluisantes, colonisent les maisons de rendez-vous. Une prostituée pour dix adultes, pour cinq femmes adultes... Chiffre énorme, en ce XVIIIe siècle. Le « produit brut », en termes de revenus, de ces malheureuses est supérieur dans la capitale à celui de l'industrie textile. Il est vrai que les catégories de femmes vénales sont diverses : les filles de moyenne vertu ne se prostituent qu'en morte saison. Dix mille femmes entretenues sont moins à plaindre que la masse des racoleuses du trottoir.

Ces désordres de toutes sortes appellent leurs palliatifs : quarante-huit commissaires de police, des dizaines d'inspecteurs, cent trente-neuf hommes de guet, neuf cents membres de la garde essaient de faire respecter la loi, dans la capitale, sous Louis XV. Le commissaire de police pour le quartier dont il a la charge fonctionne ou devrait fonctionner comme un père de famille de l'ancien temps : il reçoit les couples de concubins, les raccommode, les unit, ou bien constate leur brouille définitive. Il est source d'une certaine « loi ». Il veille aux mœurs, à la religion, à la censure et à la santé. Mais trop souvent il est absentéiste ou corrompu.

Arlette Farge a réalisé, dans l'esprit de la collection qui publie son œuvre, un pertinent montage de textes. Paris au ras des murs, dans le tremblement quotidien de son vécu collectif... Il aurait fallu parfois alléger, paraphraser plutôt que citer purement et simplement les données. Des statistiques devront un jour confirmer telle ou telle conclusion impressionniste...

Albert Soboul en histoire rurale

>Albert SOBOUL, *Les Campagnes montpelliéraines à la fin de l'Ancien régime. Propriétés et cultures d'après les compoix*, Paris, Presses Universitaires de France, 1958, 157 p. (*Annales historiques de la Révolution française*, vol. 3, 1961, pp. 108-111).

La thèse complémentaire d'Albert Soboul est consacrée à l'étude de la structure agricole et sociale des campagnes montpelliéraines à la fin de l'Ancien Régime. L'auteur décrit d'abord en quelques pages le pays de Montpellier, sa polyculture, en partie vivrière (céréales), en partie spéculative (vigne) : il évoque le niveau de vie médiocre de la plupart des propriétaires, auxquels le faire-valoir direct apparaît seul rentable : il mentionne, avec Amoreux, cette *« maladie de la Pierre »* (R. Dumont) dont sont affligés les riches propriétaires ; ils préfèrent gaspiller en bâtiments et en embellissements architecturaux le capital qui aurait été plus utilement employé en améliorations agricoles.

Mais, par-delà ces notations vivantes, l'ouvrage vise plus loin. Il s'agit, pour A. Soboul, de reconstituer, de façon précise et quantitative, la structure d'une société. Il est vrai qu'à la disposition du chercheur se trouve un instrument d'analyse remarquable : dans ce pays de taille réelle qu'est le Languedoc, les compoix terriens des communautés consignent, pour chaque taillable, la nature (vigne olivette...), la surface, la valeur, les confronts de ses biens fonciers, en même temps que le nom, la résidence, parfois la profession, éventuellement le titre du propriétaire de ces biens.

Certes ces compoix ne renseignent pas directement sur la structure sociale : ils n'en donnent que l'incidence sur la propriété du sol, la projection foncière en quelque sorte. Mais il n'est pas interdit de tenter, à partir d'une telle projection, la reconstitution de la structure elle-même.

Le dépouillement des compoix, — infiniment long et fastidieux, — a permis à Soboul de parvenir à des résultats précis quant à la répartition des propriétés : en superficie, pour les treize communautés étudiées (sur les cent huit du diocèse de Montpellier : sondage au huitième), les paysans ont 38 à 40 % du sol, les bourgeois 18 à 19 %, la noblesse 15 à 16 %, le clergé 3 à 4 %. Enfin le reste, un cinquième du sol, appartient aux communautés.

Il est vrai que ces biens communaux, — friches, garrigues, « hermes », terres souvent incultivables, — représentent en valeur une fraction du terroir beaucoup moins importante que leur pourcentage nominal en surface. De même, comptée en valeur, la part des classes riches, — noblesse, clergé, bourgeoisie, — maîtresses des meilleures terres, est certainement plus forte qu'il n'apparaît par l'évaluation des superficies (36 à 39 % au total contre 38 à 40 % aux paysans). En réalité, la part des privilégiés et des aisés doit même être majoritaire par rapport à la part paysanne.

L'analyse régionale d'A. Soboul confirme cette idée. Les villages de garrigue, autrement dit les mauvaises terres, constituent les terroirs d'élection de la paysannerie, qui y détient maintes fois la moitié ou les trois quarts du sol : terres pierreuses et arides, souvent exploitées à bras, et par un dispendieux système de terrasses. La semence bien souvent n'y fait que tripler ou quadrupler.

Les terres lourdes et fraîches de la plaine, au contraire, portent souvent, les années humides du moins, de très belles récoltes : aussi la paysannerie n'y a plus qu'un cinquième ou un quart des surfaces. Elle n'a pas pu résister à l'offensive urbaine et privilégiée. Noblesse, haut clergé, bourgeoisie surtout s'y taillent la part du lion, et leurs capitaux ont trouvé là un fructueux investissement.

Très particulière est la structure du terroir de Montpellier. C'est une véritable propriété populaire qui y domine. Boutiquiers, artisans, jardiniers, journaliers s'y attribuent 61 % du sol.

En bref, paysannerie dans les terres pauvres, oligarchie dans les plaines, démocratie foncière, enfin, dans les terroirs urbains, tel pourrait être le triple aspect du paysage social de cette région à la veille de la Révolution.

A. Soboul pousse plus loin encore son analyse spectrale d'une société : chaque groupe est analysé pour lui-même. Dans l'Église, l'essentiel des biens appartient au haut clergé séculier (Messieurs du chapitre Saint-Pierre de Montpellier avec leurs deux cents hectares de labours et de vignes, leurs métairies, leurs pêcheries...), régulier aussi (l'ordre de Malte avec ses 430 hectares dont trois cents sont labourables, dans les terres profondes de la plaine littorale).

Parmi les nobles, on relève une certaine prépondérance de la noblesse d'épée, tandis que les domaines, minoritaires, de la Robe sont cependant mieux situés, dans les terroirs les plus riches. Il est vrai que dans le midi de la France, cette noblesse d'épée, rarement ancienne, est en outre toute proche par ses alliances familiales, de la magistrature anoblie. La distinction n'est peut-être pas aussi importante qu'au Nord.

Quant à la propriété bourgeoise, médiocre dans les garrigues (5 % du sol), elle est solidement implantée dans les plaines (25 %). Il faut séparer la bourgeoisie rurale, où les notaires, les hommes de loi dominent (les riches fermiers étant à juste titre classés par Soboul dans la paysannerie), de la bourgeoisie montpelliéraine. Marchands et robins y paraissent les mieux pourvus de terre, mais on y trouve aussi des bourgeois « vivant noblement » de leurs rentes.

La propriété paysanne enfin est naturellement la plus nombreuse (90 % de l'effectif propriétaire dans les garrigues, 75 % dans les plaines), mais aussi la plus mal lotie. Elle est favorisée en apparence sur les chaînons calcaires des garrigues où les biens paysans sont vastes, mais à vrai dire peu productifs : cette « aisance » paysanne est toute relative. Combien de ces « propriétaires », les mauvaises années, sont comptés dans les « pauvres honteux » et obligés de recourir secrètement ou même ouvertement à la charité publique ?

Dans la plaine, au contraire, les biens paysans sont petits et morcelés. À une minorité de ménagers (plus ou moins équivalents aux laboureurs du nord de la France) s'opposent les travailleurs, simples ouvriers agricoles, souvent propriétaires d'un ou deux hectares.

Pour ces derniers, la propriété de quelques méchantes parcelles n'est pas toujours une garantie contre le besoin : *« on aurait tort de regarder les petites propriétés comme une ressource contre la misère »* écrit, cité par Soboul, un administrateur de l'Hérault en l'an III.

Sur la répartition des cultures, les compoix ont également fourni une importante documentation. Rectifiant les chiffres fantaisistes, variant souvent du simple au double, que fournissaient les subdélégués aux diverses enquêtes de l'intendance, les cadastres dépouillés dans *Les campagnes montpelliéraines...* assignent à la vigne 26 % du sol contre 40 % aux terres labourables. La part des olivettes (4 %), celle des prairies naturelles 2,7 % est très faible. Plus frappante encore l'insignifiance des prairies artificielles (0,24 %) : 40 hectares pour treize terroirs. C'est ici la sécheresse du climat, essentiellement l'aridité de la belle saison, qui est en cause : la notion de révolution agricole, telle que l'a exposée Marc Bloch — l'introduction des légumineuses dans le cycle des cultures — n'est intégralement utilisable, comme telle, qu'au Nord. Dans le Midi, du moins pour la partie méditerranéenne, elle ne rencontre qu'un champ d'application restreint, et cela pour des raisons purement géographiques.

Revenons à la prépondérance déjà notée des labours sur les vignes : elle n'est à vrai dire, — et Soboul l'a très bien montré, — qu'apparente. L'assolement biennal reste ici la loi, malgré diverses exceptions : ce n'est donc pas 40 %, mais la moitié seulement, un cinquième du sol, — proportion presque dérisoire — qui est semée chaque année, alors qu'un quart (26 %) des terroirs est vendangé tous les ans. La vigne, théoriquement minoritaire, est donc en fait prépondérante. On ne peut cependant parler comme aujourd'hui de monoculture viticole.

La répartition régionale des cultures fait l'objet d'un important paragraphe de cette thèse complémentaire : la zone des garrigues, presque totalement déboisée, dénuée de prairies, soumise à une intense érosion, vit mal de l'élevage bovin sur les « hermes ». L'arboriculture en terrasses (oliviers, vigne) y est relativement plus développée qu'en plaine ; enfin les céréales y occupent les vallées et les fonds argileux, où se concentre l'humidité. La « côte » intermédiaire entre garrigue et plaine porte des vignobles souvent réputés, dont les produits s'exportent par Sète vers la France et l'Europe du Nord[1].

La plaine enfin est généralement en labours ; quelques prairies naturelles, et artificielles, peu d'oliviers, y complètent le paysage ; surtout on voit s'y amorcer cette « descente du vignoble » qui caractérisera le siècle suivant.

C'est certainement la description de l'éventail social des cultures qui constitue la partie la plus originale de l'ouvrage. Aux seigneurs, les quelques bois qui susbsistent ; aux communautés en revanche les friches, les pacages qu'elles louent souvent aux bergers ou aux éleveurs de moutons, et dont elles tirent un faible revenu. À la grande et à la moyenne propriété, les oliviers et surtout les labours. Aux petits-bourgeois et au peuple des villes, aux travailleurs des campagnes, les vignes en terrasses, la « micro-viticulture » des terres pauvres qu'il faut sans cesse épierrer, relever, renforcer contre l'érosion : faute d'attelage, et surtout faute d'espace et de terrain plat, ce vignoble populaire est bien souvent pioché, travaillé à bras, avec divers outils, le bigot, le béchard, l'ayssade. Mais à côté de ces vignes prolétariennes, une viticulture capitaliste apparaît sur les terroirs de plaine : les capitaux de la noblesse de robe paraissent jouer là un rôle essentiel.

Telle est cette thèse complémentaire, vivante, précise, nourrie non seulement de la documentation, mais aussi des souvenirs d'un historien qui connaît bien le pays dont il parle et où il a vécu : à travers elle, le pays de Montpellier apparaît certes socialement plus équilibré que les campagnes du Nord et de l'Est. Deux blocs propriétaires, l'un paysan et populaire, l'autre bourgeois et privilégié, s'y dessinent pourtant, de force comparable. La formidable poussée viticole du XIXe siècle a donné l'avantage au premier ; elle n'a pas fait disparaître le second.

---

1. Voir l'ouvrage de Louis DERMIGNY sur *Sète*.

Minorités agissantes

Richard COBB, *La Protestation populaire en France*, trad. de l'anglais par Marie-France PALOMERA, Paris, Éd. Calmann-Lévy, 1975, 322 p. (*Le Monde*, 23 janvier 1976).

La Protestation populaire en France n'est pas le premier ouvrage en français de Richard Cobb. Historien d'Oxford, nanti, comme il le dit lui-même, d'une double identité, anglaise de naissance et française d'esprit, Cobb, dont les comptes rendus dans *Times Literary Supplement* ont égratigné plus d'un collègue, a déjà publié divers gros livres en notre langue, qu'il écrit comme il respire. Mais c'est la première fois qu'on traduit chez nous l'une de ses œuvres produites originellement en anglais : cette *Protestation* marque une date.

Le livre s'intéresse d'abord à la police, comme observatoire privilégié des mouvements du peuple ; aux problèmes du pain, ensuite ; de sa rareté périodique, et des émeutes qu'elle engendre. Il étudie enfin les sans-culottes. Contre la cuistrerie germanique, contre le cartésianisme français, avec ses plans taillés en trois parties, Richard Cobb se veut empiriste anglais. Il aime donc avoir l'air de ne pas avoir l'air d'avoir des idées... À ce jeu, il lui arrive quelquefois de réussir. Les concepts, il faut les chercher dans le style preste de son livre. Avec un peu d'effort, on y parvient.

L'ouvrage débute, classiquement, par une étude de sources. Question posée : quelle valeur accorder, en tant qu'archives pour les historiens, aux dossiers de la police ? Les témoignages de l'indicateur professionnel, du « mouchard » (toujours désireux de se faire valoir aux dépens de l'homme qu'il dénonce) et ceux du « mouton » des prisons ne valent pas cher. La déposition du gendarme, en revanche, est généralement excellente (quant aux faits) ; mais stupide (quant aux interprétations). Enfin, les dossiers mis au point par les commissaires de police et par les persécuteurs thermidoriens des sans-culottes sont les meilleurs de tous ; à la fois documentés et intelligents.

Quant aux « subsistances », maintenant, Cobb nous parle d'une époque (1789-1820) au cours de laquelle, pour les masses pauvres et, n'en déplaise à Freud, les problèmes de l'estomac primaient ceux du sexe. Époque où le manque de pain et la simple crainte d'en manquer pouvaient jeter des foules en révolte sur le pavé de Paris, comme à la porte des boulangers. D'où l'étude contrastée du peuple des villes et de celui des campagnes. Des preneurs de pain. Des vendeurs de pain. Peuple des villes, déjà décrit par Rétif de la Bretonne : avec ses marginaux, ses migrants, ses filles enceintes, ses locataires menacés par le couperet du terme, et qui, quatre fois par an, déménagent à la cloche de bois. Toujours prompts, les uns et les autres, à dénoncer la gloutonnerie (indubitable) des classes dirigeantes et la rapacité des gros laboureurs, stockeurs de grain, qui font danser devant le buffet les consommateurs. Le mot d'ordre urbain étant, dans ce cas, en 1794, d'envoyer dans les campagnes des guillotines à eau, ou à roues *(sic)*, qui extermineront ou intimideront l'accapareur, avec le slogan : *« On n'a pas tué assez de fermiers »*.

Le peuple des campagnes qui, du reste, est hétérogène, ne se laisse pas faire. Il souhaite garder ses « bons » prêtres, que menace la déchristianisation citadine. Il refuse son grain et ses bœufs gras aux grandes villes, qui n'en donnent pas le prix suffisant. Il ne veut pas non plus fournir ses jeunes mâles aux armées de la Révolution, pas plus qu'à celles de Napoléon. Bonaparte est l'ogre, le « gangster » haï par les Britanniques en général, et par Richard Cobb en particulier.

C'est sur les sans-culottes pourtant que Cobb, historien d'archives, exerce sa verve au maximum ; et aussi sur leur historien le plus éminent, le plus autorisé, le plus en vue, Albert Soboul.

Pour Soboul, les sans-culottes incarnent, à titre de détachement d'avant-garde, les masses populaires de la ville contre la classe possédante. Les artisans et les boutiquiers leur fournissent des cadres. La sans-culotterie « est à la mesure de la masse des consommateurs et des petits producteurs urbains ». Elle est, en fin de compte, le « peuple en armes »[1]. Pour Cobb, cette façon de voir est à la fois trop étroite et trop large.

Trop étroite : les sans-culottes ne peuvent se séparer d'une violence et d'une contestation populaires beaucoup plus vastes qu'eux, car celles-ci s'expriment « aussi » dans l'action illégale ou marginale

---

1. A. SOBOUL, *la Révolution française*, P.U.F., coll. « Que sais-je ? » pp. 70, 74 et 75.

des déserteurs de tout poil, des mendiants agressifs, des vagabonds, des contrebandiers, des brigands-chauffeurs, des purs et simples émeutiers de subsistance ; elles s'expriment dans la Terreur rouge « et » dans la Terreur blanche, l'une et l'autre animées, aux antipodes politiques, par le même type d'hommes. Violents, populaciers, gouailleurs. Braves gens, au fond. Motivés jusqu'au sang par l'envie (les Rouges), et par la vengeance (les Blancs).

Par ailleurs, la définition soboulienne habille trop large : l'historien anglais, à propos des sans-culottes, souligne en effet leur rôle de minorités agissantes, qui inventent ou qui caricaturent la volonté populaire, beaucoup plus qu'ils ne l'incarnent (si tant est qu'elle existe). Ces minorités sont de petits groupes de dix à vingt personnes, hommes et parfois femmes. À grosse voix, à force physique ; à gros chien même. Et qui manipulent les assemblées populaires, selon des techniques que le XXe siècle perfectionnera. Meneurs mal embouchés (je cite ou je paraphrase Cobb, et je vais continuer) ; arrogants, insupportables ; petits tyrans coupeurs de têtes ; minuscules pelotons d'individus, souvent haïssables, et qui prennent des risques terribles pour l'avenir ; têtes brûlées ou fêlées ; ultra-révolutionnaires provinciaux (Cobb, à juste titre, accorde une immense importance à la province) ; communalistes ; énergumènes, démagogues ; hommes de sang ; fanatiques indépendants ; simples brutes parfois, voire « idiots fatals » ; exubérants irresponsables ; amateurs, touche-à-tout exacerbés ; superpatriotes jaloux et bornés ; excentriques à rodomontades désespérées ; particularistes locaux, dont les origines sociales sont très variées, souvent bourgeoises ; mais ils s'appuient sur le plus bas peuple, et sur la faune des chambres meublées. Et puis des prêtres désoutanés. Et des ronds-de-cuir, un moment saisis par l'exaltation. Thermidor passé, ils retournent à leur boutique, à leur famille, à leur partie de billard et à leur tête de veau, ceux du moins que n'ont pas guillotinés les thermidoriens ni massacrés les terroristes blancs.

Bref, des tempéraments, ces bougres de sans-culottes ! Bien davantage qu'une classe ou qu'un groupe social. Le peuple, ils le reflètent en effet, mais à la façon déformée d'un miroir concave. Ce sont des anarchistes avant la lettre. En province surtout, ils s'opposent à la volonté d'ordre (même subversive), du gouvernement révolutionnaire et des robespierristes parisiens ; tout comme les structures locales font contraste avec les données nationales ; ou comme la passion se dresse contre la raison.

À tout prendre, le sans-culotte est une « aberration de la nature ». Mais c'est aussi un animal politique, doté d'un bel avenir jusqu'à notre époque. Doté d'un sacré Futur. L'animal. Il pédale avec conscience, avec fureur sur le siège arrière du tandem (*sic*) dont Robespierre tient fermement le guidon...

Je ne reprends certes pas à mon compte toutes les images et expressions peu amènes qu'utilise mon excellent collègue britannique à l'égard des sans-culottes, à l'endroit desquels il professe pourtant beaucoup d'affection...

1789-1799 : un révisionnisme

François FURET et Denis RICHET, *La Révolution française*, Paris, Éd. Fayard, 1973, 544 p. (*Le Monde*, 12 avril 1973).

Tout le monde (ou presque) paraissait d'accord : la Révolution française est une révolution bourgeoise. Epaulée en 1789 par les « bourrades amicales » de la paysannerie et des masses urbaines. Radicalisée, mais pour les besoins de « sa » cause, en 1793. Assagie enfin, après ses victoires, au-delà de Thermidor et de Brumaire. Ce schéma, satisfaisant pour l'esprit, offrait un autre avantage : il fournissait l'espace conceptuel dans lequel se loge la révolution suivante, qui continue la marche dialectique du progrès humain : 1789 était bourgeois, 1917 est donc prolétarien.

Hélas, *« les méchants faits détruisent les belles théories »* (Marc Bloch). Ces faits iconoclastes, François Furet et Denis Richet les ont rassemblés dans leur *Histoire de la Révolution française*.

Pour Furet et Richet, qui développent à ce propos une idée bien connue de Georges Lefebvre, il n'y a pas une, mais des révolutions ; des révolutions qu'aucune théorie globale n'est capable de corseter dans l'unicité d'un concept. La révolution « bourgeoise » proprement dite, qui résulte d'une lutte complexe où sont engagés d'importants secteurs de la noblesse la plus privilégiée, s'achève pour l'essentiel en 1791. La révolution paysanne, déclenchée en 1789, se poursuit par à-coups pendant les années suivantes : elle s'avère passéiste, et anticapitaliste, autant qu'antiseigneuriale ; en renforçant les petites exploitations parcellaires, elle retarde pour plus d'un siècle l'avènement français d'un grand capitalisme agricole à l'anglaise, qui mûrissait jusqu'alors dans le cocon protecteur des gros domaines seigneuriaux (il n'y a pas à regretter cet avortement d'une évolution capitaliste qui n'est séduisante sur le papier, que pour les zélotes de la croissance).

La révolution plébéienne et populaire des villes, elle aussi déclenchée en 1789, garde certains traits des révoltes sauvages du XVIIe siècle, à base d'espérances millénaristes, ou d'émeutes pour les subsistances. Elle annonce les perspectives modernes de la gauche néojacobine aux XIXe et XXe siècles. Quant à la Terreur et à la guerre, à partir de 1793, elles ont une logique propre et souvent tératologique qui fait d'elles tout autre chose que la continuation des politiques bourgeoises par d'autres moyens. Aux historiens qui célèbrent la rationalité de la Terreur, et à tant de Français pourtant pantouflards qui s'extasient sur les vertus de la guillotine et d'une révolution qui ne dévorait les meilleurs de ses enfants que pour mieux leur conserver une mère, Furet récemment encore[1] rappelait les mots féroces de Karl Marx : *« Grâce à ces petites terreurs perpétuelles des Français, on se fait une bien meilleure idée du règne de la Terreur. Nous l'imaginons comme le règne de ceux qui répandent la terreur, mais tout au contraire c'est le règne de ceux qui sont eux-mêmes terrorisés... La Terreur n'est en grande partie que cruautés inutiles perpétrées par des gens qui sont eux-mêmes effrayés, pour tenter de se rassurer. Je suis convaincu que l'on doit imputer presque entièrement le règne de la Terreur anno 1793 aux bourgeois surexcités jouant les patriotes, aux petits-bourgeois philistins souillant de peur leur pantalon, et à la lie du peuple faisant commerce de la Terreur. »*

---

1. François FURET : « le Catéchisme de la Révolution française », *Annales E.S.C.*, n° 2, mars-avril 1971, p. 287.

1789-1799 : un révisionnisme
(suite)

François FURET, *Penser la Révolution française,* Paris, Éd. Gallimard 1978, 264 p. (*Le Monde*, 22 janvier 1979).

Le livre de François Furet, professeur à l'École des hautes études en sciences sociales, constitue, entre autres, une méditation sur les ouvrages d'un historien bien oublié ; elle le ressuscite après un coma de notre mémoire : il s'agit d'Augustin Cochin, chartiste et sociologue, durkheimien et droitier, qui fut tué aux tranchées en 1916, à trente et un ans. Pour Cochin, réinterprété par Furet, la Révolution française, dans sa phase ascendante, s'identifie à une dictature des comités d'opinion. Celle-ci n'est pas tombée du ciel. Entre 1700 et 1750, la « France » ou ce qui en tenait lieu, parlait, quand elle n'était pas silencieuse, par l'expression naturelle de ses organismes corporatifs : confréries et corporations de métiers, municipalités, communautés de villages, etc. Après 1750, cette vieille machine se détraque : l'absolutisme royal y paralyse quelques rouages. Entre-temps, des organismes de substitution naissent : ce sont les « sociétés de pensée » ; autrement dit, les académies provinciales, les associations agronomiques, la franc-maçonnerie. À vrai dire, celle-ci n'est nullement, comme l'ont écrit les Anti-maçons, l'entité comploteuse dont sortirait toute armée en 1789, la Révolution française. Mais il demeure vrai que les « Loges » ont dessiné un modèle de société ci-devant secrète, égalitaire, fermée... Ce modèle est imité par les divers clubs, généralement révolutionnaires, qui fleurissent pendant la décennie 1790. Or, être membre d'un club, *adhérer* comme on dirait aujourd'hui, c'est effacer la différence sociale qui séparait avant l'initiation le « jeune adhérent » de ses nouveaux confrères. Le duc franc-maçon est astreint, tendanciellement, aux mêmes devoirs et aux mêmes droits que ses collègues roturiers. Voici que passent au premier plan les réalités nouvelles qui émanent de « l'organisation ». Parmi celles-ci figure la République des intellectuels ; et puis l'idéologie (jacobine). Elle parle toute seule, automatique, à travers ses porteurs, beaucoup plus qu'ils ne s'expriment librement par son intermédiaire. Le réseau des clubs, dès 1791, tout comme un parti, a son appareil, sa « machine ». Elle manipule les masses, elle masse leur *ego* collectif afin d'obtenir d'elles l'acquiescement plus ou moins volontaire aux équations qui s'imposent. Équivalences redoutables ! Elles identifient, par torsion forcenée, le club au peuple, le Pouvoir-État au club, la volonté générale au Pouvoir-État, le salut public au comité supérieur. Aussi bien n'est-il plus nécessaire, en 1793, de demander ses avis au peuple. Il est censé les avoir déjà donnés, à travers ces intermédiaires auto-cooptés que sont les clubistes. Ainsi peut se dresser au-dessus des foules la stature des chefs imaginatifs qui inventent ou qui extrapolent le complot ourdi contre eux-mêmes. Façon commode d'écraser par épurations successives les adversaires et puis, pour en finir, les ex-amis. Robespierre et Saint-Just auront quelques imitateurs en notre temps et pas seulement dans les régimes lénino-jacobinistes.

Pour Furet, les Jacobins sont nés d'une certaine omnipotence de l'intellectuel : elle caractérise, depuis le XVIIIe siècle, la société française ; ils sont aussi les inventeurs de la dictature d'appareil ; elle sera mise en sommeil par le XIXe siècle, et réanimée par le XXe. Précurseurs, les Montagnards sont en même temps des héritiers : par-delà les sociétés de pensée, instaurées vers 1750, leurs grands ancêtres sont à chercher du côté des militants mi-démocratiques, mi-totalitaires qui animaient déjà la *Ligue* ultra-catholique de Paris, vers 1590. Cette ligue était un parti de masse ; mais sa catholicité profonde faisait la différence, d'avec les Jacobins laïcisés.

Il reste que nos « Montagnards » de l'an II se situent aussi en bifurcation décisive. Un courant plus sympathique, en tout cas plus innocent, dérive de celle-ci. Il mène depuis Robespierre jusqu'aux politiciens de la République des Jules : Ferry, Gambetta, Grévy ; et pourquoi pas, au fil des générations, jusqu'à Clemenceau, Daladier et même Guy Mollet. Cette divergence des postérités jacobines conduit tantôt à la dictature totalitaire, et tantôt à ces républicains libéraux ; elle mériterait de plus longues explications. Mais Furet, et qui le lui reprocherait, ne traite de l'après-révolution que par sous-entendus, du reste substantiels.

Le jacobinisme de 1793, c'était aussi pour plus de vingt ans la promesse et la réalité d'une guerre permanente. Sommé d'expliquer cette option guerrière, Furet refuse toutes les théories circonstancielles : elles voudraient expliquer les guerres (telles que les mena la Convention, sinon le Directoire et l'Empire), par la perception d'une menace vraie en provenance de l'étranger, et par ce qu'on pourrait appeler, enserrant la Révolution française, l'encerclement féodal-absolutiste, réalisé par les grandes monarchies extérieures. Sur ce point notre auteur est radicalement négatif : la dictature d'opinion, dit-il, a *besoin* des guerres : pour ses Croisades (période jacobine) ; pour ses intérêts (Directoire) ; enfin pour les promenades militaires que Napoléon, à travers l'Europe, offrira aux centaines de milliers de paysans français ; sous l'uniforme, le « Petit caporal » leur donnera l'honneur d'une carrière militaire, les bénéfices du pillage et la mort glorieuse par surcroît, au terme de voyages sanglants.

On conçoit que dans ces perspectives, l'interprétation jacobino-léniniste de la Révolution française, pressentie déjà par Mathiez, puis confortée par divers historiens venus de l'extrême gauche, soit remise en cause. Claude Mazauric, théoricien du concept de « révolution bourgeoise », est l'un des parangons des réfutations chères à Furet. La « Révolution bourgeoise », au gré des protagonistes qui la décrivent, joue contre un féodalisme total ; elle fait triompher un nouveau régime économique (capitaliste) ; une nouvelle société (bourgeoise) ; des institutions politiques *sui generis* (antinobiliaires) ; enfin une idéologie (celle des Philosophes et des Lumières). Sur tous ces points, François Furet n'a aucune peine à faire la démonstration du caractère fallacieux des propositions mises en cause : d'abord le capitalisme du XVIIIe siècle n'était guère « antiféodal », lié qu'il était aux capitaux nobiliaires. En second lieu, la Révolution a peu fait avancer la cause de ce capitalisme-là qu'elle a trouvé dynamique en 1789, et qu'elle laissera languissant en 1799. Quant à la bourgeoisie « triomphante » de 1789, elle n'est que modérément accrochée au Nouveau Capital ; elle met en avant les avocats, qui dépendent des structures juridiques de l'Ancien Régime. L'État monarchique qu'abat la Révolution était, pour une part, au service des finalités bourgeoises et modernisantes, comme l'ont souligné Marx et Engels. Il est partiellement nobiliaire, certes ; mais pas davantage au XVIIIe qu'il ne l'était au XVIIe siècle.

Enfin, l'idéologie « progressiste » des Lumières est issue des élites libérales de la noblesse, tout autant que de la bourgeoisie. Il est donc vain de la mettre au compte de l'ensemble qualifié « antiféodalisme ».

Le chapitre que l'auteur consacre à Tocqueville, à propos duquel on n'est pas aisément original, est plus pédestre que l'agile conclusion qui concerne Cochin. Le livre de Furet, de toute sa force novatrice, ne périme pas pour autant les minutieuses études de société (par exemple, celles qui concernent les sans-culottes). Cochin n'exclut pas Soboul.

ÉTAT, DOMINANTS, DOMINÉS

Les savants et les gérants

François CHÂTELET et Évelyne PISIER-KOUCHNER, *Les Conceptions politiques du* XXe *siècle*, Paris, Éd. Presses Universitaires de France, 1981, 1088 p. (*Le Nouvel Observateur*, 3 octobre 1981).

Ces *Conceptions*, dans les débuts, ne sont pas tendres pour les structures étatiques. Selon Nietzsche, l'un des premiers auteurs cités, l'État est le plus froid de tous les monstres froids. À en croire Freud, qui fait suite dans l'introduction, l'individu, quand il se donne un Roi ou un président, troque le bonheur (?) contre la sécurité. Et la non-violence relative qu'on trouve ou plutôt qu'on trouvait dans les États civilisés se trouve tristement compensée (en vision freudienne, toujours) par le fait que l'État désormais monopolise la violence, dans les guerres locales et mondiales, tout comme jadis les gabelles monarchiques monopolisaient le sel et le tabac.

Une première partie du livre (« l'État-gérant ») prend en charge ce qu'on pourrait dénommer les gouvernements classiques, bourgeois ou sociaux-démocrates, tels que les ont vécus l'Amérique du Nord et l'Europe, jusqu'aux années 1930. En passant, un sort est fait aux idéologies catholiques : saint Thomas d'Aquin, avec sept siècles d'avance, préside aux synthèses démocrates-chrétiennes. Elles tâchent tant bien que mal de rattacher les Églises à l'ordre nouveau. Quant à saint Augustin, plus pur, il inspire l'idéologie personnaliste. Sous les auspices d'Emmanuel Mounier, père de nos chrétiens de gauche, elle affronte au monde la conscience de l'individu solitaire.

La pensée radicale-socialiste, avec Léon Bourgeois et le philosophe Alain, n'est guère allée au-delà des ultimes audaces du bon sens, d'autant plus trivial qu'il est démocratiquement partagé. Infiniment plus substantielles seraient les théories sociales-démocrates, longuement passées en revue par nos deux auteurs. Un Henri de Man, même s'il a mal tourné par la suite, pour cause d'occupation allemande en Belgique, voulait légitimement transférer la lutte des classes du plan économique au domaine éthique. Un Daniel Bell, au déclin des synthèses libérales, est une manière de post-réformiste : il dénonce de façon lumineuse la « disjonction des royaumes » qui caractérise depuis une vingtaine d'années notre système des valeurs. Certaines d'entre elles demeurent orientées en direction de l'ascétisme et du productivisme puritains. D'autres au contraire se tournent résolument vers le plaisir égotiste et vers l'épanouissement ludique, tels que les proposait la génération des années 1960. Comme des plaques tectoniques, ces deux groupes de « buts dans la vie » dérivent chacun de son côté, sans qu'on puisse jeter des ponts de l'un à l'autre.

Avec l'État-parti, d'autres diraient le Parti-État, on change de registre. Cette fois il ne s'agit plus de nos bons vieux gouvernements du laissez-faire, lestés parfois d'un zeste de socialisme ; mais bien du produit typique de la *tératologie*[1] du XXe siècle. Je veux parler de cette entité absolument inconnue jusqu'en 1917 ou 1930, qu'est l'État de type soviétique et apparenté : la loi est jetée par-dessus bord, ou plutôt cet État est à lui-même sa propre loi. Une synthèse s'opère entre les héritiers des putschistes d'octobre 1917, et les réseaux nécessaires de l'administration de toutes les Russies. Cette synthèse bizarre c'est la *nomenklatura*, sur laquelle Voslensky a récemment écrit un maître-livre. La pensée de Trotski domine ce chapitre des *Conceptions* : il avait singularisé dès les années 1920, malgré l'insuffisance du concept ainsi mis en avant, la notion de bureaucratie.

Les auteurs s'attaquent ensuite à l'énorme dénominateur commun (presque un fourre-tout), qu'est la nation. Elle fut trop négligée par les socialistes d'autrefois. Ils pensaient classe sociale, « classe

---

1. Tératologie : science des monstres.

contre classe »... et ils découvrirent en 1914 que les prolétariats des deux bords du Rhin pouvaient bel et bien s'entr'égorger, au nom d'un idéal patriotique. Le fait national occupe donc dans ce livre la vaste place qui lui revient légitimement. Châtelet et Pisier-Kouchner tirent d'un oubli relatif (qui concerne le grand public mais non pas les spécialistes) des personnages comme l'austro-marxiste Otto Bauer : dès avant 1914, il tenta de doter les sociaux-démocrates d'un programme des nationalités, dont une militante pourtant déliée comme Rosa Luxembourg voulait à peine entendre parler.

Coloniale ou européenne, la nation est un moteur à gaz pauvre. Elle engendre les idéologies les plus sommaires. Leur indigence intellectuelle est à proportion de leur importance historique. Dire comme le fait Fanon dont la rage et la souffrance inspirent pourtant le respect (pp. 511-527) que pour le colonisé la vie ne peut surgir que du cadavre décomposé du colon, c'est faire l'apologie (même sartrienne) d'une violence gratuite. Dans le cas du Cambodge, elle se retournera contre le peuple lui-même, qui fut anciennement la victime du colonialisme. De même les mélanges de néo-bolivarisme et d'anti-américanisme qui caractérisent la pensée d'un Guevara (pp. 539-552) ne font pas de celle-ci un monument intellectuel, même et surtout si leur auteur prend place parmi les grands romantiques du XXᵉ siècle.

L'État parti et l'État-nation, malgré quelques accomplissements remarquables (comme la création d'une patrie juive en Israël) ont souvent donné lieu aux pires débordements de l'ère moderne : c'est que la nation, pour se constituer, exige des exclus (les Morisques par l'Espagne, les Huguenots par la France de Louis XIV, les papistes et les Irlandais par l'Angleterre, et enfin, dans la pire occurrence, les Juifs par l'Allemagne des années 1930-1940). Avec *l'État-savant* en revanche, sur lequel nos auteurs ne tarissent pas de commentaires érudits, nous abordons des rivages plus tranquilles, et pourtant neufs. On n'est plus au temps des anciens Libéraux du XIXᵉ siècle, quand les gouvernements du « laissez-faire » s'en tenaient à se gendarmer contre les prolétaires qui par des grèves trop longues mettaient en cause le système de la libre entreprise. « L'État-savant » prétend introduire la connaissance au sein de l'administration. Il est souvent Diafoirus, et rarement Newton. Il est technocrate, pour le meilleur et pour le pire, quand il s'efforce par l'apport du calcul et des sciences sociales de clarifier les issues de la décision.

De la floraison d'auteurs qui ont traité ces problèmes, et qu'envisage notre duo de politologues, émergent quelques très grands noms : à l'époque où l'intelligentsia française un peu folle des environs de 1950 s'adonnait aux délices ou aux poisons du dogmatisme et voyait la répression partout sauf à Moscou, Raymond Aron faisait coup double ou coup triple. Contre les tenants d'une histoire monumentale, qui croyait progresser sur les débris des anciens modes de production vers les illusions radieuses de l'humanité libérée, Aron rappelait la relativité de toutes les interprétations et reconstructions du passé, toujours indexées sur nos préoccupations du présent. Puis passant de sa culture allemande de l'avant-guerre, à ses lectures anglo-américaines des années 1940 et 1950, Aron, après avoir dissipé les fumées d'un certain opium, signalait à ses lecteurs en « dix-huit leçons » que la société industrielle avait un avenir, qu'elle ne se plierait pas forcément aux injonctions de ceux qui prophétisaient sa décadence, et qui envisageaient de la remodeler sur le plan d'un Étatisme totalitaire, inspiré des pays de l'Est.

Le livre de Châtelet et Pisier-Kouchner, envisageant sans faiblir près d'une centaine d'auteurs du XXe siècle, souffre nécessairement de quelques désinformations. Dire par exemple (p. 430, note 26) que Spengler entendait par *déclin de l'Occident* la décadence de l'Allemagne, c'est simplement montrer qu'on n'a pas bien lu ce vieil écrivain : il valait mieux (si peu que ce soit) que les complaisances que les Nazis auront à son endroit, et réciproquement. Reste qu'avec ce gros livre, l'étudiant et l'honnête homme qui veulent s'y retrouver dans le labyrinthe politologique de notre temps possèdent une manière de fil d'Ariane. On regrettera que les deux auteurs aient accordé peu d'attention à l'œuvre des grands historiens du politique et qu'ils célèbrent un peu vite le *De Profundis* de l'historicisme : les œuvres de Chaunu sur la croissance de l'État au XVIe siècle, celles de Michel Antoine sur la révolution colbertiste de 1661, de Goubert sur la Monarchie d'Ancien Régime, de Furet sur la révolution française, devraient appartenir, elles aussi, au patrimoine commun des conceptions politiques du XXe siècle. Il reste que ce Châtelet-Kouchner, pourvu d'un commode index, a l'utilité, *l'ustensilité* d'une encyclopédie, avec les défauts et les avantages de ce genre littéraire aux ambitions totalisantes.

La nouvelle Rome

Gilbert DAGRON, *Naissance d'une capitale. Constantinople et ses institutions de 330 à 451,* Paris, Presses Universitaires de France, 1974, 578 p. (*Le Monde,* 4 octobre 1974).

Aux commencements de Constantinople (330 de notre ère), on rêve aux origines de Versailles : dans les deux cas en effet, c'est le Palais qui crée la Ville. Et non l'inverse. Louis XIV, en l'occurrence, s'appelle Constantin. Pierre le Grand lui aussi partira de zéro quand il fondera, parmi les marais vénéneux, Petersburg, cité-fantôme et cité-champignon, qui ne prendra forme et chair humaine que graduellement. Une différence, quand même : Constantinople ne s'est pas installée sur le néant absolu. Mais sur le territoire d'une petite ville préexistante : Byzance.

Pour implanter la nouvelle Rome, aux bords des Détroits, on a donc créé les remparts avant les maisons, et les maisons avant les habitants, ou peu s'en faut. Cela fait, le premier réflexe de Constantin, c'est de se donner une légitimité, pour mieux singer Rome. L'empereur, sur place, institue donc un sénat. Il fait même muter des sénateurs latins, des vrais, du Tibre au Bosphore. Et peu à peu, par miracle, ces figurines prennent vie. Le Musée Grévin s'anime. Le sénat-sosie de l'Orient acquiert une consistance authentique. Il devient le moule d'une aristocratie sénatoriale. Celle-ci fondée sur quatre éléments : la fortune monétaire, la propriété terrienne, la grande carrière bureaucratique ou *cursus*, et la culture intellectuelle. La naissance ne compte pas tellement. Du moins dans les débuts. Parmi les *clarissimes* et les *gloriosissimes,* aux titres ronflants, de la nouvelle aristocratie du sénat, on trouve en effet des fils de chaudronnier ou de garçons de bain. Ils doivent leur promotion sociale au talent. Le sénateur Philippe, brillant rejeton d'un charcutier, fait souche de hauts fonctionnaires : son arrière-petit-fils, oublieux des saucissons ancestraux, sera empereur d'Orient.

Descendants de parvenus, les sénateurs essaient d'acquérir « du Bien au soleil ». Rien de tel qu'une terre pour décrasser une ascendance médiocre, et pour implanter solidement un lignage. Ils s'emparent des grandes surfaces agricoles : ils se taillent des propriétés foncières qui couvrent mille à douze cents hectares, ou davantage.

Par le système du « colonat », ils s'interposent, en écran, entre l'État et les petits cultivateurs, qui tombent dans leur dépendance. Ils court-circuitent les « vrais » fonctionnaires. Ils rendent la justice et perçoivent l'impôt sur les populations des grands domaines, fraîchement incorporés à leur jeune fortune. Leurs généalogies sentaient la boutique. Elles se purifient et s'illustrent au contact du sol nourricier. Cette évolution n'est pas sans péril pour l'État. Les grandes propriétés, de cette manière, mettent hors jeu l'administration : elles provoquent, par contrecoup, l'anémie des villes. L'empire est désormais baigné par le rayonnement *d'une* Ville, unique comme telle. Constantinople règne en solitaire sur un territoire rétréci.

Le Sénat gardera longtemps sa fonction de légitimité romanisante. Puis, sous Justinien (483-565), ayant accompli son rôle historique, il régressera ; au profit du Palais impérial, désormais détenteur, avec l'Église, de l'essentiel des pouvoirs.

Mais il s'agit là d'une autre histoire. Dagron se borne à étudier les IVe et Ve siècles : le Sénat y constitue tout à la fois l'élite propriétaire et la classe politique, où se recrute le mandarinat des préfets urbains, et des préfets du prétoire.

Pour planter la nouvelle Rome, les sénateurs ne suffisent point. Sous eux, on doit aussi bâtir un peuple urbain. Le lieu de naissance, légendaire et partiellement réel, d'où ce peuple jaillira, c'est l'Hippodrome de la ville. Le double et vieux slogan de la foule romaine, *Du Pain et des jeux, Panem et circenses,* s'est en effet conservé dans la Cité neuve. On nourrit donc le peuple avec les blés de l'*annone*. On le réjouit grâce aux courses des chars et des chevaux. Le sport est l'ingrédient de l'unité populaire. Chez nous, cela s'appellera tour de France, tiercé, rugby, et retransmission des jeux dans le village global que formeront les téléspectateurs de toute l'Europe... À Constantinople, l'Hippodrome est l'espace du peuple libre, du meeting éventuel, du dialogue franc et contestataire entre la foule des turfistes et leur empereur. De l'Hippodrome au palais impérial, on communique par le fameux escalier en colimaçon, ou *Kathisma* : cet « escargot » relie le pouvoir suprême à sa légitimité démocratique.

Les grands Jeux de la Ville posent le formidable problème des *couleurs* : le cirque de l'ancienne Rome, si l'on en croit Dumézil (cité par Dagron), organisait ses factions de *supporters* selon les trois couleurs des *Blancs,* des *Rouges,* et des *Verts* : en correspondance respective avec les prêtres (blancs), les guerriers nobles (rouges), et le peuple cultivateur, puis consommateur (vert « agricole »). De ce kaléidoscope subsistera surtout, à Constantinople, par élimination, la tierce et plébéienne couleur des *Verts*. Elle-même dédoublée en faction des Verts, proprement dits, et en faction des Bleus ! Au gré de ce nouveau contraste, « Vert/Bleu », se trame désormais, dans la ville fondée par Constantin, la lutte des factions, à l'Hippodrome ; et celle des partis, sur la scène politique. Le dédoublement du Bleu et du Vert se situe, dit notre auteur, dans la suite logique des vieux cultes de la fertilité, verdoyante et « chlorophyllienne », qui furent à l'origine des premiers Jeux de la ville. On y retrouve aussi la dualité des Jumeaux ou des Gémeaux, Romulus et Remus, Castor et Pollux : ces doubles personnages proclament, par le symbolisme de leur multiple naissance, issue d'un ventre unique, la fécondité d'une bonne Nature.

L'opposition des Verts et des Bleus marque également le constraste, qui deviendra familier en d'autres conjonctures, entre la Gauche et la Droite. L'empereur Théodose II a mis les Verts *à sa gauche* dans l'Hippodrome, parce qu'il les aime. Il a relégué les Bleus à sa droite : elle forme la fraction des mal-aimés. Qui donc se voudrait de droite ? Ce bicolorisme va tellement loin, qu'on envisage un moment, dans Constantinople, de dichotomiser la Papauté ! On aurait donc un Pape bleu, et un Pape vert. Cette fois le sacrilège est trop gros. Deux peuples peuvent bien coexister dans la ville, dressés l'un contre l'autre, au nom de leurs couleurs favorites. Mais il n'y a qu'un seul Dieu et un seul Christ. Ainsi l'alternance des Verts et des Bleus, peuple sage et peuple fou, gendarmes et voleurs, majoritaires et minoritaires, pose-t-elle en des temps très anciens, dans l'enceinte bizarre de l'Hippodrome, les problèmes d'un pluralisme quasi démocratique.

Au passage, Dagron se débarrasse, un peu trop prestement peut-être, des problèmes de l'analyse socio-économique, quant au parti bleu et quant au parti vert. Puisque ces deux groupes ne sont que les deux moitiés jumelles d'un tout unique, à quoi bon, dit notre auteur, s'interroger sur leurs bases sociales et sur leurs « infrastructures » respectives. Je ne me sens pas entièrement convaincu par cette procédure « dagronienne », aussi allègre qu'impertinente.

La véritable union du peuple de Constantinople sera progressivement réalisée, plus encore que par l'Empereur, par les hommes d'Église. À la tête desquels s'individualisera un jour le Patriarche.

Dagron nous conduit donc depuis les cultes païens de Byzance, dominés par la Déesse-mère, jusqu'à la christianisation, inaugurée sous Constantin. Figure devenue mythique, tantôt Constantin-Romulus, et tantôt Constantin-Christ, ce premier empereur est à la charnière d'une vaste mutation religieuse. Une partie du peuplement demeure pourtant païenne, voire philosophante, dans la Ville en gestation, au siècle du Fondateur. Il s'agit d'abord des paysans paganisés de la zone banlieusarde qui forme une terre de missions. Et puis paganisent également les professeurs, quelques intellectuels, des fonctionnaires ; ce sont les attardés d'une ancienne *intelligentsia* (libérale ?) à l'heure des montées de la Foi. L'église chrétienne, pendant ce temps, s'installe. Dès le temps de saint Jean Chrysostome, elle commence à délimiter ce qui sera, au cours de l'âge classique, l'aire future de l'Empire byzantin. Elle accapare les terres et les immeubles. Elle fonde des hospices de vieillards. Elle s'interpose entre la classe riche et les pauvres, auxquels elle redistribue la pitance. La Nouvelle Rome devient une Nouvelle Jérusalem : Constantin se fait faire un casque sur mesure, et un mors à son cheval, avec les clous de la vraie croix, pour mieux s'assurer de la victoire. L'hérésiarque Arius meurt dans une latrine. L'Église sécrète enfin son institution suprême : le Patriarcat, dont les émissaires forceront les portes des derniers temples païens. Les temps seront mûrs bientôt pour le triomphalisme de Justinien. Un peuple se soude et se range, derrière les hiérarques de sa Foi.

Un prince de la pré-Renaissance

Paul Murray KENDALL, *Louis XI*, Paris, Éd. Fayard, 1974, 384 p. (*Le Monde,* 20 décembre 1974).

« Petit-fils d'une catin » (Isabeau de Bavière), Louis XI n'a jamais eu très haute opinion de son lignage. Était-il tellement sûr de son ascendance royale ? Homme cultivé, lecteur de Xénophon (traduit du grec), il donnait pourtant dans les dévotions populaires ; il adorait sans retenue toutes les Vierge Marie, depuis celle de Cléry jusqu'à celle d'Embrun ; il se chargeait de reliques, mais pas au point, comme le fera une grande dame, de donner celles-ci aux malades qui lui étaient chers, sous forme de potion. Prince de l'environnement, Louis XI avait une passion pour la faune sauvage, et pour les chiens. Il s'entourait de lévriers, de pies et de huppes ; mais s'emportait parfois contre les arbres jusqu'à faire raser le coin de forêt, où quelqu'un lui avait appris la mort de son fils.

Et pourtant ce roi ladre, qui s'achetait plus volontiers une province entière qu'un chapeau neuf, avait reçu en partage un pays qui valait (alors) une superpuissance... Il suffisait de savoir s'en servir. En pleine reconstruction, la France d'après la guerre de Cent Ans était encore peu peuplée (une dizaine ou une douzaine de millions d'âmes). Les habitants y vivaient à l'aise, de bonne viande, et de haut salaire. Un roi sûr de lui-même pouvait les tondre sans remords. Il pouvait donner le formidable tour de vis fiscal qui allait remplir ses coffres et lui gagner par la diplomatie et par les finances à force de pattes graissées, ce qu'il pouvait dès lors éviter d'obtenir par la guerre, tellement sanglante, tellement dangereuse.

Machiavel couronné, le souverain affronté, dès 1465, les coalitions de la féodalité (Ligue du bien public). Contre elles, Louis XI est le roi des petites gens. La guerre civile va-t-elle reprendre comme au temps du désastre qui, quarante ans plus tôt, sous Charles VII et Jeanne d'Arc, avait réduit le pays à l'état de désert ? Non. À force de calculs, Louis XI divise les Grands de la Ligue ; il jette à son frère, devenu son ennemi, la Normandie comme un os à ronger ; puis il lui reprend cette province, pendant que le Bourguignon, son autre adversaire, est empêtré du côté de Liège.

La seconde épreuve est plus difficile ; contre son trône, Louis voit se coaliser les trois puissances du Nord : Bretagne, Bourgogne, Angleterre. Il commence donc par se couvrir vers le sud : il flatte l'Espagne ; il amadoue les Italiens ; il caresse l'Occitanie. Tandis que le Bourguignon, derechef, est occupé à l'est, du côté des Allemands cette fois, Louis, bonnement, remonte vers le nord ; il « achète » le départ d'une grosse armée anglaise, depuis peu débarquée sur le sol français. Avec l'argent, bien sûr, docilement offert par nos contribuables ; et aussi avec quelques centaines de charrettes, par lui gracieusement fournies, chargées de barriques de vin, de ce vin dont se remplissent, jusqu'à rendre l'âme, les militaires britanniques. Épisode rabelaisien, digne des luttes de Picrochole... Croirait-on qu'avec beaucoup d'or et un peu de boisson pouvait s'éviter la répétition des guerres de Cent

Ans ? Fort d'une France déjà riche, Louis a gagné ce pari énorme, sans trop de mal.

Au flanc ouest du royaume, la Bretagne n'est guère dangereuse. Plus coriace, la Bourgogne : cette admirable principauté, en pleine floraison économique et artistique, est gouvernée par Charles le Téméraire. Louis, à ce propos, manipule une fois de plus l'écu et le florin ; le « nerf de la guerre » justement lui permet de ne pas faire la guerre ou de la faire avec la peau des autres, celle des non-Français. Il fonde donc les foires de Lyon pour ruiner les foires de Genève, parce que celles-ci dépendent de ses ennemis bourguignons. Et surtout, il paie les Suisses, les terribles Suisses allemands ; hommes de montagne et de démocratie, ceux-ci se mettront à la place de son armée. Ils écraseront pour le compte du roi les soldats bourguignons et leur chef : on retrouvera le cadavre du duc Charles, troué de coups, après la bataille de Nancy.

En détruisant la Bourgogne, ou en la faisant détruire par procuration, Louis commettait, sans trop s'en soucier, le péché contre l'esprit ; c'était un crime culturel, comme le centralisme en a perpétré plus d'une fois : le roi tuait, en même temps que le duché du Téméraire, l'une des fleurs précieuses de la première Renaissance ; l'une des plus belles civilisations, francophone mais non parisienne, qu'ait produites le Moyen Âge finissant. C'était payer cher l'indiscutable répit pacifique que procurait ainsi le monarque au peuple français. Si l'historien se faisait (ce qui n'est pas son affaire) distributeur de palmarès, il donnerait quand même un bon point à Louis XI pour avoir aidé Florence, à la différence de la Bourgogne ; pour avoir protégé Laurent le Magnifique contre ses ennemis dans la péninsule italienne. Les successeurs de Louis se lanceront dans l'aventure des guerres d'Italie, dont leurs prédécesseurs avaient su se tenir à l'écart. Le livre de Kendall a quelque peu rajeuni le personnage et le sujet dont il traite ; il y est parvenu grâce à une étude des documents, jusqu'à maintenant peu connus, qu'avaient laissés les ambassadeurs milanais. Agréablement écrit, mené au petit trot d'un récit qui n'est pas déplaisant, cet ouvrage ne sort pas ou ne sort guère du traintrain de l'histoire événementielle. Il n'approfondit pas l'homme Louis XI, et ses terribles démêlés familiaux. Kendall ne voit pas assez (ce qui constituerait, après tout, l'intérêt d'une biographie) l'époque à travers le héros. La bibliographie du livre est certes pertinente ; elle retarde d'un quart de siècle. N'importe : le texte de Kendall est de qualité ; il a su refourbir l'image du roi-chasseur et du roi-reliquaire. Il a mis de côté les stéréotypes du tyran absurde et soupçonneux. Il a montré en Louis XI le prince de la Renaissance et de l'intelligence, qui sait user d'une élégante économie des méthodes. À l'inverse d'une phrase de Clausewitz, Louis XI, vu par Kendall, conçoit l'art de la politique comme un substitut aux horreurs de la guerre ; dorénavant prolongée, ou remplacée, par d'autres moyens.

Soleil au noir

Pierre GOUBERT, *Louis XIV et vingt millions de Français*, Paris, Éd. Fayard, 1966, 255 p., et Paris, Livre de poche, 1977, 415 p. (*La Quinzaine littéraire*, du 1er au 15 novembre 1966).

Depuis trente ans, une génération d'historiens a mis l'histoire économique en graphiques, tableaux, et séries chiffrées. Pierre Goubert, plus que quiconque, a contribué, avec l'École des *Annales*, à cette évolution souhaitable. La science y a gagné. Quant au grand public, rebuté par la statistique, il a longtemps boudé cette nouvelle tendance. D'où les projets de Pierre Goubert, accomplis dans *Louis XIV et vingt millions de Français* : puisque le point de non-retour est maintenant atteint, puisque l'histoire quantitative est désormais sûre d'elle-même, reconnue, il est bon de se tourner vers un public plus large. Le moment est venu de remettre l'histoire économique en bon français, en épisodes, images vivantes et colorées. Le biographe des *Vingt millions de Français* n'hésite pas à emprunter à l'histoire traditionnelle, pour mieux la combattre, les procédés qui ont fait le succès de celle-ci : soit le tableau, le récit, voire le portrait ou même un brin d'humour noir et, quand il le faut, le risque judicieux d'un anachronisme.

L'homme Louis XIV, dans cet essai, est à peine plus qu'un prétexte. Le vrai, le seul personnage, corps morbide, énorme et distendu, aux formes géantes et à la cervelle étatique en tête d'épingle, c'est le peuple français. Vingt et un millions de sujets, soit la population la plus forte du monde, après la Chine et l'Inde, avant la Russie et avant l'Allemagne. Sur ces vingt et un millions, dix-huit millions de ruraux (plus qu'aujourd'hui). *Trente mille villages,* dont presque tous ont quatre siècles d'ancienneté ou plus encore. Un peuple de paysans maigres, tondus par les dominants de la Rente, par la triade vermoulue mais toujours prospère des Trois États : noblesse, clergé, bourgeoisie du Tiers, celle-ci généralement fort archaïque. Face à cette masse, un appareil étatique minuscule, ridicule. Deux mille gendarmes et quelques centaines de grands bureaucrates, ministres, intendants, etc. Enfin, coiffant le tout, juché en équilibre instable sur les sommets, le Roi, d'autant plus exalté, absolutisé, qu'il est en fait moins puissant, qu'il a moins de prise et de pouvoir réel sur la société vivante de son royaume.

*

Après le peuple, le siècle. En l'occurrence, c'est du long XVIIe siècle qu'il s'agit, tel qu'il se termine en 1715, avec la mort du Roi, avant le dégel de la Régence.

Pieusement gravée par Voltaire, l'image d'Épinal du « Grand siècle » est depuis longtemps défraîchie. Inversement, s'est imposé (depuis Simiand, lu trop vite), le cliché d'un « tragique XVIIe siècle », marqué par la dépression économique et par la « famine monétaire ». Goubert, quant à lui, va au-delà de ces conceptions trop simples. Il propose une réalité plus subtile.

Le XVIIe siècle français, après 1640, tel que le peint notre auteur, est largement conforme aux schémas de Malthus : les subsistances sont rares ; et les bébés, nombreux faute de *birth control.* La mort fauche à tour de bras. Épidémies, famines géantes (1649-1652, 1661, 1694, 1709) épongent tant bien que mal les excédents humains, et jugulent une démographie surabondante. Si la nation souffre, c'est d'un excès de fécondité, joint à l'insuffisance de productivité.

Cela posé, qui est l'essentiel, Goubert refuse de noircir davantage le tableau. Il serait faux, selon lui, de voir le siècle de Louis XIV comme une période pure et simple de régression économique et démographique, comme un recul sur toute la ligne. En dépit d'épisodes affreux, d'une stagnation générale, d'une récession fréquente, le peuple et le royaume de Louis paraissent tenir bon. Les pertes des famines, celles de la Fronde et de l'Avènement (1649-1652 et

1661), sont souvent réparées dès l'époque heureuse du premier Colbert (1662-1672). Les désastres bien connus de la fin du règne (période 1690-1715), n'empêchent pas, simultanée, une remarquable expansion de l'économie maritime. La France blessée de 1715 demeure vigoureuse et capable de récupérations stupéfiantes. Elle n'est pas simplement « ce grand hôpital désolé et sans provisions » dont parlait Fénelon, dans un texte polémique.

*

Deux phénomènes paraissent marquer davantage les destins du royaume archaïque de Louis : la religion, bien sûr, et aussi la guerre. Stratégie et guerre dominent. Mais Goubert reste inattentif, et il a raison, aux aléas tactiques des batailles et aux péripéties sautillantes de l'histoire purement miliaire, du type « tambour et trompette ».

Guerre décisive entre toutes : celle de Hollande. En 1672, le royaume puissant et archaïque de Louis XIV se lance à l'assaut de la nation la plus petite, la plus capitaliste, la plus sophistiquée du Continent ; à l'assaut de la Hollande, pays éclairé des banques et des flottes, des harengs saurs et des tulipes. Goubert raconte, non sans une pointe de jubilation, cette sanglante affaire, où le Roi-Soleil fut à deux doigts de se faire rosser par une poignée de marchands de fromages. Avec raison, la guerre hollandaise est présentée, en quelques pages, comme un tournant fondamental du XVIIe siècle louis-quatorzien. Tournant peut-être plus important que la Fronde : car c'est à ce moment-là, vers 1672-1679, que certaines régions et certains secteurs de l'activité française basculent, pour quarante années, vers la crise et vers la misère...

*

Dans tout cela, on le voit, il n'est guère question des données habituelles de l'historiographie louis-quatorzienne. Guère question de Versailles (dont la grande époque est postérieure aux réussites du règne). Guère question non plus des maîtresses, ou du moins de leurs stéréotypes : la « tendre » La Vallière, la « superbe » Montespan, la « réfrigérante » Maintenon n'ont droit dans l'ouvrage qu'à quelques lignes...

Jean-Baptiste Colbert

Jean MEYER, *Colbert,* Paris, Éd. Hachette, 1981, 370 p. (*Le Nouvel Observateur,* 9 avril 1982).

Jean Meyer n'a pas eu à détruire la légende des Colbert : en fonction de celle-ci, on les avait longtemps tenus pour membres d'un lignage roturier jailli de fort bas et qui, Louis XIV aidant, émerge en 1661 à la gloire d'un grand ministère. Image d'Épinal, réfutée par Jean-Louis Bourgeon. Grâce aux recherches de cet historien, on sait que la famille Colbert, dès la fin du XVe siècle, inaugure une ascension continue, qui la mènera, cinq générations plus tard, au faîte des honneurs. Le premier de ce nom (Colbert) qu'on repère avec certitude, en ses origines généalogiques, est maçon à Reims, vers l'époque de la découverte de l'Amérique ; mais il n'a pas toujours le nez dans son auge à plâtre ; il est architecte déjà cossu. Ses descendants, sous l'égide de la boutique rémoise du « Long-vêtu », s'orientent vers la marchandise et la banque. À la génération suivante, ils mordent aux affaires parisiennes, pour le compte du Roi, comme tous les financiers de ce temps. Il s'agit, en prélevant au passage un bon profit, de procurer au Monarque les sommes nécessaires au financement des armées ou à la fourniture des munitions, etc. Les Colbert purent ainsi grandir sous Louis XIII à l'ombre des Le Tellier. Ils furent leurs clients ; ils deviendront sous Louis XIV les adversaires coriaces de Le Tellier-Louvois. Jean-Baptiste Colbert, avant d'être ministre, fleurissait au milieu du XVIIe siècle sous les auspices de Mazarin : il gérait les revenus du Cardinal ; il remplissait ses propres poches en même temps que celles de son maître. Trois clans domineront ainsi le gouvernement du royaume au « Grand siècle » : les Le Tellier, les Colbert, les Phélypeaux.

L'ascension décisive de Jean-Baptiste prend place au temps de ce que Michel Antoine appelle la révolution de 1661. Mort de Mazarin ; début du règne personnel de Louis XIV ; arrestation (à Nantes) de Fouquet ; dévalorisation de l'État d'offices ou de justice qu'incarnait le Chancelier, au profit d'un État de finances ; Colbert, bientôt promu contrôleur général, en sera l'archétype. Le juge Bridoison, cher à Rabelais, avait symbolisé les structures anciennes de la monarchie. Le financier Turcaret, que décrira plus tard Lesage, matérialise a posteriori le nouveau cours des choses, issu de la décennie 1660.

L'œuvre colbertienne ? Équilibrer le budget ; tâche impossible, du reste, en temps de guerre. Financer les armées (elles dévorent la moitié des recettes étatiques, soit beaucoup plus que la construction de Versailles). Donner aux négociants français l'instinct maritime à la mode hollandaise. Créer une marine de combat, la « Royale ». Maintenir en Méditerranée l'armada des galères comme dissuasion contre les flottes espagnoles, celles-ci transportant de Barcelone à Gênes l'argent d'Amérique (les galères, avec leurs chiourmes de rameurs, demeurent indépendantes des caprices du vent). Sur tous ces points, et aussi sur la confection des premières statistiques, Jean Meyer dit l'essentiel, en un style qui, heureusement, n'a rien d'académique. Il tire le meilleur parti des grands travaux de Dessert et d'Inès Murat, savante exploratrice des archives Luynes. Jean Meyer, enfin, connaît bien Saint-Simon pour lequel il n'a pas la condescendance que professent quelques historiens.

La mort du grand homme n'est-elle qu'un début ? Qu'en est-il des Colbert après Colbert ? Découronnée de son chef, la tribu, selon Meyer, ne fait pas tellement long feu dans les allées du pouvoir. Les collatéraux et descendants de Jean-Baptiste réaliseront néanmoins, sur le moment, d'assez belles carrières jusque vers 1715 ou 1720. L'un des Colbert, rebaptisé Maulèvrier, devient même, par la main gauche, petit-gendre de Louis XIV : il est en effet l'un des amants de cœur de la duchesse de Bourgogne, petite-bru du Roi-Soleil, astucieuse et nageuse entre les cabales.

Jean-Baptiste avait superbement marié ses filles : les gendres continuent la maison. Louis XIV lui-même avait mis la main à la pâte. Il avait concocté les noces de ses fidèles, Colbert et autres : elles soudaient la monarchie au mandarinat bureaucratique ainsi qu'à la haute aristocratie, dangereusement contestataire ; il convenait d'amadouer celle-ci, de la domestiquer conjugalement. L'une des filles Colbert épouse le duc de Chevreuse, d'une grande famille frondeuse, qui jadis tira le canon contre Mazarin. L'autre fille épouse le duc de Beauvillier, dans la famille duquel Saint-Simon essaiera en vain d'entrer par mariage, lui qui pourtant feignait de mépriser les lignées d'ancienne roture. À défaut de cette superbe alliance avec le clan Colbert, Saint-Simon se contentera d'une amitié pure avec Beauvillier : sa vie durant, elle ne lui fera jamais défaut. Chevreuse et Beauvillier intriguent contre le clan Louvois-Barbezieux ou ce qu'il en reste et contre la cabale Maintenon. Ils sont partisans discrets d'une politique semi-pacifiste et crypto-oppositionnelle ; leur héros disgracié n'est autre que l'ami Fénelon, archevêque de Cambrai. Dans ce petit troupeau, réuni autour du duc de Bourgogne, fils du Dauphin, s'élaborent vers 1710 les idées d'un libéralisme aristocratique, et même, ô surprise, d'un socialisme incarné dans le *Télémaque* collectiviste de Fénelon. Après 1715, le clan Colbert s'effacera, tout comme ses concurrents du groupe Le Tellier. Seule survivra la tierce famille, celle des Phélypeaux ; par les Pontchartrain, la Vrillière, et autres Maurepas, elle colonisera, jusqu'aux années 1780, la Cour et le ministère. Il revenait à Jean Meyer, historien des aristocrates bretons, de décrire la trajectoire parabolique d'un lignage : sous le nom des Colbert, il va de la maçonnerie rémoise à la Noblesse vendéenne, en passant par les fastes d'un grand pouvoir.

Les trois cabales de Saint-Simon

Le Monde, 17 janvier 1975.

Dans les premiers mois de 1709, la France gèle, et la maison brûle. L'ennemi fait feu sur toutes nos frontières ; le froid de février durcit les fleuves et tue les semences. Guerre et famine... À la cour de Louis XIV, cependant, les *trois cabales* continuent leur manège, sous l'œil perspicace du duc de Saint-Simon.

Cabale ou parti versaillais du roi Louis XIV lui-même ; ou plutôt de sa femme, la vieille Maintenon (soixante-quatorze ans). Parti du *fils* légitime du roi, autrement dit de *Monseigneur,* et de sa maîtresse Mlle Choin, dans la résidence de Meudon. Parti enfin du *petit-fils* légitime du roi : le duc de Bourgogne, et son épouse ; avec eux, tous ceux qui se réclament de l'avenir qu'on prête à ce jeune couple. Je reprendrai, pour caractériser les trois groupes en question et leurs hommes, les termes mêmes qu'emploie Saint-

Simon. Il y faudrait, pour bien faire, autant de guillemets que de mots.

La Maintenon, d'abord, précieuse et dévote. Empreinte d'un grand air de respect. Air devenu naturel à force de bassesse ; femme fausse par nécessité plus que par goût. Bigote. Se fourrant et se tortillant dans tout. Régnant par la religion sur un roi qui se prend pour un apôtre.

Aux ordres de la « vieille guenon », les seigneurs de la guerre : ils dirigent les armées du roi, en zone rhénane et dans les Flandres. Vendôme, grand général, et sodomite, vient de tomber en quelque disgrâce. Mais Harcourt, le maréchal-duc, depuis les bords du Rhin, où ses soldats se battent, a su garder l'oreille de la Patronne : Normand apoplectique, avare et lucide...

À l'étage suivant du tronc généalogique, le fils légitime du roi, *Monseigneur,* et sa clique de Meudon. L'homme est gros, mais pas entassé. Tâtonnant toujours, par peur de la chute. Grand mangeur, comme toute la maison royale. Du sens, mais pas d'esprit. Son peu de lumières (s'il en eut jamais) fut éteint par le trop d'éducation. Il a pour toute lecture les nécrologies, et le carnet mondain de la *Gazette de France*.

Mlle Choin, maîtresse de Monseigneur, est une grosse fille écrasée, brune, laide, camarde, avec de l'esprit ; devenue avec l'âge, grasse et puante. Mais modeste, vraie, désintéressée. Le clan de Monseigneur est aussi conforté par divers enfants, légitimes ou bâtards, issus de la Montespan, l'ex-amie du roi...

Troisième cabale, qui forme une petite cour dans la grande : celle du duc de Bourgogne, le petit-fils ; au troisième étage de la généalogie. Ce Dévot terne est maniaque : il fait crever les guêpes ; il écrase les raisins en rêvant ; il est amoureux de sa femme, duchesse de Bourgogne : séduisante et fantasque, elle évolue entre trois cabales et deux amants. Autour de ce petit-fils s'organise donc, en tiers parti, le groupe des ducs, des prêtres, des mandarins-bureaucrates. À eux tous, ils sont le pouvoir de demain. Que dis-je, le pouvoir d'aujourd'hui déjà. Car une bonne partie du ministère est dans leurs mains.

Leur « pilote », exilé en province, mais actif, c'est Fénelon, dont l'esprit est comme un robinet fleuri : il verse à chacun la dose voulue. Confesseur de Louis XIV, le Père Tellier espère beaucoup du duc de Bourgogne : c'est un prêtre malfaisant, né de la lie du peuple (lisez : fils de fermier). Les yeux méchants, il fait peur à tous. Même aux jésuites. L'autre grand soutien du petit-fils du roi lui vient de ses deux ducs attitrés : Chevreuse et Beauvillier, pleins d'idées, que l'ami Saint-Simon leur souffle, et réciproquement.

Au milieu de cette cour trilobée, voyant tout, furetant partout, sévit Saint-Simon, notre prodigieux observateur. Grand historien. Mais homme politique aussi. Et pas seulement sociologue lucide de la cour.

Après 1715, Saint-Simon influence, quoi qu'on en dise, le gouvernement de Philippe d'Orléans, régent du royaume, qui lui a voué longtemps — non sans rudes travers ! — une certaine amitié. Le petit duc a donc la possibilité pendant quelque temps de prendre part à l'application des plans et des idées qu'il défendait déjà au temps de la « tyrannie » louis-quatorzienne : l'équipe du Régent, avec ou sans notre mémorialiste, réalise une tentative de libéralisme anti-autoritaire ; sous l'égide de la haute noblesse, contre le despotisme des bureaux du défunt règne. C'est là toute l'ambiguïté d'un écrivain promu politicien pendant quelques années. Homme de sa caste, imbu d'histoire des aristocraties, le voilà pénétré, tout comme elles, d'un esprit de liberté et d'une volonté de participation aux décisions de l'État, qui ne doivent plus être le fait du prince.

La Régence, tellement « saint-simonienne » par tant d'aspects, c'est aussi la fin des sauvages déflations de l'époque Louis XIV. Abolies grâce au processus d'inflation mal contrôlé, mais souvent positif, qu'instaure l'expérience Law. Enfin, Philippe d'Orléans et ses conseillers réalisent le vieux programme de Fénelon, l'ami de nos ducs : ils s'en tiennent dorénavant à la paix, ou peu s'en faut. La nation, épuisée par un siècle et demi de guerres intermittentes et folles, en avait le plus profond besoin.

Voir en Saint-Simon un pur réactionnaire parce qu'il est nobiliaire, ou plutôt ducal, hostile aux bâtards du roi jusqu'au bout des ongles, c'est oublier les caractères originaux de cette curieuse période. Le XVIIIe siècle, à la différence du XVIIe, est placé, après 1715, sous le signe de l'enrichissement économique et de l'essor des « Lumières ». Or ces phénomènes sont inséparables de l'apogée des élites d'alors, qui incluent aussi la haute noblesse éclairée, même castifiée.

En ce sens, Saint-Simon n'est pas un pur rétrograde, il est tout simplement de son temps. Et, même dès les dures années 1690-1710, en avance sur son temps, parfois.

Le Roi et les élites

Denis RICHET, *La France Moderne,* Paris, Éd. Flammarion (coll. « Sciences »), 1973, 192 p. (*Le Monde,* 1ᵉʳ février 1974).

Au cœur du livre de Denis Richet (un cœur qui n'est pas toujours « à gauche », dans le sens rigidement dogmatique qu'a pris quelquefois ce terme), gît le problème des « origines et des causes de la Révolution française ». Lieu commun de notre historiographie, dira-t-on. Mais Richet veut justement rendre aux interrogations sur l'origine révolutionnaire, qui ne cessent de passionner chacun d'entre nous, l'essentielle dignité qui est la leur. Pour lui, vouloir comprendre la décennie 1789-1799, c'est d'abord la mettre entre parenthèses. C'est oublier qu'elle a existé ; c'est étudier sur trois ou quatre siècles, pour elle-même, et non pas dans l'éclairage téléologique d'un futur, l'épaisseur même de l'Ancien Régime, ou plutôt de la « France moderne » (« Ancien Régime » est un mot mal aimé de notre auteur, qui préfère évoquer la « modernité », depuis 1450-1500).

De cette vision lente, dénuée d'idées préconçues quant à l'horizon prospectif, jaillissent les nouvelles clartés, qui nous changent agréablement des clichés habituels, relatifs à la « révolution bourgeoise ».

Le livre se situe donc, pour le plus net, à la rencontre de trois siècles d'histoire (XVIᵉ, XVIIᵉ, XVIIIᵉ siècle), et à la croisée de trois axes : politique, culturel, social. Au départ, vers 1450-1550, s'inscrit la théorique division de la société française en « ordres » fonctionnels : les hommes qui prient, les hommes qui combattent, ceux qui labourent et qui travaillent ; « clergé, noblesse, Tiers-Etat ». Éventail très usé, auquel Richet, dans les faits, substitue une démarcation binaire entre « dominés » (paysans et classes inférieures des villes) et « dominants » (les « dominants » méritent cette appellation, grâce à leur propriété sur la terre, et grâce à leurs rentes, à leur particule, à leur soutane ou à leur office).

Au-dessus de ces deux étages — eux-mêmes complexes — se tient le roi, personnage surdéterminé : il est à la fois magique (guérissant l'adénite tuberculeuse ou « écrouelle »), religieux (« très chrétien »), seigneurial, politique, impérial, mythologique même (on l'appelle en effet l'« Hercule gaulois »). Sur le rapport roi-royaume, tout le monde, Frondeurs et Ligueurs compris, tombe d'accord à l'époque moderne avec Jean Bodin (1530-1596) : le roi, estime-t-on, a le droit d'être tout-puissant (dans la théorie) à condition qu'il veuille bien respecter les lois fondamentales de son royaume, et (surtout) les propriétés et privilèges de ses sujets. « Sans privilèges, pas de libertés ».

Si le roi s'avisait de déchirer ce contrat fondamental, qui représente le secret de sa puissance, il tomberait, dit Bodin, dans un système « despotique » de « monarchie seigneuriale », à la turque ou à la russe. Système dans lequel un Czar, un grand Mogol ou un sultan est (croit-on) maître abusif autant qu'absolu des propriétés de ses sujets, mués en esclaves. Le pseudo-absolutisme du roi de France est donc, dans la réalité, tempéré. Personne n'a jamais dit : « L'État, c'est moi ».

Or ce système, après 1635, et plus encore après 1750, se détraque dans tous les sens.

À partir de 1635, le roi prend appui, en effet, sur les impératifs des grandes guerres, qu'il mène sans désemparer : le cardinal de Richelieu triple les impôts ; il s'arroge le droit de nommer des « intendants », qui violent sans vergogne les privilèges des provinces. Il divise les élites jusqu'à les « atomiser » : dressées les unes contre les autres, surtout au moment de la Fronde, elles ne sont plus assez fortes pour limiter les pouvoirs d'un monarque, qui n'est toujours pas « absolu », mais qui, dupe de sa propagande, finit par se prendre pour un petit dieu sur la terre.

Du coup, « ceux qui gouvernent » dans les conseils du roi (deux cents personnes au total), s'arrogent un pouvoir accru, qu'utilise faiblement, par chance pour les sujets, une bureaucratie squelettique. « Ceux qui participent » (les notables des États provinciaux) sont court-circuités. Quant à « ceux qui contestent » (les obscurs et les sans grade des révoltes populaires), ils s'agitent avec davantage de violence, mais sans plus d'efficacité, sous la chape de plomb d'une acculturation qui leur fait problème.

Péripéties que tout cela... C'est à partir de 1690 seulement que changent les choses et que monte une élite, à la fois sociale et culturelle, véritablement contestataire[1]. Elle inclura la robe et les parlementaires, mais d'abord la haute noblesse ; et ce n'est pas l'un des moindres mérites de Richet que de rappeler que les « grands ancêtres » de Mirabeau ou de Siéyès sont à chercher du côté de Fénelon ; du côté aussi de Saint-Simon, duc snob, mais libéral et anti-absolutiste.

Rejoignant l'opposition que forment les grands nobles, surgissent les intellectuels qui se sont libérés de leurs idées préconçues, depuis que Descartes et Newton ont fait sauter le cosmos thomiste, qui pesait sur les pensées. Et puis très molle, la haute bourgeoisie négociante se range à l'arrière-garde de cette élite novatrice, menée par les aristocrates et par les penseurs. Les bourgeois capitalistes, décidément, ne sont pas les éclaireurs de pointe, que décrira avec trop de complaisance un certain marxisme, qui n'aura guère à voir avec la pensée généreuse de Karl Marx.

Coalisés, nobles et notables demandent le droit libéral à la participation ; ils revendiquent ce droit au nom d'étranges théories racistes : celles-ci prônent, à l'exemple de la noblesse germanique, jadis conquérante des Gaules, la gestion du pouvoir à la mérovingienne, sous l'égide de l'aristocratie et d'un roi fainéant ! Génialement théorisées par Montesquieu, nationalisées, rationalisées, adaptées aux besoins d'une masse qu'alphabétise l'école paroissiale, ces théories neuves sont le levain qui va mettre en mouvement les élites nobles et non nobles ; elles-mêmes divisées, tantôt suivies par la masse, et tantôt combattues par elle.

Voilà qui portera pour finir le coup de grâce à « l'absolutisme » : du fait de l'évolution culturelle de ses sujets, ce régime sera dorénavant considéré comme « despotique » (après 1750) et cela malgré les limites qui n'ont cessé de le tempérer, malgré les perfectionnements dont il a su se doter.

---

1. Voir à ce propos l'article du même auteur : « Elite et Despotisme », *Annales E.S.C.*, 1969.

Croissance, despotisme et Lumières

Robert MANDROU, *L'Europe absolutiste. Raison et raison d'État 1649-1775*, Paris, Éd. Fayard, 1977, 401 p. (*Le Monde*, 3 septembre 1977).

Ce livre d'un Mandrou « dixhuitiémiste » résonne d'abord comme un long cri d'admiration pour l'Angleterre libérale (non absolutiste). Est-ce étrange de la part d'un historien chevronné de l'âge moderne, professeur aux hautes études et à l'université de Nanterre ? Ce qu'il monte en épingle, c'est l'Angleterre de l'équilibre des pouvoirs, de la longue légitimité trouvée pour toujours en 1688. Loué soit aussi, avec Mandrou, ce pays de la révolution industrielle et capitaliste ; cette nation du charbon, du coke, du coton, de la « navette volante » (nouvelle technique textile) ; des enclosures ou clôtures agraires... : elles créent dans les îles britanniques un immense bocage de haies que fomente une grande propriété d'élevages, efficace, moderne ; celle-ci fait pâlir de jalousie les agronomes français. Et tant pis pour le petit homme, pour le « journalier » agricole ou manœuvre anglais : il reste misérable. Mais il n'a qu'à s'embaucher, ce malheureux, pour gagner son pain, dans les nouvelles filatures de coton du Lancashire... La masse de la population insulaire, après 1700, grâce aux gros fermiers des grands domaines, mange à sa faim, consomme de la viande, du beurre, du fromage, des œufs... John Bull a les joues rouges et les muscles solides. Les aristocrates anglais grands propriétaires et souvent usiniers sont plus riches que ne sont les princes allemands, qui pourtant se targuent de leurs duchés, de leurs royaumes... Liverpool, Bristol, Hull et surtout la *City* de Londres règnent sur les mers. L'Angleterre s'annexe l'or du Brésil, *via* les intermédiaires portugais ; ceux-ci la fournissent aussi en Porto, que consomment les Lords. Anglaise encore, la côte est de l'Amérique du Nord, grâce aux Puritains du Mayflower. Les négociants britanniques sont à Hambourg ; leurs industriels en Bohême tchèque ; Gregory King invente la statistique, et Newton règne sur le système solaire. La petite île marie de façon harmonieuse le seigneurialisme des manoirs et le capitalisme des manufactures pour le meilleur de l'idéal patriotique, et pour le pire quelquefois de la condition ouvrière.

À côté de tels compliments, la douce France fait-elle pâle figure ? Disons qu'elle « démarre » avec un gros handicap. Entre 1680 et 1715, époque où notre pays, par la faute des guerres louis-quatorziennes, est tombé dans la crise et dans la misère, l'Angleterre, elle, voit souvent doubler ses productions ! Ces retards seront difficiles à rattraper.

Après 1715, intervient en France un puissant décollage. Saluons au passage le régent Philippe d'Orléans qui fut l'un de nos meilleurs « Rois »... sans avoir jamais porté la couronne ! Il impulsa, en s'aidant d'une conjoncture économique favorable, la convalescence du pays, postérieure à la mort de Louis XIV. Il a désembourbé l'agriculture et l'industrie, grâce à la judicieuse inflation (liquidation des dettes) que proposait le système de Law. Et puis la Régence est aussi le temps d'un heureux déchaînement des idées, des mœurs, des politiciens. Il y a dans cette courte période tous les aspects d'un *dégel*, après les rigueurs glaciaires du règne précédent. Le Philippe d'Orléans de Mandrou est le responsable fécond d'une explosion libératrice, à la fois morale, sociale, financière et politique, entre 1715 et 1723.

Après cette date cependant, toutes les performances ne sont pas possibles. Certes l'influence culturelle de notre pays s'accroît : l'Europe des coiffeurs, et mieux encore celle de la Noblesse, parle français au XVIIIe siècle. Les idées de Voltaire, et paradoxalement les théories égalitaires de Rousseau convertissent (de façon superficielle) l'aristocratie du Continent. L'économie française du XVIIIe siècle est remarquablement dynamique par rapport aux temps du « Grand Roi » et par rapport à d'autres régions européennes ; elle demeure néanmoins modeste, quand on la mesure aux succès du capitalisme britannique : par comparaison avec son collègue de Londres, en termes d'économie du royaume, le Monarque français reste toujours au deuxième rang. Après 1800 Napoléon aura beau se dresser sur ses ergots, il ne changera pas cette situation de brillant second.

Pour toute l'Europe située à l'est du Rhin, jusqu'à l'Oural, l'histoire comparée que propose Mandrou offre des aspects plus amers. Frédéric II de Prusse, selon notre auteur, est un habile dresseur de soldats disciplinés ; sur le plan économique, ce Roi du Nord est un Colbert qui a réussi (à l'inverse de son modèle français qui fut souvent grand... dans l'échec). Réussite frédéricienne et mercantiliste :

elle s'explique, là encore, par une conjoncture économique favorable. Quant aux amitiés philosophiques de Frédéric II (Voltaire, etc.), d'après Mandrou, ce n'est qu'une façade. Une telle appréciation a portée générale : le despotisme « éclairé » du XVIIIe siècle, celui du Roi prussien, mais aussi celui de Marie-Thérèse et Joseph II en Autriche, de Catherine II en Russie, correspondrait trop souvent à un despotisme *tout court*. Voire, dans le cas de l'impératrice russe (*a fortiori* chez les Turcs) à un « despotisme oriental ».

Inséré à l'origine dans une série commandée par un éditeur allemand, pour une histoire globale de l'Europe, en plusieurs tomes, le volume de Mandrou souffre nécessairement (et l'auteur n'y est pour rien) d'être *aussi* un « manuel », ou un résumé d'histoire européenne, à l'usage du grand public. D'où certaines platitudes inévitables, dans un ouvrage qui doit légitimement parler de tout : il a parfois quelque peine à placer des accents forts. Plus sérieux serait, par-delà certains « à-peu-près » statistiques, le reproche de « réductionnisme » : la haute culture française des années 1660 est trop strictement ramenée par notre auteur aux besoins d'une littérature de cour, laudatrice des pompes royales. De même Bach, Haendel et la civilisation baroque du « miracle allemand » de jadis sont autre chose à mon sens qu'une simple défense et illustration des traditions catholiques « ancestrales » (p. 222), conçues par Mandrou sous les auspices d'un pur conservatisme. L'ouvrage souffre aussi d'une conception restrictive des Lumières : elle exclut, par exemple, du foyer de celles-ci, l'œuvre prodigieuse des jésuites, mal vus par le pro-janséniste Mandrou, mais pères quand même de notre enseignement secondaire. Pierre Chaunu (*l'Europe des Lumières*) avait inclus la sensibilité baroque et jésuitique dans sa conception globale, œcuménique et généreuse du XVIIIe siècle. Le livre se caractérise, à mon sens, par des conceptions spécifiques quant à la Raison classique : notre auteur la distingue fortement de la Raison d'État, et de l'absolutisme. Peut-on nier pourtant qu'au XVIIIe siècle comme au XXe (en notre planète qui aujourd'hui encore vit majoritairement dans des régimes absolutistes) le pouvoir absolu et la raison d'État forment une part essentielle de la modernité, et de la « rationalité » contemporaines...

Polyarchie et classe politique

Pierre GOUBERT, *L'Ancien Régime, les Pouvoirs*, Paris, Éd. A. Colin (Coll. « U »), 1973, 262 p. (*Le Monde*, 26 juillet 1973).

Il était une fois Alexis de Tocqueville, Lavisse..., Malet et Isaac, et quelques autres. Qui en toute bonne foi déclarèrent que l'Ancien Régime était centraliste. Absolutiste. Quant à la tendance, quant au « vecteur » même du développement du vieil État, ces historiens avaient raison. Quant à l'impact du fait centraliste, en revanche, ils se trompaient : l'Ancien Régime, dans les faits, était un système « polyarchique », pour reprendre une expression chère à la science politique : les pouvoirs n'étaient pas superposés en une pyramide absolument dominée par une monarchie sommitale. Ils poussaient dru çà et là, un peu à la diable, comme les tours de San-Gimignano ; la plus haute tour qui de loin dominait toutes les autres était en effet occupée par une personne royale ; mais les divers pouvoirs s'affrontaient régulièrement ; ils s'inclinaient devant celui du Bourbon, sans être phagocytés par celui-ci.

Pierre Goubert, dans son dernier livre, nous donne donc une sociologie de ces pouvoirs, de l'État, des institutions (y compris la noblesse, l'Église, l'armée), pendant les deux siècles et demi qui précédèrent 1789. Ce livre débouche, en fin de compte, sur une stratification des groupes sociaux, déjà proposée dans le premier volume.

Tout en haut, le roi. Super-mâle, si possible. Aimé comme tel, sinon brocardé. Nanti, outre son corps périssable, d'une personne physique éternelle qu'il retransmet, lui mort, elle intacte, à son successeur : « Le roi est mort, vive le roi ! » À ce « corps numéro deux » qui perdure, les sujets sont liés par une relation toute charnelle, revigorée de temps à autre par les fameux bains de foule, arrosés dans les rues des bonnes villes par des pluies de dragées et par des averses de confiture. Tout comme ses confrères de l'Afrique équatoriale ou tropicale, le Capétien est doté d'autre part de pouvoirs miraculeux, qui lui permettent de guérir les scrofules.

Dans l'orbite du roi fonctionne la classe politique du régime : elle est formée de maîtres des requêtes, généralement nobles, fils ou petits-fils de robins, arrière-petits-fils d'épiciers, descendants plus lointains encore de laboureurs du Moyen Âge... L'« échelle sociale » en France, à cette époque-là, se grimpe lentement, barreau par barreau, génération par génération. Presque tous Parisiens (et haïs comme tels), alliés entre eux par mariage, réalisant des fortunes dans l'immobilier, comme dans le « pantouflage » des hautes finances, les maîtres des requêtes n'ont pas toujours l'honnêteté des bureaucraties ultérieures qui, à l'époque contemporaine, mettront à leur tour la France sous leur coupe. Mais ils en ont déjà la compétence.

On ne devient maître des requêtes que pour mieux transcender cette situation, pour obtenir telle intendance de province ou telle place dans les conseils du roi. *« Les maîtres des requêtes sont comme les désirs du cœur : ils aspirent au non-être. »*

Cette classe politique, les Colbert en tête, représente le « Tout-État » du Grand Siècle. Elle émane cependant d'un groupe plus vaste, qu'on pourrait qualifier d'« élites », et que Pierre Goubert appelle, d'un mot moins respectueux, les « parties prenantes » : haute bourgeoisie, haut clergé, hauts nobles, haute finance. Les filles de celle-ci, qui remontent comme des truites la haute cascade du mépris, épousent volontiers les fils de ceux-là. Au XVIIIe siècle, du reste, les quatre milieux sociaux — nobles, bourgeois, prélats, financiers — s'intègrent les uns aux autres pour former le grand monde, qui hante, à Paris et en province, les salons, les tripots, les lieux de plaisir et les avenues du pouvoir. Le beau monde à son tour baigne, comme un ludion, dans une masse plus large encore — élitiste elle aussi, à sa manière — et qu'on appelle la « sanior pars » (la partie la plus saine de la population).

La « sanior pars » inclut les bons bourgeois de province, la gentilhommerie rurale et urbaine, voire les gros laboureurs, les riches artisans, les marchands cossus. Tous ces gens se distinguent de la « populace », comme le gratin se différencie de la canaille. En bas de l'échelle gît en effet cette vile populace, cette lie du peuple *« qui n'est belle que sur les champs de bataille quand elle verse son sang pour la patrie »* (Adolphe Thiers). Elle compte peu du point de vue de l'élite, sinon pour payer la rente et l'impôt, pour travailler la terre et pour fabriquer les enfants qui, devenus adultes, reproduiront le système.

Les révoltes assez fréquentes qui flambent pendant le XVIIᵉ siècle se produisent au niveau des différentes zones de friction qui séparent les unes des autres les strates précitées : populace contre élite ; élite contre classe politique, etc. Tout se passe, note Pierre Goubert, comme si on était parti vers 1650 d'une anarchie, d'une anomie, d'une atomisation régionale ou hiérarchique des élites et groupes sociaux : cette anomie, sous la lourde poigne de Louis XIV et consorts, fait place à un processus d'intégration qui culmine au XVIIIᵉ siècle : d'où la fin (provisoire) des grandes révoltes de l'âge classique.

Au passage, l'historien de la Sorbonne étudie les budgets de l'État et il pourfend à ce propos quelques images d'Épinal. *« La Cour est le tombeau (financier) de la Nation »*, dira-t-on au XVIIIᵉ siècle déclinant. *« J'ai trop aimé la guerre, les grands bâtiments et les constructions des palais »*, gémit Louis XIV à son lit de mort. *« Sire, vous n'avez qu'à moitié tort »*, riposte respectueusement Goubert. La guerre, la dette et l'armée, oui, ont pesé d'un poids écrasant sur le budget du pays. Ni la Cour ni Versailles n'ont coûté bien cher : c'était un luxe que la France pouvait s'offrir. Mais les effets psychologiques en étaient dévastateurs dans l'opinion.

Dans cette société stratifiée, marquetée, les centres de décision sont très nombreux : seigneurs, États provinciaux, municipalités, corps intermédiaires et tribunaux de toutes sortes. L'absolutisme centralisé, dans ces conditions, n'est qu'un vœu pieux ; il ne prendra corps, paradoxalement, dans certaines limites, qu'après la Révolution française. Au XVIIᵉ siècle, les distances spatiales, la minceur de l'appareil bureaucratique basé sur Paris ou Versailles, et enfin l'ignorance des populations qui continuent benoîtement à jargonner leurs dialectes, garantissent la permanence des ethnies régionales et la décentralisation de fait, sinon de droit.

Mis par hypothèse à la place de notre auteur, un Max Weber (quelque peu baroquisé...) se serait sans doute attardé sur le rôle moralisateur et novateur de l'Église catholique, source capitale d'éducation et de civilisation populaires sous l'Ancien Régime : de cette Église, Goubert décrit les linéaments, bien davantage que les achèvements...

Les révoltes assez fréquentes qui flambaient pendant le xvie siècle se produisirent au niveau des différentes zones de friction qui séparent les unes des autres les strates prédicées : populacio contre élite, élite contre classe politique, etc. Tout se passe, note Pierre Goubert, comme si on était parti vers 1650 d'une anarchie, d'une anomie, d'une accumulation régionale ou hiérarchique des élites et groupes sociaux ; cette anomie, sous la lourde poigne de Louis XIV et Colbert, fait place à un processus d'intégration qui culmine au xviiie siècle, d'où la fin (provisoire) des grandes révoltes de l'âge classique.

Au passage, l'historien de la Sorbonne étudie les budgets de l'État et il pourfend à ce propos quelques images d'Épinal, a la Lavisse à la bonne (mauvaise) de la Nation à dira-t-on au xviiie siècle déclinant n'a-t-on aimé la guerre, les grands dûment et les constructions de beau à genre Louis XIV à son lit de mort ; bref, vous avez que la moitié tort, riposte respectueusement Goubert. La guerre, la dette et l'armée, oui, ont pesé d'un poids écrasant sur le budget du pays. Ni la Cour ni « Versailles » n'ont coûté bien cher : c'était un luxe que la France pouvait s'offrir. Mais les effets psychologiques en étaient dévastateurs dans l'opinion.

Dans cette société stratifiée, imparfaite, les centres de décision sont très nombreux : seigneurs, États provinciaux, municipalités, corps intermédiaires et tribunaux de toutes sortes. L'absolutisme centralise, dans ces conditions, n'est qu'un vœu pieux ; il ne pénètre ces corps, paradoxalement, dans certaines limites, qu'après la Révolution française. Au xviiie siècle, les distances séparant, la minceur de l'appareil bureaucratique basé sur Paris ou Versailles, et enfin l'ignorance des populations qui continuent de bredouiller à jargonner leurs dialectes, garantissent la permanence des chartes régionales et la décentralisation de fait, sinon de droit.

Mis par hypothèse à la place de notre auteur, un Max Weber théorique peu baraquiné... se serait sans doute attardé sur le rôle moralisateur et novateur de l'Église catholique, source capitale d'éducation et de civilisation populaires sous l'Ancien Régime ; de cette Église, Goubert décrit les linéaments, bien davantage que les achèvements.

GUERRE ET SOCIÉTÉ

Histoire — bataille et stéréotypes nationaux

Georges Duby, *Le Dimanche de Bouvines (27 juillet 1214)*, Paris, Éd. Gallimard, 1973, 312 p. (*Le Monde*, 10 mai 1973).

Les chevaliers de Bouvines n'ont pas grand-chose de commun avec les cuirassiers de Reichshoffen. On le savait, certes, mais on aime à se l'entendre dire.

Pour Georges Duby, c'est Fabrice del Dongo qui est dans le vrai : une bataille quelle qu'elle soit existe d'abord dans l'imagination des historiens « bataillistes » qui reconstituent après coup la totalité de l'affrontement, celle-ci étant imperceptible au niveau du combattant de base. L'histoire-bataille a donc bien des chances d'être aussi post-fabriquée que patriotique. Mieux vaut, pense Duby, reconstituer l'ambiance culturelle dans laquelle s'est préparé le combat de Bouvines, et puis l'image qui s'est ensuite conservée de celui-ci jusque dans l'historiographie de la IIIe République.

Pour comprendre Bouvines (1214), il faut oublier totalement nos guerres mondiales, où les hommes meurent par millions tandis que les présidents dictent leurs ordres dans les résidences officielles. Ici, c'est le contraire ; on se croirait transporté sur un échiquier vivant. Philippe Auguste, le roi des Blancs (couleur des chevaliers de France), est flanqué de ses pions, de ses tours, et de ses fous ou évêques qui, démunis d'épée pour ne pas verser le sang, font des moulinets d'amateur sur le champ de bataille avec leurs massues. Le roi des Blancs veut mettre mort ou mat le roi des Noirs, personnage bicéphale incarné, en l'occurrence, par le libidineux Jean sans Terre, à la molle épée, et par le stupide et courageux Othon de Brunswick ; cet empereur est le champion opportuniste de l'Église des pauvres, tandis que le souverain de France défend l'Église établie, qui persécute par ailleurs et dans un esprit très philippard les Albigeois du Languedoc.

Partie d'échecs, Bouvines est plus encore un tournoi pratiqué selon les règles strictes du sport d'équipe. La règle, à Bouvines et ailleurs, au XIIe comme au XIIIe siècle, c'est qu'entre chevaliers on ne se tue pas. L'une des plus grandes « batailles » de cavalerie médiévale a fait seulement sept morts, dont cinq ne sont même pas guerrières (chute de cheval, accident vasculaire survenu à un seigneur qui s'époumonait dans son cor, etc.). La peau d'un chevalier, qui prisonnier rapportera grosse rançon, est trop précieuse pour être percée. S'embrocher, s'étriper, c'est bon pour les vilains qui, à Bouvines, fournissent la piétaille roturière et anonyme. Par comparaison avec les gigantesques conflits du XXe ou même du XVIIe siècle, Bouvines, avec ses armées rangées chacune en trois parties comme une dissertation française, c'est presque la guerre en dentelles.

Vite oubliée, inaperçue hors de la France d'oïl, la bataille de Bouvines sera ressuscitée à partir du XVIIe siècle par les historiens royalistes, puis aux XIXe et XXe siècles par les nationalistes : de quoi fabriquer une historiographie tricolore, à laquelle Duby règle son compte (la pauvrette était incapable de se défendre). Ce livre, somme toute, nous confronte avec une nouvelle histoire-bataille ; elle se sauve corps et biens de l'événementiel, parce qu'elle se transcende en histoire-culture.

Les « gens d'armes » épinglés

Philippe CONTAMINE, *Guerre, État et société à la fin du Moyen Âge*, Paris, Éd. Mouton (Coll. « Civilisation et société »), 1972, 757 p. (*Le Monde,* 4 août 1972).

Si l'on en croit, superficiellement lue, la thèse savante, sévère, et même janséniste à l'excès dans son écriture, de Philippe Contamine, qui traite des sociétés militaires du bas Moyen Âge, la France possédait pendant la guerre de Cent Ans, comme du reste en toute époque, l'une des meilleures armées du monde. Celle-ci perdait régulièrement toutes les batailles, mais elle finissait par gagner la guerre. Et là (tout de même) était l'essentiel.

Il faut dépasser, bien sûr, cette impression trop rapide. L'armée française des XIVe-XVe siècles nous pose d'abord une question d'effectifs, et Contamine opère, à ce sujet, une « pesée globale ». Au XIVe siècle, les effectifs militaires des Valois pour toute la France comptent deux mille hommes (mais aucun combattant actif) en temps de paix ; et cinquante mille hommes en temps de grosse guerre. Au XVe siècle, après 1450, les chiffres correspondants sont de dix mille « permanents », et cinquante mille en cas de grand danger. Dix mille « gens d'armes » et assimilés..., agressifs, prêts à combattre à tout moment. L'armée permanente qui était née une première fois sous Charles V, puis s'était désintégrée, est donc désormais mise en place, et pour toujours, à partir de 1450. Elle coûte très cher pour la pauvre France de ce temps-là. Mais personne, mis à part quelques hurluberlus, ne songe à dissoudre cette force qui, pour la première fois dans notre histoire nationale, atteint, sous Charles VII et Louis XI, le point de non-retour. Apparue dans le même temps long (fin du Moyen Âge) que le papier, l'imprimerie, la bureaucratie et l'impôt, l'armée permanente du XVe siècle se présente désormais comme l'un des organes essentiels de ce Léviathan nouveau, froid parmi les monstres froids, qu'est notre État monarchique.

L'« armée », pas totalement inefficace pourtant, du premier quart du XIVe siècle, n'avait été, elle, qu'un conglomérat de groupes désunis, dont les combattants suivaient les décisions d'un féodal ou d'un condottiere. Souvent non soldés, servant dans ce cas à titre gratuit, ils se payaient de leurs peines grâce au butin, et grâce aux rançons de leurs prisonniers. L'armée de la fin du XVe siècle, en revanche, est faite de volontaires ; d'« hommes d'armes », nobles, dont chacun, soldé, gagne le triple du salaire minimum de l'époque. Elle compte déjà des spécialistes des armes savantes, dans les bataillons de sa nouvelle artillerie.

En 1340, les soldes, quand elles existaient, étaient de pures indemnités de défraiement, calculées au prorata de la qualité nobiliaire : l'« écuyer banneret » gagnait plus que le « chevalier simple ».

Après 1450, la solde, au contraire, est devenue un vrai salaire, qui suit désormais le principe de la hiérarchie des fonctions : le capitaine perçoit d'avantage que l'homme d'armes. Parallèlement se produit une mutation psychologique : du XIVe au XVe siècle, l'idéal aristocratique de l'exploit fait place à la discipline militaire, qui fait la force principale des armées. L'unification nationale intervient aussi : on avait deux armées en France au XIVe : une de langue d'oc, une de langue d'oïl. Mais une seule à partir de Charles VII. Plus généralement, l'État des Valois, dès la seconde moitié du XVe siècle, parvient à s'arroger le monopole de la guerre et de la violence ; alors que précédemment dans la France ou dans la Catalogne du XIVe siècle, on avait connu, hors de tout contrôle de l'État, des guerres privées : d'une ville contre un seigneur, d'un cordonnier contre un notaire, etc.

Par-delà ces épisodes anachroniques et dépassés, Philippe Contamine nous place donc devant un grand fait d'histoire sociale : la nouvelle armée permanente de Charles VII et de Louis XI répond à des mentalités bureaucratiques et paperassières qui sont toutes neuves ; elle récupère d'autre part les tentatives évanescentes, mais à longue portée, de Charles V ; elle copie enfin, à plus d'un millénaire de distance, les modèles des légions romaines, tirés de Tite-Live et de Végèce. De cette armée française de 1470, il ne faut pas exagérer l'efficacité. La meilleure troupe du monde après 1450, ce n'est pas la nôtre, c'est l'infanterie des piquiers suisses, bâtie sur un modèle plutôt primitif.

Le livre de Contamine donne dans ces conditions l'*« état signalétique et des services »* de la « société militaire » de 1460, fraîchement née, ou fraîchement mutée. Cette société militaire, dont Vigny célébrera bien plus tard la servitude et la grandeur, possède, dès Louis XI, parmi ses petites villes de quasi-garnison, sa cohérence et sa stabilité que, dans le droit fil de la pensée de Contamine, on peut comparer à la cohérence et à la stabilité du milieu des professeurs de lycée, dans les petites villes des provinces françaises, à la fin du XIXe siècle. La société militaire du XVe siècle a « ses mœurs, son éducation, ses alliances nobiliaires ». Elle a ses frustes joies qui se situent au niveau du corps de garde, et des gaietés de l'escadron. Elle a ses fraternités de combat. Assez bien payés, fortement nourris de bœuf gros sel, et d'une ration de calories double de celle du commun, les « gendarmes » ou hommes d'armes nobles qui la composent y font des carrières classiques ; elles durent une quinzaine d'années. Il ne manque à ces hommes que la caserne, la retraite, et la roture pour ressembler, quelque peu, à nos sous-officiers de l'armée active d'il y a cinquante ans.

Malgré son incontestable esprit de caste nobiliaire, la troupe renaissante de 1460 est donc très différente, dans sa structure, de la chevalerie féodale du XIe siècle, différente aussi des « foudres d'escampette » de la précédente armée noble, qui se fit battre à Poitiers en 1356. A partir de 1450, la nouvelle société militaire met en place l'une des composantes essentielles de notre modernité. N'allons pas conclure que tout cela implique une militarisation de la société globale. Bien au contraire : créer l'armée permanente, la séparer du reste de la nation, c'est affirmer la vocation pacifique des autres groupes sociaux qui résident dans le royaume. Le XVe siècle, en inventant les militaires professionnels, a du même coup inventé les civils. Il suffisait d'y penser.

J'ai dit que ce grand livre était aussi un livre janséniste. Dénué, presque toujours, de truculence et de verdeur militaires. Charles V et Du Guesclin n'auraient-ils commandé qu'à des armées de soldats de plomb ? C'est l'impression que j'aurais gardée de cet ouvrage, rigoureux et quantitatif, s'il n'avait su, enfin, dans ses derniers chapitres trouver sa forme, sa couleur, sa chaleur humaines. « *Le véritable historien,* disait Marc Bloch, *est comme l'ogre de la fable. Là où il sent la chair humaine, il sait que là est son gibier.* » M. Contamine est bien, lui aussi, l'un des ogres sympathiques et cannibales qu'évoquait cette petite phrase. Mais, une fois n'est pas coutume, il a fait attendre son personnage.

La guerre est un caméléon

Raymond ARON, *Penser la guerre : Clausewitz,* Paris, Éd. Gallimard, 1976, 2 vol., 470 p. et 365 p. (*Le Monde,* 27 février 1976).

Sur la vie même de Carl von Clausewitz, né en 1780, il y a peu à dire. Par certains côtés, ce hobereau de Prusse, et de fraîche date, fait penser à notre duc de Saint-Simon. Même obsession de la noblesse, malgré des origines familiales assez modestes (son sang n'était pas tellement bleu). Un grand et bel amour conjugal, qui traverse toute une vie. Une existence effacée. Une œuvre, entièrement destinée à la publication posthume. Et puis, un traumatisme : le désastre d'Iéna, en 1806, où la Prusse faillit sombrer totalement ; voilà qui marque Clausewitz, tout comme la débâcle de 1940 marquera Raymond Aron. Au moment décisif, bien après Iéna, Clausewitz quitte le service de l'État prussien, qu'il accuse de collaboration avec la France napoléonienne, véritable ennemie des Allemands. Il va servir à l'étranger (en Russie), pour mieux lutter contre Bonaparte. S'il se rebiffe contre la défaillance du roi de Prusse, devenu prince esclave du conquérant, son destin, chez les Russes, n'est pas celui d'un de Gaulle. Une fois la situation clarifiée, Clausewitz reviendra en Prusse, aussi peu connu qu'à l'heure de son départ. Il participe aux dernières campagnes contre Napoléon. Général, il meurt du choléra au terme d'une vie de garnison, en 1831.

*

Le premier volume d'Aron donne une lecture de Clausewitz. Lecture ou relecture, décidément indispensable. Tant les critiques militaires, y compris les meilleurs, Liddell Hart inclus, ont caricaturé le penseur prussien ; ils l'ont comparé aux bouchers de la guerre totale ! Aux généraux qui décidèrent le « hachoir » de la bataille de Verdun. Et pourquoi s'arrêter en si belle route, pourquoi ne pas assimiler Clausewitz aux théoriciens de la mort nucléaire...

Il convenait de réagir. Aron remet les choses au point ; Clausewitz, en fait, a toujours distingué entre deux sortes de guerre. Puisque aussi bien, selon lui, « la guerre est un caméléon », susceptible de complètes métamorphoses. Il y a d'abord, ou il y avait, la guerre « rococo », la guerre en dentelles du XVIIIe siècle : elle met en jeu de modestes armées (cent mille hommes de chaque côté). Elles s'observent mutuellement. Elles s'infligent, de l'une à l'autre, des dégâts modestes. Elles jouent, au figuré, du fleuret de l'escrimeur, ou de la dague du courtisan, plus que de la lourde épée du chevalier. Le maître de ce type de guerre, c'est Frédéric II, économe de ses forces, tenant bon pendant des années, avec le minimum de batailles, contre des ennemis supérieurs en nombre. Frédéric, ménager de la vie de ses hommes, auquel les Français, à tort peut-être, persistent à préférer Napoléon, dépensier du sang de son peuple.

Et puis, face au petit roi de Prusse, qui jouait délicatement des colonnettes fragiles de l'équilibre européen, voici justement, au fil de la réflexion et de l'admiration clausewitziennes, Napoléon Bonaparte. Le maître de la guerre révolutionnaire. Cette fois, fasciné par le Corse, Clausewitz commence à ressembler un peu plus, quoique de loin, à l'image sommaire que donnera de lui Liddell Hart. Car les règles du jeu sanglant sont fondamentalement modifiées, entre 1792 et 1815, pendant les conflits de la Révolution de l'Empire. Elles se ramènent désormais à l'armée de masse (cinq cent mille hommes au lieu de cent mille) ; à la nation militarisée ; aux batailles décisives de la rupture, pour l'anéantissement des forces ennemies. Et puis, la période révolutionnaire et napoléonienne, superbement étudiée par Clausewitz, ouvre la route à l'insurrection armée du peuple et des paysans (Vendée, Espagne, Russie...). Cette fois, le général prussien, plus moderne que jamais, annonce Mao Tsé-Toung ou Hô Chi Minh.

Du XVIIIe au XIXe siècle, c'est donc la transition du rococo vers le romantisme guerrier ; Clausewitz ne cache pas sa préférence pour le second terme, lié à des conflits monstrueux, mais plus propice au génie du chef d'armée. Il n'exclut pas pourtant qu'on revienne un jour aux guerres civilisées, limitées, du temps des Lumières ; préférables à tout prendre (en ce qui nous concerne) à de plus sombres perspectives.

La leçon de Clausewitz reste ainsi (envers et contre tous, envers et contre ses propres tendances) basée sur le rationalisme et sur la modération. La guerre peut viser à l'anéantissement du corps de bataille ennemi ; mais aussi, et simplement, à l'anéantissement... de l'intention de vaincre, formulée initialement par l'ennemi. La guerre, bien sûr, est déterminée par les masses, et par le génie du chef d'armée. Mais, essentiellement, elle doit être dirigée, bon gré mal gré, par la raison raisonnante du chef d'État. Le but de la guerre, ce n'est pas la victoire (qui n'est qu'un moyen), c'est la paix ; autrement dit, c'est l'après-guerre : le stratège prussien, à sa façon, est un pacifiste. Le combat effectif, selon lui, est à la simple menace armée ce que le paiement en espèces est au chèque bancaire. Un jour ou l'autre, il faudra donc bien se résoudre à mettre l'argent sur la table : autrement dit, on devra en découdre et verser le sang pour de bon. Néanmoins, on peut imaginer, en prolongeant Clausewitz, de très longues périodes au cours desquelles une armée ou une flotte régnera par son seul crédit, par la « dissuasion », en tirant le canon au minimum : voyez l'armée soviétique, souveraine en Europe de l'Est, et qui pourtant ne l'a tiré que trois fois (le canon) ; à Berlin (1953), à Budapest (1956), à Prague (1968). Et si peu... Si peu d'obus pour tenir en respect tant de sujets. De même l'or de la Banque de France, aux beaux temps de la monnaie stable, n'avait même pas à quitter les caves bancaires, à partir desquelles il soutenait, de par sa seule et virtuelle présence, les billets de banque en circulation...

L'intuition de Clausewitz découvre à l'avance, une fois de plus, ce qui sera l'une des idées de base de Mao Tsé-Toung : le fondement essentiel de la guerre, ce n'est pas l'attaque, c'est la défense. Car il n'y aurait jamais de guerres, si le pays attaqué refusait tout simplement de se défendre.

En fin de compte, l'œuvre de Clausewitz ne vise point à donner des recettes toutes faites au chef militaire. Elle veut introduire dans les esprits la clarté, la classification, la simplicité. Le général et, à plus forte raison, le chef de l'État, n'ont pas à connaître la composition de la poudre du salpêtre ou de la bombe atomique : c'est l'affaire de tel ou tel sous-ordre. Ils doivent définir, eux, les options, et choisir celles qui sont compatibles avec leurs objectifs et avec leurs moyens. Alors, l'intendance suivra. Si Charles XII, souverain de la minuscule Suède, a fini par périr au terme de ses conquêtes, malgré son génie militaire, c'est parce qu'il s'est pris (par avance...) pour Napoléon ; alors qu'il aurait dû se cantonner dans le rôle modeste d'un Frédéric II.

Et maintenant, le XXe siècle. Incarné dans le second volume de ce gros livre. Ce siècle où Clausewitz, toujours presque inconnu, presque anonyme, figure désormais partout, sans qu'on le sache : dans les chancelleries, dans les « politburos », dans les maquis et dans les cellules. Aron, en effet, détecte à droite et à gauche la pensée du Prussien : derrière les phrases de l'« Agitprop », et dans les cogitations de la stratégie nucléaire. Clausewitz, c'est à la fois Lénine, Staline, Mao, Kissinger... et Raymond Aron.

Lénine : autrement dit, en 1914, le jugement sur la guerre impérialiste, qui continue la politique capitaliste par des moyens plus violents. Et voilà pourquoi Lénine, lecteur passionné de Carl von Clausewitz, condamne les sociaux-démocrates, complices de la guerre impérialiste. Condamnation dont nous n'avons pas fini de sentir le poids.

Staline ou les compromis cyniques, avec le nazisme avant-hier, avec Roosevelt hier ; le but final de la politique (et conjointement, de la guerre) étant toujours la victoire du socialisme... identifié, par le dictateur, à sa propre personne.

Mao ou l'armement du peuple ; le Prussien l'avait rêvé, pour les Allemands, contre Napoléon ; le Chinois le réalise, au nom d'une Vendée rouge de centaines de millions d'hommes, dans les décennies 1930 et 1940.

Kissinger... ou le retour au rococo. L'emploi de l'arme atomique introduirait une escalade insupportable, qui anéantirait l'objet même de la politique, au lieu de continuer celle-ci. La stratégie kissingérienne de la dissuasion doit donc revenir, bon gré mal gré, à la politique des cabinets européens du XVIIIe siècle ; elle cherche à rebâtir les structures de l'« équilibre », avec le minimum de bavures guerrières et sanglantes. Elle peut brandir, à la rigueur, la « lourde épée du chevalier ». Elle doit se garder de l'utiliser pour de bon, car cette épée devenue nucléaire est trop pesante et dangereuse pour tout le monde.

Aron, finalement : ce que notre auteur découvre, dans ce général prussien d'état-major, si différent du professeur français, et qui pourtant lui ressemble comme un frère, c'est lui-même. Conseiller d'un prince qui ne l'écoute pas. Jamais politicien actif. Mais penseur lucide de ce qui pourrait être une politique rationnelle. Aron ne renie pas non plus, malgré les génocides de la seconde guerre, la fascination qu'il éprouva, jeune normalien, pour la culture allemande, qui fut la première du monde. Fascination aussi pour le marxisme, y compris dans ses versions tardives : celle de Lénine, et celle de Mao. Du marxisme, Aron demeure, en dépit ou à cause du contraste total de ses options politiques, l'un de nos meilleurs interprètes...

Une société malade de la guerre

W. D. HALLS, *Vichy Youth,* Oxford University Press, Oxford, 492 p. (*London Review of Books,* 3 au 16 décembre 1981).

Le livre de Halls s'ouvre sur une vision wagnérienne de la défaite, en 1940. *Ignominieuse,* dit l'historien anglais qui d'ordinaire est plus réservé dans ses jugements moraux : puis-je faire remarquer à mon éminent collègue que sans le Channel, l'ignominie aurait peut-être continué jusqu'à l'Écosse... Passons. Une fois n'est pas coutume. Ce grand livre, admirablement informé, pratique en général (cette exception mise à part) l'objectivité stricte, y compris dans ses appréciations les plus cruelles. Dès 1940, le « mauvais Vichy », qui est mis en place, est loin d'épuiser les problèmes de ce régime pour la jeunesse comme pour le reste : le statut des Juifs exclut les soi-disant « non-Aryens » des postes d'enseignement. Et c'est là, comme on sait, que réside la principale négativité du système de Pétain, son « péché originel ». Les vœux antisémites des Allemands sont non seulement exaucés mais même, pendant une première période, devancés par les autorités françaises. Halls, toujours objectif et *fair-play*, considère quand même que les réformes de Carcopino contiennent des éléments intéressants : elles prolongent quelques idées du Front populaire et présagent les transformations de l'après-guerre (Carcopino, historien spécialiste de l'époque romaine, fut ministre de l'Éducation nationale jusqu'en avril 1942. Il essaya souvent d'éviter le pire. Mais on lui a reproché un certain *laissez-faire* quant aux persécutions contre les Israélites).

Sur Abel Bonnard maintenant, qui géra l'Éducation nationale d'avril 1942 à août 1944, Halls concède que certaines de ses initiatives en matière d'enseignement technique ne manquaient pas d'intérêt. Dans l'ensemble, pourtant, Bonnard se conduisit en serviteur zélé des Allemands : il s'associait par exemple à l'envoi des jeunes Français au service obligatoire outre-Rhin. En revanche, l'homosexualité de ce ministre est jugée moins sévèrement de nos jours que ce n'était le cas au vu des standards sourcilleux qui sévissaient voici trente ans. La note comique est donnée par l'obsession typiquement française de Bonnard, quant à la bonne tenue des examens traditionnels et spécialement du baccalauréat. Ce « bac » ou « bachot » restait à l'ordre du jour dans la Somme d'août 1944, en un lieu névralgique des combats.

Collaborateur bon teint, Bonnard était anticlérical. Avant lui, la première année de Vichy fut triomphale pour l'Église de France ; elle prenait sa revanche sur les mangeurs de curés de la IIIe République. Généralement, de 1940 à 1944, l'école privée ou « papiste » fut généreusement subventionnée par Vichy. Politique à court terme ! L'épiscopat, dans l'affaire, n'avait pas vu plus loin que le bout de son nez. Après la guerre, ces privilèges exceptionnels des années Pétain devaient ouvrir dans l'Église de France une formidable crise de légitimité. Le clergé ne s'en est pas vraiment remis, jusqu'à nos jours. Pendant quelques années, les ecclésiastiques en majorité s'étaient trop souciés de leurs ouailles et pas assez du sort des Juifs. D'admirables exceptions confirment cette règle.

Après les prêtres, Halls donne leur vaste place aux instituteurs, ces pelés, ces galeux (selon les critères d'un certain extrémisme de droite, bien entendu). Et pourtant, ils ont eu, en 1940, autant de tués que les autres catégories sociales, en pourcentage de leurs effectifs ; alors au nom de quoi le nouveau régime, né de l'été 1940, les accuse-t-il de tous les péchés : d'être pacifistes, anticléricaux, francs-maçons, pas patriotes... Pendant l'occupation, on leur imposera aussi les corvées, comme d'exterminer les doryphores dans les champs de pommes de terre, avec leurs élèves. Ces maîtres d'école, à vrai dire, sont souvent de gauche. Ils coopèrent peu avec Vichy. Une faible fraction d'entre eux (0,5 % seulement contre 2 % dans l'enseignement secondaire) sera « épurée » après la Libération. En sens inverse, reconnaissons que l'épuration vichyssoise de la haute fonction enseignante aux années allemandes n'avait pas été totale : en 1943, on comptait encore plusieurs recteurs en activité dont on pouvait supposer qu'ils étaient francs-maçons. Le système des dépouilles n'était pas parfait.

L'entourage de Pétain, sous l'impulsion de Lamirand et de ses successeurs, tenta aussi d'enrégimenter la jeunesse. Mais les organisations proprement « régimistes » ne purent effectuer qu'un travail modeste. Elles se heurtaient en effet (en terrain déjà conquis) aux formidables positions qu'occupaient les mouvements de jeunesse qu'influençait l'Église catholique (2 300 000 garçons et filles étaient enrôlés dans ces groupes). Elles rencontraient aussi l'hostilité des

Allemands ; ils ne souhaitaient pas qu'une jeunesse unique fût établie en France, par crainte que, même vichyssoise, cette « unicité » juvénile finisse par se retourner contre eux.

Ces développements sont inséparables d'un sentiment général de culpabilité qui caractérise la seconde moitié de l'année 1940. La France, disait-on, n'a pas été battue par Guderian, mais par ses propres péchés. Ces battements de coulpe paraissent (à tort) d'autant plus justifiés que la délinquance juvénile augmente (par suite des conditions bien spéciales que provoquent la guerre, le marché noir, etc.). Bien entendu, tout cela dans les faits est absurde, car la nation reste saine (si l'on en met à part les tragédies et crimes spécifiques de la guerre, dénoncés au début du présent article). L'étonnant est que la Droite ait pu incriminer la désintégration de la fibre morale des jeunes Français aux années 1940, dans une nation où les changements des mœurs ne commenceront véritablement... qu'au cours de la décennie 1960.

Après la conscience, le corps : pour Halls, la politique « gymnastique » de Vichy présente certaines continuités par rapport à celle de 1936 ; Borotra, champion de tennis et choisi par Pétain pour s'occuper des sports, se situe dans la même ligne que le ministre chargé des mêmes problèmes au temps du Front populaire. Le brevet national sportif prend logiquement la suite du même brevet populaire. Il est vrai que cette politique sportive se heurte à toutes sortes d'obstacles : les Allemands ne souhaitent pas que la France devienne une nation d'athlètes ; l'Église craint la mixité des sexes sur le stade ; les maires de villages, dans la tradition de Clochemerle, ne manifestent aucun enthousiasme à transformer un champ de blé en terrain de football ou en piscine ; de toute façon, les carences alimentaires sont un obstacle décisif à l'expansion des sports. Les Français, envers et contre tout, sont censés demeurer ces « bêtes à concours » dont on se moquait après la défaite.

Reste le problème de fond : la jeunesse est patriote. Vichy prenant la relève d'une longue tradition canalise ces passions vers des héros authentiques, mais taillés à souhait : *Jeanne d'Arc,* bien sûr, (elle est heureusement ambiguë, « anti-allemande », puisqu'elle est patriote, et naturellement anti-anglaise) ; *Turenne,* fouetté par son précepteur qui élevait à la dure ce futur maréchal de France ; *Bournazel* qui chargeait au Maroc en tunique rouge et dont la veuve rendra visite à Philippe Pétain ; *Branly* qui, enfant, cassait, pour se laver, la glace de son pot à eau (c'est la mystique de l'eau froide).

Les réalités de 1943 étaient loin de ces gloires. L'éclatement territorial de la France insultait l'esprit national des jeunes : Hitler (et accessoirement Mussolini) avait coupé l'hexagone en *sept* morceaux. Une zone *annexée* en Alsace-Lorraine, une zone *réservée* dans la région de Bar-le-Duc et Belfort, une zone *rattachée* au commandement allemand de Bruxelles (notamment autour d'Arras) ; une zone *interdite* aux environs de Laon ; une zone d'*occupation allemande* ; la zone *libre* ; la zone d'*occupation italienne* ! On ne peut qu'admirer, après ces gentillesses germaniques, la facilité de la réconciliation franco-allemande après la guerre, et finalement la mansuétude des Français confrontés au traitement dégradant qu'ils avaient subi.

La question des nationalismes périphériques n'était pas non plus sans intérêt quant à la classe d'âge des 15 à 35 ans ; les Corses se refusaient à l'Italie dont ils traitaient les immigrants et militaires avec un sentiment de supériorité. L'Alsace-Lorraine, en partie, appartenait à l'ancienne culture allemande, mais elle gardait sa fidélité à la France. Les nationalistes flamands et bretons allaient bien au-delà du vichysme ; ils sympathisaient sottement avec les Nazis. Plus réservés, les Occitans et autres Provençaux avaient quelques bontés pour Pétain mais se gardaient bien de soutenir Hitler. Face aux tentatives plus ou moins désagrégatrices, le sentiment national restait puissant dans la jeunesse, qu'elle soit gaulliste, pétainiste ou neutre. Au lendemain de la Libération, la « France » devait se refaire sans difficulté.

Un territoire s'encadre. L'une des créations les plus curieuses de Vichy, de ce point de vue, fut justement l'École de « cadres » d'Uriage. Un autre établissement de même type vira au nazisme. Mais Uriage subit l'influence d'Emmanuel Mounier et tout simplement celle du patriotisme éclairé et profond de ses élèves. L'École évolua donc, non sans nuances, vers l'anti-germanisme conséquent, et vers des plans de réforme en vue de l'après-guerre. Les élèves, pour nombre d'entre eux, militèrent contre le S.T.O. (Service du Travail Obligatoire) et prirent le maquis ; le commandant de l'École en personne, Dunoyer de Segonzac, adhérera à la Résistance. Certains participants d'Uriage dont Beuve-Méry et Domenach animeront quelques-unes des publications les plus importantes de l'après-guerre, telles que *Esprit* et *Le Monde*. On était loin décidément de l'Ordre nouveau, ou de l'Europe régénérée des Nazis.

Uriage est un cas extrême. D'autres groupements sont allés moins loin, tout en déviant pourtant de la ligne officielle qui leur était prescrite par le gouvernement du Maréchal. Les *Compagnons de France* en principe n'étaient ni pro-allemands, ni confessionnels, mais loyaux à Philippe Pétain. Cependant la logique de la guerre finit par les séparer de Vichy sans que pour autant ils se rallient à de Gaulle. (Les cas de ce genre furent nombreux.) Leur véritable héros était plutôt le général Giraud ; il était hostile à l'Axe, mais ses amis gardaient une nostalgie pour le *Travail, Famille, Patrie* des Maréchalistes. Finalement, à la grande joie de l'Ambassade allemande à Paris, les « Compagnons » seront dissous par Vichy même. Impossibles contradictions.

Vichy essaya aussi d'avoir sa propre organisation, sinon paramilitaire, du moins de remplacement du service militaire par un service civil. Il s'agissait des Chantiers de la Jeunesse. Leur directeur, le général de La Porte du Teil, espèce de Vercingétorix, « paysan aux longues moustaches », fut finalement arrêté par la Gestapo en 1944 à la suite d'une remarque anti-allemande. Ceci ne fait pas encore de lui un résistant, mais indique bien les distances ou du moins les nuances que les services de cet officier prenaient peu à peu vis-à-vis des Nazis, et même de Laval, sinon de Pétain.

D'autres mouvements de jeunesse sont évoqués par le livre, et notamment divers groupuscules qui dépendaient des différents leaders fascistes, pro-nazis ou « francistes », comme Doriot, Déat, Bucart, Deloncle, etc. Les collectivités les plus marquantes sont à chercher du côté de la Milice : des jeunes gens recrutés par l'administration collaboratrice s'y livrèrent à des exactions parfois abominables contre d'autres jeunes qui, eux, résistaient. Trente années après l'événement, le mot *milice* reste bien vivant, avec des connotations ultra-négatives et tragiques, dans la mémoire nationale. A un niveau plus poussé encore, on citera les détachements de la Légion des Volontaires français (sur le Front russe) et même une poignée de S.S. français : certains d'entre eux, après un entraînement très dur et des pertes effroyables, finirent la guerre parmi le dernier carré des défenseurs de Hitler à Berlin ! Devant ces expériences, on songe au mot d'un ancien Waffen-S.S., revenu à des sentiments plus paisibles. On l'interviewait dans *Le Chagrin et la Pitié*. On lui demandait de donner son avis à l'actuelle jeunesse. Il répondit simplement : *« Je conseillerai la prudence. »* On le comprend.

Le travail obligatoire en Allemagne, pendant les dernières années de l'occupation, posa aussi quelques problèmes épineux aux jeunes Français. Certains évêques, avec prudence, laissèrent entendre qu'ils n'étaient pas favorables à un tel « exode ». Ce geste épiscopal, en dépit de sa timidité, fut mis au débit des prélats par les Allemands et à leur crédit, quelquefois, par la Résistance.

Le livre de Halls, plein de mérite, se situe à modeste niveau. Il refuse le feu des exécrations et des rejets que la politique antisémite du régime qui fut d'abord en avance, puis en retard sur celle des Allemands, inspire à juste titre à des historiens comme Paxton et Pascal Ory. Il s'intéresse assez peu, en profondeur, aux continuités de base : elles témoignaient pourtant pendant ces quatre années difficiles sur la remarquable vitalité du pays. Un peu court de souffle, Halls a quand même bâti l'une des ailes de cet immense bâtiment, qu'on attend toujours, et qui s'appellera (en plusieurs volumes) l'Histoire objective et détaillée du régime de Philippe Pétain.

Le système Sigmaringen

Henry ROUSSEAU, *Un Château en Allemagne*, Paris, Éd. Ramsay, 1980, 442 p. (*Le Nouvel Observateur*, 9 juin 1980).

« *Damné foutu corniaud, idiot où tu t'es mis ? Tel pétrin... quelle lubie !* » Céline, dans *D'un château l'autre*, a décidément peint en termes vifs l'état d'abandon moral et politique que ressentaient les quelque vingt-cinq mille cinq cents collaborateurs français qui s'étaient « *retirés en Allemagne* » après la libération de notre pays : ils séjournèrent outre-Rhin pendant les neuf derniers mois de la guerre, d'août 1944 à avril-mai 1945. Mortelle gestation... Le résistant français de 1942 ou hongrois de 1957, dit encore Céline, se sent justifié, légitimé au regard de l'opinion publique : c'est elle qui compte à ses yeux, même s'il est vaincu, proscrit, voué au poteau. L'émigré de Sigmaringen est un paria moral, intimement désintégré : il se sait haï de tous, mis en quarantaine par ceux-là mêmes qui trois ans plus tôt se réclamaient de lui : ils sympathisaient alors, de près ou de loin, avec la cause collaboratrice.

Après l'épopée célinienne, il fallait que la prose d'un historien, fouilleur d'archives, vienne établir ou rétablir la matérialité des faits de cet exode : elle fut bousculée par l'écrivain génial mais odieux antisémite qu'était devenu pendant la guerre l'auteur de *Mort à crédit*. Henry Rousseau s'est chargé de cette tâche pédestre. Avec lui, dans ce livre, nous parcourons les nombreux étages du château baroque des Hohenzollern à Sigmaringen : là « marinent » les Français qui ont fui loin de de Gaulle et des siens. Pétain et Laval, en grève de gouvernement, plus ou moins perlée, font figure, au château, de prisonniers potiches, détenus dans une captivité dorée par l'État allemand. Les réalités du « pouvoir » (!) dans le quasi-néant qui l'environne, appartiennent à une commission de quelques membres : elle comprend le dangereux Brinon, « animal des ténèbres », le journaliste Luchaire, le milicien Darnand, l'intellectuel Déat, organisateur obsessionnel ; et enfin le militaire Bridoux. Même déchu, Pétain, en sa démarche, persiste à « incarner » la France, qui le rejette ; elle l'avait plébiscité (de facto) quatre années auparavant. Céline, encore : *« Pétain fut notre dernier roi de France... La stature, la majesté, tout !... : "Oh ! que vous incarnez la France, monsieur le Maréchal", le coup d'incarner est magique !... On peut dire qu'aucun homme résiste... Prenez n'importe quel bigorneau, dites-lui dans les yeux qu'il incarne !... Vous le voyez fol !... Vous l'avez à l'âme !... Il se sent plus !... Pétain qu'il incarnait la France... le seul vrai bonheur de bonheur, l'incarnement !... vous pouviez lui couper la tête : il incarnait !... »* Malgré les saints mystères de cette incarnation, la substance du régime restait diaphane : des émissions de radio, quelques journaux, une prise d'armes aux trois couleurs, çà et là, créaient l'illusion d'un décor dont personne n'était dupe. On se gargarisait de temps à autre avec la nouvelle (généralement fausse) qu'un parachutage de *« Français venus d'Allemagne »* avait été réussi dans l'Hexagone...

Pourtant, Sigmaringen n'est pas simplement la cour dérisoire d'une quelconque « grande-duchesse de Gerolstein » contaminée par le nazisme. Derrière l'incontestable émigration française de 1944-1945 (même au sens non patriotique du mot « français »), des forces réelles s'individualisent. Et d'abord : quelques milliers d'hommes de la Milice, à force d'ingéniosité, de courage désespéré... et de hold-up, ont réussi derrière Darnand à passer la frontière du Rhin. Plus sérieux est le noyau dur du Parti populaire français ; caricature et miniature d'appareil, ex-communiste, le P.P.F. s'est imprégné d'idées nationales-socialistes. Il existe à travers son chef,

Jacques Doriot, auquel Henry Rousseau ne dénie point le talent, la capacité, l'énergie. Les succès momentanés de l'offensive allemande dans les Ardennes, pendant le dernier hiver du conflit, donnent même au « grand Jacques » l'auréole éventuelle d'un gauleiter : il pourrait bien, sait-on jamais, gouverner un jour la France, reconquise par ses voisins de l'Est. D'où l'attitude ambivalente de Doriot à l'égard des hitlériens, en cette époque : il pratique à leur usage tantôt la courbette, tantôt la vigoureuse protestation d'indépendance nationale.

Le « gouvernement » fantoche de Fernand de Brinon, dont l'Allemagne paie les « fins de mois » et même les mois tout entiers, s'escrime à imiter les gaullistes exilés de 1940 ; il voudrait aussi compter sur les presque deux millions de Français qui font un séjour forcé outre-Rhin (parmi eux, 1 300 000 prisonniers de guerre et 650 000 « déplacés » du S.T.O.). Brinon et Déat, bien sûr, n'envisagent pas de s'appuyer sur nos concitoyens déportés dans les camps ! Deux millions d'individus — soit l'équivalent d'une grande ville de France ou d'une nation onusienne de notre temps — pouvaient-ils former une masse de manœuvre qui serait disponible aux doriotistes ou aux miliciens de Darnand ou aux hommes de Sigmaringen ? Pétain lui-même, malgré son effacement volontaire, ne dédaigne pas de se préoccuper, en 1944-1945, de ses innombrables compatriotes transplantés de force en Allemagne. Quelques fonctionnaires rescapés de Vichy et plus ou moins bien intentionnés essaient, sous le contrôle des hommes du IIIe Reich, de gérer au jour le jour la masse humaine des prisonniers et S.T.O. Les mauvais bergers, d'autre part, envisagent de manipuler ladite masse, pour y former le noyau d'une nouvelle armée « française » ; à côté de la Wehrmacht et des S.S., elle participerait à la « libération » de notre territoire national.

Ces jeux de petits princes ne dureront guère. Le palais des Hohenzollern, au printemps de 1945, n'est plus qu'un château de cartes. Tout va s'effondrer en quelques semaines. Doriot est tué dans son véhicule en des circonstances assez mystérieuses, lors d'une attaque aérienne. Les armées françaises et américaines capturent les derniers fantômes de la collaboration ; ou bien elles les refoulent vers la Suisse, l'Italie, l'Espagne... Déat restera clandestin jusqu'à sa mort. Luchaire, Laval, Brinon et d'autres seront fusillés :

on se demande du reste, avec curiosité, ce qu'auraient souhaité à leur propos les très nombreuses personnes qui, à gauche et à droite, se prononcent aujourd'hui contre le principe même de la peine capitale.

L'ouvrage d'Henry Rousseau est encombré d'interminables dialogues ; ils dramatisent artificiellement, à partir de dossiers exacts et fort bien explorés, une situation qui, par elle-même, était suffisamment tragique.

Tel quel, malgré ses scories, ce livre est documenté de première main. Des sentiments qui ne sont pas entièrement dénués de sadisme font qu'on se complaît dans cette lecture comme si l'on assistait à une corrida. On aperçoit des hommes qui, sur le tard, malgré eux, doivent aller jusqu'au bout d'un choix que d'abord, sauf cas spéciaux, ils avaient fait librement. Mais l'option collaboratrice finit par les tenir enchaînés. Ils se retrouvent en 1945, le dos au mur, n'ayant même plus pour eux leur conscience. Les coupables entraînent en leur compagnie bien des victimes : des femmes, filles, mères ou épouses de miliciens, par amour, ont simplement suivi leurs hommes jusqu'en pays germanique ; des bébés nés d'émigrés périssent victimes de la mortalité infantile qu'engendre l'incurie, souvent volontaire, que manifestent à l'égard de ces petits Français les autorités allemandes. L'hostilité au communisme soviétique animait de nombreux exilés ; elle avait des fondements réels (c'était l'époque où régnait Staline, tyran tout aussi démoniaque que Hitler, et déjà connu comme tel par ceux qui voulaient s'informer). Mais cette hostilité à l'égard de l'U.R.S.S. ne pouvait, *en aucun cas,* justifier un ralliement intrinsèquement pervers au nazisme. Certains, parmi ces Français perdus, ont assumé leur destin jusqu'au bout. Ceux qui réchappèrent du piège parfait qui les avait coincés quelque temps restèrent parfois fanatiques d'une cause abolie. D'autres furent graduellement gagnés par un scepticisme compréhensible...

IDÉOLOGIES ET POLITIQUE

Hier aux ordres de demain

Jean CHESNEAUX, *Du Passé faisons table rase ?*, Paris, Éd. Maspero, 1976, 192 p. (*Le Monde,* 14 mai 1976).

Éminent spécialiste de l'histoire chinoise, Jean Chesneaux fait partie du petit carré de l'ultra-gauche : bataillon sacré d'irréductibles ! Ils demeurent fidèles aux grandes idées de leur jeunesse ; même quand elles sont repeintes, rajeunies, « sinisées » pour la circonstance. Le pamphlet que Chesneaux, professeur à Jussieu, vient de publier chez Maspero sur l'histoire, affirme avec une hauteur gaullienne, à travers d'inévitables tournants, cette fidélité têtue : elle s'étend parfois jusqu'aux thèses de l'*agit-prop*. Rarement on aura poussé si loin, par-delà de possibles évolutions en « spirale », la continuité dans la fermeture.

L'ouvrage de Chesneaux n'est pas dépourvu d'aspects séduisants. On y trouve quelques critiques spirituelles, et qui font mouche, contre telle ou telle de nos grandes institutions nationales (Comité consultatif des universités, P.C.F., etc.). La satire y est assez dure, aussi, contre les tendances antihistoriennes (quant aux programmes scolaires) des technocrates et des géographes qui nous gouvernent. J'avoue avoir été sensible enfin, en lisant ce *Du passé faisons table rase ?*, à certaines coquetteries de l'auteur : écrivain qui se veut révolutionnaire, Chesneaux considère en effet qu'un véritable ouvrage militant, comme le sien, se devrait d'être anonyme ; et cela pour mieux exprimer la poussée *collective* de la masse du prolétariat, des intellectuels agissants, etc. Alors, *signerai-je, signerai-je pas* mon *œuvre* ? se demande-t-il. Finalement, il se résout à signer le livre (comme tout le monde).

L'essentiel, bien sûr, n'est pas là. Chesneaux nous conduit jusqu'à son projet de base. Il commence, sage précaution, par traiter de flics ceux de ses critiques éventuels qui, par leurs écrits, pourront écorcher son *ego*. Les dégustateurs reconnaîtront dans cette expression peu amène l'inimitable style *maison* du début des années 1950, daté comme un millésime, et vieilli en fût. Bagatelles que tout cela. Surgit, vite, l'affirmation cardinale, que je résume : le passé n'existe pas, comme tel. Le titre le dit clairement : *Du passé faisons table rase ?...* Autrement dit, ce diable de passé ne prend existence ou consistance que dans la mesure où il se raccroche au présent, aux tâches révolutionnaires du jour. Mais après tout certaines personnes, répondra-t-on à l'auteur, se sentent concernées par l'histoire, tout en restant sceptiques sur la tâche révolutionnaire... Eh bien, tant pis pour elles ! Et tant mieux pour la révolution.

Chesneaux va donc beaucoup plus loin que Febvre et que Bloch : ils voulaient simplement, eux, expliquer le présent par le passé. Plus loin aussi que ceux qui (comme nous tous) reconnaissent que les problèmes *actuels* suscitent, à chaque minute, de nouvelles interrogations sur l'histoire. Il est exact, et notre auteur le souligne fort bien, que tout livre rédigé aujourd'hui sur « *la femme celte* dans la période gauloise » dérive nécessairement de l'intérêt que porte *notre* époque aux problèmes féminins en général, et au féminisme en particulier. Jusqu'à ce point, les remarques de Chesneaux sont donc fort admissibles. Encore qu'il existe des trouvailles historiques, de première grandeur, qui ne doivent rien aux besoins réels de l'actualité. Même quand elles sont portées en avant par telle ou telle mode passéiste (l'égyptomanie), et par telle expédition armée (Bonaparte, au Caire). Je pense bien sûr aux géniales découvertes de Champollion. Et je pense aussi, de nos jours, à l'exhumation toute récente de milliers de tablettes sémitiques et cunéiformes, qui témoignent sur un très ancien royaume en Orient. Au fait : ce royaume, quelle « tâche révolutionnaire actuelle » pourrait bien justifier sa résurrection historique ? On se le demande. Faut-il ordonner alors, aux archéologues, de jeter ces tablettes à la poubelle, comme non situées dans notre présent ?

Car Chesneaux pousse jusqu'aux extrêmes l'escalade du terrorisme intellectuel : il exige que l'historien, hors de toute préoccupation désintéressée, soit attelé, dans le cadre de sa spécialité, aux besognes militantes du Jour d'aujourd'hui, et du Lendemain qui chantera : l'intellectuel chinois devra donc travailler sur l'idéologie ancienne du Céleste empire, afin de mieux critiquer le confucianisme, qui a le malheur de déplaire (pour le moment), aux gouvernants de Pékin. Le Breton Du Guesclin, à la lumière des derniers développements du nationalisme breton, sera désormais présenté, par Clio, comme le collabo des rois de France. Quant à Dario Fo, comédien d'Italie, au demeurant fort sympathique, on lui décernera, au vu du livre de Chesneaux, le titre de « meilleur médiéviste vivant » : n'a-t-il pas tiré d'anciens manuscrits médiévaux avec beaucoup de succès des pièces théâtrales qui attaquent l'ordre établi ? On alléguera, en riposte à Chesneaux, que les médiévistes professionnels, depuis vingt ans, avec ou sans ordinateur, ont beaucoup fouillé, découvert, écrit, sur la même période... ; mais ces recherches ne sauraient, si l'on suit notre auteur, que faire pâle figure, à côté des galéjades (du reste excellentes) de Dario Fo. À la limite, ce *Du passé...* finit par sombrer dans des simplicités presque hilarantes : en trois coups de cuiller à pot, par exemple, l'histoire occitane est « dite » par ses soins : « Cathares », « Camisards », « grèves *(sic)* de 1907 ». (En fait, cher professeur, 1907 est une révolte de vignerons, beaucoup plus qu'une « grève ».) Il me semble quand même que les Occitans méritaient mieux que cette mutilante abréviation de leurs ancêtres !

Signant son propre acte de décès, et le nôtre, en tant qu'historien, Chesneaux déclare froidement (p. 176) que le militant seul *(sic)*, et non le chercheur, peut comprendre historiquement, dans l'action, un mouvement révolutionnaire. (Au fait, quand tous les militants d'une certaine époque seront morts, comment procéderont les *chercheurs* pour étudier les révolutions survenues pendant cette période ?)

Que le militant dispose de lumières précieuses sur sa propre conduite, je n'en doute pas. Mais que l'intellectuel doive se coucher totalement devant l'homme d'action, abdiquer sa faculté spécifique de réflexion, voilà qui est incroyable. Il semblerait qu'on soit revenu aux années 1949-1952, au cours desquelles un historien membre du « Parti » ne pouvait publier une histoire des luttes ouvrières sans demander d'abord l'estampille des dirigeants. Le fantôme de Jdanov, discrètement évoqué par Chesneaux, plane sur des aphorismes de ce genre, tout comme il rôde à nouveau de nos jours (en un contexte différent, je l'admets) parmi les colonnes de la *Pravda*.

On me dira que tout cela est pardonnable ; et que le brûlot, lancé par le professeur de Jussieu sur les eaux de la politique et de la mode parisiennes, est sans conséquence. Il est vrai que Chesneaux, et c'est une bonne excuse, a la foi ; il a déboulonné Staline pour mieux reboulonner Mao. *Mao,* il n'a que ce mot à la bouche, dès lors qu'il s'agit d'orienter la boussole qui trace l'inéluctable route, depuis notre passé historique jusqu'à l'avenir lumineux, socialiste. Le moindre truisme, propos de table ou d'après-boire, échappé de la bouche du brave président pékinois (dont je ne nie certes pas la grandeur), devient parole d'Évangile dans ce *Du Passé...* Mais la foi, comme on dit, n'est pas la bonne foi : il n'est pas très correct d'annexer Victor Serge, qui lutta courageusement contre les totalitarismes, à la cause dictatoriale (qu'il avait si brièvement embrassée) de la politisation de « l'histoire prolétarienne ». Il est un peu simple de nous présenter le *Cambodge socialiste* (p. 150) comme le pays avancé par excellence, à l'heure même où des journalistes dignes de foi, comme Jean Lacouture, constatent honnêtement l'« horreur » et l'« épouvante » de ce qui s'est passé dans ce petit pays. Et j'avoue que l'éloge, même mitigé, d'Amin Dada par Chesneaux m'a laissé rêveur.

Certes, il s'agit d'un livre d'humeur. Moitié boy-scout, moitié bon maître, Jean Chesneaux a ses bêtes noires (qui n'a pas les siennes ?). Parmi elles, la revue d'histoire *Annales, Le Nouvel Observateur,* le bon vieil ordinateur, l'histoire quantitative (valable tout au plus pour compter les morts de 1914), les notes en bas de page, j'en passe et des meilleures. Armé d'un fidéisme ardent, touchant, et qui va droit au cœur, Chesneaux persiste à croire, comme historien, non pas aux progrès socialistes, possibles et souhaitables ; mais aux abstractions du socialisme du Progrès mondial (avec un grand *P*) : celui-ci étant censé poursuivre sa marche irrésistible, même en spirale. Aussi bien, si les « démocraties populaires » sont un échec, nous dit notre homme, c'est parce qu'elles n'ont pas accompli le saut qualitatif ou le Progrès décisif, encore lui, en direction du socialisme ; c'est parce qu'elles sont restées en rade, dans un régime capitaliste-bureaucratique. Le *vrai* socialisme, lui, les aurait touchées de sa grâce, et guéries de leurs maux. Ce vrai socialisme est donc l'universel grigri de l'époque contemporaine : il doit, si l'on en croit l'auteur, purger la Méditerranée de sa pollution à boues rouges, et assainir l'écologie de cette mer (malgré l'industrialisation polluante du Maghreb riverain... également assurée par le socialisme). Écologique, il rendra leur goût de terroir aux poulets et aux camemberts. Égalitaire, il fera maigrir les pays riches et engraisser les nations pauvres. Nous lui devrons même, bientôt, des historiens dignes de ce nom ; comme ceux que, paraît-il, est en train de nous concocter la Chine populaire...

Résurgences bizarres

Robert DE HERTE, « L'ethnographie musicale », *Nouvelle École,* Paris, Éd. Copernic, n° 31-32, 1979, pp. 62-69 (*Le Nouvel Observateur,* 16 juillet 1979).

Le numéro 31-32, pour le printemps 1979, de la revue *Nouvelle École* est consacré comme le précédent à Richard Wagner (rappelons, d'après le générique du numéro en question, qu'Alain de Benoist est « responsable » et « metteur en page » de cette publication cependant que l'administration de l'entreprise est assurée par les éditions Copernic). Aux pages 62-69 de cette livraison wagnérienne apparaît un article signé « Robert de Herte », et consacré, nous dit-on, à « l'ethnographie musicale ». Fort bien. Mais voici qu'à la page 65, le lecteur se frotte les yeux. « Robert de Herte » déclare en effet que le don musical, comme celui des mathématiques, est l'un des plus héréditaires qui soient : sur cinq références qui sont données en note à ce propos (note 3, page 65), deux correspondent à des publications allemandes de l'époque nazie. La première, parue en 1937, est consacrée à la recherche « raciale » sur le don musical. La seconde concerne « l'hérédité des dons intellectuels » (livre paru à Berlin, en 1939). « De Herte » veut-il vraiment nous faire croire que les travaux sur la « race » dans le IIIe Reich de l'immédiat avant-guerre ont quelque chose à voir avec la science ? Pense-t-il que ses lecteurs ignorent ce qu'est l'idéologie national-socialiste, dont pas un mot n'est dit dans l'article ?

Le meilleur est encore à venir. Dans la suite de son papier, « De Herte » embraie sur le type physique des grands musiciens. Cela nous vaut une prétendue « typologie des races européennes », divisée en sept groupes : alpins, dinariques, faliques, etc., et, bien entendu, les inévitables Nordiques, d'heureuse mémoire. Les notes 6 et 8 contiennent les références bibliographiques qui sous-tendent la « typologie » mise en question. Cette fois, pour ceux qui ont des souvenirs ou un minimum de culture historique, les choses sont nettes. Ces références sont en effet au nombre de treize ; toutes, à deux exceptions près, concernent des ouvrages ou des articles de revues parus dans le Reich hitlérien entre 1933 et 1943.

Les périodiques et ouvrages cités s'appellent, notamment, *Musique et Race, Peuple et Race, Chant populaire et Race,* etc. Le mot « race » (allemand *Rasse*) et les adjectifs qui en dérivent se retrouvent pratiquement dans tous les titres de ces publications. Les deux références (sur treize) qui sont antérieures à 1933 sont probablement d'inspiration pro-nazie elles aussi, puisqu'il s'agit de revues ou d'ouvrages intitulés *Volk und Rasse* (1930), et *Musik und Rasse* (1932).

Au terme d'une longue et pesante « réflexion » sur les grands musiciens, « De Herte » recense parmi eux la composante nordique ; pour faire bonne mesure, ou pour donner le change, notre homme note aussi chez certains autres l'élément racial d'origine alpine ou dinarique. Wagner est présenté comme le presque parfait Nordique avec mélange, entre autres gentillesses, de nordique-alpin et de nordique-dinarique. On nous parle, avec révérence, de ses yeux bleus, de ses cheveux châtain clair *« avec des reflets dorés »*... Un livre sur la « Psychologie raciale des créateurs », paru à Iéna en 1942, est lourdement cité à l'appui de ces assertions. Des photos ou portraits de la famille Wagner sont mis en parallèle avec des profils de personnages qui présentent les traits de la race alpine (à droite), nordique (trônant au centre), dinarique (à gauche). Un type mixte ou nordico-dinarique est également photographié avec références au professeur Montandon, idéologue raciste qui connut une scandaleuse et « brillante » carrière dans la France occupée par la Wehrmacht. Une carte d'Europe vient à l'appui, avec (c'est, si l'on peut dire, la touche d'humour) l'Alsace-Lorraine annexée à l'Allemagne (il s'agit pourtant, d'après la légende, de l'Allemagne entre 1800 et 1849, antérieure aux annexions bismarckiennes, mais passons...).

Pour se donner les gants de l'impartialité, et pour mieux faire passer un certain bagage idéologique, « De Herte » note pour finir que, selon certains, la race alpine est plus douée que la race nordique pour le génie en musique. Il cite aussi (toujours les apparences de l'objectivité...) quelques opinions hostiles à l'explication raciste du talent musical, mais la manœuvre une fois de plus ne vise qu'à dédouaner une bibliographie véreuse : ces opinions sont en effet tirées dans deux cas sur quatre des publications intitulées *Peuple et Race* et *Musique et Race,* et les quatre références citées surgissent de périodiques ou ouvrages allemands qui sont datés des premières années du gouvernement d'Adolf Hitler. Il s'agit toujours de donner un certificat d'honorabilité à une « littérature » qui, jusqu'à M. « De Herte », était tenue pour intellectuellement inexistante et moralement néfaste.

Qui est « Robert de Herte » ? La question est importante puisque cette personne essaie pour la première fois en France de réhabiliter officiellement la pseudo-« science » du racisme allemand des années 1933-1945. Dans un numéro récent du journal *Retour* (p. 14), Michèle Savary présente à ce propos quelques suggestions qui ne manquent pas d'intérêt. Sont-elles exactes ? Notons en tout cas que « Robert de Herte » est également l'éditorialiste de la revue *Éléments,* explicitement liée au G.R.E.C.E., organisme bien connu de la nouvelle droite.

Un précurseur des théories racistes

Jean BOISSEL, *Victor Courtet (1813-1867), premier théoricien de la hiérarchie des races,* Paris, Presses Universitaires de France, 1972, 228 p. (*Le Monde,* 12 juillet 1973).

L'ancêtre du racisme, au regard d'une histoire des anthropologies, même délirantes ? Mais, voyons, c'est Gobineau, diront la plupart des gens. Grave erreur, répond Jean Boissel, qui a investi bien des années de sa vie dans une recherche sur Gobineau. Le véritable ancêtre, c'est Courtet de l'Isle : ce Provençal, né en Vaucluse, était un Méditerranéen de la plus belle eau. Il s'était fait pourtant, non sans paradoxe, l'apologiste des grands Germains à chevelure blonde, qualifiés par lui d'*huile des nations*. La vie de Courtet, minutieusement décrite par Boissel, est fort prosaïque : ce Méridional d'origine, patron d'industrie, devenu saint-simonien, passe la plus grande partie de son existence entre Paris — où il participe aux travaux de la Société d'ethnographie — et le Vaucluse, où ses ouvriers dévident les cocons des vers à soie, et creusent d'utiles canaux dans le Bas-Rhône. Passionnante, en revanche — et fort dangereuse à long terme —, est la synthèse intellectuelle que concocte Courtet : elle sera plagiée par Gobineau, lui-même pillé par les précurseurs d'Adolf Hitler, qui insuffleront en outre, dans les élucubrations des deux Français, un antisémitisme qui ne s'y trouvait point.

Courtet, comme beaucoup de romantiques, croit à la nature naturante et à la vie, beaucoup plus qu'à l'influence des milieux et des climats. Il tirera donc ses théories sur la supériorité raciale de la botanique de Linné, ou de la zoologie de Buffon. Pour Courtet, comme pour les hommes du XVIIIe siècle, l'homme noir se situe à la moitié du chemin, entre l'orang-outang et l'homme blanc : ces balivernes s'appuient sur un esthétisme néo-classique ; un roi noir d'Afrique, déclare à peu près notre auteur, ne saurait avoir *« les nobles proportions de Charlemagne, ni l'intelligente régularité des traits de Napoléon »*.

Après la zoologie, la seconde source de la pensée de l'anthropologue du Vaucluse, c'est l'indianisme : la méditation sur la hiérarchie des castes dans l'Inde, telles que les faisaient connaître les premiers ouvrages des spécialistes du temps, débouche, tout naturellement chez Courtet comme chez Gobineau, sur une justification du discriminant racial, en vertu de la discutable équation : race égale caste. Le racisme naît ainsi pour son propre compte avec les premiers vagissements de la linguistique comparée et de l'ethnographie indienne.

Mais l'histoire aussi doit battre sa coulpe, puisqu'elle constitue la « troisième fontaine » à laquelle s'abreuve Courtet, décidément insatiable : Boulainvilliers et Montesquieu au XVIIIe siècle, puis Augustin Thierry, à l'âge romantique, avaient présenté les Germains qui s'emparèrent de la Gaule comme les ancêtres des féodaux et des nobles : la supériorité raciale de ceux-ci, pense Victor Courtet, n'est donc plus à démontrer ! *« Le poing musculeux du Germain,* déclare-t-il, *a écrasé à juste titre le crâne du Romain, avor-*

ton vaniteux et misérable. » Apparemment, Courtet approuvait fort cette désintégration des cerveaux gallo-romains par le bras de fer des races supérieures.

N'allons pas, pourtant, charger Courtet de tous les péchés du racisme, avec ses conséquences au XXe siècle. D'abord, Courtet — tout comme Gobineau — n'est jamais effleuré par l'antisémitisme, lequel constitue l'apport privilégié des pangermanistes et des nazis dans la « marmite de sorcière » des idées racistes. En second lieu, si Gobineau, qui voit dans le mélange des races le présage fatal de la décadence, s'est fait le « docteur Tant Pis » du racisme, Courtet, lui, en est le « docteur Tant Mieux » : les brassages interraciaux ne constituent pas, en effet, aux yeux de ce publiciste, des facteurs de dégénérescence ; bien au contraire, ils représentent un moyen de régénérer les classes inférieures, et de révolutionner dans les meilleurs délais la société.

Voilà pourquoi Courtet, jouxtant plus que jamais les paradoxes, est un chaud partisan de la Révolution française, puisque, selon lui, elle mélange les sangs, détruit les castes et fait triompher l'égalité ! *« Vive le métissage ! »* s'écrie notre auteur, qui, du coup, se fait traiter de communiste quand il se présente comme candidat aux élections dans le Vaucluse...

Sachons donc gré à Jean Boissel, en attendant le grand livre qu'il nous doit sur les origines intellectuelles du racisme, d'avoir tiré d'un total oubli le farfelu médiocre et déroutant qu'était Courtet de l'Isle. Médiocre, certes, mais important quand même, du fait des retombées proches, et surtout lointaines, de son œuvre. Jean Boissel a su montrer, avec sa mesure et sa discrétion de grand érudit, les dangers qui guettaient quelquefois, dès le siècle dernier, une anthropologie devenue folle.

Ethnologie et racisme :
Arthur de Gobineau

Jean Boissel, *Gobineau, l'Orient et l'Iran*, vol. I, Paris, Éd. Klincksieck, 1974, 476 p. (*Le Monde*, 10 mai 1974).

Officier légitimiste, le père d'Arthur de Gobineau a « brisé son épée » en 1830 pour ne pas servir l'armée de la monarchie bourgeoise. Quant à la mère d'Arthur, elle a commis le « péché d'inconduite » avec le précepteur de ses enfants. Double humiliation pour le jeune écrivain auquel Jean Boissel consacre le volume initial de sa thèse. Et double fascination : envers la noblesse héréditaire d'abord ; Gobineau fera tout pour s'y agréger, par le raccord d'une particule « de », à demi-authentique, et par l'usurpation d'un titre de comte. Fascination aussi pour l'Asie, pour l'Orient : dès sa dix-huitième année, Gobineau pense, et il le pensera toute sa vie, que l'Est l'emporte sur l'Ouest.

Touche-à-tout, apprenant toutes les langues, orientales et occidentales, Gobineau, en tout cas, possédera parfaitement la sienne, la langue française, qu'il écrit à ravir aussi longtemps qu'il ne trousse pas d'effroyables alexandrins. Rastignac manqué, le jeune homme a vite fait de détester la capitale, à défaut d'y réussir. Il se veut donc très tôt paysan de Paris. Dans son exécrable *Chronique rimée* de la révolte des Chouans, et dans ses vers sur *Manfredine*, il exalte les vertus simples du rural et celles du gentilhomme campagnard ; il s'extasie sur le féodalisme rural, par opposition à la décrépitude des cités, que hantent les notables urbains, *buffles ruminants dans les marais*.

Dès cette époque, Gobineau se prépare à lever le drapeau bleu-blanc-blond (yeux bleus, peau blanche, cheveux blonds), propre à la race germanique et aux Vikings. Il se veut lui aussi, par moments, descendant noble des fauves humains à crinière blonde, venus jadis du Nord et de l'Est. Contre la canaille et la populace des villes, notre auteur exalte les vertus libres et démocratiques de la barbarie. Contre Paris qui est la Babylone moderne, le jeune et pauvre provincial, employé du gaz en ses jeunes années, revendique la campagne française où il se garde pourtant de s'enraciner. Bientôt, il exaltera l'image fictive, proposée en modèle, de l'Aryen libéral et décentralisateur.

Idéologies et politique

En 1853, avec le fameux *Essai sur l'inégalité des races humaines,* d'admirable écriture, de divagante métaphysique et de fâcheuse postérité, le noble Arthur théorise le racisme. Les linguistes du précédent demi-siècle avaient lentement exhumé les Indo-Européens ; et déjà l'anthropologie de l'époque avait accumulé, autour de ce noyau rationnel, théories les plus délirantes sur la prétendue supériorité, ethnique ou raciale, des grands *Aryens* blonds ; ces théories sont tellement « persuasives » qu'elles finissent par influencer Renan, Karl Marx en ses lettres privées, et même l'israélite allemand Walter Rathenau[1] qui, quelques années avant d'être assassiné par des fanatiques, jugera bon de s'excuser d'être juif !

Gobineau dans cet *Essai* n'y va pas par quatre chemins. Théoricien de la mort de l'homme, il proclame la fin proche de notre espèce, victime des métissages, d'ici à quelques millénaires. Il revendique la fusion de l'ethnologie et de l'histoire, au creuset d'une discipline unique, qui eût été féconde si, dans le cas précis de l'auteur de l'*Essai,* elle n'avait été d'abord fabulatrice.

Gob (comme l'écrit Jean Boissel, tellement familier avec son sujet, qu'il finit par abréger le nom de l'écrivain), *Gob* donc situe dans la Haute-Asie « altaïque » le berceau de toute civilisation. C'est de là que, coincés entre les Jaunes « mongols » au nord, et les Noirs « mélaniens » au sud, les Blancs ont pris leur envol : d'abord les Chamites, puis les Sémites ; et enfin les Aryens-Germains, pour clore le défilé. Très vite Chamites et Sémites se sont fondus avec la race noire dont l'un des « nids » primitifs est situé dans l'Inde. Ils y ont perdu leurs qualités naturelles ; ils se sont abâtardis ; ils ont acquis pourtant, à partir des chromosomes « mélaniens », un certain sens de la jouissance et le goût de la musique que Gobineau, bon prince, veut bien concéder aux peuples noirs. Seuls échappent à ce naufrage sémitique les Juifs. Car l'auteur de l'*Essai* (sympathique paradoxe d'une pensée qui sera récupérée « bon gré mal gré » dans l'hitlérisme) est israélophile. Et, qui plus est, précurseur vague d'un certain sionisme.

Les dernières invasions, celles des Germains, descendent, à leur tour, du perchoir primitif de la Haute-Asie. Elles civiliseront notre Europe, dit Gobineau. Cette supériorité n'aura qu'un temps. Dévorée par le métissage, par le péril noir en Méditerranée (!) et par la

---

1. Voir Léon POLIAKOF, le *Mythe aryen* (Calmann-Lévy), 1971.

pourriture bourgeoise à Paris, la prestigieuse Europe n'empêchera pas l'humanité, bien au contraire, de courir à son inévitable extinction...

Pensée déraisonnable, en style superbement cadencé. Inoffensive pourtant, dans ces années-là. Non dénuée d'intuitions, parfois géniales. Mais très meurtrière, en différé, de par ses lointaines implications ; celles-ci ne furent en rien voulues par Gobineau ; et pourtant, on ne peut pas non plus proclamer l'innocence totale, à long terme, de ce personnage, ennemi des « Rouges ».

Il se trouve que l'*Essai* n'est pas le dernier mot de son auteur. Jean Boissel montre, dans la seconde partie de son livre, comment Gobineau mûrissant, devenu diplomate, prend contact (après 1853) avec l'Asie de ses rêves, qu'il ne connaissait jusqu'alors que par ouï-dire. Dès lors, les conceptions de l'écrivain devenu voyageur s'infléchissent. L'Asie de l'*Essai* privilégiait des Germains de tragédie, sortis tout droit des imaginations gobiniennes ; elle fait place, chez le même écrivain, après l'expérience vécue, à un « Orient second », plus œcuménique : une fois sur place et mis au pied du mur, Gobineau aimera cette Asie des bergers, des nomades, des paysans, chouans à peau brune ; leur noirceur d'épiderme désormais ne sera plus, à ses yeux, motif de dépréciation ou de mépris. Ainsi se dessine et se prépare le Gobineau de la grande époque, celui des *Pléiades* et des *Nouvelles asiatiques*.

Un « marxisme » pour le Tiers Monde ?

Samir AMIN, *Classe et nation dans l'histoire et la crise contemporaine*, Paris, Éd. de Minuit (Coll. « Arguments »), 1979, 263 p. (*Le Monde*, 29 décembre 1979).

Le marxisme était bâti, au départ, sur des concepts européocentriques tels que « lutte des classes », et « révolution sociale ». Il s'agit donc, pour Samir Amin, de donner à cette doctrine son assise planétaire à l'heure des luttes nationales et du conflit Nord-Sud. À l'heure où se pose le problème d'un partage plus équitable des richesses et des matières premières entre nations prolétaires (Sud), et « nations nanties » (Europe occidentale, voire Japon, U.S.A., éventuellement U.R.S.S., etc.).

Samir Amin, pour justifier son propos, se réfère à une philosophie globale de l'histoire. Selon lui, presque tous les groupes humains sont passés, jadis, ou passeront par les stades successifs de la société « tributaire », puis capitaliste, puis socialiste. Un mode de production *étatique,* au terme de l'Histoire, est identifié à l'U.R.S.S. : il diffère profondément du « vrai » socialisme. L'un des stades initiaux, postérieurement au « communisme primitif », est précisément qualifié de *tributaire,* il implique en effet le versement d'un « tribut » aux détenteurs du pouvoir, ceux-ci pouvant être despotes orientaux, seigneurs féodaux du Moyen Âge, propriétaires d'esclaves, etc. Notons au passage que l'auteur, avec raison, ne croit pas à la *spécificité* d'un mode de production esclavagiste, de type hellénique ou romain.

Samir Amin considère que le modèle achevé de la société « tributaire » fut réalisé par la Chine impériale ou, mieux encore, par l'Égypte pharaonique. Le féodalisme européen, dont sortiront le capitalisme et toute la civilisation moderne de type occidental, est présenté par notre auteur comme un mode de production plus arriéré que ceux de Chine ou d'Égypte. Les attendus de ce jugement laissent rêveur : parmi les « preuves » de cette « arriération » européenne du XIIe siècle figurent en effet des données que les historiens avaient jusqu'à présent considérées comme garantes d'un progrès certain ; et par exemple, le maintien des « libertés » féodales (p. 102 du livre), par contraste avec le despotisme plus achevé ou plus « parfait » des pharaons ; le fait aussi que le catholicisme, qui diffère en cela des théocraties impériales de Byzance ou de l'Égypte ancienne, n'est jamais devenu (Dieu merci !) une totale idéologie de l'État (p. 82), malgré les efforts de certains papes ; le fait enfin que l'Europe, à la différence de la Chine, a eu l'idée, selon moi heureuse, de ne pas se métamorphoser en un Empire unique et donc étouffant (p. 102). On a parfois l'impression que le mode de production « tributaire », d'après les présuppositions implicites de Samir Amin, « se doit » d'être impérialiste, théocratique et antilibéral... Ce n'est pourtant pas le cas de notre Moyen Âge, qui n'en devient pas pour autant plus « sous-développé » ou plus « rétrograde » que telle ou telle autre civilisation respectable, attestée sur la planète en l'an mil. Il est vrai que l'auteur part presque uniquement des travaux marxistes. Les recherches d'historiens comme Dumézil et Braudel lui demeurent inconnues ; elles dissiperaient pourtant le mythe du primitivisme des « Germains » du Ve siècle ou des « Médiévaux » du XIIIe. Puisque aussi bien ces deux groupes d'hommes se caractérisaient les uns au Ve siècle par une idéologie raffinée (celle des « trois fonctions » chères à Dumézil[1]) ; les autres, au XIIIe siècle, par l'utilisation de sources d'énergie (cheval, bois, marine à voile, moulin, etc.) bien plus abondantes que celles dont disposaient, par tête d'habitant, les Chinois, si sophistiqués que soient ceux-ci.

Sur le XXe siècle du Tiers Monde, la pensée de l'auteur s'inspire d'un marxisme qui reste orthodoxe, au point de refuser, à l'exemple de Marx en personne, les leçons de la démographie. Le vaste et déplorable chômage, dont souffrent les populations d'Asie, d'Afrique et d'Amérique latine, est présenté par Samir Amin comme un effet du capitalisme américano-européen (p. 164), sans que jamais soient évoquées les conséquences en fait tragiques d'une démographie explosive : elle contribue pourtant, de son côté, à multiplier les chômeurs sous les Tropiques.

Foin de la démographie, donc. Foin aussi de la religion. Les cinq grandes religions (christianisme, islam, hindouisme, bouddhisme, confucianisme) sont présentées de façon parfaitement simpliste (p. 59) comme des idéologies de l'« extraction du surplus », au moyen d'une exploitation de l'homme par l'homme. Quant aux hérésies anciennes, les voilà réduites au rôle d'humbles servantes de la lutte des classes (p. 60). Ce réductionnisme va très loin : les différences pourtant profondes qui séparent l'Italie catholique de l'Égypte et de la Turquie musulmanes, au XIXe siècle, sont quasiment escamotées (p. 115). Max Weber, qui étudia l'influence positive qu'avait exercée la doctrine de Calvin sur le développement du capitalisme, est dédaigneusement « mis sur la touche » par Samir Amin (p. 182). Quant à la sujétion dont souffrent les femmes, elle diffère beaucoup selon les grandes religions (parmi lesquelles l'islam) qui couvrent l'Ancien continent ; or, elle est simplement qualifiée, en termes vagues, de « défaite historique » du second sexe (p. 50).

On attend l'auteur, c'est inévitable étant donné son sujet, sur la

---

1. Voir les travaux de Georges Dumézil sur l'idéologie des trois fonctions (prêtres, guerriers et paysans), communes aux divers peuples indo-européens, de l'Inde à l'Irlande.

question paysanne : sa position à ce propos est capitale, puisqu'il ne cache pas son hostilité aux actuels dirigeants russes, ni sa sympathie pour le maoïsme. Et pourtant... son aversion réitérée (pp. 76, 95...) pour les *koulaks* qui sont les paysans riches, ou soi-disant riches, est digne des plus contestables traditions de l'offensive antipaysanne dans la Russie des années 1930. Responsable, à Dakar, d'un Institut pour le Développement, Samir Amin n'en persiste pas moins à prôner les vertus de la collectivisation agricole (p. 154) ; or les résultats meurtriers puis désastreux de cette entreprise ont principalement concouru à enrichir les fermiers américains, qui sont appelés de façon régulière à combler les déficits céréaliers de l'U.R.S.S. kolkhosienne. Fait encore plus étonnant, puisqu'il s'agit d'une pensée qui se veut légitimement « tiers mondiste », l'auteur de ce livre (pp. 61, 98, etc.) considère que la paysannerie de jadis ne pouvait lutter que comme masse de manœuvre au service de la bourgeoisie. Cette sévérité ne s'atténue qu'à propos des Tchèques (p. 108) pourtant si industrialisés : ils sont bizarrement qualifiés de « nation paysanne » (?) au moment de leur transition vers le « socialisme », en 1948. Quand la paysannerie agit (rarement !) de façon indépendante, elle ne peut produire, dit dédaigneusement l'auteur qui fait fi de l'expérience historique, qu'un « millénarisme religieux » (p. 94).

Tout cela culmine dans une certaine conception de l'idéologie : l'auteur refuse résolument l'objectivité du savoir (p. 13) comme porteuse d'immobilisme social. Il récuse également l'érudition, parce qu'elle s'écarte du marxisme (p. 64). Cet éloge implicite de l'antisavoir s'accompagne de quelques « perles ». On nous dit par exemple (p. 91) que c'est la monoculture du blé qui a produit l'anéantissement de l'État polonais. De mauvaises langues pensaient pourtant que la Prusse, la Russie et l'Autriche étaient responsables de cet effacement de la nation polonaise, au XVIII siècle. La tyrannie d'un certain langage aboutit à des propositions idéologiquement « correctes » mais historiquement vides de sens. Ainsi (p. 88), « c'est la lutte des *bourgeois urbains marchands* contre les féodaux qui donne naissance aux manufactures ». La proposition pertinente serait bien sûr que les bourgeois luttent parfois contre les féodaux (A) et créent éventuellement des manufactures (B), sans qu'il y ait un lien nécessaire de A à B.

Ces gentillesses sont accompagnées de petites révérences aux mânes de Staline (pp. 111, 145, etc.). N'insistons pas non plus sur l'incroyable phrase, dictée par une idéologie sans entrailles, qui nous parle (p. 144) de la « victoire du peuple cambodgien en 1975 ». Et notons pour finir certaines équivalences simplifiantes : on nous explique (p. 97) que le prolétariat allemand, battu en 1933, n'est pas réapparu en 1945 sur la scène politique. Chacun sait pourtant que les syndicats ouvriers et les socialistes jouent un rôle éminent outre-Rhin depuis 1945, mais ils sont marqués, terme péjoratif pour notre auteur, par le social-démocratisme (p. 37) ; ils ne portent donc pas, selon *Classe et nation,* l'estampille magique du « prolétariat ». On regrettera pour finir que Samir Amin ait prodigué dans son livre les trésors d'une incontestable culture internationaliste au profit de thèses qui sont avant tout des postulats : elles reflètent des présuppositions toutes faites, et non pas des conclusions vérifiées.

LA MÉMOIRE MILITANTE

La Mémoire militante

Claude Roy, *Somme toute*, Paris, Éd. Gallimard, 1976, 464 p.
(*Le Nouvel Observateur*, 17 mai 1976).

« *Ce fou que je fus...* » Après *Moi je* (1969), suivi de *Nous* (1972), voici maintenant *Somme toute* (1976) : Claude Roy continue l'enquête rétrospective sur lui-même et sur les siens qui fait de cette grosse partie de son œuvre un document essentiel pour une certaine France d'après la guerre, et pour une certaine gauche européenne, Est et Ouest. C'est la France, entre autres, des ex-communistes : s'ils daignaient, Roy inclus, se retrouver devant des monuments aux morts, ranimer une flamme, ou défiler par dizaines de milliers le 11-Novembre, ils pourraient constituer, toutes classes d'âge réunies, un cortège impressionnant.

Alors, dira-t-on, une fois de plus, nous sommes gratifiés d'une complainte de l'ancien stalinien, avec ses rengaines et ses rancœurs... Ce n'est pas si simple. Écrivain-né, nullement politicien de race, Claude Roy nous parle aussi de bien autre chose que de son passé militant : de sa mère, de sa tante, des Hopis. Et puis, quand cela serait... Le philosophe Henri Lefebvre avait prévu, voici vingt ans, que la déstalinisation, jamais terminée, donnerait toute une série d'œuvres importantes et d'interrogations autobiographiques. C'est que l'ancien stalinien, si insignifiant que soit d'ordinaire son « crime » individuel, est mille fois plus culpabilisé que ne le sont les ex-fascistes. Il entraîne après lui une conscience judéo-chrétienne de la honte ; elle fait de sa personne un témoin lucide, torturé, souvent irremplaçable. Voyez dans le genre, et dans le meilleur genre, le beau livre de Dominique Desanti[1], à la fois tendre et cruel pour celle qui l'a rédigé.

Une fois pour toutes, on tâchera d'être clair : l'auteur, dans cette histoire impressionniste de l'*intelligentsia* de gauche, en trois volumes, n'hésite point à *« désespérer Billancourt »* (qui, du reste, s'en moque éperdument). Roy fait grincer quelques dents, parmi celles des « compagnons de route »... Tant pis pour elles, et tant pis pour eux. L'époque des précautions oratoires est révolue pour notre auteur (pas pour tout le monde). La monarchie soviéto-communiste, à l'Est, est aujourd'hui nue. De grâce, ne la rhabillons pas. Arrière, les peintres culottiers !

Dans ce livre, il y a du « folklore » que goûteront les ethnographes et les amateurs du vieux temps : la cellule Sorbonne-Lettres des années 1950, le réseau Jeanson, l'« Appel des 121 »... Mais on y trouve, d'abord, un personnage essentiel : Aragon ; et puis quelques autres, par rapport auxquels Roy se définit, se réfléchit, comme on se regarde à la convexité d'un miroir.

On se doute que le portrait que donne Claude Roy de notre plus grand poète national, Louis Aragon, n'est pas des plus affectueux (encore qu'il y ait peut-être de l'amour dans ces façons gaillardes de griffer). Apologiste de Jdanov, de Lyssenko, calomniateur de Nizan, l'auteur pourtant génial des romans admirables que sont *Aurélien* ou *les Cloches de Bâle* se voit rappeler sans cérémonie, dans *Somme toute*, sa définition de Staline (*« Je l'ai cru le plus humain des hommes »*) ; ses premières « autocritiques », curieusement intitulées *Relire, étudier Staline* ; sa cour ; son mini-appareil d'adulateurs ; ses ministricules et sa hiérarchie de tabourets à la Saint-Simon ; son goût, peut-être soufflé par Elsa Triolet, pour la dictature littéraire, entre 1948 et 1953 ; son jeu perpétuel de masques carnavalesques, qui feront par moments de lui le *« vieux paillasse fourbu »* que dépeint sans pitié l'auteur de *Somme toute*.

La véritable autocritique d'Aragon, après 1955 ou 1960 ? Elle existe, mais ô combien feutrée, compliquée, nous dit Claude Roy. Sur ce point essentiel, il complète le beaucoup trop indulgent *Aragon*

---

1. *Les Staliniens*, Éd. Fayard.

de Pierre Daix[1]. Elle est nette, mais pour qui sait bien lire, dans *la Mise à mort* (1965), et dès 1956 dans *le Roman inachevé*. Aragon, qui écrivit ce livre, en fit donner, dans les journaux ou dans les préfaces (si l'on en croit Claude Roy), une exégèse communiste-orthodoxe par Pierre Courtade, à l'usage de son Parti ; et une exégèse non conformiste par un autre auteur, à l'usage des intellectuels non engagés ! Jeu de miroirs, habilement mené... Comprenne qui voudra. S'y retrouve qui pourra.

Roy, pourtant, excuse beaucoup le Poète qui a transformé ses *Lettres françaises,* d'abord bulletin paroissial du jdanovisme, en une gazette dans le vent (« *ce vent qui efface les traces* »). Gazette discrètement mais réellement antistalinienne, aux années 1960. Roy pardonne à l'homme, aussi, qui a dépassé les louanges de Jdanov et de Lyssenko, et qui a fait succéder à celles-ci les retentissants éloges de Philippe Sollers... et de Johnny Hallyday.

Brouillant toutes les pistes, conquérant l'âme des jeunes, l'Aragon de 1960-1970 a su, sur le tard, s'acquérir les palmes du martyre : il s'est fait courageusement insulter par la *Pravda* et critiquer par *Tel Quel*. Outrage suprême et suprême pensée : le récit du dernier dîner Aragon-Roy, où le poète aux cheveux blancs, en chemise bois de rose et cravate à six couleurs, vaticine à deux heures du matin devant un carré de bœuf au macaroni, est l'un des morceaux de bravoure de *Somme toute*. Alors, à qui la faute ? Et pourquoi cet imbuvable Aragon de l'âge mûr, du milieu du XXe siècle ? Elsa trop impérieuse ? La folie passagère du pouvoir ? L'incapacité à l'amitié ?

Le Poète, quant à ces questions, dans des entretiens orageux avec notre auteur, ne s'est déboutonné qu'à moitié. Malgré le carré de bœuf au macaroni, Claude Roy nous laisse, à ce point de vue, sur notre faim.

Par contraste, *Somme toute* se plaît à dresser la statue d'André Breton, démuni de pouvoirs et superbe en sa « démunition ». Jamais compromis avec les péripéties staliniennes. Digne et ferme, jusque dans ses lubies les plus étranges.

On trouve de tout dans *Somme toute*. Et bien au-delà du petit monde des grands écrivains ou des simples écrivassiers. Au hasard,

---

1. Éd. du Seuil, 1975.

j'épingle une rencontre avec Thorez, « *un Thorez plein de bon sens* » (trop court, hélas), sur les problèmes algériens ; pendant la conversation avec Roy, ce leader nie (à propos du P.C.F. qu'il dirige) toute influence personnelle dans ce qui se voyait pourtant, vers 1959, comme le nez au milieu de la figure. « *Le culte de Staline... l'autoculte de Thorez lui-même... l'attachement inconditionnel à l'U.R.S.S.... le gommage des photos de Marty dans* Fils du peuple, *tout cela mon cher Roy, promis, juré, dit Thorez, je n'y suis pour rien ; ce sont des erreurs techniques que la direction du Parti a commises sans mon assentiment, et que je désapprouve... Tenez, laissez-moi plutôt cueillir une rose pour que vous puissiez l'offrir à votre compagne.* » Pour un peu, Thorez dirait : « *Maurice, connais pas.* » On se doute que Roy, mis en verve, ne rate pas non plus, au passage, Georges Marchais, qui depuis... « *Les millions d'arrestations en U.R.S.S., les dizaines de milliers en Hongrie, eh bien, je vais te le dire, moi,* crie Marchais à Roy, sur le point d'être exclu de sa cellule, en 1957, *on n'en a pas arrêté assez, on n'en a pas emprisonné assez...* »

Avec une grande spontanéité apparente, qui dissimule comme il se doit un art très sûr, *Somme toute* bourlingue entre les vieux amis, les amis-ennemis, les grands personnages ou les moins grands, coudoyés, entr'aperçus. Voici Sartre, absurde et charmant (« *Roy, surtout ne quittez pas le Parti* ») ; voici Courtade, délicieusement pathétique (« *Roy, surtout ne reviens pas dans le sein du Parti* »). Annie Kriegel, ex-militante pure et dure, devenue la reine débonnaire et savante d'un château de fiches et la meilleure historienne-ethnographe sur le P.C.F. Roger Vailland, qui a tout réussi, sauf son rite de passage, l'adhésion au Parti, encore elle ; seule naïveté de ce libertin clairvoyant. Et puis d'autres : Fadeiev, écrivain soviétique, mouillé jusqu'au sommet du crâne dans les purges staliniennes ; quand tout se révéla, il eut le triste courage de se suicider. Je note au passage, et pour l'en remercier, que Claude Roy évite de décocher à l'inénarrable Kanapa de la décennie 1950 le coup de pied de l'âne qui, en effet, n'est pas son genre (le genre de Roy).

Le livre n'est pourtant pas qu'un dîner de têtes... Roy fait profession de ne point théoriser. Simple écrivain, je suis, je veux rester, laisse-t-il entendre. Néanmoins, il donne çà et là son sentiment sur le fond : l'U.R.S.S., pour Claude Roy comme pour Alain Besançon, est une *logocratie,* une tyrannie du langage, d'un langage qui a totalement décollé de la réalité. Les joies du « socialisme » de l'Est sont celles, hélas, de *« la putain qui fait semblant de jouir »*. Bien avant Staline, et dès le temps du pauvre Boukharine et de son naïf *Abécédaire du communisme*, le système faisait fausse route. Nos gauchistes, nos jeunes gens d'extrême gauche, que Claude Roy juge avec l'indulgence affectueuse du jeune homme de soixante ans qu'il est devenu, courent, eux aussi, à leurs moments perdus, après des « fantasmes stalinoïdes ». Roy, en revanche, est moins indulgent pour les calotins, pour les *« sacristains apeurés »* qui continuent à servir ou à sévir parmi divers segments de l'appareil de notre P.C.F. On a l'impression qu'il n'est pas tellement pressé de voir ce Parti occuper, dans l'éventuel gouvernement de la gauche unie, ne serait-ce que le ministère des P. et T. *A fortiori* pas celui de l'Intérieur ! Par pitié...

« Fantasmes stalinoïdes » ? Fantasmes religieux, bien sûr. Les mangeurs de curés du XIXe ou du XXe siècle ont de lourdes responsabilités là-dedans : ils ont trop bien fait leur travail. Tandis que les Églises, catholique ou orthodoxe, s'en allaient à vau-l'eau, ils ont poussé sans le savoir une partie des ex-croyants, affamés d'un nouvel opium, vers les religions séculières. Troupeau bêlant... Claude Roy pourfend ceux qu'il tient pour des cléricaux, qui ont en poche leur billet d'aller et retour d'un clergé à l'autre, et vice versa ; et qui changent d'Église comme de chemise, avec ou sans Dieu. Le bon Garaudy lui-même en prend pour son grade, malgré sa courageuse défense lors de son exclusion du P.C.F.

Au terme de ce livre, infiniment varié, Roy se juge modestement, comme homme d'écriture. Je suis un avion qui ne décolle jamais, dit-il, avec mélancolie. Un avion qui n'en finit pas de rouler sur la piste. A force de rouler, ces volumes de souvenirs nous auront fait voir bien du pays. Et pas seulement de l'herbe ou du béton.

La salamandre

Pierre DAIX, *Les Hérétiques du P.C.F.*, Paris, Éd. Laffont, 1980, 350 p. (*Le Quotidien de Paris*, 17 novembre 1980).

Le communisme de chez nous, né de notre jacobinisme, lui-même marié à la version française de l'idéologie bolchevique, tel est l'objet qui s'offre à la réflexion de Pierre Daix. Ce communisme va devenir indigène en nos frontières ; il surgit officiellement en 1920 : Lénine dédaigne l'appui, pourtant acquis d'avance, des gauchistes français de l'époque, qui eussent dû constituer l'ossature maximaliste du nouveau P.C.F. ; stratège habile, le chef soviétique décide de faire fond sur des hommes plus « modérés » ; ils représentent une forte masse de l'ancien parti socialiste ; les bolcheviks, qui l'avaient jadis stigmatisée pour de soi-disant trahisons, ne craignent pas les volte-face. Ils choisissent de s'appuyer sur le lettré Cachin, centriste, astucieux, lacrymal.

Quant au Congrès de Tours, Daix insiste sur l'inévitable myopie des ex-socialistes français devenus communistes. Il leur est impossible de comprendre les mécanismes mentaux de la nouvelle internationale léniniste : elle ne s'empare du ci-devant centre du Parti de Jaurès, que pour mieux faire éjecter ce centre par la propre gauche d'icelui, et ainsi de suite. Tactique du salami ! Elle semble tellement naturelle aux bolcheviks qu'elle leur devient une seconde nature. C'est ainsi qu'ils liquident politiquement Longuet, qui n'en revient pas. Seul Léon Blum avait senti que ses ex-camarades allaient se faire piéger dans une incassable structure, dont ils n'avaient aucune idée préconçue et contre laquelle ils se briseraient la mâchoire.

Ils avaient la langue bien pendue mais les dents fragiles. Dès les débuts, le courtois Cachin, séduisant par ses faiblesses mêmes, affiche une fascination d'intellectuel : il est séduit par la brutalité des hommes de Moscou, par leur absence totale de scrupules, par leur volonté de fer, dénuée d'éthique autre que révolutionnaire. *« Est bon ce qui est bon pour la victoire du socialisme »* (Lénine). Donc on peut tuer, mentir, pour la cause. Les fascistes puis les nazis s'inspireront de ces méthodes, à d'autres fins, et parfois dépasseront le modèle original.

Entrée en scène (dans le P.C.F.) de Boris Souvarine : il fonde en 1920 le *Bulletin communiste* ; puis, classiquement désenchanté il deviendra, dès 1930, le plus lucide des observateurs de l'U.R.S.S. Très vite, le double jeu des bolcheviks se révèle : ils esquissent un flirt à l'intention des sociaux-démocrates auxquels ils tendent « une main fraternelle » (on pense à l'« aide fraternelle » dont bénéficiera la Tchécoslovaquie en 1968). Simultanément, ils intentent un procès criminel aux socialistes-révolutionnaires, un quasi-procès de Moscou déjà, où figurent les accusations classiques et controuvées d'espionnage, mais pas encore les aveux spontanés. La Tchéka n'en était qu'à se faire la main ! Dès 1923, la direction du parti communiste de l'U.R.S.S., par l'intermédiaire de l'Internationale, tire explicitement les ficelles de notre P.C.F., sans que les historiens de cette organisation française (Robrieux et quelques autres étant mis à part) s'en soient toujours avisés. Le témoignage de Froissard en 1924 (p. 60) est irréfutable à cet égard. On voit s'instaurer un centralisme de rigueur dénommé par antiphrase « démocratique » ; Trotski le dénonce dès 1923, Souvarine le résumera en 1935 dans son génial ouvrage sur Staline où déjà tout sera dit.

D'entrée de jeu, Souvarine signale la « brutalité » spécifique de Staline, avant même que Lénine s'inquiète expressément de ce trait négatif chez celui qui deviendra le « chef génial » de l'U.R.S.S. Souvarine stigmatise aussi la déification du leader et la méthode (toujours actuelle en notre temps) qui consiste à discréditer l'opposition interne dans le parti, en accusant celle-ci de travail fractionnel. Et pourtant elle est bien faible, cette opposition ; elle est inconsistante, comme beurre au soleil... Exclu du parti, et vite détaché du « système », Souvarine cesse très tôt de nourrir des illusions sur les oppositionnels qui restent à l'intérieur des cellules. Si lucide que soit Trotski dans sa définition bureaucratique du communisme, Souvarine, dès les années 1920, va beaucoup plus loin que cet ennemi de Staline ; il affirme, lui, qu'à l'époque léninienne elle-même le bolchevisme avait déjà rompu avec les vrais principes de l'organisation socialiste. Caricaturiste fidèle à l'original, Staline prolonge les leçons de Lénine ; d'emblée, il met au premier plan la question du pouvoir, en sa nudité cynique et terrifiante. Agir ainsi, c'est suivre sans le connaître une célèbre formule de Maurras, *« Politique d'abord... »* ; à Moscou on applique celle-ci au centuple de ce qu'avait prévu le chef de l'« Action française », petit garçon décidément quand on le compare aux leaders historiques du bolchevisme.

Reste à savoir, de façon précise, comment les communistes de France se sont métamorphosés en staliniens... À ce propos, Daix évoque ce qu'il appelle le « Moyen Âge » de notre communisme hexagonal : aux années 1932-1933, les « conseillers » étrangers, désignés par l'Internationale, c'est-à-dire par Staline, régentent et « doublent », à Paris même, les dirigeants indigènes du P.C.F. Plusieurs, parmi ces « conseillers », s'illustreront ensuite dans l'Europe de l'Est ultérieurement soviétisée (ainsi Geroë, Pauker...) Thorez, lui-même, tombe sous la coupe d'un personnage remarquable nommé Fried. Ces hommes manipulent à leur guise notre P.C. et le font tirer à boulets rouges contre le parti socialiste : selon Daix, en effet, Staline, dans un rêve éveillé, avait décrété que le vrai péril pour l'Allemagne et pour le monde n'était pas Hitler, mais la social-démocratie allemande assistée par sa consœur française ; le crime inexpiable des socialistes germaniques était d'empêcher dans leur propre pays la révolution ; elle eût été la bienvenue pour le dictateur de Moscou, empêtré dans les affres sanglantes de la collectivisation agricole. Telle est du moins l'interprétation, peut-être contestable, que donne Daix, quant à l'antisocialisme persistant des Soviétiques...

Notre auteur montre bien, à ce propos, l'extraordinaire machiavélisme de ceux-ci, en 1934-1935, à propos de la tactique du « front unique » avec les socialistes, si longtemps honnis et détestés. Blum lui-même en perd son latin ; il s'arrache les cheveux rien qu'à voir les méandres contournés de la stratégie du P.C. russe. Staline charge Malinovski d'imposer à Maurice Thorez, qui n'en peut mais, la politique « frontiste », précédemment prônée par le seul Doriot. Et puis, soucieux du solide, et non de la frime, le chef génial laisse ensuite à « Maurice » la gloriole de ce retournement, sans pour autant s'y engager de façon personnelle. Il se réserve en effet la possibilité de tirer plus tard du réfrigérateur l'ancienne amitié soviétique pour les Allemands (« Rapallo »). Celle-ci deviendra en 1939 l'alliance *de facto* avec les nazis pour le dépeçage de la Pologne ; le pacte germano-soviétique de 1939 laissera l'infortuné Thorez Gros-Jean comme devant.

Comment se définit le Front populaire en France et ailleurs, au gré des dirigeants soviétiques ? De leur point de vue, ce sigle correspond simplement à la période pendant laquelle les communistes, soutenus éventuellement par leurs alliés socialistes, font pression sur les gouvernements occidentaux afin d'obtenir de ceux-ci un appui militaire en faveur de l'U.R.S.S. C'est aussi l'époque au cours de laquelle (par un contrechoc que n'avait pas prévu le P.C.), nos masses populaires, en grève, imposent, en 1936, de substantielles conquêtes sociales.

Vers 1937, les procès de Moscou, effroyables à force d'aveux spontanés, ne produisent dans les rangs du P.C.F., grisé par ses succès, que des départs peu nombreux : Rappoport et Ferrat font ainsi figure lucidissime. Gide, sympathisant déçu, est copieusement insulté par ses ex-amis quand son *Retour de l'U.R.S.S.* met tardivement les points sur les « i ». Gilles Martinet a l'immense et solitaire mérite de quitter les jeunesses communistes à l'occasion des procès moscovites.

La courte parenthèse du Front populaire est vite refermée. Quand s'annonce l'automne de 1939, l'U.R.S.S. revient à sa politique favorite, celle de l'entente avec l'Allemagne, maintenant nazie. Dès lors, une scission se manifeste : elle coupe les communistes français qui restent nationaux (et qui constituent la majorité du groupe parlementaire du P.C.) de leurs camarades de l'appareil ; dès la fin de 1939, ceux-ci, comme l'a bien montré l'historien communiste Bourderon, mettent dans le même sac d'ignominie l'impérialisme anglais et l'impérialisme allemand, tous deux engagés, soi-disant, dans une guerre de capitalistes. Hitler et Chamberlain, blanc bonnet et bonnet blanc, en 1939-1940... Loupe en main, Pierre Daix scrute l'extraordinaire parallélisme, tournants inclus, qui fait se ressembler en août, septembre et octobre 1939, la politique de l'U.R.S.S. et celle du P.C.F. à la semaine près, à la journée près, parfois.

L'invasion allemande engendre la défaite de juin 1940. Le « renégat » Nizan, tué à Dunkerque, sera plus tard sali par Aragon qui l'insultera sous le nom d'Orfilat dans la première édition des *Communistes,* puis gommera ce regrettable passage pour une édition ultérieure du même roman parue après la déstalinisation. Thorez, lui, déblatère en 1940 contre l'écrivain Nizan, « indicateur de police » *(sic).* Dès l'été de cette année-là, pourtant, certaines divergences apparaissent : elles séparent implicitement Duclos, exécutant docile des hommes de l'Internationale qui prêchent la politique pro-allemande de l'U.R.S.S., et d'autre part Tillon, Frachon : dans notre Sud-Ouest, ceux-ci développent à tâtons des tendances hostiles à l'occupant. Ils seront vite repris en main par l'appareil. Jusqu'à ce que Tillon après 1950 soit épuré... non sans courage de sa part. Au-delà de la Résistance qui fut depuis 1941 le légitime capital de fierté des militants, le livre conduit aussi ses lecteurs jusqu'à l'union de la gauche. Entre-temps, il faut attendre 1953-1956 pour que la mort de Staline, les tanks russes à Budapest, le rapport Khrouchtchev et les analyses impitoyables de quelques publications comme *Arguments* dessillent enfin les yeux des intellectuels du P.C.F. Auparavant, une certaine cécité les avait saisis depuis leur adhésion.

Merleau-Ponty disait un jour que l'expression blasée « J'ai compris » n'avait jamais été aussi populaire en France qu'après le désastre de 1940. Une « mise à mort » idéologique démystifie mieux encore que telle ou telle défaite militaire. Pour les ex-communistes, la crise qui les sépara de leurs camarades fut souvent une résurrection personnelle. Elle date selon les cas de 1939, 1956, 1968 (Tchécoslovaquie) ou 1978 (la « rupture » [?] P.C.-P.S.). Les anciens du parti me font penser aux beaujolais successifs : les divers millésimes sont loin de s'équivaloir. Il reste que souvent parmi ces êtres que forma puis rejeta l'appareil on trouve les historiens du P.C.F. les plus « déliés » : Pierre Daix, Annie Kriegel, Philippe Robrieux, portent témoignage au nom d'une génération de salamandres ou de phénix ; ils traversèrent la flamme stalinienne sans être consumés par elle à tout jamais.

Décapage d'une révolution

Emmanuel Todd, *La Chute finale. Essai sur la décomposition de la sphère soviétique,* Paris, Éd. Laffont, 1976, 323 p. (*Le Monde,* 10 décembre 1976).

La Chute finale, d'Emmanuel Todd, remplace le formol par du vitriol. La momie de Lénine n'est plus bonne aujourd'hui qu'à recevoir les chrysanthèmes présidentiels. Todd, lui, a mieux à faire : il décape à l'acide les tares du système soviétique, congénitales ou acquises. L'ambition du livre est monstrueuse, donc sympathique : éviter à l'Europe en particulier, et au monde en général, les affres que risque d'entraîner avec elle la crise, inévitable et permanente, de l'U.R.S.S.

Jeune chercheur (vingt-cinq ans), émoulu de la Sorbonne et docteur de Cambridge, Todd, au départ, est un historien du XVIIe siècle occidental ; il s'est formé à la démographie historique et à la recherche quantitative. Paradoxalement, ce presque encore adolescent, devenu le jeune Éliacin de notre kremlinologie, est mieux placé que ne le sont bien des soviétologues officiels, carrés dans leur chaire, pour une opération de lucidité historico-politique. Renversons le raisonnement : l'historien soviétique Porchnev connaissait sur le bout du doigt les horreurs staliniennes qu'il avait vécues ; il est devenu, de fait, le chercheur le plus qualifié pour nous expliquer, à nous autres Français, les horreurs de notre XVIIe siècle, tragique et paysan, d'avant la Fronde. Todd refait, en sens inverse, le chemin jadis parcouru par Porchnev. Il va de l'ouest à l'est, du XVIIe siècle au XXe siècle.

L'U.R.S.S., selon Todd, est l'expérience la plus ambitieuse et la plus ratée du XXe siècle. C'est aussi un système d'équilibre « à haute tension », plus fragile et plus explosif qu'on pourrait le croire : car le parti dirigeant, conformément à sa propre doctrine, s'y est employé à l'alphabétisation des masses, tout en privant celles-ci de l'espoir religieux d'un au-delà. Sevrée d'« opium du peuple » et pourvue de quelques lumières, la population russe est, de ce fait, plus disponible pour la contestation (malgré les apparences contraires) que ne le serait tel ou tel peuplement, dans une nation moins développée du Tiers Monde.

Faut-il voir dans l'U.R.S.S. la variante gigantesque d'un quelconque fascisme ? Todd, sur ce point, nous rassure : le fascisme est une révolution « réussie » ; elle est menée au nom d'un idéal rétrograde et répugnant, mais rationnel au vu de ses propres critères ; elle vise à l'oppression sur les peuples ; elle met donc en place des structures généralement peu durables, qui répondent simplement aux objectifs précis que le fascisme s'est fixés à lui-même. Alors que le communisme, lui, est une révolution biaisée : elle tue son propre idéal (d'égalité) au nom de sa propre logique (de pouvoir). Socialement, la mise en place de ce régime communiste, par refonte totale des classes dirigeantes, est tellement dispendieuse et encombrante qu'il est ensuite bien difficile de le réformer, de le renflouer, ou de le mettre au rancart.

Au centre des fantasmes russes du XXe siècle, l'ouvrier soviétique fait penser, nous dit Todd, à la femme « esclave-étoile » des régimes phallocratiques, ou aux pauvres des christianismes médiévaux. Cet ouvrier russe est simultanément le symbole le plus exalté du soviétisme, et le citoyen d'U.R.S.S. le plus malmené dans les faits réels. Le système russe, ajoute Todd (qui, sur ce point, se refuse à suivre Kissinger), est capable de produire les canons en nombres impressionnants, parce qu'il est inapte à produire du beurre et même du blé (la Russie des tsars, tant décriée, exportait des grains ; celle de Brejnev, nullement surpeuplée pourtant, importe des dizaines de millions de tonnes de céréales en provenance des pays capitalistes).

En fait, malgré quelques velléités de réformes (Liberman et ses théories sur la libéralisation, etc.), l'U.R.S.S. ne s'est jamais relevée de certaines décisions de Staline : autour de 1930, cet autocrate prétendit centraliser à jamais toute la vie humaine sur un cinquième de la planète. Utopie réalisée dans le sang, surréalisée dans le mythe, et à côté de laquelle Bonaparte lui-même, ce génie de notre centralisme à la française, fait figure de décentralisateur du genre tocquevillien.

« L'agriculture » stalinienne, elle, est toujours en place, depuis le génocide des koulaks des années 30. Elle est copiée, hélas, sur les regrettables balourdises qui fleurissaient dans *Le Capital* : Karl Marx, trop frotté de préjugés britanniques, croyait d'abord aux éblouissantes vertus, capitalistes puis socialistes, du grand domaine agricole à l'anglaise. Il ignorait, de par sa docte incompétence quant aux choses de la terre, les remarquables accomplissements de la moyenne agriculture familiale du continent, considérée par lui comme « barbare ». Le résultat paradoxal de cet aveuglement marxiste, cumulé par Lénine puis par Staline, c'est que le père des peuples, dans la troisième décennie du xxᵉ siècle, a réussi à édifier l'esclavagisme à la ville, et le féodalisme à la campagne ! Pour qui est familier de l'histoire médiévale, et Todd la connaît fort bien, rien ne ressemble plus à un grand domaine carolingien du ixᵉ siècle, avec sa « réserve » et ses « tenures », qu'un kolkhoze ukrainien de 1940, avec ses « grandes surfaces » mal cultivées, et ses minuscules lopins individuels, amoureusement jardinés.

Le tableau proposé par Todd n'est guère plus complaisant pour l'actuel groupe dirigeant soviétique : ces septuagénaires finiront cacochymes à la Franco, plutôt que paranoïaques à la Staline. Et il est vrai qu'il serait injuste d'accuser le Politburo d'aujourd'hui de tous les péchés du système. Après tout Brejnev n'avait que onze ans en 1917.

La classe dominante, elle, est gratifiée d'un coup de chapeau : elle ne se compose pas essentiellement, dit Todd, d'idéologues de type buté. Selon l'historien de Cambridge (qui peut-être peint la situation trop en rose), cette classe est lucide, cynique, partiellement démarxisée ; elle accomplit graduellement sa transformation en semi-caste lignagèrement héréditaire ; elle nous prépare peut-être, d'ici à une ou deux générations, la version soviétique des « deux cents familles ».

Acide pour l'élite, Todd est indulgent, sympathisant même, pour la masse ouvrière et paysanne d'U.R.S.S., que tant de soviétologues traitent avec dédain. L'actuelle dénatalité des femmes russes apparaît d'autant plus remarquable qu'elle s'opère le plus souvent sans pilule ni diaphragme. Pour le démographe de *La Chute finale*, il s'agit là d'une preuve décisive : les comportements familiaux rationnels, et comparables à ceux d'Occident, se répandent partout en U.R.S.S. Ils indiquent une prise de conscience, une maturation émotive et intellectuelle. Des serfs à 100 %, eux, ne pratiqueraient pas la contraception, qui du reste est découragée, bien en vain, par le pouvoir de Moscou.

Sévèrement critique à l'égard de l'U.R.S.S., Todd, en revanche, professe une admiration presque sans bornes pour les performances de l'économie, méritoires elles aussi, des « petits pays » de l'Europe de l'Est. Auxquels il faudrait joindre, pour une part, les républiques baltes et caucasiennes... Ces nations semi-captives ont su pourtant mettre en œuvre une déstalinisation en profondeur, et pas seulement pelliculaire. Paradoxalement, la petite taille des États socialistes leur a évité les bêtises du supercentralisme stalinien. Et puis, même s'ils sont opprimés par l'appareil militaire et policier d'U.R.S.S., ces États du moins n'ont pas subi l'abominable traumatisme qu'ont été pour le peuple russe la mise en place de cet appareil et sa création initiale. La Russie, en effet, est à la fois principal bourreau et principale victime, au sein du léninisme-stalinisme. Elle est mangeuse et mangée. Conformément à une proposition bien connue du marxisme, pour lequel Todd conserve une tendresse, le peuple au nom duquel d'autres peuples sont opprimés devient (de ce fait même) le groupe le plus opprimé et le plus aliéné, à l'intérieur de sa propre sphère.

Le livre s'achève sur une prospective : elle implique une méditation sur ce Tiers Monde. L'U.R.S.S., du fait même du primitivisme des structures de sa consommation populaire et en raison de son écart culturel accru par rapport à l'Occident, s'enfonce à certains égards dans ce Tiers Monde. Et cela malgré les fusées russes, malgré les milliers de redoutables missiles et de tanks, ou à cause d'eux.

Par contre, le Tiers Monde lui-même n'est pas un bloc ; et on ne peut exclure que certains pays ci-devant arriérés, mais déjà plus développés que d'autres, ne s'en détachent, au point de rattraper et de dépasser les modestes performances de l'U.R.S.S. en matière de niveau de vie des habitants.

Brillamment sarcastique et voltairienne, la vision de Todd paraîtra exagérée, trop pessimiste à ceux qui, nourris de clichés, confondent la puissance militaire avec le bien-être du peuple. Les critiques qu'on peut adresser à ce livre porteraient principalement sur des erreurs de détail et sur des formules trop rapides. Et, plus fondamentales, sur deux questions : la classe dirigeante soviétique est-elle vraiment cynique et lucide ? S'est-elle pour de bon détachée de l'idéologie lénino-stalinienne ? Sur ce point, Todd a l'air de croire que « c'est arrivé »... Or il est en contradiction radicale avec les travaux plus abstraits mais fort intéressants d'Alain Besançon et de Claude Lefort. Et puis, autre interrogation : l'espoir d'une scission inévitable entre l'U.R.S.S. et les démocraties populaires n'est-il pas prématuré, prenant nos désirs pour des réalités ? Suffit-il que la Hongrie soit devenue « le baraquement le plus confortable du camp socialiste », pour qu'on puisse espérer que se désintègre ce camp de concentration, et que s'éventrent les barbelés ?

De la Russie au bolchevisme

Alain BESANÇON, *Être Russe au XIXe siècle,* Paris, Éd. A. Colin, 1974, 175 p. ; *L'Histoire psychanalytique. Une Anthologie,* Paris-La Haye, Éd. Mouton, 1974, 176 p. ; *Éducation et société en Russie,* Paris-La Haye, Éd. Mouton, 1974, 167 p. (*Le Monde,* 15 novembre 1974).

Environnée de silence ou peu s'en faut, l'œuvre d'Alain Besançon se dessine et prend forme ; les premiers livres, *Le Tsarévitch immolé* et

Histoire et Expérience du moi, donnaient, d'entrée de jeu, les grandes directions de recherche qu'a suivies désormais cet historien : performance assez rare, il est simultanément psychanalyste. Premier axe : l'histoire de la Russie, conçue comme une interrogation fondamentale. Pourquoi la culture russe, qui avait ses lettres de noblesse au XIXᵉ siècle des écrivains et des poètes, a-t-elle accouché, pour finir, d'une idéologie froide, totale, souvent sanglante, et radicalement universelle ? Elle donne aujourd'hui des « règles d'or » aux États qui régissent un tiers des hommes. Second axe : la psychanalyse historique. Conçue comme une réponse partielle aux « questions russes », précédemment formulées. Conçue aussi comme discipline autonome, qui vaut pour elle-même. Trois ouvrages d'Alain Besançon, parus cette année, persévèrent dans ces diverses voies : anthologie (commentée) de textes sur la psychanalyse historique ; histoire, fort érudite, de l'enseignement, des étudiants, et de la naissance de l'intelligentsia, dans l'empire des tsars, entre 1800 et 1865 ; livre bref enfin, mais substantiel et vif, souvent brillant, consacré au devenir de la culture russe entre 1825 et 1917.

La réflexion d'Alain Besançon sur la Russie commence, en principe, aux débats qui divisent, vers 1830-1850, les « slavophiles » et les « occidentalistes ». Adeptes de la pensée de Schelling, les slavophiles propagent une image romantique du peuple russe. Chrétiens traditionnels, ils s'opposent à la modernisation et au rationalisme qui surgissent alors de l'Occident, dont le cœur est sec, disent-ils, et la fibre pourrie. Rousseauistes de droite, et bergsoniens avant la lettre, ils dressent la Russie « organique » contre l'Europe « mécanique ». Par contraste avec la propriété bourgeoise du sol, détestée d'eux, ces aristocrates découvrent les charmes du collectivisme primitif de la « commune » agricole, dans le village russe. Grands seigneurs, ils ne s'abaissent pas jusqu'à enquêter par eux-mêmes sur le sort matériel de leurs serfs. L'image idyllique de la commune rurale leur parvient par ricochets, à travers une source étrangère : elle dérive des observations campagnardes qu'effectua fort honnêtement, sur la terre russe, un voyageur allemand venu en touriste.

Journalistes et professeurs, les « occidentalistes », eux, respirent avec délice le parfum des modes successives qui viennent de l'Ouest, au cours des années 1840. Ils renient ou croient renier la vieille Russie, en faveur de l'Occident, d'abord germanique, ensuite français ; hégéliens de droite, puis de gauche, ils ont vite fait, à la pointe de l'avant-garde, d'abandonner le libéralisme pour le socialisme. Pourtant, l'empire russe n'a pas fait sa révolution bourgeoise ; il reste enlisé dans le « féodalisme » et dans le sous-développement. Alors, ces occidentalistes sont-ils des modernisateurs pour de bon ? Ce serait vite dit : Herzen, parmi eux, n'a rien de plus pressé que de remettre en honneur, dans ses écrits, les vieilles communes paysannes, encore elles, nées d'un passé lointain, et sorties de la bonne terre russe. Cette réhabilitation s'effectue naturellement au nom du socialisme dernier cri. Dans la réalité, Herzen opère, en théorisant de la sorte, un retour en catimini jusqu'au slavophilisme. Chassez l'identité par la porte, elle rentre par la fenêtre.

Herzen était donc devenu « terrien ». Tchernychevski, qui lui fait suite, est un puritain terre à terre. Il va bien au-delà des exigences légitimes du civisme. Il veut transformer le monde, en s'y oubliant comme personne. Les héros des romans français, Fabrice Del Dongo, Rastignac, s'orientaient vers l'accomplissement de soi, par l'amour ou par l'ambition.

Les personnages de roman qu'imagine Tchernychevski (dans son *Que faire ?*, 1862) renoncent, eux, à leur bonheur individuel, pour mieux bâtir le bien-être du peuple. Chastes pédagogues, ils prêchent la vertu à des prostituées tuberculeuses. Ils décrètent que l'homme est matière, et que la libre volonté n'est qu'une illusion. L'influence d'un plat matérialisme venu lui aussi d'Occident (Feuerbach) évince celle de Hegel, qui avait marqué la période précédente. Une politisation systématique des individus, mise au service de la collectivité, leur permettra, croit Tchernychevski, d'oublier leurs problèmes personnels et de canaliser leur ressentiment contre l'État tsariste.

Le tsarisme, en effet, a tous les inconvénients requis pour jouer le rôle repoussant du bouc émissaire ; on sait qu'un jour il servira de modèle autoritaire, fascinateur et caricaturé, pour le régime qui le remplacera. L'intelligentsia russe naît comme telle, dans la vie politique, autour du grand dégel-regel et des fleurs vite fanées des années 1860. Elle va embrasser avec passion les pratiques tchernychevskiennes : celles-ci donnent un sens, ou soi-disant tel, à une vie qui, par le malheur des temps russes ou pour toute autre raison, n'en trouvait pas encore.

Ces développements dessinent en creux la place que pourra occuper, dès l'extrême fin du XIXᵉ siècle, le marxisme. Simplifié, militarisé pour les besoins de la cause par Lénine en son *Que faire ?* (ouvrage homonyme du roman de 1862), ce marxisme-là diffère de sa propre version originale élaborée en Allemagne. Il va se coucher tout botté dans le lit que lui a préparé l'idéologie tchernychevskienne et populiste. Plekhanov, considéré comme un doux socialiste, sera finalement mis à l'écart par les léninistes. Les faucons chasseront les colombes.

La longue filiation qui va, non sans avatars, de la slavophilie et de l'occidentalisme jusqu'au bolchevisme, se situe en dehors du cours même de la grande littérature ; celle-ci, symbolisée par les noms de Gogol et de Dostoïevski... C'est bien le bolchevisme, arc-bouté sur les vieilles frustrations des masses russes, servi par un politicien génial et se faisant l'interprète d'une fraction de l'intelligentsia, qui tient les clés de l'avenir national. Mondial même, pour une part.

Besançon est peu intéressé par l'histoire économique et quantitative (malgré de louables efforts, elle « n'est pas son genre ») ; il se débarrasse trop vite dans *Être russe* des problèmes bibliographiques ; il est inutilement provocateur de temps à autre. Il a pourtant l'immense mérite de tracer, avec une logique impitoyable et brève, le destin de la culture russe dans ses variétés, vulgaire et distinguée. Curieux destin : d'obscurs écrivains, des années 1860, ont fabriqué ou du moins préfiguré l'humanité du XXᵉ siècle sans que le XIXᵉ siècle réalise alors l'importance capitale de ce qui se passait là. On se doute que l'approche d'Alain Besançon se veut résolument critique : d'une main légère, mais ferme, il profane le tombeau de Lénine. Il va même jusqu'à bousculer son berceau.

Le soviétisme réel

Alain BESANÇON, *Présent soviétique et passé russe*, collection Pluriel, Le livre de poche, 1980, 350 p. (*Le Monde*, 11 avril 1980).

Des éléments divers que contient ce recueil d'Alain Besançon, *Présent soviétique et passé russe*, ont pu faire scandale, lors de leur parution première, quand ils furent publiés sous forme d'articles séparés, de préfaces ou de « court traité ». Les thèses qui les caractérisent, et c'est le plus bel hommage qu'on puisse leur rendre, sont passées pourtant, dans bien des cas, en 1980, à l'état de vulgate : elles sont méditées par les personnes qui pensent, à défaut d'être acceptées par les êtres qui militent.

Le déchiffrement des structures soviétiques donne d'entrée de jeu toute sa valeur au primat de l'idéologie. Zinoviev a proposé sur ce point les définitions essentielles. On croit, par le biais de la foi, à une religion révélée ; on est convaincu rationnellement par la science ; on adhère simplement, du bout des lèvres ou du haut du cœur, à l'idéologie. Sincère ou pas, peu importe : l'essentiel est qu'on accepte de parler le langage idéologique, même quand il n'est guère convaincant. Il suffit que l'idéologie ait pris force de loi : dès lors, elle intimide les gouvernés ; elle engendre du pouvoir pur au profit des groupes dirigeants ; elle reçoit l'hommage de ceux qu'elle subjugue ; ils acceptent en la parlant de *« dire le contraire de ce qu'ils pensent, en attendant de penser le contraire de ce qu'ils croient »*. On peut s'assimiler l'idéologie par adhésion libre, ou la subir comme une sodomisation : de toute manière, une fois victorieuse, elle est là plantée comme une écharde dans le corps social qu'elle tétanise.

Un débat sur ce point oppose Besançon à ses critiques, et même à ses proches. Les personnes au courant admettent aujourd'hui que l'idéologie officielle des soviets donne du réel une image renversée ; ils savent qu'un kolkhoze n'est pas une vraie « ferme collective », il est simplement le symbole inefficace et lourd d'une ancienne expropriation paysanne, intervenue dans les années trente : quant au principe du socialisme triomphant, toute question de superpuissance militaire (incontestable) mise à part, il se traduit surtout, à Perm ou Volgograd, par le fait d'attendre pendant quatre heures de queue pour acheter une botte de carottes. Dans ces conditions, faut-il admettre que les dirigeants de l'U.R.S.S. entretiennent avec l'idéologie qu'ils patronnent un rapport *cynique* ? Ils l'utiliseraient dans ce cas comme source inépuisable de puissance et de légitimité, mais sans y croire. Ou bien s'agit-il d'une croyance *naïve* ?

Besançon pense que si l'hypothèse cynique se vérifiait totalement, l'idéologie finirait par tomber en morceaux. On verrait alors s'instaurer en U.R.S.S. une vérité nue du pouvoir, basée sur la seule substance survivante, celle que concrétise le nationalisme grand-russe. On aboutirait, l'armée rouge aidant, à un national-bolchevisme. Cette évolution (hypothétique) serait dangereuse pour le régime : il y perdrait les systèmes de pensée (communiste) qui le légitimant à la face du monde. Il est tellement plus commode de pouvoir réprimer un courageux patriote lituanien en le traitant, Lénine en main, de *« nationaliste bourgeois »* qui s'oppose à *« l'amitié des peuples »*... Parions donc que la variante cynique ne se réalisera pas dans un avenir proche.

L'ouvrage offre aussi une analyse cyclique des réalités intérieures et extérieures de l'U.R.S.S. En politique intérieure, l'alternance oppose les périodes de N.E.P. (« Nouvelle politique économique ») et celles de communisme de guerre. La N.E.P. (1921) avait été promulguée par Lénine en vue de restaurer momentanément l'économie paysanne et privée ; à défaut de cette restauration, la Russie, saignée par la guerre civile et par l'expérimentation utopique, allait sombrer dans un incurable désastre.

En général, le mot N.E.P., à défaut d'un meilleur terme, symbolise pour Besançon les différentes époques au cours desquelles le pouvoir soviétique tolère un certain développement de la « société civile » ; ne serait-ce que sous la forme de la corruption et du marché noir, qui tiennent lieu de commerce et de capitalisme efficaces ; ne serait-ce que sous la forme d'une science (physique, voire sociologique) qui devient relativement indépendante du parti-État.

Même les années Brejnev, malgré leur rudesse interne, sont proches, de ce point de vue, d'une sorte de N.E.P. : elles ne s'identifient point à l'atroce dureté du communisme de guerre. Celui-ci, par contre, a sévi en Russie de 1917 à 1920 ; ou, sous Staline, de 1929 à 1939 et de 1945 à 1953 : il représente un moment de l'histoire au cours de laquelle le pouvoir se lance à toute vapeur, et, s'il le faut, parmi des flots de sang et des années de goulag, dans la réorganisation utopique du corps social. À la limite, il peut s'agir de la révolution culturelle en Chine, et plus encore du Cambodge de Pol Pot. L'utopie khmer rouge voulait tout changer, tout purifier : elle s'attaquait donc au fondement même de la société, y compris à sa substance familiale et biologique ; ce qui à la longue menaçait de détruire l'utopie elle-même !

En politique extérieure, Besançon diagnostique les successions alternées des périodes de détente et de guerre froide. À ce propos, les États d'Occident, dans leurs relations avec l'U.R.S.S., achoppent sur un paradoxe : les phases de détente et de N.E.P. (par exemple pendant les années 1960 et 1970) sont aussi celles au cours desquelles le régime de Moscou profite au maximum des succès qu'il accumule... grâce aux tolérances internes qu'il consent à la société civile, aux économistes, aux technocrates militaires, aux savants, etc. C'est en relaxant, décrispant, détendant que Brejnev a pu, au passage, acquérir le contrôle d'un certain nombre de pays en Afrique et en Asie. On voit que Besançon, avec ce genre d'arguments, se situe tout à fait à l'opposé d'un homme comme Samuel Pisar, qui prêche qu'on « amollira » le Kremlin en faisant du commerce et des affaires avec les dirigeants russes.

Les premiers chapitres du livre, relatifs à l'histoire russe, soulèvent davantage de problèmes qu'ils n'en résolvent. L'Angleterre fut le premier des pays à réaliser la révolution industrielle. Pourquoi ? Est-ce parce qu'elle avait du charbon, des protestants, des colonies ? Ou tout cela à la fois ? Les historiens en discutent encore. De même, dans un autre ordre d'idées, la Russie a précédé bien d'autres nations dans la voie du communisme.

Besançon tente d'expliquer cette préséance de l'U.R.S.S. par certaines arriérations d'autrefois ; il les tient pour spécifiques ; elles concernent la noblesse, l'Église, la paysannerie et l'État russes avant 1917. Pourtant notre auteur admet volontiers, sur ce point, que la spécificité russe n'a guère de sens : le système bolcheviste en effet s'est appliqué par la suite avec un égal succès quant à la pérennité du pouvoir, et avec un égal insuccès quant à la performance économique, dans des pays comme la Tchécoslovaquie, le Vietnam, Cuba... La liste n'est pas close.

Le communisme a accumulé de telles victoires depuis 1917 qu'on peut bien lui prédire (en extrapolant) une expansion plus vaste encore au prochain siècle. On ne peut même pas absolument exclure que la France, à l'occasion d'une crise internationale qu'il est difficile de définir à l'avance, finisse par rejoindre, dans trente ou cinquante ans, le vaste bercail des pays du « socialisme réel ».

En lisant le livre de Besançon, on peut donc se donner l'immense plaisir intellectuel de se représenter à l'avance ce que serait une France définitivement communiste : il est agréable d'apprendre ainsi, en quelque quatre cents pages, à quelle sauce, éventuellement, on sera croqué.

Maurice Thorez

Philippe ROBRIEUX, *Thorez, vie secrète et vie publique*, Paris, Éd. Fayard, 1975, 660 p. (*Contrepoint*, n° 21, 1976, pp. 195-200).

Au départ, un bon jeune homme. Doué. Intelligent. Travailleur. Sympathique. Né dans un milieu social qui déjà se veut socialiste. Éduqué de même, dans le nord de la France et dans la Creuse. Nulle trace, en son cas, de rupture profonde, ni de failles dramatiques, comme celles dont jaillissent les jeunes révolutionnaires, au sortir d'un milieu ultra-bourgeois. Des traumatismes pourtant, dont certains sont de première grandeur : une naissance illégitime, jamais pleinement assumée, comme le sera en revanche celle de Willy Brandt. Le suicide du père (du vrai père). Une carrière heureusement commencée d'employé de bureau (qui sera pudiquement gommée par la suite, dans *Fils du peuple*, comme non prolétarienne) : elle est brisée par la guerre de 1914. Elle fait place, en 1918, à une rétrogradation qui oblige momentanément le jeune Thorez à s'adonner au travail manuel, sur le carreau de la mine.

Né avec le siècle, Maurice Thorez, en sa vingtième année, a sa place toute faite dans le nouveau parti communiste. Boris Souvarine est alors l'un des principaux dirigeants du P.C. français. Il témoigne au jeune Thorez une très active amitié. Dynamique, dévoué, convaincu, le débutant est assuré d'un bel avenir d'homme politique du prolétariat...

Mais justement... la mariée, peut-être, est trop belle. En 1924, Thorez suit momentanément l'honnête Souvarine que ses convictions entraînent du côté de Trotski contre Zinoviev et contre Staline. Voilà donc « Maurice », pour bien peu de temps, devenu trotskiste : quelques belles lettres, parmi les meilleures sorties de sa plume, jalonnent cet épisode, connu des spécialistes, mais toujours savoureux, quand on le lit dans la rétrospective.

Savoureux... et capital. Philippe Robrieux n'a pas tort, qui considère cette tentation trotskiste, vite surmontée, comme un tournant décisif dans toute la vie de Thorez. À plusieurs reprises, de 1925 à

1930, le jeune militant du Pas-de-Calais va se rendre à Moscou. Il y pressent déjà sa destinée nationale, voire internationale. Lucide et quelque peu cynique, il découvre, dans la capitale des Soviets, le secret d'une vraie carrière « communiste ». Il renonce donc une fois pour toutes à suivre Souvarine et Trotski, ces laissés-pour-compte du Mouvement, désormais contrôlé par Staline. Thorez abandonne les deux leaders, qui croient encore, dans le style traditionnel, à la « Révolution mondiale ». Il rend hommage dorénavant non sans flair, en tant que satellite fidèle, aux éléments dirigeants de la bureaucratie soviétique, maîtresse de l'Internationale communiste. Thorez jouit dès cette époque de « l'effrayante santé morale des ambitieux ». Il a compris que ce groupe social (la bureaucratie russe) détient d'une certaine manière les clés d'un pouvoir mondial, et d'un avenir prévisible. En quoi il se montre réaliste, et même marxiste, au sens vulgaire de ce terme. Il lui faudrait beaucoup de courage, de moralité prolétarienne, et de force de caractère, pour résister aux tentations que porte en elle une telle découverte. Mais justement, par chance pour sa carrière, Thorez est (moralement) un faible. Arriviste, quoique sincèrement communiste, sorti du peuple, et bien décidé à ne pas y rentrer, ce demi-machiavélien n'a donc plus qu'à se laisser guider par l'astuce, un peu roublarde, qui va de pair avec son intuition politicienne. Et tant pis pour les principes, vénérés mais bousculés.

La phase suivante de la biographie thorézienne passe, à travers des hauts et des bas, par les grands succès de la gauche, en 1936 et 1945-1946, accompagnés de conquêtes sociales au profit de la classe ouvrière. Simultanément, se produisent, du côté de « notre Héros », quelques faits extraordinaires : le temps d'un long mirage, agrémenté d'énormes tempêtes, une manière de flirt avec la monarchie se met en place. Pour un peu on la croirait bientôt ressuscitée. Depuis 1875, les Français faisaient leur possible pour oublier ou faire oublier qu'ils avaient eu des Souverains. Le comte de Paris lui-même, prétendant au trône au second tiers du XXe siècle, finit par passer pour un excellent libéral ; voire (avec un petit effort) pour un républicain comme tout le monde. Et voici que par un concours de circonstances, révélatrices de structures sous-jacentes, un phénomène quasi royal se fait jour à l'extrême gauche, autour de Thorez.

Les raisons de cet événement curieux sont d'abord internationales : l'U.R.S.S. du vaste massacre stalinien, à partir de 1930, a besoin d'une mythologie ; d'un rideau de fumée, d'un nouveau dogme pour mieux camoufler, pour faire oublier à tout prix la famine et le meurtre, octroyés par Joseph Staline à ses sujets, au nom d'un radieux avenir. On y invente donc, bon gré mal gré, dans un décor mi-oriental, et mi-tsariste, le culte de la personnalité, célébré à l'intention du Chef génial, en des formes où le grotesque le dispute à l'odieux. Le Chef à son tour cède un peu de son charisme artificiel à des sous-chefs, vers lesquels monte l'encens, affluent par convois entiers les cadeaux d'anniversaires, les poèmes aragonesques, etc.

Thorez, comme Togliatti, Gallacher, Ibarruri, est l'un de ces principicules régionaux. Vaguement grisé par les flagorneries dont l'accablent ses camarades depuis 1936, un peu gêné par elles quand même, dans les débuts, et toujours trop « flexible », le roi Maurice assez rapidement se laisse faire. Ressuscitées sur leur gauche, les traditions royalistes du peuple français, comme l'a montré Annie Kriegel, viennent donc confluer, sur leur terrain propre, avec les impératifs du Komintern, puis du Kominform. Elles intronisent, de 1935 à 1950, la puissance du secrétaire général, régnant sur le cœur et sur l'esprit d'une partie de nos populations : au demeurant, les circonstances aidant, cette « souveraineté » thorézienne ne fut pas la plus cruelle de notre histoire, bien loin de là... Une autobiographie, *Fils du peuple,* est fabriquée par deux « nègres » littéraires ; elle est consciencieusement vendue par les militants ; elle vient à point pour officialiser le nouveau culte. Seconde épouse du secrétaire général, Jeannette Vermeersch est un personnage central dans le livre de Robrieux : elle prend par moments les allures d'une Maintenon.

Par saccades, les séjours de Thorez en U.R.S.S. donnent à sa vie une part de son rythme et de son sens. Premiers voyages au cours desquels le Militant s'abreuve aux fontaines du pouvoir, puis rencontre à Moscou Jeannette Vermeersch. Séjour surtout, pendant la Seconde Guerre mondiale ; il est inauguré par l'absurde épisode de la désertion, que Staline, en 1939, a imposée à un Thorez qui d'abord, avec bon sens, voulut rester dans son régiment (n'avait-il pas, depuis plusieurs années, préconisé très sincèrement un patriotisme français que d'aucuns jugeaient « fleur bleue », mais que justifiait, après tout, le danger nazi ?). Quoi qu'il en soit, Maurice dut, sur ce point comme sur bien d'autres, céder finalement aux pressions du Maître. Pendant les années 1940-1944, réfugié en U.R.S.S., il fut tenu par le despote du Kremlin dans une semi-captivité de fait, qui certes ne disait pas son nom ; bien nourrie mais nullement dorée : Ceretti puis Robrieux la décrivent en termes croustillants ou tragiques, selon les cas.

Au cours de cette période, Thorez commence à mesurer, mal, mais à mesurer quand même le caractère oppressif et calamiteux du système en faveur duquel il continue pourtant à travailler. S'assombrissent peu à peu ses perspectives socialistes, au contact déprimant de la réalité soviétique ; il y a désormais une mélancolie thorézienne, une morosité nouvelle, faite de résignation à l'affligeant destin du « Socialisme » ; morosité que n'avait pas connue, durant l'avant-guerre, l'optimiste secrétaire général.

La villégiature suivante, avec la maladie de Thorez, commence à la fin de 1950 ; épisode plus rude pour l'individu, mais politiquement moins dramatique ; il est marqué, une fois encore, par l'affectueuse sollicitude que Staline dispense à Maurice. Ne lui avait-il pas interdit, entre 1940 et 1944 (sous prétexte d'assurer son confort) de conduire personnellement sa voiture ?...

Les affaires Barbé-Célor (1931) et Marty-Tillon (1952) jalonnent la stalinisation du Parti, sous Thorez. Dans le premier cas, la vision policière du monde est déjà substituée, pour une forte part, à l'analyse politique. Barbé et Célor étaient, face à Thorez, des adversaires possibles. Les bureaucrates de l'Internationale induisent notre homme à les baptiser provocateurs. Vingt ans plus tard, la direction thorézienne et Maurice personnellement règlent leur compte à Tillon et au « policier Marty », coupables, l'un d'avoir dirigé la Résistance hors du contrôle du secrétaire général, et l'autre d'avoir presque supplanté Thorez à Moscou, pendant la guerre, dans les faveurs de Staline. À partir de 1955, Thorez (que n'aident plus depuis longtemps les bons conseils de son ami Fried, assassiné semble-t-il par des agents soviétiques) est tout désigné de par son tempérament pour faire échouer la déstalinisation des communistes français. Il remporte cette victoire d'arrière-garde sur Casanova, sur Servin et *tutti quanti ;* ces vaincus sont des staliniens d'hier, devenus des quasi-libéraux du lendemain. Thorez n'est pas, du reste, le seul responsable de l'immobilisme de son Parti, consolidé par les pesanteurs sociologiques. Le refus du changement à l'extrême gauche pèsera en 1976 encore, malgré d'indéniables modifications, sur notre vie politique.

Une fois de plus, en ce domaine, Maurice vieillissant se réfère, non sans continuité, aux choix fondamentaux qui furent ceux de sa jeunesse militante. Les boutades et incartades d'un Khrouchtchev, même fécondes, ne lui disent rien qui vaille. Si l'on se fie aux actes et non pas seulement à ses paroles, il apparaît qu'en 1960 l'axe de la décision et la source des modèles se situent toujours, selon le leader français, dans la haute bureaucratie soviétique, avec ses liturgies molotoviennes, ses privilèges, ses permanences. De fait, cette classe sociale survivra aux foucades du trouble-fête Khrouchtchev, qui finalement sera limogé par ses soins. Le Brejnevisme incarnera le conservatisme triomphaliste de l'Appareil ; il donnera « raison » après coup à l'opiniâtreté stagnante de Thorez, durement manifestée entre 1953 et 1964.

Et pourtant... Les ouvertures d'un Togliatti, qui sut, lui, déstaliniser quelque peu, sont plus séduisantes et plus « payantes » en fin de compte que la ténacité têtue de certains de nos Français d'extrême gauche. A preuve : les résultats électoraux du P.C.I., et son dynamisme social ; ils l'emportent, et de beaucoup, sur les réalisations plus modestes du P.C.F. en tant que tel. Celui-ci, du coup, va-t-il prendre le tournant pour de bon ?

Le bilan du Thorézisme est pourtant loin d'être totalement négatif : la *positivité* du P.C.F. tient aux capacités d'intégration morale et d'ascension sociale qu'il apporte à ses militants, et à ceux qu'il influence. Ce parti est suffisamment répressif pour être en mesure de contrôler les grèves sauvages (qui dévastent en revanche l'économie britannique ou italienne) ; il fut suffisamment répulsif aussi, pour qu'il ne soit pas question de sa part, jusqu'ici du moins (les choses vont peut-être changer), d'une prise du pouvoir. L'économie française et la croissance nationale doivent donc une fière chandelle au P.C.F., depuis trente ans. Au centre de tout cela, s'est longtemps dressée la figure paternelle d'un Thorez. Père de famille exemplaire, il a connu, jusque dans son foyer, un début de révolte des fils contre le modèle parental, révolte si commune aux familles bourgeoises.

Philippe Robrieux, le biographe, sort de la génération capitale des jeunes communistes de la période 1955-1962, qui vécurent l'opposition à la guerre d'Algérie. Il conçoit aujourd'hui son livre comme une entreprise de démythification, en période remythifiante ; il y apporte les dons d'un talent méticuleux ; et ceux d'une écriture drue, qui parfois se laisse aller. Historien d'un parti où règnent dans certains domaines, en dépit des « portes ouvertes », les habitudes et les hantises des secrets quant au passé, Robrieux s'est vu contraint de créer un nouveau style de références, à base d'histoire orale ; celle-ci lui étant communiquée par d'anciens membres du bureau politique, du comité central, etc. Notre auteur écoute ces témoins avec la ferveur d'un ethnographe. Mais à la différence de l'anthropologue, l'historien de Thorez ne cite presque jamais, et pour cause, les noms de ses informateurs. Le renseignement, bien sûr, était à ce prix. Précautions nécessaires : elles en disent long, à elles seules, sur le sujet traité.

Du Thorez que Robrieux nous présente ainsi, avec une subtile application d'artiste et de chroniqueur, on retiendra l'image de Maurice le Bon élève. Un écolier d'élite, surtout doué, comme c'est parfois le cas des bons enfants, pour faire un excellent professeur. Un chef de service efficace, dans le cadre de l'Internationale stalinienne ; et non pas l'homme d'État qu'il aurait pourtant voulu être, en toute vanité quelquefois. Il est vrai que l'épreuve du Pouvoir au sens plein du terme a manqué au secrétaire général ; mais devons-nous vraiment nous affliger de ce manque, peut-être préférable... Sculpté avec amour, le Thorez de Robrieux est un personnage attachant. Mais mou, malgré sa rigidité dogmatique. Peu vertébré, de par son intime nature. Personnellement inadéquat, par rapport à sa dimension historique. Un tigre de saindoux. Effrayé par son maître Staline. Rassurant ou redoutable, selon les jours, pour nos bons bourgeois.

Staline

Boris SOUVARINE, *Staline. Aperçu historique du bolchevisme*, Paris, Éd. du Champ libre, 1977, 639 p. (*Le Monde*, 22 juillet 1977).

Il n'est pas fréquent, et pour cause, d'avoir à rendre compte d'un des plus grands livres français du XXe siècle. La réédition du *Staline*, de Boris Souvarine, me fournit cette opportunité. Écrit de 1930 à 1935, republié avec quelques ajouts en 1940, puis en 1977, cet ouvrage n'a rien à voir avec l'adulatrice biographie rédigée jadis par Barbusse. Dès l'origine il annonçait, et souvent contenait, ce que les travaux de Medvediev et de Soljenitsyne, sans parler du rapport « secret » de Khrouchtchev au XXe Congrès du P.C.U.S. devaient se charger d'expliciter à travers le monde (le monde bien entendu n'inclut pas l'U.R.S.S., délibérément désinformée par ses maîtres). Émergeait ainsi, voici plus de quarante ans, le Vrai, sur l'une des tyrannies les plus abominables du XXe siècle ; tyrannie dont les effets, par successeurs interposés, pèsent encore sur notre présent et notre futur.

La performance méritoire de Souvarine lui valut lors de son séjour aux États-Unis pendant la guerre, au temps de l'alliance U.S.A.-U.R.S.S., les accusations ostracisantes et tautologiques d'« antisoviétisme » (on dirait aujourd'hui « anticommunisme », ou même « anticommunisme viscéral »). Cette performance témoigne chez l'écrivain (aujourd'hui octogénaire), pour une extraordinaire lucidité. Celle-ci ne fut pas le fort, tant s'en faut, de quelques Grands de ce monde, qui furent, en diverses périodes, les dupes de Staline. Parmi eux, Souvarine cite l'ineffable Roosevelt bien sûr, mais aussi de Gaulle, Malraux, Churchill...

Rendons à Souvarine une justice élémentaire : il n'a jamais été stalinien ; il n'a point à se repentir d'une faute qu'il n'a pas commise. Son témoignage n'est pas de culpabilité, mais de clairvoyance. Jaurésien puis léniniste de la première heure, militant du « sommet » de la IIIe Internationale, notre auteur rompt avec l'U.R.S.S. au milieu des années 20 ; il brisera avec les trotskistes, et avec ce qui lui restait de convictions communistes au cours des années ou décennies qui suivront. Le Socialisme lui-même, ou du moins certain Socialisme lui semble quelquefois contaminé par divers contacts avec la perversion stalinienne. Souvarine paraît croire à la Décadence, en Occident, et ailleurs. Faut-il lui donner tort ?

La biographie de Staline, en ce livre, est scrutée pas à pas depuis la jeunesse géorgienne du séminariste Djougachvili ; celui-ci, à la belle époque, devient révolutionnaire professionnel ; il est dans la coulisse, inspirateur de *hold-up* (baptisés « expropriations », ils étaient destinés à remplir les caisses du Parti...). Au long d'un scénario effarant, le récit nous mène jusqu'à la dictature massacrante des années trente. Émerge de tout cela une figure stalinienne de maître fourbe, énergique et brutal. Staline, empiriste laborieux, se dit lui-même amateur raffiné de vengeance à froid. Est-il vraiment comme le disait Trotski, « la plus éminente médiocrité de notre Parti » ? Si c'était vrai, il faudrait admettre qu'est sorti de cette médiocrité le système universel au nom duquel on gouverne aujourd'hui plus d'un milliard d'hommes...

Quant au psychisme du dictateur, le diagnostic de Souvarine est basé sur l'analyse de divers médecins ; ils gravitaient dans l'entourage du Kremlin ; ils furent « liquidés » ensuite, lors des grandes purges de l'avant-guerre. Ce diagnostic insiste sur la *paranoïa* stalinienne (besoin de domination, haines pathologiques, morale anesthésiée, tendance au délire de persécution et de grandeur) ; le tout coexistant avec une conscience personnelle très lucide : elle incite le « chef génial » à faire assassiner, y compris dans sa propre famille, les témoins gênants de ses crimes passés.

Le psychisme d'une personne, même omnipotente, n'est pas tout. Reste à décrire et à expliquer le régime politico-social auquel préside cette omnipotence, et dont ce psychisme n'est qu'un facteur. Souvarine a écrit là-dessus dès 1935 des pages très denses ; elles pourraient paraître aujourd'hui banales, tant l'horreur qu'elles véhiculent est devenue monnaie courante, depuis que Soljenitsyne leur a donné l'amplification nécessaire. Mais il faut imaginer rétrospectivement ce que représentaient, vers 1935-1940, pour des lecteurs encore ignares, ou favorablement disposés vis-à-vis des « Soviets », les révélations détaillées de Souvarine. « Révélations » ? Le mot, pris au pied de la lettre, serait trop fort, même pour l'époque. D'autres écrivains, en cet avant-guerre, donnaient déjà, par bribes éparses, des informations comparables à celles qui émanent de ce *Staline*. Mais le mérite éminent de notre auteur, c'est d'avoir systématisé, en un tableau toujours valable, les connaissances qui à l'époque étaient fragmentaires quant au régime russe.

Il est impossible ici de résumer fidèlement. Je m'en tiendrai à quelques aspects : sont évoqués dans l'ouvrage, longuement, les désastres de l'agriculture soviétique ; ils firent de ce grand pays, aux sols noirs fertilissimes, et grenier du monde au temps des tsars, la terre classique des famines, en pleine paix, en 1932 comme en 1921. Autour de 1930, le dictateur et ses complices, lancés dans une folle entreprise de collectivisation, détruisent de leurs propres mains, à force de déportations, la fleur et l'élite massive de la paysannerie soviétique, autrement dit les *koulaks* ou laboureurs compétents. Lénine lui, instruit par l'échec, aurait reculé dans une conjoncture de ce genre ; il aurait fait une *N.E.P.*[1]. Staline, aiguillonné par la catastrophe agricole, fonce à toute vapeur à travers le sang, vers la disette artificiellement provoquée.

Dès cette époque le Goulag qu'avaient créé Lénine et Trotski en 1919 remplit sa fonction destructrice. Souvarine, dans l'incrédulité ou l'indifférence, parle déjà dès 1935-1940 de dix à quinze millions de déportés ! Chiffre incroyable, lancé à la face du monde ; il est pourtant inférieur à la réalité. Dix ans plus tard, au début des années 1950, des intellectuels français en seront encore non point à chiffrer les victimes des camps, mais à se demander « ingénument » si ces camps existent pour de bon...

À la veille de la guerre, au moment où tant de gens s'extasient sur le génie stalinien, Souvarine dénonce lucidement le grand jeu de l'extermination. L'opinion publique mondiale avait assisté avec détachement à l'agonie d'une dizaine de millions de moujiks en 1930. Ces moujiks, à en croire Gorki, n'étaient que des brutes épaisses. Qui veut noyer son chien... On s'émut davantage quand Joseph Staline, après 1935, fit fusiller ses amis, ses complices, et plus généralement les élites intellectuelles, militaires, politiques de l'U.R.S.S. Avant même que Khrouchtchev donne quelques chiffres saisissants (massacre de 70,4 % des membres du Comité central du P.C.U.S.,

---

1. N.E.P. : « Nouvelle politique économique ». Mesures de semi-libéralisation économique, prises en U.R.S.S. au temps de Lénine, après la crise post-révolutionnaire.

élu en 1934), Souvarine, avec les moyens du bord, chiffrait et détaillait ces meurtres dans le livre aujourd'hui réédité. Le comble du raffinement, c'était bien sûr (toujours la paranoïa lucide) de fusiller les fusilleurs : chefs de la police « politique », Iagoda, Iejov (et Beria après la mort de Staline) périssent tous de mort violente et successive, en millionnaires de l'assassinat.

Tourné vers la biographie, qui donne à voir l'époque bolchevique à travers un homme, ce *Staline* (même prolongé jusqu'à 1953 par un « arrière-propos ») ne prétend pas quant à l'U.R.S.S. poser toutes les questions, ni donner toutes les réponses. L'une de ces questions fondamentales : pourquoi le système communiste, passé au crible des passions d'un individu, a-t-il prospéré après la mort de cet individu, jusqu'à nos jours ? Jusqu'à englober tant et tant d'humains. Et cela en s'expurgeant tout au plus de quelques aspects autodestructeurs, mais sans modifier radicalement son essence. Le problème est de savoir pourquoi l'œuvre de Staline a mieux survécu que ne survivra celle d'Amin Dada. Ici la vieille tendresse intermittente... de Souvarine pour son maître Lénine l'a peut-être un peu desservi. Certes c'est Staline (et notre auteur a sur ce point raison) qui a porté jusqu'à la perfection le délire idéologique ; ce délire engendre une identification fantasmatique ; elle plie le Réel, coûte que coûte, aux normes de l'Utopie. Au point que les victimes elles-mêmes clament leur « désir » et presque leur « joie » d'être réprimées, déportées, condamnées... Mais au départ, c'est Lénine lui-même qui est responsable de l'initiale démarche utopique ; cette démarche est inaugurée en 1917 ; elle sera consacrée au cours des années suivantes par de nombreuses mesures ; la fondation du Goulag ne sera qu'un exemple de celles-ci, parmi bien d'autres. Veut-on comprendre en profondeur Brejnev et les Brejneviens ? Ces gens ont recueilli l'héritage de Staline sous bénéfice d'inventaire ; ils en ont conservé ce qui leur convenait, c'est-à-dire l'essentiel (bureaucratie omniprésente, idéologie totalitaire, etc.). On doit, pour une telle compréhension, remettre en cause, par-delà Staline, l'ensemble du Léninisme originel et toute la logique du système ; Staline l'avait assumée *jusqu'au bout* en vertu de son personnage démoniaque. Il ne l'avait nullement inventée. Cette remise en cause correspond du reste à la démarche même de Soljenitsyne, avec lequel Souvarine a rompu quelques lances, à propos de diverses erreurs

La Mémoire militante 291

de fait, contenues dans le *Lénine à Zurich* de l'écrivain russe[1].

Il reste que sur Staline lui-même, tout était dit par un Souvarine prophétique, dès le temps de notre avant-guerre. On se doit de lire et de relire cette réédition (qui n'a pas une ride), à la lumière de ce qui s'est passé pendant la dernière quarantaine d'années ; à la lumière aussi de l'avenir inconnu qui nous attend. Comme l'écrivait Brecht, à propos d'une autre dictature, « *il est encore fécond, le ventre dont est sorti la bête immonde...* » Toujours fécond, et déjà respectable... Brecht était orfèvre en la matière.

---

1. Voir la revue *Est-ouest*, 1ᵉʳ au 15 avril 1976.

CONTESTATIONS, FRUSTRATIONS, BOUCS ÉMISSAIRES

Fureurs médiévales

Rodney HILTON, *Les Mouvements paysans du Moyen Âge*, Paris, Éd. Flammarion, 1979, 307 p. (*Le Monde*, 11 mai 1979).

La collection « L'histoire vivante » que dirige Denis Richet présente au public français une œuvre de Rodney Hilton, l'un des meilleurs médiévistes anglais. Le sujet traité s'inscrit dans une ligne familière : les révoltes populaires d'Ancien Régime sont un terrain favori pour l'historiographie française... et russe. Je pense aux œuvres puissantes de Porchnev, Mousnier, Bercé, et aussi aux superbes *Mouvements insurrectionnels de Provence au XVIIIe siècle* que donna en 1975 René Pillorget : un grand livre qu'on a peu lu et qui pourtant devrait être la bible de tous nos docteurs ès agitations plébéiennes.

Rodney Hilton ouvre au maximum le compas chronologique. Il ne va pas jusqu'à imiter les anciens historiens des révoltes ! Ceux-ci sautaient allégrement sur un millénaire et demi, depuis *Spartacus* l'esclave romain jusqu'à la *Jacquerie* de 1358 ; ils saluaient au passage, quelques siècles après le Christ, les maquisards *Bagaudes* de la Gaule rurale, rebelles à l'Autorité. Ainsi se tissait, comme une dentelle, la longue trame de la misère des Petits, et de leurs soulèvements contre l'oppression. L'historien anglais, lui, part des années 800 de notre ère. Il dresse le cahier de doléances des serfs carolingiens. Il fait un sort aux paysans normands révoltés d'avant l'an mil, que leurs nobles maîtres mutilèrent pour les punir de s'être écriés : « *Nous sommes hommes comme ils sont* ». Avec une souveraine maîtrise des publications en diverses langues, Hilton nous promène en Italie ; dans l'Auvergne des *Tuchins* ; dans le Bassin parisien des *Jacques* et dans la Flandre des insurgés. Il termine sur le soulèvement anglais de 1381...

Marc Bloch disait que la révolte rustique de jadis était un moyen de lutte aussi banal que l'est aujourd'hui la grève ouvrière. Sans aller jusque-là, notons avec Hilton que les mouvements ruraux entraînent dans l'action contestataire l'ensemble du monde paysan, depuis le « gros laboureur » de cent hectares jusqu'à l'infime ouvrier agricole, en passant par le tailleur et le cordonnier du village. Les revendications des rebelles impliquent la lutte contre l'État (quand il existe), contre sa justice et ses impôts trop lourds. Cette action antiétatique, antifiscale et, par moments, « poujadiste » deviendra le leitmotiv des soulèvements populaires du XVIIe siècle... L'adversaire le plus important néanmoins pour les villageois médiévaux n'est pas tellement le Roi, ni le Pouvoir central. C'est davantage le noble Seigneur, le Puissant du cru, qui tantôt protège et tantôt exploite les travailleurs de la Terre, quand ils vivent à l'ombre de son château. En ce sens, les *Jacques* antinobles de 1358 sont les annonciateurs primitifs de 1789... Au Moyen Âge, la conjoncture avait aussi son mot à dire : les révoltes antiseigneuriales se sont multipliées en France, Angleterre et Catalogne au temps des crises qui suivirent la peste noire de 1348. La classe seigneuriale essayait alors de comprimer les salaires de ses serviteurs et de relever les rentes qui lui étaient dues par ses fermiers. Inversement, les uns et les autres tentaient vigoureusement de mettre à profit le manque de prolétaires et la dépopulation, provoquée par le ravage des bacilles pesteux.

Les armes à la main, les rebelles ruraux tenaient la dragée haute à leur maître ; ils lui imposaient de réviser en hausse le contrat de salaire, et en baisse le bail à fermage, puisque la main-d'œuvre était devenue rare, donc chère. Et pourtant... bien avant 1348, antérieurement à toutes ces crises, les révoltes déjà flambaient. Hilton, dans une envolée magistrale, n'hésite point à faire remonter hypothétiquement celles-ci jusqu'aux origines de la seigneurie, quand les guerriers de l'âge de bronze et les Celtes moustachus de l'âge du fer imposèrent pour la première fois leur joug sur les épaules du peuple des campagnes.

N'allons pas pour autant peindre tous les rebelles en rose et tous les seigneurs en noir. Les révoltes ont *aussi* certains côtés détestables. Elles sont souvent xénophobes. Elles s'en prennent aux Juifs. Et pas seulement à eux. Les Flamands en révolution du premier tiers du XIVe siècle s'attaquent déjà au pouvoir francophone ; ils inaugurent la « querelle linguistique » ; elle deviendra pour le meilleur de la paix sociale le passe-temps quotidien de nos sympathiques voisins belges. Les Anglais révoltés de 1381 contestent les immigrés flamands établis outre-Manche ; parmi ceux-ci figurent des drapiers et aussi des prostituées flamandes, innocentes victimes d'un premier racisme insulaire.

La révolte médiévale, dans bien des cas, est fortement teintée de religion. Des prêtres se mettent à sa tête, comme John Ball en 1381. Des slogans apocalyptiques, dérivés du Nouveau Testament, promettent la fin du monde et la naissance d'un certain communisme, régénéré dans le bain de sang du jugement dernier. Le moine Joachim de Fiore figure ainsi parmi les ancêtres du Socialisme. Des clercs plus modérés, mais d'esprit égalitaire, s'inspirent de saint François d'Assise ; ils découvrent que la noblesse n'existait pas encore dans les chromosomes de nos premiers pères :

Quand Adam bêchait et Ève filait,
Où donc était le gentilhomme ?

Sublime formule. Elle critique l'élément vénérable des sociétés médiévales, qui leur vient peut-être des origines indo-européennes : je veux parler de la division des hommes en trois États, prêtres, clercs et ruraux.

Très froid, très anglais, au meilleur sens du terme, l'ouvrage de Hilton n'embouche guère les trompettes romantiques qui donnèrent charme et souffle aux livres français sur les révoltes. Avec détachement, notre historien considère ses rebelles primitifs à la façon d'un gentleman-entomologiste qui observerait des fourmis rouges. La traduction, pertinente, a encore accentué cette décontraction idéologique, au point que le livre stylistiquement se lit parfois comme un plaisant Traité de la platitude volontaire. Hilton, au terme d'un chef-d'œuvre de synthèse à la fois profonde et retenue, note que les révoltes ont *payé* : elles contribuèrent à faire disparaître le servage en Occident. On pense, inévitablement, aux révoltes paysannes qui furent les plus victorieuses de l'Histoire et qui, Dieu sait pourquoi, sont absentes de ce grand livre : les cantons suisses en rébellion ont accouché au Moyen Âge, sous l'égide mythique de

Guillaume Tell, de la plus ancienne démocratie du continent, à base de républiques paysannes.

Rébellion dans le Massif central

Arlette LEBIGRE, *Les Grands Jours d'Auvergne*, Paris, Éd. Hachette, 1976, 198 p. ; Philippe JOUTARD, *Les Camisards*, Paris, Éd. Gallimard (Coll. « Archives »), 1976, 250 p. (*Le Monde*, 9 juillet 1976).

Le Massif central est-il l'un des grands personnages de notre histoire maquisarde ? Il a ses brigands, qui ne sont pas toujours des bandits d'honneur, dont traite Arlette Lebigre pour l'Auvergne. Il a aussi ses guérilleros protestants, qui fournissent à Philippe Joutard le sujet d'une *Archive* sur les Cévennes.

J'attendais beaucoup des truands auvergnats des *Grands Jours* d'Arlette Lebigre, historienne du droit à l'université de Paris. Dès 1665, l'abbé Fléchier, futur évêque, était témoin oculaire de ces « Grands Jours » qui constituaient tout simplement un haut tribunal spécial. L'abbé avait décrit les bandits qui furent jugés à cette occasion, dans un livre d'humour noir, dont pas une ligne n'a vieilli trois siècles après. Pouvait-on faire mieux ? Ayant lu le savant ouvrage de la juriste parisienne, j'avoue, honnêtement, un brin de déception. Sous la plume de leur nouvelle historienne, admirable connaisseuse des Archives, et qui ne dédaigne point la statistique, les gentilshommes délinquants du XVIIe siècle auvergnat sont devenus des tyranneaux policés, passés au moule de l'École des chartes. La description qui nous est donnée d'eux est à la fois d'une touchante fidélité et d'une remarquable froideur. Il est vrai qu'une grande partie de ce livre est consacrée, non pas aux criminels, mais aux magistrats qui les firent comparaître : ces juges sont des Bridoisons plutôt pâles. Arlette Lebigre n'est-elle pas victime, en cette affaire, d'une tendance trop fréquente chez de bons historiens d'aujourd'hui ? Ils nous parlent plus volontiers du « Discours » de la Répression, que de l'objet de celle-ci. Ils évoquent dans leurs œuvres la Magistrature, redoutable et sans grand relief, plutôt qu'ils n'exhument les gibiers de potence et de bûcher, les sorcières, les maniaques, les assassins hauts en couleur, qui furent traqués par l'appareil judiciaire. Déviation vers une « épistémologie » qui n'est qu'une chronique des institutions dominantes, substituée à la passionnante histoire des Dominés... Si Stendhal avait procédé de la sorte, il n'aurait pas dévoré la *Gazette des Tribunaux,* comme il fallait qu'elle soit lue ; il n'aurait pas écrit *Le Rouge et le Noir.*

*

Tout autre est l'œuvre de Philippe Joutard, professeur à l'université d'Aix-en-Provence. Il s'agit d'une dense et brève histoire des Camisards, peints par eux-mêmes. Ces paysans huguenots des Cévennes, révoltés contre Louis XIV en 1703, sont soldats de la guerre de partisans. Joutard les piège au miroir de leurs propres textes.

L'historien d'Aix médite d'abord sur le Prophétisme des adolescents, qui donna leur impulsion première aux Camisards. Il s'agissait, pour cette jeunesse, de lutter contre les effets de la Révocation de l'Édit de Nantes (1685), porteuse d'oppression et de trahison. Oppressifs : les prêtres catholiques, ennemis du calvinisme, et porteurs de la Contre-Réforme, poussée jusqu'à son terme ultime ; oppressif aussi, Louis XIV, qui dans cette affaire poursuit des buts de haute politique. « Traîtres » : les adultes huguenots de 1685. Ils se résignent à l'apostasie cette année-là, parce qu'ils ont perdu l'indomptable esprit de résistance qui caractérisait leurs aïeux. À l'encontre du comportement défaitiste des pères, les enfants huguenots, grands et moins grands, sonnent le tocsin en Cévenne, autour de 1700. En Dauphiné, en Vivarais, en Bas-Languedoc, ils s'agitent dans l'hystérie des transes religieuses. Leurs convulsions ressemblent à l'épilepsie ; elles produisent le grand arc, ou raidissent le corps comme une barre de fer. Des paroles sortent de leur bouche, inspirées de Dieu. Elles somment les auditeurs de rejeter la foi papiste, imposée de force ; elles tonnent contre les prêtres qui vendent les messes, comme on vend la chair à la boucherie ; elles restent fidèles, avec justesse, à l'orthodoxie protestante.

Joutard a-t-il voulu que la mariée soit trop belle ? Certains témoins protestants, dès le début du XVIIIe siècle, prétendaient (ce qui n'est guère méchant) que les jeunes prophètes n'étaient pas toujours dénués de paillardise, parfois publiquement accomplie. Le professeur aixois, qui sur ce point est plus calviniste que Calvin lui-même, repousse avec fureur ces allégations ; il les tient pour déshonorantes... Indignation superfétatoire ?

Surgit en ce livre, au rythme des textes, le récit d'un miracle : il concerne la lutte des Cévennes, petit pays de deux cent mille habitants (même pas le dixième d'Israël actuel). Ceux-ci tiennent en échec, avec quelques milliers ou centaines de guérilleros, les armées du plus puissant Roi de la terre. Les fonctionnaires d'autorité, intendants et autres, n'en reviennent pas. Les journaux à sensation de l'époque s'émerveillent de cette guerre paysanne : elle dépasse, en durée et en intensité, toutes les révoltes agraires qui furent enregistrées au XVIIe siècle. On n'en retrouvera l'équivalent, sous une forme plus spectaculaire encore, qu'avec la guerre de Vendée.

Au vu de cet acharnement cévenol, les fausses explications fleurissent, dès 1703. Les cercles « bien informés » des capitales européennes invoquent (pour rendre compte de l'étrange phénomène camisard), tel ou tel facteur extérieur : l'argent anglais, l'« œil de Londres », l'or de Hollande, le « consistoire secret » (précurseur « huguenot » des soi-disant « Sages de Sion »), etc. Balivernes, bien sûr. Le vrai ressort du « fanatisme » des Cévennes, dit Joutard qui abandonne sur ce point tout matérialisme historique, c'est d'abord la violente foi de ce peuple montagnard ; son impérieux besoin du salut ; et le rayonnement d'une poignée d'inspirés, qui se tiennent de façon régulière en contact direct avec « l'Éternel ».

Ces hommes puisent dans leurs convictions religieuses la tactique et la stratégie militaires. Avec ça, pas besoin d'avoir des chefs nobles, ou des officiers de métier... Le moindre berger de village fera l'affaire et servira de général, pourvu que l'Esprit-Saint soit en lui. Sur le champ de bataille les Camisards hurlent les psaumes, qui mettent en fuite les Dragons du roi.

Apocalyptiques, millénaristes, croyant à l'avènement proche d'un règne de justice et de vérité, nos combattants du calvinisme ne ressemblent guère à ces marginaux, à ces déclassés que Norman Cohn, dans un beau livre[1], a baptisés « fanatiques de l'Apocalypse », et qu'il a traités comme des précurseurs du totalitarisme moderne. Les Camisards sont de solides paysans, profondément intégrés à la vie familiale et villageoise. Ils pratiquent entre eux la communauté des

---

1. *Les Fanatiques de l'Apocalypse,* Paris, Julliard, 1962.

biens, mais non des femmes. Ils ne contestent pas l'ordre social. Le terrorisme qu'ils pratiquent est souvent odieux, mais ils sont quelque peu excusés par les méthodes atroces dont use à leur égard le régime louis-quatorzien. Avec les moyens du bord, ils luttent pour la liberté de conscience, et pour le rétablissement de l'Édit de Nantes. Tout intolérants qu'ils soient dans leur être intime, ils se font, sans le savoir, les champions de la Tolérance religieuse, dont Voltaire, en un style différent, sera l'apôtre au XVIIIe siècle. La guerre classique et les représailles féroces s'avèrent incapables de les réduire. On ne vient à bout de leur révolte que par les voies de douceur et de trahison, qu'expérimente avec succès sur eux le Maréchal de Villars : il succède à l'inepte Montrevel, comme commandant de l'armée royale.

Le petit livre de Joutard n'apporte rien d'essentiellement nouveau par rapport à sa grosse thèse. Fondé sur les archives et sur une enquête orale parmi les Cévenols actuels, il est bardé de textes, parfois longs, souvent beaux. Ils sont admirables, quand ils émanent des huguenots occitans, qui écorchent la langue française à coups de serpe : ils lui donnent une puissance et une verdeur, traduite d'oc, qu'elle n'a pas toujours au naturel.

Les révoltes antifiscales

Boris PORCHNEV, *Les Révoltes populaires avant la Fronde,* Paris, Éd. Sevpen, 1963, 680 p. ; Roland MOUSNIER, *Fureurs Paysannes,* Paris, Éd. Calmann-Lévy, 1967, 357 p. (*Le Nouvel Observateur,* 28 juin 1971).

Il était une fois un historien soviétique nommé Boris Porchnev. Deux sujets l'avaient constamment passionné : le *yeti,* et les révoltes antifiscales. L'abominable homme des neiges, et Jacques Bonhomme.

À plusieurs reprises, Porchnev s'intéressa aux expéditions qui traquaient dans l'Himalaya le célèbre monstre du Tibet. Mais sur ce point, son enquête piétina toujours. Avec les révoltés contre l'impôt, surtout ceux d'Occident au XVIIe siècle, il eut plus de chance. Il trouva, dans une bibliothèque de Leningrad, une pile de gros dossiers, jadis importés de France, « le fonds Séguier ». Les tribulations des contestataires du grand siècle s'y trouvaient racontées par le menu. Porchnev n'eut plus qu'à dépouiller ces archives, et finalement à leur appliquer (on était en U.R.S.S.) un schéma d'explications de type lénino-stalinien : les paysans et les plébéiens révoltés contre les impôts de l'Ancien Régime correspondent, selon cette grille porchnevienne, au prolétariat en lutte du XXe siècle. La noblesse et les privilégiés, arc-boutés sur l'État monarchique (soi-disant « féodal ») du XVIIe siècle, occupent, eux, une position symétrique à celle du grand capital d'aujourd'hui.

Entre ces deux antagonistes, il reste à découvrir le traître de mélodrame qui, au moment de leur triomphe possible, poignarde dans le dos les révoltés du bon peuple. Ce rôle perfide, Lénine le fait jouer, en notre époque, à « l'aristocratie ouvrière » et aux chefs sociaux-démocrates : subventionnés en coulisses par les capitalistes, ces chefs ne prennent la direction des masses ouvrières que pour mieux tirer leurs ficelles au profit des trusts.

Quant au XVIIe siècle, Porchnev découvre lui aussi la « troisième force », qui joue le jeu du pouvoir contre les masses ; cette force, c'est la bourgeoisie d'ancien type et d'Ancien Régime, celle des financiers et des « officiers » de robe ; elle trahit les révolutions bourgeoises dont elle devrait être la porteuse ; elle s'aplatit aux pieds des gros nobles et du monarque qui la corrompent avec quelques miettes tombées des tables des Grands. Elle participe donc de gaieté de cœur à la répression des révoltes.

Avec ces archives et ce schéma un peu baroque, Porchnev compose un excellent livre. Plein d'erreurs, peut-être, mais aussi de talent, et qui se lit d'un trait. Son titre : *Les révoltes populaires en France avant la Fronde.*

Le schéma de Porchnev, qu'on vient d'évoquer, n'était guère subtil (surtout quand on le compare aux analyses infiniment plus sophistiquées que Marx avait consacrées à l'Ancien Régime). En quelques dizaines de pages bien appliquées, Roland Mousnier, dans un article qui fit quelque bruit (*Revue d'Histoire moderne et contemporaine*, 1958), réduisait en poussière une bonne partie de l'argumentation porchnevienne. Tombant dans l'excès inverse, Mousnier décréta même que les révoltés populaires et antifiscaux du XVIIe siècle n'avaient aucune spontanéité véritable ; qu'ils étaient tout simplement manipulés par les Grands dans les sombres conspirations que ceux-ci tramaient contre Richelieu, Mazarin et autres bons serviteurs de la monarchie (depuis, dans un ouvrage plus récent, intitulé *Fureurs paysannes,* Mousnier a mis beaucoup de vin dans son eau. Il s'est « porchnevisé » quelque peu, et il admet maintenant que les révoltes du XVIIe siècle avaient des objectifs propres, spécifiques, indépendants des sombres manœuvres des gros personnages qui prétendaient utiliser les rebelles).

Depuis le débat Porchnev-Mousnier, bien des recherches monographiques ou d'ensemble ont permis d'éclairer tout à fait le sujet. Ayant lu tous ces travaux, on peut maintenant résumer à grands traits l'histoire de la contestation antifiscale.

Au départ (Moyen Âge), pas d'impôt régulier, pas de révoltes spécifiquement antifiscales. Ou, du moins, les grandes rébellions, quand elles ont lieu, ne se tournent pas essentiellement contre le fisc, qui fait ses débuts, mais contre les seigneurs. Pendant la Jacquerie de 1358, les paysans soulevés ne s'attardent guère à brûler les bureaux d'impôts. Ils dirigent leurs fureurs contre la noblesse. Ils tuent, étripent, écartèlent les châtelains. Et ils font subir aux nobles dames mille horreurs « sodomitiques » que la plume de Froissart, prise de pruderie, se refuse à évoquer. Quant aux « Tuchins », autres maquisards de cette époque-là, mais dont les bases de lutte contre le roi de France se situent dans les pays d'Oc, ils ressemblent davantage à une maffia sicilienne, ou à des guérilleros qu'à nos contestataires antifiscaux.

Il faut attendre le XVe et surtout le XVIe siècle, où l'impôt est devenu une institution acquise depuis longtemps, pour trouver de nombreuses actions populaires qui soient antifiscales au sens exclusif du terme. Au pays de Pierre Poujade bien sûr, autrement dit dans le Sud-Ouest. Sous François Ier, les révoltés contre la gabelle (en Guyenne et Angoumois), conduits par leurs curés enfroqués, se lancent à l'assaut des greniers de l'impôt du sel. Le roi, prudent, cède à leurs revendications. Le voilà tranquille, et les révoltés contents, pour un quart de siècle. L'action paie. Mais aux guerres de religion, à partir de 1560, les luttes recommencent de plus belle. À un moment où tout est remis en cause, dîme, droits seigneuriaux, croyances religieuses, on ne voit pas pourquoi l'impôt seul échapperait au grand naufrage. De fait, les révoltés du Carnaval de Romans (Dauphiné, 1580) avec des masques de mardi gras sur la figure, lancent dans la rue des farandoles sanglantes qui, croient-ils, vont les délivrer de tous les prélèvements, ceux du roi, ceux du pape, ceux des seigneurs. Ce *happening* finit mal, et les gentilshommes, si l'on en croit une chronique, massacrent « *comme des porcs* » les communards de Romans.

Mais d'autres rebelles, dans d'autres provinces, reprennent le flambeau : ce sont, autour de 1590, les « Croquants » du Massif central, les « Tard-venus » du Périgord, les « Gautiers » de Normandie. S'appuyant sur cette réalité ancestrale qu'est la communauté villageoise (avec son assemblée délibérante et ses leaders naturels : le curé, les « syndics », etc.), les paysans révoltés crient *« Liberté »*, *« Vive le Tiers-État »* ; ils attaquent à la fois les nobles, les gros marchands et autres enrichis du marché noir de l'époque, enfin les collecteurs et les fermiers de l'impôt qu'ils accusent de s'engraisser de la sueur du contribuable.

Tout cela se calme, provisoirement, après 1600, avec la « poule au pot » d'Henri IV. Non pas que cette sympathique volaille ait réellement existé : Jacquart, dans une thèse récente, a montré que la plupart des petits paysans n'avaient pas de poules, car il aurait fallu du grain pour nourrir celles-ci ! Mais enfin, Henri IV et Sully eurent le bon goût de coïncider avec une renaissance spontanée de l'économie due à la paix ; et puis, psychologues, ils desserrèrent la vis des impôts directs qui, comme on sait, font toujours hurler les contribuables aisés ; et ils laissèrent jouer les taxes indirectes (gabelle, aides) qui écorchent subrepticement les consommateurs, surtout les moins riches, et qui ne provoquent pas trop de ressentiment. À condition, bien sûr, que les gabelous ne forcent pas la dose.

Survient, à partir de 1625, et surtout de 1630-1635, le formidable tour de vis fiscal de Richelieu. Le cardinal, mis en veine par la guerre qu'il mène contre l'Espagne et l'Empire, double, triple le poids réel des impôts. Que ne ferait-on pour n'être pas écrasé par la redoutable infanterie espagnole ! Au même moment, Olivares lui aussi, en Espagne, double et triple les taxes royales. Et il tient aux révoltés catalans (1640) le langage même que Richelieu utilise pour calmer ses rebelles de Normandie : *« Payez vos impôts, sinon notre armée, démunie d'argent, ne pourra empêcher l'ennemi de vaincre le royaume. »*

En France, les soulèvements contre le fisc s'allument les uns après les autres, entre 1625 et la Fronde. Ils flambent de toutes parts en Normandie, en Languedoc, dans le Massif central, dans le Sud-Ouest, en Dauphiné. La France qui se révolte est surtout celle des minorités (Occitanie, et plus tard Bretagne). C'est aussi la France pauvre : celle des bocages de l'Ouest, peuplés de fraudeurs ; et des montagnes du Sud, où abondent les contribuables récalcitrants.

La masse des rebelles, bien entendu, ne se recrute ni parmi les plus riches, ni parmi les plus misérables. À la campagne, l'émeute s'appuie, comme au XVIe siècle, sur la communauté paysanne, avec son tocsin, son clocher comme point de ralliement, ses curés tonitruants et enflammés, ses officiers municipaux qui fournissent les cadres des *« armées de la souffrance »* : ainsi dans le Cotentin, les fraudeurs du sel qui faisaient bouillir l'eau de mer pour en extraire la salure, et dont Richelieu voulait casser les marmites, trouvent-ils dans le réseau des communautés du bocage un appui tout naturel à leurs maquis de 1639. En ville aussi, les contestataires du fisc s'appuient (par exemple) sur une organisation préexistante de confréries d'artisans : les membres de celles-ci délaissent un moment le culte de leur saint patron et ils vont reprendre les vieilles arquebuses, décrocher les hallebardes rouillées du temps de la Ligue, pour s'en aller exterminer au coin de la rue le gabelou ou l'élu chargé de la levée des taxes. Naturellement, des membres des classes supérieures se joignent aux rebelles, et prennent même la tête du mouvement, du fait des compétences militaires et politiques qu'on leur attribue.

Dans toutes les époques et même dans la nôtre, la bourgeoisie et la noblesse, au moins en ce qui concerne leurs éléments jeunes, ont constitué sinon des classes globalement révolutionnaires, du moins des pépinières de leaders... On trouve donc à la tête des révoltes du XVIIe siècle quantité de membres des classes moyennes ou de nobles ; et surtout les aigris et les frustrés de la promotion sociale : avocats sans causes, vicaires qui n'ont pas pu devenir curés, curés qui n'ont pas réussi à devenir évêques ou chanoines ; petits nobles ruinés ou grands nobles intrigants ; officiers de justice dépenaillés qui ne sont pas parvenus à se hisser jusqu'au niveau des offices les plus prestigieux. Au total, on rencontre assez peu de leaders valables dans cette médiocratie qui prend la direction des révoltes. Le bas niveau du leadership est du reste l'une des causes parmi bien d'autres de l'inévitable défaite des rébellions.

C'est seulement lors des très grandes révoltes, qui s'élèvent jusqu'à la dignité de révolutions (même ratées), qu'on voit émerger des chefs d'envergure, doués de panache (les Guise) ou même de génie (cardinal de Retz). Contre les révoltes, on trouve presque toujours, en première ligne, l'*establishment* du XVIIe siècle (cet *establishment* ne basculant vers la rébellion que dans les cas de subversion révolutionnaire intégrale, tels que la Ligue et la Fronde). Parmi ces groupes dominants figurent bien sûr les requins et les repus de la finance qui ne voient aucune raison de changer quoi que ce soit à un système d'impôts qui fait leur fortune. Mais aussi les fonctionnaires d'autorité (intendants, etc.), l'armée, et d'une façon générale dans leur majorité les classes dirigeantes des villes et des campagnes, bourgeoisie et noblesse, qui après quelques hésitations finissent toujours par se rallier au plus fort, c'est-à-dire à l'État monarchique et à son complexe militaro-financier. Quelques pendaisons mettent généralement un point final au soulèvement populaire, qui lui-même s'était préalablement signalé par diverses atrocités contre les fonctionnaires de l'impôt. Ceci, dans l'esprit des contemporains, équilibrait à peu près cela.

Le fait que des historiens comme Porchnev, Mousnier ou Ardant aient braqué le projecteur sur les révoltes ne doit pas donner lieu pourtant à une erreur dans l'appréciation : en fait, la révolte antifiscale est l'exception ; la discipline est la règle. Les masses populaires, même au XVIIe siècle, paient leurs impôts. Elles rechignent, grognent, fraudent, mais vont très rarement jusqu'au soulèvement déclaré. Bien des petites villes, à l'exemple de Bayeux, réussissent à passer tout un siècle sous l'Ancien Régime sans qu'on y voie trace d'une seule révolte antifiscale digne de ce nom.

Et puis, de toute façon, après 1655, et surtout après 1707, les très grandes révoltes antifiscales disparaissent. On n'en trouve plus que de minuscules ou de négligeables. Est-ce à dire que les gens soient devenus plus heureux, que l'impôt les écorche moins ?... Sûrement pas, du moins jusqu'en 1720. Inutile en effet d'évoquer l'atroce misère qui sévit à la fin du règne de Louis XIV... Si les esprits sont néanmoins plus calmes, cela tient à d'autres motifs : la police est mieux faite, l'armée se fait plus présente. Le gouvernement est plus puissant, plus efficace, et surtout plus astucieux. Colbert et ses successeurs comprennent qu'à l'exemple de Sully, on doit savoir réduire la part des impôts directs et augmenter celle des taxes indirectes : en fin de compte, malgré certains soulèvements anti-gabelle, celles-ci sont plus aisément supportées. Les impôts de consommation qui faisaient un cinquième ou un quart seulement des recettes de l'État vers 1640 (contre les trois quarts aux impôts directs), équivaudront désormais après 1680 et au XVIIIe siècle à la moitié des revenus de l'État.

Or, il est d'expérience commune qu'aujourd'hui encore on met beaucoup moins d'alacrité à remplir sa feuille d'impôts (directs) qu'à payer le litre d'essence, le paquet de cigarettes ou le ticket du pari mutuel qui pourtant remplissent tout aussi efficacement les caisses de l'État que ne le font les billets du percepteur. Question de psychologie sans doute. Et puis, pour en revenir à l'Ancien Régime, Louis XIV avait su mettre l'Église dans son jeu : en 1685 (révocation de l'Édit de Nantes), il offre en pâture au clergé, sur un plateau d'argent, la suppression du protestantisme. Donnant donnant. Les curés de paroisse, si contestataires sous la Ligue et sous la Fronde, deviennent désormais, depuis la fin du XVIIe siècle, en dépit de la querelle janséniste, des piliers de l'ordre établi.

J'ajoute que l'humeur rebelle des Français du XVIIIe siècle se tourne contre d'autres ennemis : contre les accapareurs du grain, flambent les émeutes de subsistance, qui deviennent classiques à l'âge des Lumières ; dans la mesure où l'on ne meurt plus de faim, comme c'était le cas au XVIIe siècle, on se révoltera plus aisément contre les affameurs. Surtout l'opinion éclairée se dresse contre le régime seigneurial ou ce qu'il en reste. Du coup, la lutte contre le collecteur d'impôts, sans disparaître tout à fait, passera au second plan lors des troubles de 1789.

Faut-il considérer pourtant que la *grogne* antifiscale est totalement morte depuis la Révolution française ? Sûrement pas. Le XIXe siècle, dans le Massif central qui reste farouchement hostile au percepteur, a connu sous la Seconde République la révolte contre l'impôt des 45 centimes. Au XXe siècle, nous aurons Pierre Poujade, puis Gérard Nicoud...

Limoneux et insurgés

Jean JACQUART, *La Crise rurale en Île-de-France (1550-1670)*, Paris, Éd. A. Colin, 1974, 795 p. ; Y.-M. BERCÉ, *Croquants et nu-pieds,* Paris, Éd. Gallimard (Coll. « Archives »), 1975, 248 p. ; Y.-M. BERCÉ, *Histoire des croquants,* Genève, Éd. Droz, 2 vol., 1975, 975 p. (*Le Monde,* 14 mars 1975).

Dans une œuvre sévère, un peu lourde parfois (agriculture oblige), Jean Jacquart donne une description souvent saisissante (pour qui sait lire) du devenir des terriens du Hurepoix. *Hurepoix :* c'est-à-dire un pays important d'Ancien Régime, situé immédiatement aux abords de Paris. Bande de terres et de fermes, aujourd'hui submergées par la banlieue Sud... Au XVIe siècle, les prairies et les labourages de cette zone, maintenant suburbaine, s'étendaient jusqu'à l'emplacement même de notre jardin du Luxembourg.

Vers 1550, ce monde traditionnel est plein d'hommes. Il s'agit de villageois, non de citadins. Ils grattent la terre, fertile mais dénudée (pas une haie !), que recouvre souvent le gras limon d'Île-de-France. Ils s'entassent follement, à raison d'une famille agricole pour un hectare ou deux. L'essor démographique, dans la période 1460-1560, les a multipliés « comme des souris dans une grange ». Leurs salaires se sont graduellement amenuisés, car ils sont trop nombreux à se proposer comme main-d'œuvre pour un patronat qui n'a que l'embarras du choix parmi eux. Pourtant, ils ne sont pas encore trop malheureux : bien des chefs de famille possèdent leur cheval de labour. Ils louchent, sans grand espoir, par-delà leurs minuscules parcelles, sur les beaux et vastes domaines de la noblesse et du clergé...

L'avenir de ces petites gens, ou de leur descendance, est plutôt sombre. Les guerres de religion (après 1560) puis celles de la Fronde (vers 1650) les déciment, à force de massacres, à coups de famine ou d'épidémie. Leurs petits lopins, les uns après les autres, sont annexés par les grosses fermes gloutonnes, par les *grandes surfaces agricoles,* que la bourgeoisie parisienne s'approprie ; ces vastes terres à blé sont en effet indispensables pour nourrir la capitale, dont la population devient monstrueuse au XVIIe siècle (quatre cent mille, puis cinq cent mille habitants, chiffre énorme pour l'époque). Sur ces territoires, dont beaucoup sont couverts de vignes (aujourd'hui disparues), les puissants fermiers ou coqs de village supplantent, pour le compte des riches propriétaires, les petits exploitants. Les fils de ces gros fermiers connaissent de temps à autre l'ascension sociale : l'un d'entre eux, Hersent, deviendra valet de chambre chez Philippe V, moins pour manier la brosse et le plumeau que pour gérer la garde-robe du Palais. Remarquable réussite : de quoi « décrocher », plus tard, quelques lignes à propos de ce Hersent dans les *Mémoires* de Saint-Simon...

*

Monument de science érudite, l'ouvrage de Jacquart traite surtout de l'économique et du social. Il délaisse les mentalités paysannes. Celles-ci en revanche ont la partie belle dans les deux livres d'Yves Bercé, tous deux relatifs aux *croquants* et aux révoltes paysannes : l'un de ces livres (collection « Archives ») est petit, maniable, utile. L'autre est une énorme thèse, en deux volumes, puissamment pensée, fouillée, charpentée... Il est vrai que Bercé n'étudie pas les calmes fermiers d'Île-de-France décrits par Jean Jacquart, lesquels souffraient (ou s'enrichissaient) sans se plaindre ; il s'intéresse aux têtes chaudes et aux gros bras qui peuplent notre Sud-Ouest occitan ; ceux-ci fournissent au XVIIe siècle les bataillons des « croquants ».

Pour Yves Bercé, la révolte paysanne n'est pas simplement une réaction aux faits de misère, si communs au siècle classique. C'est un comportement culturel. Elle ne s'attaque point aux seigneurs. N'est pas valable de ce point de vue toute une imagerie d'Épinal (acceptable pour le Moyen Âge ou pour 1789, mais pas pour les XVIe et XVIIe siècles) qui nous montre les Jacques assaillant sans merci leurs nobles maîtres. En fait, les croquants ou rebelles ruraux de l'époque d'Henri IV et de Louis XIII contestent l'appareil de l'État beaucoup plus que l'oppression qui vient du château. Ils fomentent l'émeute des ventres creux contre la cherté du pain. Ils défendent l'intimité de leur foyer contre le logement des militaires. Ils protègent leur droit de propriété contre le recouvrement des impôts directs. Ils revendiquent leur liberté contre les abus des impôts indirects (gabelle, etc.). Ces révoltes du Sud-Ouest sont rationnelles, car elles sont souvent victorieuses (elles obtiennent l'abolition de tel impôt détesté, etc.). Après 1660, l'État royal et son armée deviennent tellement forts que les rébellions rustiques se font désormais vaines et cessent de remporter des succès. Alors, elles perdent graduellement de leur intensité, et puis elles disparaîtront tout à fait (après 1707). Au XVIIIe siècle la révolte ne paye plus. Voilà pourquoi on va y renoncer.

À leur belle époque du XVIIe siècle, les soulèvements villageois et urbains ne sont pourtant pas purement rationnels. Ils sont aussi carnavalesques, bachiques : autour des barricades, on défonce les barriques de vin. On se masque, on se déguise en femme... Du masque au mythe, il n'y a que brève distance, vite franchie. L'utopie fleurit parmi les rebelles : ils veulent un roi sans ministres, un monarque sans impôts ; il rendrait la justice sous son chêne ; il percevrait les taxes sans intermédiaires, *de la main à la main*.

Bercé a décortiqué ces révoltes, avec la technique d'un naturaliste (au regard froid). On souhaiterait parfois que cet historien soit plus chaleureux vis-à-vis de ses personnages. Mais on admire, dans sa grosse thèse, la formidable science des archives, la finesse, l'art du sociologue et de l'ethnographe, l'immense variété des aperçus...

Un millénarisme montagneux

Philippe JOUTARD, *La Légende des Camisards,* Paris, Éd. Gallimard, 1977, 439 p. (*Le Monde,* 20 janvier 1978).

Ils agirent en bêtes féroces, mais on leur avait pris leurs femelles et leurs petits. Ils déchirèrent les chasseurs qui couraient après eux. Cette appréciation dédaigneuse de Voltaire résume à peu près ce que pendant un siècle et demi (1700-1850) on pensait des camisards dans le meilleur des cas.

Le phénomène camisard autour de 1703, brièvement résumé par Joutard au début de son livre, ne manque pourtant pas d'intérêt : combattants de la foi dans les Cévennes protestantes, opprimés par la révocation de l'Édit de Nantes (1685), les camisards ont déclenché la seule grande révolte *millénariste* qu'ait connue depuis l'époque médiévale notre pays ; bien trop cartésien pour cela, d'ordinaire.

Forts des prophéties de Jurieu, les simples paysans ont pris les armes au nord de Nîmes et de Montpellier pour que s'accomplisse l'Apocalypse ; pour qu'interviennent le Jugement dernier et la régénération du genre humain.

Autre titre de gloire : la guerre des Cévennes est l'un des plus importants phénomènes convulsionnaires de notre histoire. Les petits prophètes du *Théâtre sacré des Cévennes* se roulent par terre, l'écume à la bouche ; ils sont saisis par des transes d'apparence épileptiforme. Inspirés par l'Esprit-Saint, ils insufflent aux combattants de leur bande, qui les regardent faire et qui parfois les imitent, l'héroïsme qui leur permettra de s'attaquer victorieusement aux armées royales, pourtant plus nombreuses et mieux équipées. Enfin, les camisards, comme plus tard les chouans, comptent parmi les inventeurs de la guerre de *guérilla* : elle connaîtra au XXe siècle une assez prodigieuse « fortune », si l'on peut dire. Ces gens-là méritent donc plus et mieux que deux lignes distraites dans un manuel.

Joutard, professeur à l'université d'Aix-en-Provence, a voulu faire, entreprise originale, non pas leur chronique mais l'histoire de leur histoire. Il a envisagé le « camisardisme » à l'échelle de deux siècles de sensibilité (protestante et catholique) tournée vers un certain passé ; il ne s'est pas borné aux seules dix années (première décennie du XVIIIe siècle) pendant lesquelles les maquis huguenots sont à l'œuvre dans les Cévennes.

Au XVIIIe siècle, justement, les malheureux camisards sont accablés par toute l'historiographie, qu'elle soit réformée ou catholique. Ils sont suppliciés une seconde fois, symboliquement. De la part des prêtres de l'Église romaine, Louvreleul et Brueys, qui écrivent pour leur compte l'histoire camisarde, cette hostilité n'étonne pas... Ces deux personnages, parfois bien informés, répandent quand même des légendes calomniatrices. L'une de celles-ci littéralement invente une certaine école de prophétisme : là, un pédagogue *forge-prophète* nommé Du Serre aurait soi-disant formé de jeunes Cévenols triés sur le volet pour leur apprendre à se contorsionner, à *fanatiser*, afin que ce fanatisme puisse ensuite être inculqué à d'autres villageois du Languedoc...

Même quand on échappe à la tradition proprement « papiste », les jugements relatifs aux camisards demeurent malveillants. Historien de Louis XIV, Voltaire se borne à invoquer, au profit des malheureux combattants cévenols, les circonstances atténuantes. Monarque en tête, le gouvernement les avait persécutés abominablement... Le plus curieux, c'est l'hostilité sans voiles que les Églises protestantes, au XVIIIe siècle, professent vis-à-vis des maquisards des Cévennes, dont le « baroud d'honneur » semblait mériter mieux qu'une telle haine, s'agissant surtout de coreligionnaires victimes de communes discriminations.

On pense, à ce propos, au long purgatoire de Jeanne d'Arc, tenue en peu d'estime après sa mort par les Français, qu'elle avait pourtant « sauvés ». Les graves pasteurs de Genève et de Nîmes, vers 1750, considèrent que les Inspirés camisards ont donné un exemple dangereux pour la foi, pour la raison et pour les mœurs. Certains prophètes sont même accusés par les « ministres » d'être de vils débauchés, des exhibitionnistes, etc. ! Seul Antoine Court, historien et militant du protestantisme sous Louis XV, a su rendre aux camisards un hommage lourd de sens : il a redécouvert leur passé, il a utilisé à ce propos les procédures de l'enquête orale. Il demeure pourtant très réservé vis-à-vis de ce qu'il appelle, avec raison certes, le « fanatisme » des Cévenols de 1703.

Mal aimé de ses historiens d'autrefois, qu'ils soient de foi genevoise ou romaine, le groupe camisard a néanmoins conservé depuis toujours un bataillon sacré d'inébranlables fidèles. Le peuple des Cévennes, de 1703 à 1977, n'a jamais oublié les défenseurs de jadis, sortis de ses entrailles, et qui l'ont aidé à survivre. Ici se trouve la partie la plus neuve du travail de Joutard. Au terme d'une enquête strictement *orale,* menée auprès de divers vieillards des villages cévenols, l'historien d'Aix a su faire la part de ce qui est, dans ces montagnes, tradition authentique et non livresque.

Au cours de cette recherche, Joutard est tombé sur quelques trésors : il a mis au jour de lointains souvenirs qui remontaient quelquefois, par grand-mères interposées, jusqu'au XVIe siècle, jusqu'à l'époque très ancienne du refus de conversion au protestantisme.

Joutard a montré surtout avec quelle voracité la légende camisarde, qui s'est identifiée de plus en plus à la gauche, a digéré les souvenirs plus récents, liés aux luttes pour la tolérance religieuse et politique.

Le folklore cévenol de 1970, ou du moins la tradition orale, a assimilé la geste de Jean Cavalier, chef camisard ; mais ce folklore a aussi protestantisé l'aventure des révolutionnaires de 1793 ; celle des révoltés contre le coup d'État de Louis-Napoléon Bonaparte, en 1851 ; et même celle du capitaine Dreyfus, dont les défenseurs protestants, attentifs à l'épreuve des minorités, furent nombreux dans ce petit coin de Languedoc. Les choses en sont venues jusqu'au point paradoxal où la contrepèterie, pourtant médiocre, *maquisard-camisard* a permis de magnifier la résistance cévenole de 1944 contre les Allemands ; il a suffi pour cela de la mettre en équivalence avec le soulèvement huguenot de 1703, tourné contre les dragons et l'Église romaine.

Miracle : ces traditions orales, voici plus de cent ans, ont même assuré le renouvellement salutaire de l'histoire savante, qui fut si longtemps hostile aux Cévenols. Au milieu du XIXe siècle, un jeune Méridional au prénom flamboyant, Napoléon Peyrat, était féru à la fois de cathares et de camisards (autre cousinage légendaire). Il avait reçu le souvenir, verbalement transmis, des combats cévenols pour la liberté de conscience. Un jour Peyrat « monta » vers la capitale. Il y fréquenta les écrivains, les historiens.

Michelet, qui jusqu'alors ne s'intéressait guère aux Cévennes, eut brutalement le coup de foudre pour Napoléon Peyrat, ou pour le passé rebelle et montagneux que ce jeune homme transportait avec lui dans ses bagages. Il comprit, en un éclair, le caractère sauvage, profond, bref *romantique* du phénomène de la résistance huguenote. Avec cette « conversion » du grand historien aux sympathies camisardes, annoncée non sans fracas dans son *Histoire de France,* les yeux se dessillent, la vérité sort du puits, l'élan est donné. L'historiographie se retourne comme un gant. L'image romantique des camisards gagne les cœurs ; cent ans après Michelet, les historiens protestants et même catholiques ne jurent plus que par les héros des Cévennes : ils vouent aux gémonies les persécuteurs anticalvinistes.

Ce « tournant » brutal est tellement définitif que le malheureux pasteur Bost, admirable historien d'archives du début du XXe siècle, se vit vertement rappeler à l'ordre par ses confrères huguenots. Bost osait signaler, en effet, preuves à l'appui, que les Cévenols avaient *quand même* commis des atrocités, pris des contacts avec les puissances ennemies de la France, et présenté certains traits névropathiques ! Aujourd'hui, l'admiration pro-camisarde gagne des cinéastes comme Allio, et des occitanistes comme Robert Lafont : bon prince, Lafont passe généreusement l'éponge sur le fait que les huguenots du Midi, quand ils conversaient avec l'Esprit-Saint, ne le faisaient qu'en français, et jamais en occitan. Partout, en 1978, l'encens fume vers les autels cévenols.

Le livre de Joutard ne cherche pas à démêler ce qui pour nous constitue le double et formidable mystère des Cévennes. Pourquoi dès le début ces montagnes ont-elles constitué, en France, quatre siècles durant, l'unique et infrangible bloc du protestantisme rural ? Et puis, seconde question, quelles structures psychiques faut-il mettre en cause, névrotiques ou normales, négatives ou bénéfiques, en ce qui concerne les fureurs convulsionnaires dont les prophètes camisards tiraient le meilleur de leur force persuasive ? Mauvaise hystérie ? Bon langage du corps ?

Pour l'heure et même pour beaucoup plus longtemps, l'ouvrage de Joutard constitue l'un des meilleurs livres que nous possédions sur ce peuple de montagnards et de bergers qui fit trembler Versailles. Le chercheur aixois rappelle opportunément qu'on est toujours le camisard de quelqu'un, d'Antoine Court, ou de Napoléon Peyrat. On finissait par oublier que dans le long terme où tout le monde est mort, ce sont les historiens qui consacrent, et personne d'autre. Ils ont bien du pouvoir. Si Michelet avait apprécié Louis XV, comme il s'est épris des camisards, ce monarque injustement décrié serait tenu aujourd'hui pour l'un de nos plus grands rois.

Une définition

Michel MOLLAT et collaborateurs, *Études sur l'histoire de la pauvreté*, Paris, Publications de la Sorbonne, 2 vol., 1974, 885 p. (*Le Monde*, 28 juin 1974).

« *Vous aurez toujours des pauvres !* » avait dit le Christ. Mais, pendant quelque temps, avec le bel optimisme hérité du XIXe siècle, on essayait de ne plus y penser, de ne plus y croire. Depuis vingt ans, dur réveil : dame Pauvreté n'a pas l'intention de déserter notre planète. Bien au contraire. Les dénutris se comptent par centaines de millions au bas mot. La pauvreté du Moyen Âge, telle que l'étudient Michel Mollat et ses collègues, a encore quelque chose à nous apprendre.

Les « pauvres », à Florence, dans les autres grandes villes occidentales et dans les campagnes de la France du Sud, entre le XIe et le XVe siècle, peuvent représenter 20 %, 25 %, voire 40 % de la population globale. Mais, qu'est-ce qu'un pauvre ? Un indigent ? Et plus souvent encore une indigente ? Un être sans feu ni lieu, sans maison ? Un gueux à la Callot ? Oui. C'est la première définition, fort convenable. Mais, plus largement, le pauvre, dès le XIVe siècle florentin, c'est le *salarié ;* du moins dans les bas et moyens étages du salariat. Naturellement, il y a des salariés qui « s'en sortent » : car la bonne solution, quand on est tisserand ou potier, dans la Toscane de 1340, et quand on ne veut pas tâter du paupérisme, c'est de ne pas se marier. Le célibat représente l'existence rêvée, pour l'ouvrier du Moyen Âge... En termes de niveau de vie, du moins. Cette constatation de bon sens n'empêche pourtant pas les gens de s'épouser. Mais dès que leur vient une grosse famille, quatre ou cinq naissances successives, ou plus, en rafale, comme c'est si souvent le cas parmi les couples de l'époque, le ménage fait le plongeon dans la misère. Si courageux que soient le père et la mère.

Naturellement, il y a des variations, des fluctuations dans cette misère des salariés pauvres. Au XIVe siècle, par exemple, le surpeuplement accroît le paupérisme, en vertu d'une situation que le Tiers Monde expérimentera lui aussi, en notre temps. Puis survient la grande peste de 1348. Elle tue tellement de personnes (30 % à 50 % des populations selon les contrées) que les survivants... s'en trouvent beaucoup mieux pendant quelques décennies. Dans une démographie désormais clairsemée, ils se procurent plus facilement des subsistances. Bref, les voilà moins pauvres ; ou bien disons qu'il y a moins de pauvres parmi eux. Mais la peste, si j'ose dire, n'a pas « que de bons côtés » (quant à ce point de vue fort spécial). En multipliant les orphelins et les enfants abandonnés, elle fait proliférer, à terme, les vagabonds, autrement dit les pauvres qui sont les plus délinquants, les plus dangereux, ou les plus pitoyables, selon le cas.

Face au paupérisme, l'attitude des riches est sélective. Ils ont *leurs* pauvres, au nombre desquels ne figurent point les salariés de l'artisanat ou de l'industrie. Ceux-ci crèvent de faim ? Leurs enfants ont le ventre ballonné, les yeux qui supplient ? C'est fort possible. Mais, il demeure qu'ils ont quand même de quoi vivre, ces salariés, puisqu'ils touchent (en principe) une rémunération journalière, ou mensuelle... Alors qu'ils s'arrangent ! Le vrai pauvre, au gré de l'élite, c'est celui qui répond aux exigences de la tradition évangélique et franciscaine ; c'est le mendiant professionnel, le clochard ; c'est la pauvresse, veuve ou orpheline. Quand vous donnez à ces gens, vous donnez au Christ. Et vous raccourcissez d'autant votre propre séjour, plus tard, dans le purgatoire. De fait, les aumônes pleuvent sur ces catégories mendiantes de déshérités.

Spécialement généreux à cet égard sont les monastères, les hôpitaux, les « œuvres » diverses, et tout simplement les particuliers qui ont du superflu. Toujours soucieux les uns et les autres de distribuer à des dizaines ou à des milliers de gens le croûton de pain salvateur ou l'écuelle de soupe individuelle qui préserveront les bénéficiaires de la mort par inanition. Les municipalités, en revanche, sont ladres, dès lors qu'il s'agit de soulager la misère.

Le riche, et plus généralement le catholique, peut fort bien, doit même aller au-delà de cette simple charité. Il peut s'identifier en personne au miséreux total, par l'acceptation, toujours évangélique, de la *pauvreté volontaire*. Il peut se crucifier vivant, se laisser couvrir de crachats, et sentir s'enfoncer dans son crâne les épines de la couronne sanglante. Renonciation à la richesse, au pouvoir, au désir même. Refus global de la « société de consommation », ou de ce qui en tenait lieu, pour une poignée de nantis, à la fin du Moyen Âge. Ainsi se répand, sur les chemins, la horde des Frères mendiants, qui souvent sont originaires de la bourgeoisie marchande. Les voilà qui vont pieds nus, corde aux reins, cilice au torse, barbus et tondus, quêtant l'aumône.

Ils ne sont pas seuls de leur espèce : dès le haut Moyen Âge, certains évêques, comme saint Césaire d'Arles, vendaient les calices et les chasubles d'or afin de secourir les misérables. Car l'Église, selon ces prélats, se devait, à l'image de son fondateur, d'être pauvre et même dénuée du nécessaire.

Tout serait parfait si les pauvres eux-mêmes, les vrais, ceux qui le sont de naissance et non par leur bon vouloir, acceptaient eux aussi de s'identifier à Jésus ; et s'ils jouaient volontiers leur rôle de misérables, non seulement au naturel, mais au spirituel. Mais beaucoup d'entre eux, surtout parmi les salariés, que n'irrigue pas le flot des aumônes, se rebellent avec audace contre la situation qui leur est faite. Les voilà qui immigrent en ville et qui se délivrent des liens de clientèle respectueuse où le féodalisme rural avait enchaîné leurs parents. Du coup, certains parmi ces salariés urbains se mettent en tête de prendre la place des privilégiés et de s'emparer de leurs biens. Voire de leurs femmes, supposées plus belles ou plus jeunes que celles des pauvres ! Des révoltes populaires éclatent donc, fin XIVe siècle, dans la Florence des *Ciompi,* et dans le Languedoc des *Tuchins.* Il arrive même que des dominicains, saisis par le démon de la barricade, soufflent sur le feu et contribuent à propager partout les flammes révolutionnaires.

Au XVIe siècle, la pensée humaniste, comme l'a montré N.-Z. Davis, tâche de mettre bon ordre à ces émotions plébéiennes. Elle entend que soit canalisée l'aumône vers les institutions collectives de l'assistance, et non plus vers les pauvres individuels. Et que soient enfermés les miséreux dans des bâtisses peu agréables : hôpitaux, prisons, *workhouses...*

Au total, deux volumes d'un livre lourd de substance, et où se détache, au tome II, une étude difficile, mais tout simplement admirable, par Charles de la Roncière, sur la Florence pauvre du XIVe siècle. Quelques monographies — parmi celles, nombreuses et enrichissantes[1], qu'on trouve dans le tome premier — sont, en revanche, ordinairement descriptives, au niveau de la bonne leçon d'agrégation. Ces faiblesses passagères sont peut-être inévitables dans un (gros) ouvrage collectif ; jetons donc sur elles le bleu manteau d'oubli de la Vierge de Miséricorde.

---

1. Voir par exemple (entre autres) le beau travail de M. Vauchez sur sainte Élisabeth et la pauvreté.

RÉGIONS

L'Ankou et les siens

Alain CROIX, *La Bretagne aux* XVIe *et* XVIIe *siècles*, Paris, Éd. Maloine, 1980, 2 vol., 1571 p. (*Le Monde*, 21 août 1981).

Cette *Bretagne* d'Alain Croix risque d'effrayer le lecteur par ses dimensions : 1571 pages, en deux volumes. Mais les idées qui y sont défendues deviendront un jour, par diffusion progressive, le pain quotidien de la vulgarisation. L'auteur a compulsé par milliers les registres paroissiaux où sont consignés les baptêmes, mariages et sépultures. Il a lu les rapports des intendants, les récits des « missionnaires » qui venaient évangéliser les Bretons (comme, à la même époque, les Hurons ou les Iroquois). Le christianisme encore paganisé des habitants de la Bretagne exigeait en effet que le clergé entreprît une remise en ordre, dans le style de la Contre-Réforme...

Qu'est-ce qui se modifie dans la Bretagne des XVIe et XVIIe siècles ? Pas tellement la frontière linguistique ; elle recule légèrement vers l'ouest ; mais *grosso modo* elle demeure accrochée pendant des siècles à ses points d'ancrage traditionnels ; elle barre par le milieu la grande province ; on y parle celtique à l'ouest et gallo (un dialecte français ou d'oïl) à l'est, dans la région de Rennes.

Surtout un grand essor démographique traverse comme une onde le peuple breton de 1500 à 1680 : au XVIe siècle, jusque vers 1560 ou 1580, la population se gonfle progressivement, tablant sur des ressources très variées, agricoles, industrielles et maritimes ;

elles permettent à ce pays, en tout temps, d'obtenir sa subsistance.

Les guerres de religion (1560-1600 en dates rondes) ne sont pas tellement meurtrières par elles-mêmes, mais elles sont contemporaines d'un certain nombre de pestes et de famines, surtout pendant les décennies 1580 et 1590 ; les unes et les autres cassent momentanément la croissance démographique des peuples armoricains. Puis, après 1600 et jusque vers 1680, c'est une reprise : le peuplement régional recommence à s'accroître, alors que tous les historiens s'obstinent à parler (non sans bonnes raisons pour d'autres zones) d'une « crise du XVIIe siècle ». Mais la Bretagne est entraînée à cette époque dans les prospérités atlantiques : on les rencontre, plus vigoureuses encore, en zone basque et surtout en Angleterre ou aux Pays-Bas.

Vers 1680, c'est à nouveau la brisure en Bretagne. La péninsule, avec deux millions d'habitants, est décidément trop remplie d'hommes, « pleine comme un œuf » ; à un moindre degré, c'était déjà le cas vers 1550. Cet entassement déraisonnable engendre le paupérisme et le mécontentement ; ils se traduisent dès 1675 par la révolte des « bonnets rouges ». Qui plus est, à partir de 1661 le poids du centralisme monarchique se fait sentir. « L'État de finances » mis au point par Colbert fera désormais subir aux Bretons un joug fiscal des plus sévères. La Bretagne avait quelque peu échappé à la crise générale du XVIIe siècle. Mais, défavorisée par les pesanteurs accrues de l'État central, elle ne prendra pas sa juste part de la croissance économique et démographique du XVIIIe siècle. Celle-ci fera progresser l'ensemble français mais laissera certains Bretons « en rade ». La population provinciale sera bloquée jusqu'à la Révolution à deux millions de personnes ou guère davantage.

Somme toute, la Bretagne, frappée d'épidémies et de disettes comme le reste du royaume, mène vaillamment la lutte contre le trépas, jusque vers 1680 ; au XVIIe siècle, elle doit ce privilège, que ne partagent pas toujours les autres provinces, à la forte fécondité de ses femmes et à la variété de ses ressources : elles lui viennent de la polyculture et de la pêche.

Remarquons pourtant que les Bretons du XVIIe siècle ont un sérieux problème diététique. Ils sont, en effet, terribles mangeurs de beurre. Une noce bretonne digne de ce nom ne se conçoit pas sans que figure au menu, sur un plateau, entièrement sculptée, la représentation du cortège nuptial dont les personnages sont taillés dans des mottes de beurre.

Combattre la mort, c'est aussi vivre avec elle. Comme Alice au pays des fantômes, Alain Croix franchit donc une fois pour toutes le tain du miroir, et s'en va questionner l'immense répertoire des croyances populaires quant au décès.

Notre historien, qui lit la langue bretonne (rare exploit parmi ses collègues), s'attache (entre autres) à dépeindre la forte personnalité de l'Ankou, incarnation masculine de la Mort, tout comme l'est *der Tod* en allemand (par opposition aux féminités de la Mort, dans les langues latines, et notamment en français).

Dans la vie réelle des paroisses, l'Ankou breton est souvent représenté par le premier ou le dernier mort de l'année en cours. Fondamentalement, Alain Croix considère que cette entité macabre fut mise en scène par les Bretons sous les espèces et les apparences d'une sorte de saint un peu spécial *(saint Mort ?)*. L'Ankou dérive probablement d'une vieille figure païenne du IXe siècle ; mais il n'a pris sa forme définitive que pendant l'ère macabre des grandes épidémies des XIVe et XVe siècles. L'Ankou a du mal à traverser les rivières, que les rats et les puces pesteuses, effectivement, ont, elles aussi, bien de la peine à franchir, à moins de trouver une barque et des passagers humains pour les faire transiter ; ce sera mythiquement la barque de la Mort. On discerne du reste, dans cet Ankou, bien des traits de la Mort médiévale ; il est accompagné de divers personnages : ils s'appellent Disette, Cherté ou Gabelle, ils lisent l'avenir dans un tamis ou bien ils ont le mauvais œil (c'est l'œil gauche des cadavres quand il refuse de se fermer).

L'Ankou fait également fonction de Mort-mari ou de Mort-parrain mythique, par exemple à Landivisiau ; on lui fait familièrement des blagues ; il prêche l'égalité de tous et de toutes, grands et petits, riches et pauvres, devant le trépas. Sur terre, il se déplace en charrette (c'est la charrette des morts de Bretagne et d'Ariège ; les films de Bergman la remettront à la mode en notre temps). Autour de cet Ankou s'organise le retour funèbre des anciens vivants devenus revenants : on ne doit pas les bousculer dans la maison par d'intempestifs coups de balai ; on leur réserve une portion de nourriture près du feu de la cheminée familiale.

L'Église, bien sûr, a lutté contre ces croyances non chrétiennes ; elle les a combattues par le verbe des prédicateurs. Les Pères

Le Noblet et Maunoir ont agi, à grands coups de prêcherie dialectale et de bandes dessinées : ce sont les fameuses « cartes » qu'exhibaient les tonitruants missionnaires aux paysans. Ces fougueux orateurs ont inculqué dès le XVIIe siècle aux populations celtophones la peur de l'enfer ; elle évincerait, pensaient-ils, l'angoisse qu'éprouvaient leurs ouailles vis-à-vis des revenants d'allure païenne.

Maunoir et les siens ont été perçus par leur auditoire comme de bons mages : ils luttaient loyalement contre les mauvais sorciers du folklore local. Ainsi se préserve, jusqu'au XXe siècle, un équilibre entre le paganisme et le christianisme ; il bâtit l'identité collective des terroirs bretons de l'ouest de la France. Pour venir à bout de ce remarquable édifice, il faudra la modernisation des années 1920-1980, et aussi le hara-kiri collectif de Vatican II (certes bénéfique à d'autres points de vue). En renonçant à de nombreux rites, hérités d'une religion baroque et populaire, l'Église des années 1960-1970 se sépare des cultures chrétiennes et paganisantes, arrosées de cidre et d'eau bénite, qui fleurissaient dans les haies du bocage breton. À terme, c'est l'identité même de la péninsule qui est menacée par ce divorce.

Des lecteurs nécessairement peu nombreux auront la bonne fortune de se procurer le livre vaste et cher d'Alain Croix ; ils se laisseront éblouir par la science profonde et substantielle d'un jeune historien. À ce jour il est allé plus loin que quiconque dans l'exploration de nos anciennes croyances provinciales.

Celtes rouges

André BURGUIÈRE, *Bretons de Plozévet*, Paris, Éd. Flammarion, 1975, 384 p. (*Le Monde*, 28 novembre 1975).

Il y a des villages alpins qu'ont rendus célèbres leurs goitres, ou la fréquence des pieds à six doigts, parmi les malformations dont furent affligés leurs habitants. À Plozévet (baie d'Audierne et pays « bigouden », en Finistère), la luxation congénitale de la hanche représentait l'anomalie locale, née des mariages consanguins. Cette anomalie justifia, voici quinze ans, la mise en train d'une enquête scientifique et « pluridisciplinaire » menée par des biologistes, des anthropologues, des démographes...

Un jeune historien, André Burguière, a été chargé, par les responsables de cette vaste entreprise, d'opérer la synthèse conclusive.

Les *Bretons de Plozévet* se situent au terme de tout cela. Le livre qui leur est consacré représente le contrepoint sérieux, savant, de l'admirable *Cheval d'orgueil*[1] qui traite, lui, sur le mode narratif des mêmes régions de l'Armorique. Comme nous voilà loin, au bout de ces recherches, de la luxation congénitale de la hanche... Prétexte initial, elle n'occupe qu'une place restreinte dans l'ouvrage dense, mais pas démesuré, d'André Burguière.

Plozévet, c'est d'abord une démographie : vers 1800-1820, dans cette localité, la « pyramide des âges » est aplatie au sommet, étalée à la base, comme une glace qui s'est démoulée depuis trop longtemps ; car les jeunes fourmillent, et les vieillards sont en petit nombre. Un siècle et demi plus tard, les proportions se renversent. Le trépas militaire, en 1914-1918, est un massacre de paysans, tellement néfaste pour la Bretagne, chargée de fournir la piétaille. Les décennies qui suivront seront démographiquement négatives elles aussi : émigration, dénatalité, vieillissement... Aujourd'hui Plozévet est une citadelle du troisième âge.

Au XIXe siècle pourtant, l'explosion démographique avait pulvérisé le terroir en un morcellement de type flamand ou chinois. Les champs s'étaient partagés à l'infini ; sur ces parcelles minuscules, les fermiers locaux, appelés *domaniers*, demi-serfs, végétaient dans une quasi-pauvreté. Les fils étaient plus misérables que les pères, du fait même du morcellement successoral...

Au XXe siècle, la vapeur se renverse : la population se tasse, et les activités se diversifient. Les Plozévétiens quittent le plancher des vaches : ils cueillent le goémon, pêchent la langouste, fabriquent le pain de soude. Ateliers, foyers, jardins, usines, commencent à produire respectivement la dentelle, les petits pois et le maquereau au vin blanc. L'épicerie-buvette et la vente des journaux symbolisent l'enrichissement, ou plutôt le désappauvrissement général. L'acculturation s'accompagne parfois d'alcoolisation : *Ouest-France* et le café « arrosé » colonisent la bourgade.

L'essentiel dans tout cela, c'est l'élévation du niveau de vie : même dans les foyers les plus pauvres, on note des améliorations

---

1. Pierre JAKEZ HELIAS, *Le Cheval d'orgueil*, Plon, 1975.

progressives ; elles sont à la mesure, sans doute, de la pauvreté d'ancien type. Au plus bas de l'échelle sociale, par exemple, trois frères célibataires à Plozévet dans les années trente vivaient sur un sol en terre battue et couchaient dans des lits clos, rembourrés par des matelas de balle d'avoine. Or ces frères s'achètent une bicyclette en 1935, une arracheuse de pommes de terre en 1947, un réchaud à gaz en 1950. Innovations dérisoires, dira-t-on... Mais depuis 1950 et surtout 1960, le confort actuel (eau sur l'évier, machines ménagères...) fait une entrée triomphale au bourg, et puis dans les hameaux, amateurs de modernisation.

Plozévet, c'est aussi le conflit des rouges contre les blancs. Et plus précisément, s'agissant des agriculteurs, c'est le conflit des *rouges-petits-vieux* contre les *blancs-gros-jeunes* (le renouveau de l'agriculture, localement, est en effet passé par les jeunes cultivateurs, catholiques et jadis « de droite », qui régissent les domaines les plus substantiels, tandis que les petits exploitants de gauche, eux, ont longtemps stagné dans l'arriération technique). D'une façon générale, depuis la Révolution française, Plozévet est un îlot rouge-républicain, dans une Bretagne qui demeura longtemps royaliste et blanche. D'où viennent ces « rougeurs » locales ? Est-ce la faute à l'Église ? Peut-être bien. Sous l'Ancien Régime, elle tondait les Plozévétiens, et leur imposait de lourdes dîmes. De là venaient les frustrations populaires...

Et puis Plozévet, avant 1789, était indépendant, peuplé de mauvaises têtes ; le bourg n'obéissait point à un seigneur. Le peuplement, depuis belle lurette, a donc fait front contre le clergé, qui, en riposte, de 1814 à 1914, s'est montré incroyablement maladroit : l'évêque privait les Plozévétiens « sans Dieu » de curés, de messe de minuit, de sacrements. Il croyait, par là, les mater... L'effet, bien sûr, était celui du boomerang. Qui plus est, une dynastie de notables rouges, les Le Bail, députés et maires, a su cristalliser sur place, à son profit, le vieil anticléricalisme. Les Le Bail ont implanté l'école laïque, depuis le primaire jusqu'au C.E.G.-C.E.S. ; ils ont fait, jusque vers 1920, leurs propres affaires en réglant pour le mieux celles de la gauche ; ils sont devenus, dans la foulée, propriétaires terriens d'importance. Ils ont arraché Plozévet à ce qui restait d'« *obscurantisme* ».

Pour le meilleur ou pour le pire ? La commune, du coup, a perdu, sans douleur mais non sans dommage, l'usage de la langue bretonne, déracinée par les instituteurs (eux-mêmes bretons !) et par les *mass media*.

Quant aux paysans, ils se sont réveillés pour quelque temps, grâce aux initiatives audacieuses et syndicales des militants venus de la Jeunesse agricole chrétienne. Mais les militants se lassent, et les paysans disparaissent. La scolarisation, peu à peu, a drainé les cerveaux de Plozévet vers le fonctionnariat parisien. La commune produisait des petits pois. Elle s'est mise à fabriquer des agrégés. Les anciennes plantations de fraisiers se sont couvertes de pavillons de banlieue et de résidences secondaires. Sur la côte découpée, le béton a évincé la chlorophylle. Débâcle créatrice dans laquelle survit en filigrane le conflit des rouges contre les blancs ; lutte adoucie, mais toujours durable. Elle donne à la vie plozévienne ses tonalités automnales[1].

Sur un petit groupe humain, Burguière a donc écrit un livre alerte et solide. Il a aimé Plozévet. Trop, peut-être. Au point de n'en pas dire assez de mal. La bourgade « bigouden » attend-elle encore son Zola ?

Avant la France

Jean NICOLAS, *La Savoie au XVIIIe siècle*, Éd. Maloine, 1978, 2 vol., 1242 p. (*Le Monde*, 18 août 1978).

Qui se soucie encore de la Savoie, habitants et touristes mis à part ? Trop de Français ignorent que les deux départements (Haute-Savoie et Savoie) furent, en leur temps, le noyau d'un formidable État montagnard : il devait donner, par extensions successives, l'actuelle république italienne ; elle prolonge chronologiquement l'État souverain du Piémont-Savoie, devenu royaume d'Italie. Jean Nicolas, lui, se souvient. Les archives savoyardes, qu'il a compulsées, ramonées pendant vingt années interminables, lui ont tenu lieu de mémoire.

---

1. Sur Plozévet, voir aussi le beau livre d'EDGAR MORIN, *Commune en France*, Paris, Éd. Fayard.

Protestant ardéchois, Nicolas est devenu savoyard de cœur. Historien des groupes sociaux, il s'est pris d'un amour de tête pour la noblesse des Alpes du Nord : elle le lui a bien rendu. Elle lui a ouvert les chartriers des châteaux. Il a écrit, en deux décennies, ces deux gros volumes ; ils sont maintenant la bible des érudits régionaux. Il a dressé le portrait en pied de l'aristocratie savoyarde d'Ancien Régime, classe militaire dans l'obédience des souverains locaux, qui ne la ménageaient pas. Grâce à elle, ils ont transformé leur pays en place forte, en « Prusse des Alpes ».

Cette noblesse est flanquée, du côté de la roture, par une classe moyenne d'avocats, de notaires. Inutile de chercher entre Annecy et Chambéry la fameuse bourgeoisie « capitaliste-industrielle », chère à nos manuels d'histoire, avec ses fumantes cheminées d'usines. Au XVIIIe siècle, on la trouve à Manchester ou en Belgique, pas à Évian. En Savoie, au temps de nos rois Louis XV et Louis XVI, les juristes tiennent le haut du pavé, parmi les classes bourgeoises. Par comparaison, les médecins eux-mêmes ne sont guère nombreux : la grande vallée de Maurienne, en 1728, ne compte parmi ses habitants aucun docteur en médecine ! Les paysans de cette zone se soignent comme ils peuvent, avec de la corne de cerf et des crottes de souris. À défaut de véritables médecins, régulièrement estampillés par la Faculté, ils recourent aux empiriques et aux charlatans... qui sont, parfois, efficaces.

La paysannerie savoyarde garde les pieds sur terre, bien plantés sur le lopin familial : elle tient 50 % du sol cultivable en Savoie, contre 20 % aux nobles, 23 % à la bourgeoisie et un petit 5 % seulement au clergé, ce parent pauvre de l'élite régionale. Qui plus est, les paysans de ce pays bénéficient du précieux soutien que leur consent l'État savoyard, régi par les ducs successifs qui sont aussi « rois de Sardaigne » : ceux-ci travaillent efficacement, mieux que ne le font les rois de France, à rogner les griffes de la noblesse, tenue pour exploiteuse du villageois... De haut en bas, Nicolas met donc en place la pyramide des groupes sociaux, dont chacun se signale par ses consommations spécifiques : le peuple, privé de viande, se bourre de gros pain noir (1,2 à 2 kilos par jour) ; le noble du XVIIIe siècle connaît déjà les boissons de luxe, café, thé, chocolat, inconnus des roturiers.

Les normes familiales charpentent fortement cette société : le droit d'aînesse existe partout, même chez les bourgeois. L'enfant devenu grand, pour se faire émanciper par son père, se met à genoux « féodalement » devant lui. Les fils de la noblesse vont parfaire leur éducation à Paris ; mais les filles nobles en sont réduites à n'apprendre que le solfège. Leur orthographe demeure déplorable. Le sentiment de l'honneur familial est répandu dans tous les milieux : le moindre lignage, même roturier, possède son blason ; tel charcutier porte en armoiries un porc de sable sur fond d'azur...

Cette société n'est pas statique : des luttes de classe l'agitent, même si les pauvres n'y sont pas nombreux (5 % de pauvres dans les villes, 13% dans les campagnes, par rapport à la population totale). Un gros siècle avant la Révolution française, des paysans précurseurs stigmatisent, en Savoie, l'exemption fiscale dont jouit la noblesse ; ils brûlent les registres des droits seigneuriaux ; ils attaquent les plus riches ruraux qui accaparent la terre communale ; elle donnait jusque-là pâture gratuite à la vache du pauvre. Les querelles entre groupes sociaux sont compliquées par l'intervention du puissant voisin français.

À trois reprises, les armées des rois Bourbons font de l'occupation militaire en Savoie : après 1650, après 1703 et 1742. À chaque fois, de lourds problèmes de « collaboration », qui préfacent notre actualité du XXe siècle, confrontent les masses et surtout les élites locales. Les souverains savoyards déploient un réformisme admirable qui érode le privilège de la seigneurie, de la noblesse. Ils font ainsi, sans s'en douter, le lit de la Révolution française : elle se traduit par une nouvelle invasion des soldats venus de l'Ouest ; elle prélude, de loin, à l'annexion définitive qui s'opérera sous Napoléon III.

Ces raz de marée militaires font figure d'épiphénomènes. La vraie lame de fond du XVIIIe siècle, c'est celle qui soulève la démographie régionale : les trois cent mille Savoyards de 1700 deviennent quatre cent mille en 1789. Houle montante, aussi, du profit rural : il enrichit de plus en plus les gros paysans, les caciques de village, qui rachètent les terres des nobles ruinés. La noblesse en effet s'étiole : le *birth control* fait baisser ses effectifs. La chasse aux grosses dots multiplie les mariages de raison ridicules, arrangés sans entrevue préalable. (*« Je ne lui avais pas seulement parlé un quart d'heure avant notre mariage »*, dit un noble, victime de ce genre de noces, à propos de sa richissime épouse).

La bourgeoisie se rétrécit sans cesse au sommet (par passage de ses membres les plus huppés à la noblesse) ; mais elle s'étoffe à la base, puisqu'elle attire dans ses rangs les paysans riches, ou leurs fils. Le bien-être, l'hygiène et la culture se développent dans la classe moyenne : elle voit s'accroître le luxe de ses meubles, les performances de ses gastronomes, et le nombre de ses bidets. L'alphabétisation montante, le léger relâchement des mœurs, l'influence grandissante de la franc-maçonnerie, préparent la Savoie aux destins nouveaux que lui réserveront, de 1789 à 1870, la Révolution et la francisation. Mais on reste éloigné d'un grand changement de type industriel et libéral à la mode britannique.

Ce gigantesque livre de Jean Nicolas est à la fois le monstre et le chef-d'œuvre de l'érudition. Une fois de plus, comme dans le *Beauvaisis* de Pierre Goubert, la monographie régionale est mise au service d'une histoire totale et sociale. Les connaisseurs apprécieront. Les clients pressés ou désargentés dédaigneront (en attendant que l'œuvre arrive jusqu'aux bibliothèques ; en attendant que plus tard elle soit réduite de moitié dans une édition de poche). Les vrais Savoyards, de chair ou simplement de cœur (il y en a dans toute l'Europe), orneront de ce double tome leurs rayonnages.

*Archaïsme et modernité en nation alpine au XVIII*ᵉ *siècle*

Jean et Renée NICOLAS, *La Vie quotidienne en Savoie au* XVIIIᵉ *siècle*, Paris, Éd. Hachette, 1979, 380 p. (*Le Monde*, 26 octobre 1979).

Quand un paysan savoyard, en 1689, veut conclure une promesse de mariage avec la bergère qu'il aime, et qu'il fréquente, il monte la voir à l'alpage, lui donne un écu qu'elle accepte en présence d'un ami commun et qui vaut déclaration d'amour. Ils s'embrassent. Les noces auront lieu... si les parents disent oui. Cette scène charmante, tirée des archives de la vie réelle, et non pas des rêveries d'un poète d'idylle, est l'une des bonnes pages, parmi bien d'autres de *La Vie quotidienne en Savoie*, de Jean et Renée Nicolas. Les auteurs, après vingt années de recherches dans des paperasses poussiéreuses qui valent de l'or pour un historien, disposaient d'un fichier d'une extraordinaire richesse, dans lequel ils n'ont eu qu'à puiser, pour meubler l'ouvrage.

La Savoie du XVIIIe siècle existe-t-elle ? Au plan politico-militaire, aucun problème : ce pays, dont sortira par-delà les années 1860 le royaume d'Italie, est en 1760 l'une des petites ou moyennes « grandes puissances » de l'Europe. Ses montagnes valent toutes les forteresses de la terre. Comme disait le duc de Saint-Simon, *« si la Lorraine avait des Alpes, elle serait une Savoie, c'est-à-dire imbattable »*.

Quant à l'existence au jour le jour, la région participe de l'habituelle pratique des montagnards, peu productive : les paysans charrient le foin... sur leur dos, dans des *filoches* ou *trousses* en filet de plusieurs mètres cubes, dont on pourra voir aujourd'hui encore quelques exemplaires sur le dos de vigoureux vieillards. Ils nourrissent leur bétail avec des feuilles d'arbres ou *liasses*... On enfoncera une porte ouverte en disant que la richesse manque : une famille sur seize dans le pays accède à l'aisance. Les quinze autres essayent, sans toujours y parvenir, de ne pas sombrer dans la misère. Est-ce pire qu'en France, sous Louis XV ? On compte en Savoie un médecin vers 1750 pour vingt mille habitants.

Constatons encore qu'une certaine saleté règne en maîtresse : les villes sont pleines de porcs (360 cochons, rien que dans Chambéry), les vitres sont en papier huilé, les braseros tiennent lieu de cheminées. Quelques améliorations quand même : les poêles en fonte, les horloges, les caleçons et les gilets de flanelle font une apparition bien timide encore... Les maisons, surtout dans le nord de la Savoie, sont en bois et brûlent comme des allumettes. Un coup de fléau à battre les blés, donné par mégarde, sur une lampe, et la voilà renversée, qui met le feu à la grange entière.

À défaut des bienfaits de la consommation ou du service de santé, la Savoie de 1780 connaît-elle les joies d'une timide « libération sexuelle » ? Quelques fugues, des mariages clandestins, des « conceptions prénuptiales » (naissances avant huit mois de mariage) un peu plus nombreuses que par le passé n'entament que faiblement le bloc à la fois rassurant et sévère des rigidités morales de l'époque.

La carence (relative) se lit dans les menus. On mange, faute de viande, deux kilos de pain par jour, et sans cesse on lève le nez vers les nuages pour savoir si les pluies ne détruiront pas la prochaine récolte des grains.

Au sommet de la société, quand même, on dévore davantage : les nonnes visitandines sont grasses comme des cailles ; les gruyères et les *fondues* de Savoie sont déjà fort réputées.

Au chapitre des « drogues » et boissons dès qu'un minimum d'aisance est atteint, la consommation vinique est forte. Un à deux litres de « rouge » par jour et par personne. Mieux vaut boire du vin, en effet aseptisé par l'alcool, que de l'eau non bouillie que pourrissent de microbes les fumiers voisins. De toute façon le degré alcoolique est faible, et la vinification à l'époque n'utilise pas d'additifs chimiques. La santé n'est donc pas menacée par le vin. L'ivrognerie en Savoie était moins intense qu'en Bretagne, mais plus prononcée que dans la sobre Provence. Après 1770, l'alcoolisme local semble diminuer, combattu par les nouvelles drogues (café, thé) : elles excitent les grands ambitieux qu'énerve un prurit d'ascension sociale.

La sociabilité familiale s'incarne grâce aux veillées pour casser les noix, dans la chaleur animale que diffuse l'étable ou l'écurie. La taverne est un espace masculin où s'expriment jeu, délinquance, contrebande et prostitution. Parmi les brocs de vin et la fumée des pipes un essor de la sociabilité cabaretière se manifeste au XVIIIe siècle. Il contribue à fomenter la contestation qui dresse les communautés paysannes contre les seigneurs et contre les notables. Dans les municipalités, le greffier qui sait écrire affirme de plus en plus « la dictature d'un secrétariat » ; elles défendent les terrains communaux contre l'empiétement des grands domaines, et des monastères. Un front commun se réalise ainsi qui unit le secrétariat de mairie, représentant le groupe instruit du village, et les femmes les plus illettrées, acharnées à défendre la terre communale pour la pâture de leurs vaches. De curieux personnages, qui sont les fortes têtes de la paroisse, sont qualifiés dès 1730 de « *républicains* ». Esprits modernes, ils luttent contre l'autre modernisation, qui affecte les seigneuries : celles-ci deviennent en effet bureaucratiques, paperassières, et de plus en plus irritantes pour les paysans. Les émeutes pour la libre disposition de la chasse et de la pêche poussent les riches ruraux et les curés contre les seigneurs, monopolistes du fusil de chasse. On exige, contestation anti-écologique en l'occurrence, la démocratisation du droit d'exterminer la faune. Les derniers ours savoyards tomberont ainsi victimes de la généralisation du droit de chasse après 1790 ou 1800...

La révolte se dresse aussi contre certains paysans riches : ce sont les fermiers seigneuriaux, agents des nobles. L'église paroissiale par contre est l'un des lieux par excellence où se rassemble, curé en tête, la communauté villageoise dans sa lutte tous azimuts contre les privilèges qui lui déplaisent. On y mène une guérilla de type « clochemerlesque » contre le banc seigneurial et contre les armoiries des châtelains dont les figurines font tonner de rage le prédicateur dans sa chaire. Les paysans, dans des scènes assez odieuses, vont jusqu'à déterrer les cadavres des enfants de bourgeois, indûment inhumés sous le pavé de l'église. Décidément le sanctuaire est bien l'espace commun par excellence ; de pauvres gens, dont la maison familiale est d'une saleté repoussante, se saignent aux quatre veines pour orner d'un bulbe baroque le clocher paroissial ! Un retable, après tout, vaut le prix gigantesque d'un alpage, et justement ces églises savoyardes sont pleines de retables. Aujourd'hui le rapport privé/public est inversé : bien des jeunes gens qui barbouillent de graffiti le béton communautaire des campus, s'en voudraient, par contre, de maculer d'une tache de graisse le salon Louis XVI de leurs parents.

La Savoie des Nicolas est la métaphore de l'Occident des Lumières : guère différente en somme du Piémont ou de la France d'époque Louis XVI... Cette région pourtant possède une véritable originalité : un formidable écart s'y creuse entre l'identité des paysans, à Chamonix par exemple, et la modernité bureaucratique de l'État, à Chambéry. Les seigneurs de village sont donc coincés entre la volonté progressiste des souverains des pays, et l'offensive têtue, presque sauvage, que mène la paysannerie contre les féodaux. Ceux-ci seront donc voués à la mort sociale. Les seigneuries savoyardes périront, écrasées entre l'avenir et le passé ; entre le marteau étatique et l'enclume villageoise. Ainsi naîtra en Savoie-Piémont du XIXe siècle la modernité dont sortira Cavour, unificateur de l'Italie.

Les dissociations de l'occitanisme

François DUBET, Zsuzsa HEGEDUS et Michel WIEVIORKA, sous la direction d'Alain TOURAINE, *Le Pays contre l'État*, Paris, Éd. du Seuil, 1981, 318 p. (*Le Nouvel Observateur*, 29 août 1981).

Le « groupe d'intervention » du sociologue Alain Touraine a rendu visite aux militants, sympathisants, amis et parfois adversaires de l'occitanisme. Ces chercheurs se sont déplacés à Montpellier, Narbonne, Carcassonne, Toulouse, Limoges et même à Paris où vivent un grand nombre de Méridionaux. Certains parmi ceux-ci possèdent encore une bonne connaissance des langues régionales de Provence, Languedoc, Limousin ; ou bien ils ont rafraîchi ce vieux savoir. Interventionnistes, les visiteurs ont participé aux réunions locales. Ils ont analysé *in situ* la politique occitane en train de se faire. Ils se sont attiré les réactions amicales, voire hostiles, de non-sociologues et d'occitanistes qui se rassemblaient en leur présence. Au terme de cette enquête, un long rapport vient d'être publié, en édition accessible au grand public : il synthétise les conclusions qu'ont tirées les collecteurs de données, sous la responsabilité d'Alain Touraine.

L'« Occitanie », longue écharpe terrienne, court au sud d'une ligne incluant Valence, Clermont, Limoges, Bordeaux et jusqu'aux Pyrénées, jusqu'à la Méditerranée. D'abord, il s'agit d'une langue (pluraliste) ; les « mauvaises langues » parlent de même à ce propos... de plusieurs langages. L'éclatement dialectal en gascon, nord-occitan, etc., crée, du Limousin à la Provence, des patriotismes locaux et des susceptibilités épidermiques. Quant à la culture, souvent admirable, elle est méconnue des lecteurs français. Mistral et les troubadours ont une célébrité nominale mais sont-ils tellement lus ? S'agissant des XVIe et XVIIe siècles de Provence, qui connaît Brueys, le Molière aixois de l'époque Henri IV ? Qui lit de Cortète, dramaturge agenais sous Louis XIII et Mazarin ? Qui pratique le Théâtre populaire de Béziers, dont les pièces baroques jouées pour l'Ascension sur la place publique ne manquaient ni de sel ni de verdeur ?

Il est vrai que la culture et la langue occitanes ne sont pas familières à la majorité des Méridionaux, mis à part certains étudiants ou enseignants ; mis à part aussi une paysannerie vieillissante, dans les montagnes et dans les Corbières. Même en Catalogne, où la langue régionale est plus parlée qu'en pays d'oc, la presse catalonophone ne constitue qu'une minorité, par rapport aux quotidiens castillans, qui tiennent le haut du pavé à Barcelone.

Dès lors, l'occitanisme, déçu par la linguistique, devrait-il réorienter ses batteries, se lancer dans la protection d'un style de vie traditionnel, d'un espace et d'emplois menacés ? Défendre le Vivarais contre les touristes hollandais ? Ou, plus raisonnablement, la viticulture de l'Aude contre ses concurrentes italienne ou espagnole ?

Autre coordonnée, dans l'espace multidimensionnel de l'occitanisme contemporain : l'idée de révolution. Chose curieuse, il n'y a plus grand monde, parmi les autonomistes ou indépendantistes du Sud, pour se réclamer du Félibrige blanc du XIXe siècle. Certes, celui-ci conserve de larges sympathies en Provence, mais pas politiques. Toutefois, l'occitanie militante, elle, s'est abreuvée à la fontaine ardente de Mai-68 ; elle a fait une cure de tradition rouge, voire d'archaïsme révolutionnaire, en se rapprochant du P.C.F., qui demeure puissant dans les villes du Languedoc (Béziers, Nîmes, Sète...). Ce rapprochement est paradoxal : le P.C., dans le fond de son cœur, reste centraliste. La crise de l'Union de la Gauche avait porté grand tort au militantisme d'oc. L'actuelle victoire socialiste le fera-t-elle refleurir ? Dès lors, le P.C.F., aujourd'hui affaibli, cessera peut-être d'être un « vecteur » pour les Occitans.

Depuis Mai-68, bien des jeunes à Paris ou à Caen furent simplement « gauchistes », sans tendance ethnique (que sert aujourd'hui d'être autonomiste normand ?). Mais ces jeunes se sont retrouvés, dès lors qu'ils étaient méridionaux, dans des groupes tels que « Lutte occitane » ou « Nous voulons vivre au pays ». Inversement, certains habitants du Midi qui sont de sensibilité centriste ou gaulliste se réfèrent peu aux composantes occitanes de leur culture régionale, ou même se désintéressent complètement de celles-ci ; sont-ils allergiques aux politisations gauchisantes ? Quelle différence avec l'époque de Mistral, vers 1860-1890 ! Alors, les royalistes provençaux écrivaient en oc, et représentaient bien davantage que le groupe « folklorique » qui continue aujourd'hui à porter leur sigle. Il est vrai que le monarchisme de Provence a donné entre-temps Charles Maurras, héritier gênant...

Reste le problème des ambitions territoriales, voire nationales ou nationalitaires ; elles émanent de l'occitanisme ou d'une portion d'icelui. Sur ce point, les militants motivés ne forment pas un parti de masse ; leur action ne déborde pas toujours le domaine des mots. Doivent-ils mettre en avant les revendications d'« indépendance » ou d'« autonomie », dans le tiers sudiste de la France auquel certains donnent aujourd'hui le nom d'Occitanie, tout en admettant que celle-ci n'a jamais formé dans le passé une entité politiquement réelle ? Les options sont variées. Elles s'incarnent dans des tempéraments divers. En portent témoignage les carrières contrastées d'un Fontan, nationaliste occitan, d'un Yves Rouquette, ou d'un abbé Larzac : ce prêtre déclare la guerre aux barons d'oïl... depuis le XIIIe siècle. Plus généralement, les flux et reflux de la militance d'oc manifestent une usure et un relais rapide des générations. Nelli est contesté par Lafont, qui lui-même est remis en cause par Rouquette, etc. On me dira que cela ne concerne que les quelques pour cent de la population méridionale qui s'intéressent à l'autodétermination de leurs provinces. Mais la sensibilité occitane, elle, au sens diffus, affecte des secteurs infiniment plus vastes du peuplement du Midi, et notamment nombre de ceux qui s'expriment « avec l'accent ».

Nationalisme et même autonomisme d'oc en tant que tels demeurent en minorité. Les viticulteurs de l'Aude ont attaché leur char à la locomotive nationalitaire, puis ils s'empressent de le décrocher dès que les revendications corporatives qu'ils formulent leur paraissent à demi satisfaites.

Au total, le « groupe Touraine » a ressenti une manière de dissociation entre les diverses composantes dont l'ensemble devrait former le mouvement occitan : langue, culture, région, nation, tradition, révolution... La synthèse n'est pas faite. Les impacts ne sont pas groupés. Le livre des tourainiens est plaisant, son répertoire est fortement nourri, malgré l'occurrence (en quelques pages) de dialogues répétitifs qu'échangent sociologues et militants.

Reconnaissons que les auteurs eurent affaire à forte partie. Le constat de dissociation, qu'ils ont érigé en modèle, fut battu en brèche par leurs interlocuteurs. L'équipe d'Alain Touraine avait enquêté à Narbonne et à Limoges auprès de groupes ou de groupuscules. De là, elle s'est rendue à Paris, pour y rencontrer ceux qui se donnent le titre d'« exilés », représentants d'intellectuels ou de postiers du Midi, émigrés dans la capitale et qui restent fidèles à leur langue d'oc maternelle. L'entrevue s'est mal déroulée. Les « exilés » parisiens ont battu froid aux sociologues. Ils ont récusé le modèle que ceux-ci avaient péniblement construit. Ces contestataires ont peut-être eu tort. J'ai été, pour ma part, assez convaincu par les conclusions d'Alain Touraine. Mais Paris d'oc n'en fait qu'à sa tête.

MANIÈRES DE VIVRE
ET D'HABITER

La pierre et le bois

Henri RAULIN, *L'Architecture rurale française : la Savoie,* Paris, Éd. Berger-Levrault, 1977, 243 p. (*Le Figaro*, 23-24 juillet 1977).

Inspirée par le Musée des Arts et Traditions populaires, cette série d'*Architecture rurale française* se veut vaste inventaire de notre habitat national, hors des villes. Elle débute ces temps-ci, par un volume sur la *Savoie*.

À l'heure des résidences secondaires, et de la disparition des vieilles façons paysannes d'habiter, il s'agit de mieux connaître, et bien souvent de découvrir ce qui était, ce qui dominait, ce qui va peut-être disparaître ou a déjà disparu dans le secteur évanescent des anciennes maisons d'agriculteurs. En Savoie, quelques grands contrastes dominent la géographie de nos villages et hameaux du « bon vieux temps » : maisons en bois dans le nord de la province ; car les influences germaniques (lointaines) dans cette zone septentrionale étaient plus fortes ; la forêt surtout était plus vaste, et plus disponible. Maisons en pierre dans la Savoie méridionale, où les ressources en bois furent plus médiocres et se raréfièrent fort rapidement. Le premier type, autrement dit la maison de bois, était probablement le plus ancien : les gravures rupestres des Alpes, au premier millénaire avant notre ère, représentent déjà, de manière schématique, des « chalets savoyards », aux formes assez semblables à celles d'aujourd'hui, ou plutôt d'hier... Quoi qu'il en soit, d'autres traits caractéristiques se regroupent autour de cette dichotomie nord-sud, ou bois-pierre : et par exemple, les Savoyards méridionaux, il n'y a pas si longtemps, couchaient ou cuisinaient en compagnie de leurs animaux, dont le purin giclait dans les marmites. Cette promiscuité n'était pas forcément ressentie par les intéressés comme un indice de leur propre misère : car le bois précisément leur faisait défaut en Tarentaise et Maurienne pour le chauffage comme pour la construction. La chaleur animale était donc la bienvenue pour les humains. Les ruraux de la Savoie du Nord, en revanche, étaient mieux pourvus de bûches ; ils en garnissaient copieusement les grandes cheminées à manteau de bois. Ils pouvaient donc s'offrir le luxe de faire chambre à part, et cuisine à part, vis-à-vis de leurs vaches, de leurs moutons. Qui plus est, les habitats de pierre, en Savoie du Sud, avaient tendance à se grouper en véritables villages. Par contre, les baraques en bois du nord étaient *ipso facto* vulnérables à l'incendie. Elles se dispersaient donc en petits hameaux de demeures éparses.

Des réseaux d'entraide paysanne, flanqués de maçons et de charpentiers professionnels, ont construit au cours des trois derniers siècles ces maisons parfois superbes dont Henri Raulin, auteur du livre, donne de nombreuses images, « sous toutes les coutures ». Le plan, dans les zones proprement montagneuses de la province, est canonique : vers le haut, du côté de la pente, il y a l'étable (au rez-de-chaussée), surmontée d'un grenier à foin (au premier étage). Sur l'autre face du logis, vers le bas, on trouve la cuisine, et la chambre commune ou *pêle*. Le toit de lauzes (ou de bois) peut supporter une demi-tonne de neige au mètre carré : de quoi faire fonction d'isolant thermique pendant l'hiver.

La maison savoyarde est révélatrice d'un système de valeurs et d'une civilisation rurale qui est basée sur l'élevage. Dans la France du Nord, le grenier à grains est sur la maison : les vaches sont dans une étable située à part, de l'autre côté de la cour de ferme, par-delà le grand tas de fumier. En Savoie, c'était exactement l'inverse, le fermier couchait avec ses vaches mais le grenier à grains, lui, s'isolait dans une petite bicoque spécialisée, à quelques mètres ou dizaines de mètres de l'habitation des hommes. La maison savoyarde a évolué. Dès le XVIIIe siècle, les autorités interdisaient le bois, avec plus ou moins de succès. Elles tâchaient d'encourager la construction en pierre, afin d'éviter l'incendie. La diffusion de la vigne, dans certaines zones du duché de Savoie, poussait à la création de maisons vigneronnes, avec leur cave typique au rez-de-chaussée. Le changement des mœurs multipliait les chambres : on ne voulait plus dormir avec les bovins ; et qui plus est, la bru déclarait fermement à son mari qu'elle refusait dorénavant à faire chambre commune avec beau-père et belle-mère. Pourtant, la longue persistance du droit d'aînesse en milieu rustique, et la mystique de la maison, transmise de génération en génération, encourageaient la persistance d'un type de chalet qui pouvait survivre de Louis XIV à de Gaulle. Ce chalet-là, aujourd'hui, tombe comme un fruit trop mûr dans les acquisitions des acheteurs citadins, consommateurs de résidences secondaires.

Grande Chartreuse et tuiles provençales

Henri RAULIN, *L'Architecture rurale française : le Dauphiné*, Paris, Éd. Berger-Levrault, 1977, 277 p. (*Le Monde*, 2 novembre 1977).

Passée presque inaperçue, malgré quelques articles de presse, l'une des meilleures entreprises intellectuelles de connaissance de l'art populaire est en train de se développer sous nos yeux. Je veux parler du recueil de volumes successifs sur *L'Architecture rurale française*, publiée, sous les auspices du Musée des arts et traditions populaires, par les soins de Jean Cuisenier, Henri Raulin, et leur équipe.

Ils représentent la mise au net de grandes enquêtes sur la maison paysanne en France, commencées vers 1940 sous l'occupation allemande. Elles sont en voie de se terminer de nos jours. Un premier volume sur l'architecture villageoise en *Savoie* est sorti au début de l'été dernier : grâce à lui, le chalet savoyard n'a plus de secrets. Le volume *Dauphiné* vient de paraître : nous sommes à jour, désormais, sur les Alpes du Nord, de Gap à Genève. La *Corse* va être publiée sous peu : elle sera passionnante comme sur d'autres plans.

Deux mots dans cet article, sur le *Dauphiné* que vient de présenter Henri Raulin, préfacé par Jean Cuisenier. Ce vieux pays des « rois dauphins » forme à lui seul une province invraisemblable ; un habit d'Arlequin. Pourtant, elle tient debout, elle a longtemps tenu debout, en tout cas, du XIIIᵉ au XVIIIᵉ siècle. Au sud, on y trouve une zone de droit romain, de tuiles rondes, de langue occitane. Au nord, on y parle les dialectes franco-provençaux (n'employons plus le beau mot de *patois*, devenu tabou). Ces vieux langages alpins, hélas démodés, sont les angles morts de notre dialectologie nationale. Ils n'ont pour eux ni le prestige conquérant du français ni les ambitions rajeunies du provençal, rebaptisé occitan. Ils crèvent doucement, devenus langues des vieux, dans l'indifférence générale, ils sont laissés pour compte par les nationalistes minoritaires... Ils méritent qu'on fasse entendre, à propos de leur presque inévitable disparition, un cri d'alarme.

Revenons sagement au Dauphiné de Raulin. Encore une fois, c'est la mosaïque : les vaches au nord, les brebis au sud. De hautes montagnes à l'est, la mince plaine rhodanienne à l'ouest. On n'en finirait pas d'énumérer les contrastes, et c'est dans un labyrinthe géographique que notre auteur tâche de démêler les quelques styles essentiels, selon les lieux, de ses maisons. À l'extrême est, vers la frontière italienne survivent encore quelques cabanes en poutres empilées ; elles sont le vestige local, à la fois auguste et dérisoire, de la formidable civilisation protohistorique des baraques en madriers, qui recouvrait jadis la Germanie, la Suisse, la Savoie et une partie des Alpes. Mais les types dominants sont ailleurs. Dans les Préalpes, domine la maison *cartusienne*. Adjectif bizarre : il évoque une imitation architecturale de la Grande Chartreuse. Les demeures paysannes que Raulin décore de cette épithète ont des toits à quatre pans, en forme de bonnet quadrangulaire.

Ceux qui les ont fabriqués depuis l'âge classique se sont inspirés de l'architecture noble, ecclésiastique, seigneuriale. Ils ont reproduit, en se copiant les uns les autres, l'allure savante des granges monastiques de la Grande Chartreuse, dont le toit est en chapeau quadricorne. Les maçons paysans du XVIIIᵉ siècle, adeptes tardifs du style Louis XIII, sont plus sophistiqués que nos promoteurs, qui bétonnent au flanc des pistes de ski...

On ne voit pas que du « cartusien », dans le Dauphiné de jadis. Autre type de maison : la grange montagnarde au toit à deux pans, recouverte autrefois de chaume ou d'ardoises de bois, appelées *essendoles* dans le dialecte local. La partie haute de leurs murs, sous le triangle du toit, est bardée de grandes planches sombres.

Et puis au sud du Dauphiné, apparaissent dans les Alpes méridionales, déjà ensoleillées, les demeures méditerranéennes de pierre, avec toit de tuiles à deux versants, groupées en pâtés de maisons, gros villages tassés : ils annoncent la Provence et le Languedoc.

Le style d'Henri Raulin, rédacteur de ce volume, n'est pas toujours d'une parfaite clarté : les adjectifs s'y battent en duel avec les verbes sans qu'on sache très bien par moments qui se rapporte à quoi, et quoi à qui. Mais peu importe : il m'a suffi de me laisser emmener en voyage par cet auteur, d'avoir la patience de le lire, et l'impatience de m'émerveiller à la vue de ses photos de fermes, de ses plans géométriques, de ses charpentes arachnéennes, de ses réflexions astucieuses sur les liens entre la maison, l'homme, la vache.

Un âtre dans un grenier

Henri RAULIN et Georges RAVIS-GIORDANI, *L'Architecture rurale française : la Corse*, Paris, Éd. Berger-Levrault, 1978, 253 p. (*Le Monde*, 7 avril 1978).

Cucuruzzu... c'est le lieu-dit de la plus ancienne maison corse, préhistorique. D'autres archaïsmes, pas si nombreux que ça, parsèment l'île : quelques toitures en terrasses, jadis, pour faire sécher le blé par-dessus. Des cabanes en terre, en paille, pour les chevreaux et pour les bergers, presque toutes disparues. Peu de chose au total. Les maisons « anciennes », avec leurs murs de pierre, ignorant le torchis, avec leurs toits irréguliers qui sont indéfiniment extensibles au fur et à mesure de l'accroissement de la maisonnée, sont pour beaucoup d'entre elles... fort récentes. Quelques-unes nous viennent du XVIIe siècle ; la plupart surgissent au XIXe, voire au XXe. La demi-fossilisation qui les frappe aujourd'hui, à cause de l'abandon brutal de l'agriculture insulaire intervenu depuis les deux conflits mondiaux, n'en est que plus impressionnante. Elles conservent leurs habitants, du moins l'été ; vides en hiver, elles perdent leur ancienne fonction productive.

Elles correspondaient, physiquement, à des genres de vie maintenant périmés : ceux des vignerons et arboriculteurs du cap Corse ;

ceux des planteurs de châtaigniers de la Castagniccia ; ceux des bergers transhumants d'un peu partout... Tous ces Corses de l'île... Leurs fils sont devenus adjudants aux colonies, ou douaniers sur le continent ; leurs petits-fils sont étudiants, enseignants, voire militants autonomistes et quelquefois poseurs de bombes.

Entre les maisons, la différenciation n'est pas régionale. La Corse est Une. Les styles architecturaux ne varient guère du nord au sud de l'île de Beauté. Les vraies divergences sont *sociales* : l'élite proprement paysanne avait sa *torra* (sa maison-tour) ; le notable, sa grande demeure *(casone)* ; le noble son « palais » *(palazzu)*, mais oui ! Faut-il rappeler que dans la pauvre et féodale région de Sartène (au sud) on comptait trois cents familles nobles il n'y a pas si longtemps... Ce « palais » du noble est un petit château de schiste ou de granit, à l'échelle de la modestie de la Corse, avec ses loggias et ses arcades à l'italienne. Non loin de là, en plein maquis, s'étale le luxe de la maison-tombe, hors cimetière ; dans le palais-tombeau éclate l'ostentation des lignages ; ils rapatrient du continent les capitaux et les cadavres. Car le Corse ne s'exile jamais, il s'absente ; il revient, mort ou vif, dans son terroir d'origine.

Les maisons proclament l'énergie des bâtisseurs, et plus encore celle des bâtisseuses. La femme corse, pendant des siècles, a porté sur ses épaules, ou plutôt sur sa tête, le destin de l'île, bien posé sur un coussinet ; elle a coltiné, toujours sur la tête, les lourdes dalles de schiste pour les lauzes du toit. L'homme se prévalait de sa finesse et de son intelligence masculines ; il s'adonnait en toute bonne conscience aux travaux plus légers de la charpente. Les maisons résultantes sont hautes, comme des forteresses d'avant Vauban. Trois étages, dans la zone du schiste. Et souvent quatre, dans celle du granit. Au rez-de-chaussée, s'individualisent les voûtes en berceau, le banc des vieux, l'escalier extérieur ; il grimpe à la vue de tous, jusqu'au premier étage.

Et puis tout en haut de « l'immeuble », au troisième ou au quatrième niveau, paradoxe. Voici la cuisine ! Le paysan continental s'enorgueillit de sa salle ou de sa cuisine normalement sises au rez-de-chaussée, au niveau du plancher des vaches. Les pâtres et autres ruraux corses placent carrément leur foyer ou *fucone* juste sous le toit, au sommet même de la demeure. Ce *fucone* n'était pas une cheminée ; c'était l'âtre des anciens Romains, survivant jusqu'en 1914... Aux quatre coins de ce feu central et enfumé, cuisaient jusqu'à quatre marmites ; elles correspondaient aux quatre familles qui, dans les cas extrêmes, formaient le foyer patriarcal.

Dans ces maisons qui, sous Poincaré encore, ignoraient la cheminée (introduite sur le continent dès Philippe le Bel), le feu du *fucone* séchait les châtaignes ; elles parsemaient le dessus des lattes parcourues d'un fumeux courant d'air, juste sous les lauzes ou sous les tuiles. Les murs de la chambre à coucher, refuge essentiel de l'intimité par rapport à la sociabilité du *fucone*, sont troués de cylindriques lucarnes. Elles permettaient de brandir le pot de chambre, et d'en déverser commodément le contenu vers l'extérieur.

La maison corse est bien cette entité fondamentale (unifiée avec la famille même du résident) qui permet à l'identité insulaire de traverser les temps et de survivre aux Sarrasins comme aux Génois...

qu'à quatre instruits ; elles correspondaient aux quatre familles qui, dans les environs, formaient le *town* patriarcal.

Dans ces maisons qui sont l'intériorité carrée, ignoraient la cheminée barcelotte sur le toucheur des Philippe ce Bell, le feu ou foyer sechait les châtaignes ; elles paraissaient le dessus des lattes parcourus d'un fameux courant d'air, juste sous les lattes ou sous les tuiles. Les nuits de la chambre à coucher, refuge essentiel de l'intimé par rapport à la notabilité du noyer, sont étroits de cylindres pour fermées. Elles pénétraient de biguine le pot de chambre, et l'on devrait accommoder le courant vers l'extérieur.

La maison corse est bien cette entité fondamentale bâtillée avec la famille même ou résiderait qui permet à l'identité titulaire de traverser les temps et de survivre aux Sarrasins comme aux Génois.

MONNAIE, CRÉDIT, MANUFACTURES

Les métaux précieux,
déterminants mais déterminés

Pierre VILAR, *Or et monnaie dans l'histoire*, Paris, Éd. Flammarion, 1974, 448 p. (*Le Monde*, 28 décembre 1974).

« Levez-vous, encaisses désirées... » Depuis quelques années, le prix de l'or monte en chandelle, tandis que s'effondrent les monnaies-papier et que s'assoupissent, aux dernières nouvelles, les croissances économiques. Du coup, l'« encaisse » d'or se relève du mépris qui l'accablait il n'y a pas si longtemps ; elle polarise à nouveau les désirs du spéculateur, de l'épargnant, de l'homme d'État. On riait du bas de laine gonflé de doublons et d'écus, cher aux petits-bourgeois du temps jadis ; aujourd'hui, l'ironie change de camp ; on reconnaît la clairvoyance du thésauriseur lorsqu'il a su prendre le vent. Quand l'économie cargue ses voiles et vogue vers la récession, Harpagon et Grandet reviennent à l'ordre du jour.

Avant même l'époque de Balzac, et celle de Molière, des situations se sont produites déjà qui favorisaient les collectionneurs de sacs d'écus. Pendant la seconde moitié du XVe siècle, nous rapporte Pierre Vilar, la population, saignée par la peste et par la guerre, stagne à un niveau très déprimé. Rien ne va plus. Rien ne se vend plus. Tous les prix sont au plus bas. Seule surnage l'appréciation de l'or et de l'argent, valeurs-refuges. Du coup, les Portugais, bien placés, souhaitent plus que jamais découvrir le gros trésor. Ils s'en vont vers le sud afin de chercher en Afrique, jusqu'au Zambèze, l'or du « Monomotapa ». À Gênes et en Espagne, la faim sacrée du métal jaune enflamme Christophe Colomb : avant de s'embarquer dans sa ruée vers l'or, pour ce qu'il croit être l'Asie du Nord-Est, le découvreur a supputé la valeur du métal précieux qu'il compte rapporter dans ses caravelles.

La trouvaille de nouvelles mines d'or n'est donc pas, n'est presque jamais un hasard.

On les cherche, nous dit Vilar, pendant les périodes de crise, durant lesquelles le métal monnayable vaut beaucoup plus cher qu'en temps normal (crise de la fin du XVe siècle, de la fin du XVIIe, voire du milieu du XIXe siècle). Une fois extrait, mis en circulation, l'or contribue à relancer la lourde machine économique : ensuite, son propre prix, graduellement, se met ipso facto à baisser, sous l'effet de l'abondance monétaire enfin retrouvée ; cependant qu'un processus d'inflation entraîne vers les hauteurs les prix de toutes les marchandises qu'on peut se procurer avec la monnaie de moins en moins chère. La spirale inflationniste, c'est par exemple la « révolution des prix » du XVIe siècle (où les taux d'inflation demeurent pourtant bénins par rapport aux nôtres).

Cette spirale ne cesse que lorsque l'économie enfin s'essouffle, vers 1620 : à l'heure où s'épuisent la main-d'œuvre minière et les gisements aurifères et argentifères, déterrés à la fin de la crise précédente. Du coup, toutes les tendances s'inversent, en sens contraire de l'essor : les prix des marchandises retombent ; la valeur des métaux précieux, redevenus rares[1], monte à nouveau. Les chercheurs d'or, mis en appétit, empoignent derechef la pioche et le tamis... Et ainsi de suite.

*

Le grand acte initial, dans cette longue série de fluctuations, c'est la découverte du Potosi. On cherchait de l'or, c'est de l'argent qu'on trouve, aux années 1540, quelque part en Bolivie. Le Potosi : une montagne d'argent. Il y en a tellement que la valeur de ce métal s'effondre : l'argent, à certains moments, n'y vaudra pas plus que son poids de fromage. En plein milieu du XVIe siècle, une ville champignon de cent soixante mille habitants naît à proximité de la montagne merveilleuse et maudite : les mineurs indiens viennent y mourir comme des mouches ; exterminés, malgré quelques « lois socia-

---

1. Les travaux de M. MORINEAU remettent cette thèse en question (1983).

les », par les mauvaises conditions de labeur qui leur sont faites ; exterminés surtout par les virus et les bacilles des Européens (grippe, rougeole, variole, etc.), contre lesquels les autochtones n'ont aucune immunité. Peu à peu, la montagne argentifère est mise en perce. Les meilleurs filons s'y épuisent, à force d'exploitation. Surtout, on ne trouve plus de mineurs parmi les indigènes. La plupart d'entre eux sont défunts. Les survivants demandent des salaires trop forts.

Pour l'Occident, les conséquences de ce flux et de ce reflux sont énormes : pendant longtemps, à la fin du XVIe siècle, l'Europe méditerranéenne s'était nourrie de l'argent bolivien. En Espagne, il n'avait fait que passer, qu'entrer et sortir, transitant par Séville, puis par Barcelone : vers Gênes, vers l'Orient. À force de pratiquer l'import-export du « métal blanc », l'Espagne des descendants de Charles Quint avait tiré les marrons du feu pour les autres ; l'Angleterre et la Hollande, insoucieuses de la richesse purement monétaire, bâtissaient, elles, une fortune industrielle et commerciale... Vers 1620-1650, de toute manière, les lampions s'éteignent. On a épuisé en Amérique les gisements d'argent les plus rentables. De ce fait, et pour d'autres raisons, l'économie européenne est souffreteuse, au milieu du XVIIe siècle.

Alors vers 1660, tandis que les prix du blé s'écroulent, la valeur de l'or remonte. Incités aux recherches, les prospecteurs sont en piste : ils trouvent de l'or au Brésil. Et de l'argent au Mexique. Mais une fois de plus, un pays de la péninsule Ibérique va être le dindon de la farce. Théoriquement, les Portugais, par droit de possession coloniale, sont les maîtres de l'or brésilien. Mais le métal jaune file entre les doigts des gouvernants et des marchands de Lisbonne. Échangé contre les produits de l'industrie anglaise, il est embarqué pour Londres ; les navires qui l'y conduisent charrient en même temps, à l'intention des Britanniques, les barriques du vin de Porto, portugais lui aussi... Les coffres des banques anglaises s'emplissent de pièces jaunes, au rythme même où rougissent les trognes des lords, imbibés de « sherry » jusqu'à la cirrhose. Les XVIIIe et XIXe siècles, à cause de cet or, entre autres motifs, seront la grande époque de l'Angleterre capitaliste. L'Espagne, elle, ne répétera pas au temps des Lumières ses erreurs stériles du XVIe siècle du Potosi. Elle fera bon profit, pour une vraie prospérité, du nouvel argent du Mexique ; jusqu'à ce que Napoléon, à partir de

1808, par une guerre absurde, jette bas le fragile édifice de cette rénovation espagnole.

Un grand cycle chasse l'autre, toujours analogue, et toujours différent. Au XIXᵉ siècle, en période de baisse ou de stagnation des prix, en phase d'or cher et donc d'or tentant, les aventuriers du « fabuleux métal » découvrent successivement les gîtes aurifères de Californie, d'Australie, du Klondyke, d'Afrique du Sud... À chaque fois, nouvelle « ruée vers l'or » : l'une des dernières est immortalisée par Charlie Chaplin. La cherté actuelle du métal précieux fera-t-elle déterrer à leur tour quelques pépites, au cœur d'un continent, ou même dans le fond des mers ?

*

Telle est, grossièrement simplifiée, la trame chronologique du livre de Pierre Vilar. Son grand mérite : ne pas étudier l'or seul. Mais toujours dans ses relations avec la croissance générale des productions, des prix, des peuplements. Celle-ci en fin de compte étant déterminée, mais, surtout, déterminante, quant à l'histoire monétaire.

À quoi s'ajoute l'épopée du papier-monnaie, inaugurée dans la Chine médiévale, où le billet de banque à sa plus belle époque avait fini par évincer les métaux précieux... Jusqu'à ce que l'inflation, pendant la fin du Moyen Âge, ramène l'or et l'argent, parmi les Fils du ciel, sur le devant de la scène. En Occident, le démarrage de la monnaie « fiduciaire » est moins brillant mais plus durable ; le modeste crédit des notaires et des orfèvres précède la création des grandes banques : celles d'Italie du Nord et du Centre, au XVᵉ et au XVIᵉ siècle, se mettent à l'enseigne de la Madone, de saint Georges et du Saint-Esprit. Celles d'Amsterdam et de Londres aux XVIIᵉ et XVIIIᵉ siècles, sont sous le signe de Calvin et du protestantisme. Partout et toujours, en des temps bien plus anciens qu'on ne l'imagine, la monnaie « fiduciaire » (de papier, de « contrat », de cuivre) accompagne donc les mouvements des devises, vraiment précieuses, d'or et d'argent. En notre temps, celle-là s'est même donné l'illusion d'évincer celles-ci... Elles prennent aujourd'hui leur juste revanche, au niveau du plébiscite des Harpagon. Le veau d'or, en 1974, donne par moments l'impression de vouloir détrôner les faux dieux du dollar-papier, et ceux du franc qu'on croyait lourd. Rien d'entièrement nouveau dans tout cela : les controverses sur le rôle de l'or se ressemblent parfois, de Cicéron à Jean Bodin (XVIe siècle), et de Jean Bodin à Galiani, puis à Milton Friedmann, historien de la monnaie lui aussi, et conseiller des présidents américains.

Libérateur des endettés

Edgar FAURE, *La Banqueroute de Law*, Paris, Éd. Gallimard, 1977, 732 p. (*Le Monde*, 11 novembre 1982).

Des billets de banque, on en avait déjà connu : en Chine médiévale ; dans les colonies anglaises d'Amérique du Nord : là, des morceaux de carton, les *cartes*, tenaient lieu de pièces d'or et d'argent, absentes. En France même, vers 1702, des billets avaient circulé : mais cette première expérience de monnaie « fiduciaire » en période louis-quatorzienne de désastre économique, avait échoué.

John Law demeure un initiateur. Edgar Faure vient de lui consacrer un gros ouvrage. Dans une envolée d'histoire économique événementielle, il fait d'abord revivre la palpitante aventure du petit businessman écossais, qui deviendra l'argentier ou plutôt le *billetier* du roi de France.

En sa partie finale, cette *banqueroute* nous donne, par vue cavalière, les grandes lignes du système de Law, de ses leçons, succès, failles et faillites.

Fils d'orfèvre, faiseur de projets financiers ou *projecteur* émigré en Hollande, en Italie, puis en France, Law parvenu chez nous au pouvoir hérite des désastreuses expériences de déflation en période de crise qu'avait tentées, pendant les dernières années de Louis XIV, le compétent mais rigoriste Desmarets, alors responsable de nos finances...

Avant d'être ministre, Law est d'abord un banquier génial, surgi de nulle part. Gênes, Stockholm, Hambourg, Amsterdam, Londres, possédaient de vastes banques d'État dès le XVIIe siècle. Paris, non. Ville de pouvoir plus que de finance, notre capitale était démunie de ce côté-là. En 1716, l'Écossais fait coup triple. Nanti de la bénédiction du régent Philippe d'Orléans (personnage remarquable, ouvert, moderne), Law crée une banque qui fait à la fois le *dépôt* (recevoir et prêter l'argent des créditeurs), l'*escompte* (négocier les lettres de change du grand commerce) ; enfin, l'*émission* des billets, qui auront cours dans tout le royaume.

La France à cette époque est généralement désargentée ; on y manque de métaux précieux et même de simples monnaies de cuivre, pour effectuer les moindres paiements.

Dans une telle conjoncture, le papier-monnaie fait figure de révolution. Il nous paraît aujourd'hui si normal que nous avons peine à comprendre la fièvre d'affaires qui saisit nos prédécesseurs de 1716-1720 quand enfin ils manipulent les précieux *« billets de mille »* (ces billets vaudraient aujourd'hui des centaines de milliers de nos centimes...). Tout d'un coup, les moyens de paiement, dans un royaume qui connaît depuis 1716 la forte reprise de l'économie, deviennent pléthoriques. Le taux de l'intérêt était demeuré élevé, dix années auparavant, tant que l'argent était rare. Sous Law et le régent Philippe, ce taux s'effondre à des niveaux ridiculement bas, dont nous rêverions aujourd'hui en notre époque d'argent cher.

En 1977, les taux bancaires dépassent facilement 10 % (il est vrai qu'il faut bien que les malheureux banquiers se couvrent contre une inflation galopante, dont nos aïeux n'avaient aucune idée, même au temps de leurs dévaluations les plus « sauvages »). Or, sous Law, ce taux tombe à 3 %, 2 %, 1 %, voire 0,5 %...

C'est le miracle. Les contemporains du Régent ne sont pas seulement favorisés par le taux bas et libérés, pour un moment, de l'usure... Les voilà qui se mettent maintenant à rembourser leurs vieilles dettes, et même à acheter de la terre, du vin, du sel, avec du papier Law. Les vieilles créances traînaient depuis Louis XIV, Louis XIII, voire Henri IV. Imaginerait-on aujourd'hui d'être saisi pour dettes à la suite des emprunts contractés par un arrière-grand-père noceur au temps de Napoléon III ? C'est pourtant ce qui se passait encore en 1714 : une monnaie longtemps solide, des prix qui montaient peu, ou même qui baissaient, maintenaient encore en vie, après un siècle, les créances les plus vénérables, celles de l'époque d'Henri IV.

Cinq ou six ans plus tard, avec Law, le problème est réglé. On paie en papier, en monnaie de singe On se libère en 1720. Les fermiers, les boutiquiers, les propriétaires se ruent chez le notaire qui, du coup, fait des affaires d'or. Par l'intermédiaire des études notariales, bien observées de ce point de vue dans l'ouvrage de Faure, ces débiteurs jettent à la figure de leurs créanciers abasourdis les liasses de billets de la banque Law ; ils sont délivrés du cauchemar de la saisie. Sous Philippe d'Orléans, le Dom Juan de Molière aurait remboursé sans barguigner M. Dimanche. De toute la France monte alors la plainte universelle des prêteurs d'argent ; ils avaient pris la douce habitude de vivre d'usure. Abruptement, ils se retrouvent sur le sable.

Parmi eux, les plus atteints sont les couvents de nonnes, ursulines, théatines, visitandines et autres clarisses. Ces saintes filles s'étaient accoutumées à élever des prières vers la Divinité, cependant que de toutes parts les écus de leurs débiteurs pleuvaient dans leur escarcelle. Brusquement l'abominable Law — ex-huguenot de surcroît ! — tord le cou à ces vierges créancières. Remboursées en papier, elles perdent la source la plus régulière de leur revenu. On comprend que l'Écossais n'ait pas été tenu en odeur de sainteté dans les monastères. Est-ce une raison pour reprendre en chœur contre lui la complainte des créanciers frustrés ? En fait, comme le souligne Edgar Faure après d'autres historiens, Law est bien le libérateur des endettés ; il a puissamment aidé à faire repartir pendant la Régence la lourde machine de notre économie nationale, quelque peu paralysée sous Louis XIV.

S'il n'avait accompli que cela, il aurait aujourd'hui sa statue dans nos squares ; il donnerait son nom à des boulevards, à des avenues.

Mais il voulut trop bien faire. Il eut, selon Faure, un plan fou à côté d'un plan sage (l'un n'allait pas sans l'autre...). Devenu ministre des Finances, maître des colonies françaises, du Mississipi, de la Louisiane, des gabelles, de l'impôt du sel et du tabac, que sais-je encore, Law lance un milliard de livres d'émissions clandestines de billets de banque. Crime de fausse monnaie, pour lequel la justice aurait pu le faire condamner à la mort dans l'huile bouillante. Surtout, en patriote français qu'il est devenu, Law veut créer pour le petit Louis XV, qu'il aime, un trésor personnel de cent mille actions de sa banque, soit un milliard de livres. Ces folies sont des sottises. À l'automne 1720, l'expérience Law prend fin, en semi-banqueroute. Exilé, l'Écossais laisse derrière lui une France redevenue prospère, un trésor de l'État bien rempli (Louis XIV, lui, n'avait pas légué un sou) ; une guerre gagnée contre l'Espagne. Comblé, le Régent peut s'adonner à ses deux idoles, dont l'une lui coûtera la vie : le dieu travail et le dieu plaisir.

Law fut aussi un économiste remarquable, et, paraît-il, un précurseur de Marx (est-ce une postérité si glorieuse ?). Il a trouvé en Edgar Faure un biographe à sa mesure, et en Paul Harsin, un bibliographe de première force (voir les pages 689 à 723). Les titres « frivoles » des divers chapitres de cette *Banqueroute* ne doivent pas faire illusion : le livre (et c'est l'un de ses mérites, pour les usagers les plus sérieux) n'est pas toujours de lecture facile. Il faut parfois pour mieux comprendre le lire plume en main, surtout quand Faure traite des questions historiques de bourse et de finance, sur lesquelles il est techniquement ferré. Quelques graphiques relatifs à l'histoire des prix auraient été les bienvenus. On admirera le beau travail sur manuscrits anciens qu'a effectué l'auteur, aidé par nos archivistes départementaux et par Guy Thuillier. Dossiers anglais, notaires, correspondance des intendants, peu y manque. Faure a été en pèlerinage aux sources ; il en est revenu sans s'y perdre. Cet ouvrage de référence a une chronologie précise, beaucoup d'humour, et des trouvailles de style. Faure fut l'un des premiers personnages de l'État. Son *Turgot* et son *Law* dessinent en brillant pointillé ce qu'aurait pu être de sa part une autre carrière, uniquement tournée vers la recherche. Une carrière unidimensionnelle de bon historien.

Inventeur d'un nouveau monde industriel

Serge CHASSAGNE, *Oberkampf, un entrepreneur capitaliste au siècle des Lumières*, Paris, Éd. Aubier, 1980, 351 p. (*Le Monde*, 11 juillet 1980).

Les spécialistes allemands de l'histoire manufacturière ont beaucoup insisté sur ce qu'ils appellent la proto-industrialisation, autrement dit l'industrialisation des campagnes à partir des villes, dans la Flandre du XVIe siècle ou dans la France du XVIIIe siècle. Ce processus se traduisait par la création de petits ateliers dans les chaumières, mais aussi par la mise sur pied de grandes entreprises industrielles qui pour l'époque étaient ultra-modernes.

Serge Chassagne dans un livre que vient de publier la « Collection historique » d'Aubier, dirigée par Paul Lemerle et Maurice Agulhon, raconte la vie de Christophe Oberkampf ; cet ouvrier piétiste devenu patron fut l'un des plus grands entrepreneurs français de l'Ancien Régime finissant, et de l'époque révolutionnaire, puis impériale. Technicien de la gravure et du coloris, venu de Suisse alémanique, et parlant un français qui restera toujours approximatif, Oberkampf est d'abord embauché dans la manufacture de toiles peintes de l'Arsenal (à Paris). La demande des toiles peintes ou imprimées, appelées indiennes, était alors intense, parmi les femmes de la noblesse et du peuple.

En 1760, notre Helvète, ex-prolétaire, fonde donc sa propre fabrique d'indiennes, au village de Jouy-en-Josas, dans ce qui deviendra de nos jours l'assez proche banlieue de Paris. Protestant actif et génial, le nouvel entrepreneur va faire prospérer sans tarder sa boutique. Il emploie bientôt un millier d'ouvriers dont 27 % sont qualifiés ; leur travail s'accomplit, fait relativement rare pour l'époque, dans un local clos. Les réseaux de la besogne oberkampfienne demeurent citadins : les marchés s'organisent à Paris, certains capitaux viennent de Rouen ou de Caen (par des mariages) ; les toiles brutes (qu'on va teindre) arrivent de Londres et de Lorient, où elles sont importées originellement des Indes.

Mais les bases d'activité sont rurales : les ouvriers d'Oberkampf sont presque tous de souche villageoise ; ils forment un prolétariat ouvrier-paysan, qui reste centré sur le village de Jouy.

Malgré cet enracinement terrien, Oberkampf s'affirme dès le départ comme l'un des inventeurs, avant Ford, de notre nouveau monde industriel. Mariant avec élégance le texte et le chiffre, fondée sur d'impeccables dépouillements d'archives, la biographie de ce grand homme, menée par Serge Chassagne, est la bienvenue pour les passionnés d'archéologie manufacturière.

Révolutions industrielles

David S. LANDES, *L'Europe technicienne* (trad. de l'anglais par Louis ÉVRARD), Paris, Éd. Gallimard, « Bibliothèque des Histoires », 1974, 784 p. (*Le Monde*, 23 mai 1975).

Une histoire totale ? Peut-être pas. Mais « globale ».

Au meilleur sens du terme. Elle transcende les frontières des nations ; elle puise, à toutes mains, dans les recherches des historiens français, anglais, allemands... David S. Landes dépeint à grands traits le tableau des révolutions industrielles de notre côté de l'Atlantique. Elles ont transformé de fond en comble, entre le XVIIIe et le XXe siècle, le paysage humain et naturel, dans tout l'Occident. Cette « Europe technicienne » suppose chez son auteur une érudition immense, la maîtrise des sources, la capacité aussi de retenir l'essentiel. Qualités rares parmi les chercheurs ; ils préfèrent, et c'est compréhensible, la confection minutieuse d'une monographie à la composition savante d'une grande fresque.

Tout s'est joué, dans les débuts, à l'extrême nord-ouest du Vieux Continent, en Angleterre, en Écosse. Dès 1700, le revenu de l'Anglais moyen (bébé, adulte ou vieillard) était deux fois supérieur à celui de l'habitant actuel du Nigeria. Et la révolution industrielle était encore à venir ! Énumérons donc, avec David S. Landes, les divers facteurs de cette rupture féconde, enregistrée vers 1750-1800 chez les Britanniques, soit : une confortable avance, dès le début ; un commencement de révolution agricole ; des butins fructueux rapportés de l'Inde et de l'Empire ; les mines de charbon ; une forte « demande » de biens, formulée par les populations anglaises ; enfin, et *last but not least*, la science d'un peuple de bricoleurs, aptes à inventer comme à fabriquer des machines pour filer le coton, pour utiliser la vapeur, etc. Tout cela réuni explique (mieux que ne le ferait une abondance anglaise de capitaux, fort problématique) le démarrage local de la révolution industrielle (textile, métallurgique, charbonnière) en Écosse, en Lancashire et dans les Midlands. Quelques chiffres nous laissent rêveurs et flatteraient certaines nostalgies anti-inflationnistes : la consommation de coton par l'industrie anglaise est multipliée par mille entre 1700 et 1860 ; mais le prix du coton reste stable à 7,5 pence le demi-kilo, entre ces deux dates !

Stabilité à laquelle n'est pas étranger l'esclavage des Noirs, sur les plantations cotonnières.

Le continent, lui, n'était pas mal préparé pour une évolution « à l'anglaise », après des siècles d'accumulation manufacturière et intellectuelle. Il est plus lent, néanmoins, à s'émouvoir. L'industrie française paraît « bien partie » au XVIIIe siècle. Mais elle sera plus qu'à moitié torpillée par les « événements » de la Révolution et de l'Empire, bénéfiques sous bien d'autres rapports, mais catastrophiques quant au développement d'une économie d'avant-garde. La Belgique « décollera » ; mais la Ruhr, elle, sera encore à la traîne en 1851.

De 1851 à 1873, dans l'ouest de notre continent, sévissent la construction des chemins de fer et l'épanouissement du libre-échange en un marché commun première manière. En 1873, les lampions de la « fête impériale » sont éteints en France, mais certains retards déjà sont, en partie, comblés. Les trois grandes puissances industrielles de l'Ouest (Belgique, Allemagne, France) peuvent s'aligner, sans trop de « complexes », sur les réussites du Royaume-Uni.

Après 1873, c'est la crise, la purge concurrentielle, que suivront, au-delà de 1900, les fastes reconquis de la « Belle Époque » : elle voit réapparaître la croissance, un peu partout. La carte industrielle de l'Europe est, désormais, dessinée pour deux ou trois générations. La France, victime d'une démographie sage mais languissante, est à la traîne. Tandis que Taylor, aux U.S.A., « rationalise » la besogne ouvrière, les employés des porcelaineries de Limoges continuent, eux, à transporter les piles d'assiettes sur leur tête et dans leurs bras, parmi les couloirs en zigzag et les escaliers en colimaçon, qui sillonnent l'atelier vétuste. La France, à tort ou à raison, peut donc sembler pendant quelque temps « sur la touche ». L'Allemagne, pour laquelle David S. Landes ne dissimule pas ses sentiments de fascination morose, prend, sous Guillaume II, un prodigieux essor. Elle laisse loin derrière elle une Angleterre repue, qui tend désormais à vivre de ses rentes, et qui n'a que le tort d'avoir été la première, dès 1770, à déchaîner la croissance : la Grande-Bretagne travaille, par définition, avec un outillage usinier qui, d'avance, est vieilli. Quant aux industries de la Russie tsariste, elles font, sans attendre Lénine et Staline, un bond en avant spectaculaire... à partir de zéro, dès avant la Première Guerre mondiale.

Les années 1920 marqueront, pour l'économie de l'Occident, un faux départ, vite annulé par la crise de 1929 (puis par la Seconde Guerre). En 1937, la production des usines françaises, lanternes rouges de l'expansion mondiale, ne dépasse pas notablement celle de 1913. Stagnation qu'hier encore, avant l'actuelle crise, nous aurions pu croire inimaginable, oubliée à jamais, pour notre France d'aujourd'hui... L'Allemagne hitlérienne, elle, s'est dépêtrée de la crise par les performances de son économie de guerre, bâtie dès 1933-1939. Celles-ci, du reste, demeurent assez limitées, même dans le cadre délirant du système de valeurs nazi, qui les « justifient ». En 1939, la revue américaine *Fortune*, au cours d'une série d'articles lucides, prévoit qu'une nouvelle et dynamique « frontière » s'ouvrira bientôt à l'industrie, quand sera passée l'épreuve de la guerre. Ces « territoires » industriels à conquérir sont préparés par l'innovation que rendent possible les sciences et leurs applications pratiques (électronique, chimie, etc.).

De fait, David S. Landes, en 1975, se repent d'avoir été, dans sa jeunesse, mauvais prophète quant à la France : pour ce pays, voici vingt-cinq ans, il n'avait prévu que la stagnation décadente. Entre 1950 et 1970, c'est tout le contraire qui va se produire : l'usage des données scientifiques, l'unification commencée de l'Europe, le savoir économique et la volonté de croissance, conjuguent leurs effets ; de quoi provoquer, non sans injustices et inégalités, un enrichissement annuel « par tête » qui, jadis, aurait paru impensable.

Le livre de David S. Landes, rédigé trop tôt, ne pronostique rien quant à l'actuelle crise. Il se borne à prédire que la « marche en avant » de la technique qu'annonçaient les vieux mythes de la Genèse et de Prométhée continuera, bon gré mal gré, à se répandre à travers le monde. Pour le meilleur ou pour le pire : l'auteur, échaudé par le souvenir de certaines folies « politiques » du XXe siècle, se défend, en effet, de jouer les Pangloss. Il récuse, et pour cause, l'optimisme béat des zélateurs de la croissance.

Bref, un grand et gros livre, difficile parfois, austère souvent. L'explication de base qu'il recèle, quant aux causes des victoires « techniciennes », invoque la « rationalité » spécifique dont font preuve les Occidentaux. Est-ce adéquat ? Les révolutions industrielles ont eu, dès le temps de Marx et du *Capital*, leurs économistes et leurs philosophes. Elles ont eu aussi de bons historiens régionaux. Elles attendaient pourtant l'Historien capable de les envisager toutes, dans leur ensemble. David S. Landes vient de répondre à cette attente. Il est américain, de Harvard. Qui s'en plaindra ? Favorisés par la distance et par la perspective, les chercheurs d'outre-Atlantique sont parfois mieux placés pour nous donner à voir les mutations de la vieille Europe.

les ont eu, dès le temps de Marx et du Capital, leurs économistes et leurs philosophes. Elles ont eu aussi de bons historiens régionaux. Elles attendent pourtant l'historien capable de les envisager toutes, dans leur ensemble. David S. Landes vient de répondre à cette attente. Il est américain, de Harvard. Qui s'en plaindra ? Favorisés par la distance et par la perspective, les chercheurs d'outre-Atlantique sont parfois mieux placés pour nous donner à voir les structures de la vieille Europe.

LE MONDE MOINS LA VILLE

Plaidoyer pour une Europe sauvage

Georges DUBY, *Guerriers et paysans, VIIe-XIIe siècles*, Paris,
Éd. Gallimard, 1973, 312 p. (*Le Monde*, 10 mai 1973).

Obscur, inconnu, fascinant, le haut Moyen Âge (VIIe-XIIe siècles) est la pierre de touche à l'épreuve de laquelle on juge le bon médiéviste. Georges Duby ne s'est pas refusé à ce défi. Ses *Guerriers et paysans* suivent donc l'Occident comme à la trace, à partir de la lente remontée des abîmes, que depuis les travaux de Robert Fossier on situe désormais vers les alentours du VIIe siècle. Les rois fainéants, qui, sur leurs chars à bœufs, pratiquaient en bons Mérovingiens le laisser-faire, sont, en effet, les contemporains, sans le savoir ou sans le vouloir, d'un premier essor démographique en Gaule du Nord. Dans une ambiance encore totalement paysanne, les rendements agricoles restaient misérables ; on mangeait du pain de fougère pendant les famines ; on jetait un lopin de terre à l'esclave *casé*, afin de lui permettre d'élever pour ses maîtres une progéniture à son tour esclavagisée. La monnaie avait à peu près perdu, au VIIe siècle, sa fonction économique. C'était au point que, quand par hasard on avait de l'argent, on ne savait plus qu'en faire : on le donnait donc en cadeau à ses amis ! On réglait ses dettes et ses achats avec du lard, des choux, des chevaux. Les pièces d'or étaient devenues des objets de musée : on les réservait aux trésors des princes ; ou bien à la tombe des morts illustres, qui devenaient les consommateurs privilégiés des richesses. Le commerce avait presque disparu, au profit des palabres, où s'échangeaient cérémonieusement cadeaux et contre-cadeaux. Les gens de bien s'efforçaient de singer de leur mieux ce qui restait de la civilisation romaine : ils prenaient un bain de temps à autre ; ou bien ils détenaient une pièce d'or ; ils buvaient du vin ; et, faisant le bien, ils se convertissaient au christianisme.

Au cours de la seconde moitié du premier millénaire, divers « facteurs » remettent cependant en marche la machine de l'économie occidentale. Un christianisme mieux assimilé induit dorénavant les familles à éviter d'enterrer les métaux précieux dans les sépultures : c'est autant de gagné pour la thésaurisation des vivants et plus tard pour la monnaie. Deux vagues d'essor démographique (séparées par une phase de stagnation au début du IXe siècle) regarnissent les populations sans pour autant élargir assez les clairières du défrichement. Les vastes domaines des grands, l'État restauré sous Charlemagne, soutiennent vaille que vaille ces entreprises.

À partir du Xe siècle, les invasions nordiques et hongroises et les conflits aux frontières nord et sud de l'Europe deviennent paradoxalement les moteurs marginaux de la croissance. Les Vikings, avant l'an mil, sèment à tous les vents de l'expansion monétaire les trésors métalliques qu'ils ont pillés dans les églises. Ils ridiculisent l'État vite décrépit des Carolingiens ; ils obligent le pouvoir à se décentraliser, à se féodaliser, à créer un peu partout des châteaux, des points d'appui, des forteresses qui deviennent les pôles de la sécurité ou du développement. Les médiévistes sont maintenant d'accord à ce sujet : ce qui est bon pour la féodalité s'avère à cette époque excellent pour l'Europe occidentale dans son ensemble. Réanimé par les piqûres rajeunissantes qu'opèrent les Vikings, le versant nord de l'Europe ci-devant sauvage est en pleine phase d'expansion au XIe siècle. C'est une Angleterre monétarisée jusqu'aux moelles, voire urbanisée, que découvrent avec stupéfaction les enquêteurs du *Domesday book*, au lendemain de la conquête de l'île par le duc Guillaume (1066). Aux frontières méridionales de la chrétienté, la guerre, encore elle, est également facteur de *« progrès »* avec tout ce que ce mot peut comporter d'ambigu. Refoulés par les Maures autour de Saint-Jacques-de-Compostelle, les catholiques d'Espagne reprennent l'offensive, et arrachent aux musulmans les trésors qui viennent par la suite grossir la circulation des monnaies jusqu'en Gaule. Les Pisans et les Génois du XIe siècle, qui posent les bases d'une prospérité portuaire pour des centaines d'années, sont des pirates, qui monnaient leur butin bien avant d'être négociants : dans leur genre, les *Génois* eux aussi sont donc des « Vikings » ! Dès l'an mil, Flandre et Lombardie, qui resteront pour un demi-millénaire les « locomotives » de la croissance occidentale, conquièrent leur rôle d'avant-garde économique.

Exit le guerrier. Entre en scène le paysan, dominé par la seigneurie : à partir du xie siècle, les profits et retombées favorables de la guerre, même commerciale, ne sont plus en mesure d'expliquer pour l'essentiel l'expansion de l'Occident, sur ses marges frontalières du sud, du nord et de l'est. C'est désormais au cœur de l'Europe de l'Ouest, dans les campagnes à peine urbanisées de la Gaule septentrionale et de la Germanie, que se joue le sort d'une croissance *sui generis*. En décentralisant au maximum les pouvoirs, la féodalité pose les bases d'un ordre stable, que ne sauraient perturber les guerres internes puisque celles-ci sont surtout locales et limitées. Dans ce cadre favorable, d'où l'esclavage lui-même a disparu pour faire place à la dépendance plus ou moins lourde, la multiplication du nombre des ruraux fait enfin craquer le cercle vert des forêts primitives qu'on avait si longtemps considéré comme infranchissable. Le christianisme partout établi, épuré, cesse de respecter le tabou des arbres-dieux. Sur les terres défrichées, on peut essayer les techniques neuves (charrue, collier de cheval), que quelques bricoleurs de génie avaient mises au point, obscurément, pendant le premier millénaire. Le *manse* rustique, ce vieux carcan d'unité territoriale auquel une seigneurie encore oppressive avait imposé de lourds services en travail, vole en éclats sous l'effet du morcellement. Les redevances paysannes baissent..., et, pourtant, les seigneurs s'enrichissent... car il y a davantage de redevables et beaucoup mieux pourvus d'outillage que ne l'étaient leurs ancêtres clairsemés. Duby insiste sur le rôle de la consommation seigneuriale et de l'esprit de *largesse* des grands (qui distribuent à plaisir et qui jettent l'argent par les fenêtres) pour expliquer la croissance du beau Moyen Âge : afin de se procurer des ressources, la seigneurie oblige le paysan à produire davantage. Dans une direction différente, certains ordres religieux, comme les cisterciens, donnent l'exemple d'une exploitation quasi capitaliste du sol, en vue de laquelle le maître lui-même restreint sa consommation afin d'investir l'épargne dans l'amélioration de ses terres. Quand s'enrichissent ainsi les classes dominantes, les modèles de pauvreté, de toute façon, font fureur : l'opulence du marchand italien met à la mode saint François d'Assise, tout comme notre société de consommation produira sa propre contre-culture.

Vers 1180, les temps sont arrivés où l'économie paysanne-seigneuriale, à son tour parvenue aux limites, épuise ses capacités *propres* de croissance. C'est aux villes maintenant de prendre le relais. Autre histoire ; elle n'est plus du propos de Georges Duby. Les « guerriers » des deux premières parties du livre ont manifestement beaucoup plus intéressé cet historien que ne l'ont passionné les « paysans » qui peuplent le troisième étage de sa construction. Sans doute connaissait-il ceux-ci déjà trop bien pour les avoir étudiés de près voici dix ans dans un beau livre sur *l'Économie rurale au Moyen Âge*. On souhaiterait par moments, s'agissant de ces *Guerriers*, une œuvre moins strictement médiévale et qui regarderait davantage, à titre comparatiste, vers les chefferies de la protohistoire...

Une Normandie canonique

Guy Bois, *Crise du féodalisme*, Paris, Presses de la Fondation Nationale des Sciences Politiques, Éd. de l'École des hautes études en sciences sociales, 1976, 412 p. (*Le Monde*, 11 mars 1977).

Autour de 1330, la « France » dans les limites de l'hexagone actuel a peut-être dix-huit millions d'habitants. En 1560, elle en a peut-être dix-neuf millions. Un million d'âmes de plus en deux gros siècles. En somme presque rien ne paraît avoir changé. C'est la « croissance zéro » ou peu s'en faut. Les paysans français grattent le sol au XVIe siècle avec les mêmes charrues peu efficaces qu'utilisaient leurs ancêtres au XIVe siècle. Ils jargonnent les mêmes dialectes, vénèrent les mêmes saints du catholicisme. Et pourtant, ce monde presque immobile en apparence est passé entre-temps dans le cycle des pestes et des guerres de cent ans, au cours desquelles la population « nationale » est tombée (vers 1445) à moins de dix millions d'habitants, moins que la Belgique d'aujourd'hui. Expliquer cet enfer momentané, et néanmoins la reproduction fidèle (après coup) d'un modèle ancien (avec quelques retouches), au bout de deux cent trente années, telle est l'ambition de Guy Bois : il a choisi pour cela de s'« enterrer » dans une province type ; de s'inhumer... pour mieux ressusciter. Il a créé ainsi l'une des œuvres ou « thèses » d'histoire économique les plus puissantes qui aient été publiées depuis une dizaine d'années.

L'ouvrage s'ouvre par un aperçu relatif à la population, aux prix, aux salaires. La population normande s'effondre en trois « tourbillons » successifs, entre 1348 et 1450. Massacre : 72 % des Normands disparaissent en un siècle, à cause des bacilles (pesteux) et des soldats (anglais). De 1450 à 1560 on revient incomplètement au niveau d'avant 1348. Les prix du blé et du seigle calculés en grammes d'argent suivent ce mouvement de bascule : ils baissent de 1330 à 1460, et puis ils remontent au cours du siècle qui suit. Cette inflation finale (1450-1560) résulte donc, entre autres, de l'essor retrouvé de la population, et d'une demande croissante. Les salaires réels, eux, ont un mouvement « pendulaire » exactement inverse : plus ça va mal pour la population (de 1348 à 1450), plus les gens meurent de peste, de famines successives, ou meurtris par les épées britanniques, mieux ça ira à la longue, pour les salariés survivants ! Comme ils sont de moins en moins nombreux, ils peuvent se permettre d'exiger des salaires de plus en plus élevés, pour prix de leurs services. Du coup, vers 1460, ils mangent de la viande tous les jours, boivent du vin, font ripaille. C'est le bien-être salarial... Il ne durera pas. De 1450 à 1560, s'instaure le mouvement exactement inverse ; le pendule s'en va dans l'autre sens : la population repart en flèche. Trop de candidats au salariat se font concurrence et se disputent une embauche de plus en plus maigre : donc les salaires tombent, les ouvriers se serrent dramatiquement la ceinture ; en trois générations, ils perdent les deux tiers de leur pouvoir d'achat, jadis passagèrement gonflé vers 1460. Guy Bois nous donne ainsi dans le long terme une corrélation (directe, ou inverse, selon les cas) entre population, prix et salaires.

Il ne s'arrête pas en si bonne route. Il propose encore d'autres correspondances : la production agricole par exemple tombe en même temps que les populations, de Philippe le Bel à Charles VII ; puis elle remonte avec elles de Louis XI à Henri II. Du reste, elle ne s'envole pas tout à fait assez, ce qui pose aux Normands quelques problèmes de famines pendant les deux premiers tiers du XVIe siècle. On se trouve alors entre 1500 et 1560, en situation « malthusienne » : la population augmente plus vite que les subsistances ; elles croissent pourtant, mais pas suffisamment ; et voilà qui risque d'accroître ou de réactiver la misère.

Il n'empêche : l'harmonie est assez parfaite, sinon entre les hommes et leur bonheur, du moins entre les différentes « variables » dont se tisse et se compose leur destin ; de 1340 à 1450, l'humanité normande se raréfie ; et donc les terres de la province, presque totalement cultivées en 1330, seront abandonnées pour les deux tiers d'entre elles en 1450... Partout les friches vont repousser. Et puis de 1460 à 1560, quand les hommes se multiplient de nouveau « comme des souris dans une grange », les broussailles sont derechef extirpées, les sillons ci-devant abolis reviennent en force ; la terre sera dorénavant couverte, au milieu du XVIe siècle, de son habituelle parure de moissons, voire de prairies. Remarquons que cette reconquête ou simple récupération des champs, pendant la « Renaissance », a été beaucoup moins difficile que ne le fut la primordiale conquête du sol quelques siècles auparavant, lors des grands défrichements des années 1000 à 1250 de notre ère. Ces défrichements primitifs s'attaquaient aux futaies et à la forêt vierge. Ils exigeaient un titanesque investissement de travail. Au contraire, les débroussaillements des décennies renaissantes (1460-1500 et au-delà) se bornent à remettre à jour un *capital* de terre, débarrassé de ses forêts depuis des centaines d'années ; à nouveau disponible ; et tout au plus envahi par un excès de « mauvaises herbes », un peu trop dynamiques en 1450. C'est du fort sarclage qu'il faut faire, et non de la coupe de bois. Ça ne coûte pas bien cher à réaliser. Cette facilité même explique la vitesse avec laquelle l'écosystème agricole un moment recroquevillé et perturbé (vers 1450) reprendra, vers 1550, ses dimensions majestueuses de 1340. Superbe élasticité. En d'autres termes ou selon d'autres images : la structure de 1330 est gravement ébréchée au milieu du XVe siècle ; elle ne demandera qu'à se reconstituer, qu'à se cicatriser cent ans plus tard, selon les lignes mêmes de son réseau préexistant.

L'interrelation des variables concerne aussi le système social. En 1330, à l'apogée de la surpopulation normande (qui fait penser à certains surpeuplements du Tiers Monde actuel), notre grande province de l'Ouest comptait, dans ses campagnes, un vaste prolétariat agricole (75 % des effectifs paysans) et une minorité de ruraux *aisés*,

Le monde moins la ville

qu'on appelait des « laboureurs ». Vers 1460, quand les coupes sombres opérées par la dépopulation sont encore bien visibles, les pauvres ont disparu, et les survivants sont moins pauvres. On compte désormais dans une population rétrécie de près des trois quarts, 60 % de laboureurs aisés contre 40 % de manouvriers (prolétaires ou semi-prolétaires ruraux). La majorité a changé de camp ! Et puis de nouveau entre 1460 et 1560, pendule inversé : le pourcentage des pauvres, aux lopins morcelés, aux salaires diminués, augmentera dans le flux montant de la vague démographique. D'un siècle à l'autre, le sort changeant des ruraux de Normandie se compare fort exactement à celui de leurs frères les paysans de Languedoc... La coïncidence n'est pas fortuite. Elle dérive de la nature même des choses, et de la convergence légitime des approches des historiens.

L'écosystème ne se borne pas à renaître tel quel en 1560, selon les « canons » de son modèle de 1330, après la « coupure » de 1348-1450. Cet écosystème se modifie, par ailleurs. Il *dérive* lentement vers une structure moins « seigneuriale » et plus « capitaliste ». (Ce mot de « capitaliste » est du reste un peu fort, puisque aussi bien il ne concerne sous la Renaissance que de simples fermiers normands dont l'envergure n'atteint pas, il s'en faut de beaucoup, celle de véritables capitalistes, comme seront les Fugger ou les Krupp... Mieux vaudrait parler sans doute d'une agriculture qui devient « domaniale », mais qui reste fidèle, quand même, à l'exploitation de type « familial ».)

Passons sur ces détails... La synthèse de Guy Bois est austère, mais brillante. Elle se situe dans l'esprit de Postan, de Wilhelm Abel, pionniers tous deux de notre histoire économique et agraire. Dans l'esprit des vieux maîtres aussi, qui formèrent la réflexion de Postan et d'Abel. Je pense à Ricardo, à Malthus, même et surtout quand Guy Bois se dit, se veut marxiste.

Révolution et contre-révolution aux frontières rustiques des Pays-Bas

Georges LEFEBVRE, *Les Paysans du Nord pendant la Révolution française*, Paris, Éd. A. Colin, Nouvelle Éd. 1972, 1047 p.
(*Le Monde*, 26 mai 1972).

Mille pages. Vingt années de travail. Un demi-siècle écoulé depuis la première édition... Georges Lefebvre avait consacré la fin de sa jeunesse, et sa force de l'âge, à ces *Paysans du Nord pendant la Révolution française* qui lui fournirent le sujet de son premier livre. Armand Colin les réédite aujourd'hui pour notre bonheur, au prix fort, en reproduction photographique. Il n'est pas mauvais de faire ou de refaire connaissance avec ces *Paysans*, tant ils sont actuels, présents, vivants... et mal connus.

Le « Nord » au XVIIIe siècle (autrement dit le territoire du département qui portera ce nom), c'est un peu, tant il est surpeuplé, la « Chine » de la France ; ou du moins son delta du Tonkin. Là, vers 1780, surtout dans la région flamande, vit un monde d'agriculteurs qui sont quasiment des jardiniers. Formés aux nouvelles techniques venues des Pays-Bas, ces hommes ont aboli à la fois la jachère et la famine. Ils pratiquent des cultures précieuses (lin, tabac, colza, oléagineux) ; ils fertilisent le sol avec l'engrais humain ou *graisse courte*. Ils obtiennent des rendements du blé qui sont extraordinaires pour l'époque : vingt quintaux à l'hectare. Les premiers en Europe, ils élèvent leurs bêtes à l'étable toute l'année, à coups de tourteau : grâce à eux les villes mangent de la viande à tous les repas. Il arrive même à ces Nordistes de retourner leur terre à la main, sans charrue : dans leurs braies de bure, ils bêchent le sol. En somme, ils font à leur manière, seuls de leur espèce, cette révolution agricole de l'intensification dont on parle tant et qu'on aperçoit rarement au XVIIIe siècle français. Mais leur cuirasse a tout de même un défaut : ils sont trop nombreux, chacun d'eux se démène comme un beau diable pour tirer la subsistance familiale d'une poignée d'hectares ou d'une fraction d'hectare. Le grouillement humain des Flandres, qui s'accroît sans cesse depuis le début du XVIIIe siècle avec l'essor démographique, multiplie pour la société, les risques de paupérisme et de contestation.

Au-dessus de ces tout petits cultivateurs, qu'on appelle les *gens à tablier*, sévissent, surtout en Hainaut et en Cambrésis, les riches exploitants, *fermiers à grosses bottes* ou *matadors* du monde rural : ils sont campés sur les grandes fermes de l'Église qu'ils exploitent de père en fils ; ils en sont indéracinables, indélogeables, grâce à la coutume villageoise du *mauvais gré*, qui interdit d'expulser un fermier, sous peine d'incendie de grange pour son successeur indésirable... Ils vivent comme des pauvres, mais ils ont du foin dans leurs bottes. *Matadors* et *gens à tablier* n'ont pas toujours des relations cordiales : les premiers veulent maintenir les biens communaux, vastes étendues de tourbes, de marécages, de prairies, où ils envoient paître leur bétail de ferme ; les seconds, harcelés par la pression démographique, souhaitent partager ces biens de communes en *portions ménagères*, ou champs, qui donneront à chacun de leurs nouveaux possesseurs un peu de terre pour ne pas mourir de faim.

Surviennent les années cruciales : 1788, 1789. Au sein de cette paysannerie, sourdement travaillée par les grands courants d'idées de l'époque, les cahiers des États généraux — qui permettront un jour aux historiens d'effectuer sur la mentalité rurale de ce temps-là des sondages presque aussi exacts que ceux d'aujourd'hui — s'élaborent dans la fièvre. Et puis, catastrophe : au moment même où la Nation se prépare à s'engager sur la voie des Réformes, auxquelles procéderont les États réunis, le bilan de la moisson de 1788 qui doit nourrir les peuples jusqu'en août-septembre 1789, est désastreux. Les pluies d'automne de 1787, le coup d'échaudage et de sécheresse de 1788, la grêle enfin, ont noyé, grillé, fracassé les grains de 88. La « soudure » de 89 n'est pas assurée. Pour les petits paysans promus au rôle de ventre-creux ou de meurt-de-faim à l'aurore des temps nouveaux, c'est l'angoisse. La rencontre fortuite de ces deux séries causales indépendantes — convocation des États généraux, et mauvaise moisson de 1788 — constitue ainsi l'un des déclics de la Révolution française, laquelle contient, comme tout événement, sa charge imprescriptible de hasard.

Donc à partir de mai 1789 les aigris empoignent leurs fourches, les ménagères battent le chaudron ou le tambour, et les foules paysannes se lancent dans des manifestations de masse, dont l'objectif est de récupérer les stocks de blé qui se cachent. Cette agitation « frumentaire » a vite fait, dès l'été 89, de « dégénérer » en grèves de dîme ; en guerre au gibier (jusque-là protégé, en vertu du monopole de chasse des seigneurs) ; en massacre des arbres (que lesdits seigneurs avaient plantés abusivement le long des grands chemins, et jusque devant les fenêtres des villageois, en vertu d'un droit bizarre de *plantis*)... Cette rude attaque, menée contre les chanoines et les monastères, qu'on accuse de stocker le froment, ne dégénère jamais en offensive antireligieuse : bien au contraire les paysans prennent soin d'assister à une messe matinale, avant d'aller casser les vitres et piller les greniers de l'abbaye la plus proche. Et s'ils se mobilisent ainsi, bons chrétiens qu'ils demeurent, c'est quelquefois pour aller récupérer de force les reliques d'un saint patron, que l'abbaye mise en cause avait volées à leur église paroissiale, deux siècles plus tôt !

Respectueux de la propriété, nos paysans, pourtant affamés de terres, n'ont pas encore posé aux commencements de leur Révolution, la question la plus brûlante, qui est celle de la redistribution du sol arable. La Constituante s'en charge pour eux, quand elle décrète la vente des biens du clergé : car celui-ci était, en Hainaut, en Cambrésis, largement possessionné de grands domaines. Du coup, c'est la ruée des ruraux ; ils remportent là, dans cette région du Nord qui leur fut, en cette occasion, si favorable, un des plus beaux succès de leur histoire. Par des coalitions, des menaces, des émeutes, les paysans qui jouent impitoyablement des coudes, réussissent à éliminer partiellement les bourgeois (si omnipotents au contraire, dans d'autres régions de France), des enchères pour l'achat des propriétés du clergé. Ils parviennent, exploit sinon unique du moins extraordinaire, à s'arroger de cette façon la moitié du gâteau terrien des biens nationaux, et même davantage dans diverses zones du département du Nord. Dans certains diocèses de cette région, un tiers des villageois réussit de la sorte à accéder à la propriété pendant la Révolution, dont on comprend que le souvenir leur soit resté cher. La moitié de la surface totale du diocèse de Cambrai change de mains après 89. Le morcellement se multiplie. Des « bandes noires », qui font du scandale immobilier à l'envers, rasent des dizaines d'églises gothiques pour les transformer en champs labourables. Grâce à l'inflation d'assignats, le gouvernement est grugé, qui devait percevoir le prix de vente des biens nationaux : ils sont bradés à la moitié, au tiers, au sixième parfois de leur valeur réelle. La vente des biens d'Église dans le département du Nord n'éteint pas la faim de terre des paysans. Elle leur jette tout de même un os considérable à ronger.

L'histoire n'est pas coutumière du *happy end*. Le mariage d'amour entre le village et la Révolution n'est point destiné à s'éterniser. Quand vient la guerre en effet, trop de jeunes ruraux, qui répugnent pourtant à la conscription, sont embrigadés dans l'armée, qui les envoie aux frontières pour s'y faire tuer : leurs familles du coup, chagrinées, commencent à flirter avec la réaction. Trop de chevaux des fermiers sont réquisitionnés pour les charrois militaires, et ne reviendront jamais dans l'écurie de leurs maîtres. Trop de femmes aussi sont choquées jusqu'au fond du cœur par les excès de la constitution civile du clergé, qui jette les curés et leurs paroissiens, jusqu'alors patriotes, dans les bras des aristocrates ; elles seront choquées encore davantage par les pitreries de la déchristianisation des hébertistes, affreux petits anticurés, qui en profanant les églises font plus pour nuire à la Révolution que ne font les corps d'armée des Autrichiens. Le paysan du Nord se détache donc de la cause révolutionnaire, qu'il considère comme trop partiale en faveur des villes, et comme trop insoucieuse des intérêts des campagnes. Il gardera tout de même une vieille tendresse pour les innovateurs de 89 qui l'ont débarrassé de la dîme, et qui lui ont donné la terre d'Église.

La différence :
le plus et le moins

Jean DUPLEIX, Henri MENDRAS et collaborateurs, *Atlas de la France rurale,* Paris, Éd. A. Colin, 1967, 176 p. (*Études rurales,* n° 27, 1967, pp. 28-34).

Blocages, crispations, évolutions lentes, voilà qui caractérise, souvent, les sociétés paysannes. De ce point de vue, l'*Atlas de la France rurale* est passionnant pour un historien. Sans doute H. Mendras et ses collaborateurs n'ont-ils voulu cartographier qu'un passé tout proche ; et une telle stratégie est pleinement légitime de leur point de vue de sociologues. Il y a cependant des exceptions : plusieurs cartes de l'*Atlas* sont construites à partir des statistiques du XIXe siècle, ou du XXe siècle des avant-guerres. D'autre part, les cartes très récentes, les plus nombreuses, peuvent, dans certains cas privilégiés, condenser l'héritage d'un très ancien devenir : elles témoignent sur la *longue durée*, sur les structures vénérables et vermoulues qui survivent encore dans les campagnes françaises. L'*Atlas*, dans certaines limites, permet à l'historien d'accéder à une cartographie du long terme.

La carte : « Dates du maximum de population (1821-1854) » propose, sans détour, un aspect de la France révolue. Cette carte jalonne, canton par canton, la culmination d'un grand cycle agraire, symbolisé par l'essor de la population paysanne. On sait que cet essor, engagé au XVIIIe siècle, s'arrête aux siècles suivants, à des dates différentes selon les provinces. Mortalités civiles, comme celles de 1847 et des années suivantes, mortalités militaires (1914-1918), crises diverses (phylloxera, etc.) ou, tout simplement, exode rural et contraception mettent fin à la saturation des peuplements, qui fait place à des récessions démographiques, chronologiquement décalées : celles-ci pouvant intervenir, ici dès 1831 ; ailleurs, beaucoup plus tard ; et parfois, bien après 1900.

De ce point de vue, la carte 2 de l'*Atlas* permet de distinguer trois grands ensembles régionaux.

D'abord une France du Nord-Est, située au nord d'une ligne Saint-Malo — Saumur — Paris — Genève, zone tôt frappée par l'exode rural, puisque dès la première moitié du XIXe siècle, ses populations subissent l'attraction de l'agglomération parisienne[1] ; puisque d'autre part, comme le démontrent les patientes études de Louis Henry, de J. Ganiage, etc., de bonne heure (1770, 1790, 1800...) les paysans normands, beauvaisins et autres, connaissent les « funestes secrets » de la contraception[2]. Le maximum démographique, suivi d'un déclin, est donc précoce dans toutes ces régions, et contemporain de la Monarchie censitaire ou du Second Empire. En Normandie plus précisément, il semble bien que les progrès de

---

1. Cf. à ce propos, la carte de Ch. POUTHAS, dans *La population française pendant la première moitié du* XIXe *siècle,* Paris, 1956 (carte de l'immigration départementale à Paris en 1833).

2. Cf. dans la série : « Travaux et Documents » de l'I.N.E.D., les ouvrages de L. HENRY sur *Crulai,* et de J. GANIAGE sur *Trois villages d'Ile-de-France.* — Cf. aussi R. DENIEL et L. HENRY, « La population d'un village du nord de la France, Sainghin-en-Mélantois », *Population,* 1965, 4, juil.-août, pp. 563-602.

l'élevage dès le début du XIXᵉ siècle (champs « couchés en herbe ») aient rendu disponible pour les employeurs parisiens une large part de la main-d'œuvre agricole. L'exode des campagnes normandes est ancien, antérieur aux mortalités de crise du milieu du XIXᵉ siècle. Et l'on note une précocité semblable (mais pour des raisons différentes) en certaines régions de la Franche-Comté, de la Bourgogne, de la Lorraine et de la Picardie.

Le Midi — celui des montagnes, Alpes et Pyrénées — est lui aussi concerné de bonne heure par la décompression démographique ; au sud d'une ligne brisée (Genève — Clermont-Ferrand — Bayonne) qui se déforme pour inclure au nord-ouest les vallées de la basse Garonne et de la Gironde, les peuplements méridionaux, bien avant 1870, franchissent les points culminants des maxima. Paysans savoyards, dauphinois, provençaux, gascons, auvergnats se montrent précoces, tant pour prendre le chemin des villes que pour adopter les méthodes contraceptives. Là aussi, dès Louis-Philippe, dès Napoléon III, la dépopulation est amorcée. Et le Midi français deviendra, dès le début du XXᵉ siècle, l'une des régions les plus malthusiennes du monde.

En dehors de ces deux zones bien tranchées, le Nord-Est moderne et le Midi malthusien, il reste à définir sur la carte précitée (2) une série de territoires intermédiaires : c'est, si l'on peut dire, la France des angles morts... et des campagnes vivantes, longtemps bien remplies. S'il fallait la caractériser en quelques mots, je dirais que cette France rurale du XIXᵉ siècle vigoureux est comprise à l'intérieur d'un triangle, dont les sommets sont Brest, Chalon-sur-Saône et Bayonne. Mais il ne s'agit là, bien sûr, que d'une expression géographique. Plus précisément : la France où les campagnes se remplissent longtemps, et se vident tard, c'est celle de l'Ouest solide, Bretagne et Vendée ; c'est le nord du Massif central ; ce sont les pays de la Loire moyenne et certaines régions du Bassin Aquitain. Dans la plupart des cas, il s'agit de zones attardées, et réfractaires à cette « modernisation » qui s'exprime par l'attraction urbaine et par la contraception : la vocation au sous-développement est évidente pour les régions de l'Ouest, du Centre, et du Sud-Ouest qui viennent d'être mentionnées. Cette règle néanmoins ne doit pas être indûment généralisée : dans le Loiret, par exemple, la persistance du peuplement paysan est peut-être significative de la vitalité d'une agriculture déjà moderne.

Deux autres cartes apparaissent historiquement intéressantes : celle des « Agriculteurs », définissant le pourcentage de ceux-ci par rapport à la population active ; celle des proportions de « Population vivant de l'agriculture » par rapport à la population globale (carte 22). Dans les deux cas, les pourcentages cantonaux sont calculés d'après le recensement de 1954.

Sans être absolument nouvelles, les leçons qu'on peut tirer de ces deux documents sont d'une belle clarté ; et elles précisent, grâce à la finesse inégalée du découpage cantonal, les connaissances antérieurement acquises ; les cantons à majorité, ou quasi-majorité, d'agriculteurs se localisent massivement, l'an 1954, au sud d'une ligne allant du bassin normand au Bugey jurassien : les agriculteurs majoritaires, en masses compactes, peuplent la Bretagne, l'Aquitaine, le Massif central, les Alpes du Sud. Il peut s'agir, du reste, de « majorités » numériquement lilliputiennes, puisque certains, parmi ces peuplements, n'atteignent que des densités très faibles ; ainsi dans les Alpes du Sud. Il n'importe. La tendance est nette.

La carte de la « Population vivant de l'agriculture » confirme, avec quelques nuances de détail, ce partage socio-professionnel du territoire. Bien que le tracé de la diagonale qui partage l'Hexagone soit discutable (Calvados-Jura, ou Calvados-Hautes-Alpes), la cassure territoriale est certaine. Les majorités agricoles, par rapport aux peuplements locaux, se trouvent effectivement dans la moitié sud, centre et ouest du pays. Cette prépondérance numérique, on le sait bien, n'est pas synonyme d'efficacité technologique. L'agriculture la plus productive occupe, elle, les régions limoneuses du Nord-Est, où les agriculteurs sont minoritaires.

Ces localisations sont importantes pour l'historien : les clivages que révèle, au niveau de la cartographie cantonale, le recensement de 1954, correspondent en effet à d'anciennes réalités, plus que séculaires.

Il suffit de relever, à ce propos, l'*Essai sur la statistique de la population française*, publié en 1836 par A. d'Angeville. Cet auteur, lui aussi, cherche à régionaliser les pourcentages paysans, par rapport au total des populations. Il opère sur une France encore enfoncée dans l'économie d'ancien type : cette France est déjà modifiée, mais pas encore bouleversée par la révolution industrielle. Quels que soient les départements mis en cause, Seine exceptée, les villageois y sont toujours plus nombreux que les citadins. Les problèmes ne sont pas encore, comme en 1954, de majorité *ou* de minorité paysanne, mais *seulement* de majorités *plus ou moins fortes* : le royaume, dans les années 1830, demeure une assemblée de ruraux.

Or, en dépit des transformations gigantesques qui s'intercalent entre la Monarchie censitaire et la IVe République, les résultats révélés par l'*Essai sur la statistique* annoncent déjà, substantiellement, ceux qui seront proposés, cent trente ans plus tard, dans l'*Atlas rural*.

La carte de 1836 discrimine en effet, dans le royaume de Louis-Philippe, deux blocs, aux taux d'agriculteurs très différents. Ces blocs sont séparés par une ligne Cherbourg-Mulhouse, soit un tracé assez semblable (quoiqu'un peu décalé vers le nord) à celui que définiront de nos jours les travaux analogues de Mendras : au nord de cette « ligne d'Angeville », faibles majorités d'agriculteurs ; au sud, énormes majorités. Ainsi, dès 1836, la France des paysanneries écrasantes, la France relativement sous-urbanisée, sous-développée, c'est déjà, comme aujourd'hui, celle du Sud, du Centre et de l'Ouest.

On pourrait déceler la même permanence dans la localisation des ouvriers d'industrie. En 1836 d'après Angeville, comme en 1954 d'après Mendras, cette carte des *industriels*, au sens général du terme, est un négatif de la carte des *agricoles*. À l'inverse des pourcentages de cultivateurs, les pourcentages ouvriers ou *industriels* les plus forts sont au nord d'une ligne qui va du Calvados à l'Isère, avec des concentrations plus marquées encore au nord d'un tracé Rouen-Mulhouse. Les révolutions économiques, entre 1850 et 1950, ont tout bouleversé, hormis ces répartitions fondamentales, dont la trame essentielle était encore visible il y a vingt ans (comme elle l'était plus encore il y a cent soixante ans). Il existe donc en France, dès le début du XIXe siècle, et peut-être auparavant, une zone privilégiée du développement, qui sert de terrain d'accueil à la révolution industrielle.

Cet aperçu comporte déjà quelques leçons assez claires : les auteurs de l'*Atlas* ont sondé, sur le terrain, des réalités historiques fort hétérogènes et d'épaisseur chronologique inégale. Certaines de leurs cartes ne mettent en cause (au moins en première analyse) qu'une mince pellicule de temps : les dix ou vingt, ou trente ou quarante dernières années. Ainsi les cartes : « Médecins », « Tracteurs », « Résidences secondaires », « Vote U.N.R. ». D'autres cartes, au contraire (« Agriculteurs », « Population vivant de l'agriculture »), sont représentatives du long terme, et d'une stabilité de type séculaire.

De tels résultats incitent l'historien à détecter encore, dans l'*Atlas*, quelques cartes du second type, significatives des longues durées. Ainsi celle du « Métayage » (carte 27). Cette institution, « féodale », est typique d'un sous-développement. La France du métayage, telle que la révèle le recensement de 1954, apparaît, nettement, tout entière située au sud d'une ligne Saint-Malo-Genève. Avec des zones accentuées, de faire-valoir « à part de fruits », en Vendée, Mayenne et dans le Sud-Ouest aquitain ; et aussi, de façon plus inattendue, dans l'Allier, dans la vallée du Rhône et le Var.

Il s'agit là, comme chacun sait, de réalités coriaces, vivaces. René Musset, dès 1917, avait donné une carte du métayage français, bâtie sur des données antérieures à la Première Guerre[1]. Établie à l'échelon départemental et donc beaucoup moins précise que son homologue de l'*Atlas*, cette carte est représentative d'un monde rural encore traditionnel. Le métayage s'y localise au sud d'une diagonale nord-ouest/sud-est — et préfigure la carte de Mendras.

À l'opposé maintenant du métayage, considérons, à partir des documents proposés dans l'*Atlas*, la grande culture par exploitants capitalistes. Le critère du tracteur, passionnant pour un sociologue ou un agronome, n'est guère valable pour un historien. La motorisation est, dans les campagnes françaises, un fait très « jeune ».

Mais d'autres traits, relatifs au capitalisme agricole, peuvent aisément s'inscrire dans une longue durée ; les forts pourcentages d'ouvriers agricoles (carte 21) ; la taille des exploitations (plus de 50 ha : carte 23) ; les dépenses techniques des exploitations agricoles, dépenses révélatrices de possibilités capitalistes (carte 33).

Ces trois critères, sur les cartes de Mendras, désignent clairement des localisations concordantes. D'abord la grande culture par salariés agricoles est localisée autour de Paris, surtout au nord-est : il s'agit d'une zone bien marquée, qui regroupe les cantons agricoles des départements de l'Aisne, de la Somme, de l'Oise, de l'Eure-et-Loir, de la Seine-et-Marne.

Les exploitations de plus de 50 ha apparaissent en une grande auréole diffuse, mais clairement perceptible, dont le noyau, quelque

---

1. R. Musset, *L'élevage du cheval en France*, Paris, 1917.

peu excentré, se trouve également situé aux alentours de la région parisienne : les localisations essentielles des grands domaines ainsi mis en cause, coïncident bien, dans l'ensemble, avec la géographie massive des ouvriers agricoles. Elles sont toutefois par rapport à celle-ci un peu décalées vers le sud ; elles vont de l'Aisne et de l'Oise jusqu'à la Vienne et jusqu'à l'Allier.

La carte des exploitations agricoles qui, en 1955, ont dépensé plus d'un million de francs, regroupe également, en zone dense et bien définie, les fermes de la Somme, de l'Aisne, de la Marne, de l'Oise, de la Seine-et-Oise, de la Seine-et-Marne, de l'Eure et de l'Eure-et-Loir. Des trois cartes de la grande culture — nombre de salariés, extension, dépense —, celle qui concerne cette dernière variable est sans doute la plus caractéristique. Nulle part en France, si l'on en croit la carte 33, il n'existe un capitalisme agricole aussi bien armé financièrement que dans la région parisienne.

Cette constatation peut apparaître comme une évidence... mais une telle évidence est de grande portée. Ce que Mendras décrit, pour 1955, par une triple série de cartes, c'est à peu près la France de « la grande culture » telle que la définissait deux siècles plus tôt François Quesnay : « *La grande culture est actuellement bornée environ à six millions d'arpents de terre, qui comprennent principalement les provinces de Normandie, de la Beauce, de l'Île-de-France, de la Picardie, de la Flandre française, du Hainaut et peu d'autres*[1]. »

Sur ce point, sociologues et cartographes ont donc jeté l'ancre en eau profonde : les travaux de G. Fourquin[2] montrent que la grande culture, dans la région parisienne, est très ancienne, antérieure même au XVIIIe siècle de Quesnay ; elle est contemporaine de l'âge gothique, et des bâtisseurs de cathédrales. En Île-de-France, les laboureurs de larges espaces étaient déjà des puissances au XIIIe siècle ; et ces puissances devaient se maintenir sept cents années durant. La cartographie de Mendras détecte donc des pôles anciens : France du développement et du sous-développement, France de la grande agriculture et du métayage.

Au niveau de la « culture » proprement dite — enseignement, options religieuse et politique, attitudes mentales, etc. —, l'*Atlas*

1. F. QUESNAY, dans l'article « Grains » de l'*Encyclopédie* de Diderot.
2. G. FOURQUIN, *Les campagnes de la région parisienne à la fin du Moyen Âge (du milieu du XIIIe siècle au début du XVIe siècle),* Paris, Publications de la Faculté des Lettres et Sciences humaines, 1964 (série « Recherches », X).

rend compte également de données nombreuses et importantes. Sans doute, en ce domaine, est-il moins facile d'être original. La géographie des élections, les travaux de sociologie religieuse nous ont accoutumés aux projections spatiales de l'opinion et de la piété ; les cartes « culturelles » de l'*Atlas*, en l'occurrence, valent surtout par leur précision, par leur caractère cantonal et « microscopique ».

Sur un point cependant, elles innovent de façon radicale, elles inaugurent une géographie du délit agraire. On sait depuis longtemps que le crime ou le « non-crime » est un trait culturel. Mais, grâce aux travaux de Mendras, on passe de la criminalité proprement dite à la catégorie plus innocente et beaucoup plus vaste de la « litigiosité ». La carte des « Jugements de simple police » (carte 62 : 1886), est à cet égard révélatrice. Elle laisse clairement apparaître deux zones où les délits ruraux sont, en proportion, plus nombreux qu'ailleurs : d'une part, le Nord-Est, des Vosges au Pas-de-Calais, et du Jura au Pays de Caux ; d'autre part, le Sud-Est : Languedoc-Roussillon, Dauphiné-Provence, avec, en tête du peloton, la Corse.

Cette géographie semble disparaître au XXe siècle, où les contrastes sont beaucoup moins nets (carte 63 : 1936) ; elle correspond en revanche, pour des temps plus anciens, à la carte criminelle, établie par Angeville en 1836. Les diverses formes de « délictuosité », grave ou bénigne, mortelle ou vénielle, se présenteraient donc, au XIXe siècle (1836-1886), selon des distributions superposables.

Mais Angeville avait introduit, à ce sujet, une intéressante discrimination. Il distinguait « crime contre les personnes » et « crime contre les choses ». Et cette distinction impliquait, chez l'auteur de 1836, une géographie différentielle. La criminalité contre les personnes, criminalité de type ancien, « ibérique », était, selon lui, caractéristique de la zone méridionale, et notamment de la Corse. Par opposition, le crime contre les choses était prépondérant dans les régions du Nord, plus développé, moins sanglant et plus sournois. Archaïsme et modernisme criminels s'opposaient ainsi très nettement : le Midi avait ses assassins, ses *loups*. Le Nord avait ses filous, ses *renards*. Il n'est pas certain que de telles distinctions soient valables au niveau de la carte Mendras relative à l'année 1886 ; ce document ne s'intéresse en effet qu'à des délits plutôt bénins.

Le livre de Mendras offre donc à l'historiographie divers sujets de méditation. Il rend possibles, d'autre part, bien des projets : l'*Atlas* propose un modèle valable pour une cartographie d'historien. Celle-ci pourrait être fondée, elle aussi, sur le carroyage ultra-fin de la statistique cantonale. Elle concernerait en premier lieu, dans cette hypothèse, le XIXe siècle paysan.

Le fellah et le fermier

Lucette VALENSI, *Fellahs tunisiens* (XVIIIe-XIXe *siècles*), Paris-La Haye, Éd. Mouton, 1977, 421 p. (*L'Histoire,* 6 novembre 1978).

Parfois fastidieuse, souvent substantielle, l'histoire rurale correspond à l'une des traditions les plus anciennes de la déjà vieille « nouvelle école historique » en France. Lucien Febvre avec sa thèse sur la Franche-Comté et surtout Marc Bloch avaient donné l'impulsion initiale. Aujourd'hui ces études agraires émigrent hors des frontières de l'ancienne métropole, vers le Maghreb. Arabisante, connaissant les archives locales et précoloniales, Lucette Valensi est bien placée pour donner à voir les *Fellahs tunisiens* des XVIIIe et XIXe siècles.

Au départ, une pesée globale : 84% de la population tunisienne en cette époque est paysanne ; ou, du moins, non citadine. Proportion guère plus élevée, semble-t-il, que celle qu'on rencontrait dans la France de Louis XIV. Mais le contenu social de ces peuplements agrestes, au sud de la Méditerranée, diffère beaucoup de ce qu'il était « chez nous », dans l'hexagone. Ce qui domine entre Tunis et le Sahara, c'est la structure lignagère, tribale, généalogique : chaque paysan, ou berger transhumant appartient à une tribu, qui n'en finit pas de se raconter à elle-même la glorieuse histoire de ses ancêtres ; celle-ci presque totalement mythique dès lors qu'elle est ancienne ; dès qu'elle remonte au-delà de 180 ou 200 ans. Le discours généalogique, dit au passé, sert surtout à justifier les prétentions *actuelles* de tel groupe dans les guerres intertribales, et sur les territoires qu'il contrôle. Même les quartiers des villes sont basés sur des structures familiales (appartenance des gens du quartier à tel ou tel lignage) ; ils ne se fondent pas sur des séparations sociales, sur des secteurs riches, ou pauvres, comme c'est le cas dans nos cités. Le gouvernement particulier de chaque tribu est, théoriquement du moins, « démocratique » mais il exclut des pouvoirs de décision les femmes et les jeunes. Il favorise les vieux, autrement dit les *cheikhs*.

Au centre de tout : les problèmes de la terre. A qui appartient-elle ? En principe le sol tunisien est la propriété des divers groupes familiaux, sur place. Il n'est pas éminemment détenu par le souverain ou *bey* de Tunis. En fait, les parcelles foncières sont très dispersées par la division successorale : les morcellements interviennent entre plusieurs enfants d'un même père, une fois qu'il est mort (certaines régions de France, à l'Ouest, étaient déjà logées à la même enseigne, au XVIIIe siècle). Les cadastres tunisiens, qui existaient bien avant la colonisation française, disent l'atomisation du sol, mais aussi l'inégalité des propriétés. Les minorités de gros possédants font contraste avec la plèbe des petits ruraux, en 1844, et auparavant... Cette plèbe, par explosion démographique, accouchera d'un pur et simple prolétariat de « sans-terre », dans les années 1960. Les propriétaires « importants » au XIXe siècle, le sont déjà, à partir de quatorze hectares : ce ne sont pas des nababs ! Dans les oasis productrices de dattes (Gabès), ils tiennent un tiers à un quart de tous les arbres. Ce qui veut dire que les « petits » possèdent quand même 66 % ou 75 % des dattiers. Les « riches » terriens se recrutent parmi les clercs lettrés, les juges, les notaires, les pèlerins de La Mecque. Quelques grandissimes familles, dont celle du bey, se taillent la part du lion. Les pauvres comprennent (entre autres) les esclaves, les juifs, les femmes. Les princesses sont solidement dotées. Les citadins ont « du bien » à la campagne... Les modes de faire-valoir du sol retrouvent certaines données occidentales : fermage, ou métayage. Mais le *Khammès*, salarié rémunéré en nature à petite part de fruit, représente une institution maghrébine originale ; elle n'a guère d'équivalent en Europe.

Plus on va vers le sud tunisien, plus se multiplient les systèmes d'irrigation. À ce propos Lucette Valensi n'est pas d'accord avec Wittfogel : cet auteur tenait l'administration hydraulique pour la matrice du despotisme oriental. L'hydraulique maghrébine est quasi-démocratique, sans État, autogérée par les arroseurs.

Ce point positif étant admis, la Tunisie souffre d'un archaïsme extrême des techniques : les formes de l'*araire* (charrue sans roues) n'ont pas varié depuis les Romains et les Puniques. On remédie tant bien que mal aux déficiences technologiques, par le moyen de pieuses processions pour la pluie, menées jusqu'au tombeau des saints hommes.

Paradoxalement, les rendements à la semence sont élevés : dix grains récoltés pour un semé ; au lieu de quatre ou cinq pour un, en Europe occidentale. Mais on sème léger : cinquante kilos à l'hectare. Le rendement à la surface est donc dérisoire : quatre ou cinq quintaux à l'hectare. N'allons pas croire pourtant que les fellahs sont incapables d'innovation ; du XVIe au XIXe siècle, ils ont adopté sans réticences les plantes américaines : maïs, pommes de terre, et... cactus.

Ils suppléent aux carences de leur revenu par les petites industries familiales : vannerie, sparterie, poterie. Elles échappent, autre différence avec l'Occident, au contrôle qu'exerceraient les oligarchies citadines. Artisanal ou alimentaire, le luxe n'est pas de mise : dans les campagnes, au XVIIIe siècle, le couscous est partout. Le sucre, le thé, le café ne sont nulle part ou presque.

Conjoncturellement, quant aux démographies, la peste demeure un grand personnage dans l'histoire des riverains de la Méditerranée arabe, alors qu'elle a disparu de France depuis 1720. Conjointe à la famine et au choléra, la peste est responsable d'une régression démographique ; celle-ci s'instaure en Tunisie au XIXe siècle (à une époque où les populations européennes se gonflent massivement). Les pyramides des âges, épaissies vers le bas par une forte natalité, sont échancrées à divers niveaux par les crises mortelles, productrices de « classes creuses ».

En matière de conjoncture économique, il va de soi que les prix, comme partout, augmentent à Tunis au XVIIIe siècle. Ils décuplent même ! Mais ne soyons pas dupes. Cette hausse n'est pas saine. Elle est inflationniste ; elle est due à la dépréciation des monnaies locales. De toute manière, dans une économie où prédomine l'auto-subsistance, les prix, les échanges et le marché ne sont qu'une « pellicule ». Elle masque les réalités profondes, basées sur l'autarcie locale et sur le troc. Lucette Valensi a mis au point une méthode originale qui lui permet d'évaluer le devenir des surfaces cultivées, consacrées à la subsistance : elles s'accroissent au XVIIIe siècle, en même temps que la population, jusqu'en 1775 ; cette année-là marque un tournant conjoncturel vers la baisse en Europe comme en Afrique. Elles déclinent ensuite, avec la démographie, pendant le XIXe siècle : c'est le temps de la décadence tunisienne ; du coup les

Français pourront mettre la main sur le pays, affaibli. De toute manière, la monnaie locale est déjà dominée de haut par les piastres espagnoles, frappées grâce à l'argent mexicain. Elle ne cesse de se dévaluer, même par rapport à la devise turque. Simultanément, les commerçants étrangers, précurseurs des colons, quadrillent l'économie d'échanges, embryonnaire, mais déjà croissante, au profit des Français à partir du XIXe siècle. En cette occasion, le jeu des contacts linguistiques entre Latins et Arabes aboutit à la mise au point d'un sabir : c'est le *petit moresque*. Il mélange allégrement l'arabe, le français et l'italien...

Grenier à grains de l'Europe au XVIIIe siècle, la Tunisie devient au XIXe siècle une jarre à huile d'olive pour l'exportation, inépuisable... Mais cette « oléification » est-elle vraiment un progrès ? En ce second siècle de l'enquête Valensi, au cours duquel baisse irrémédiablement la population tunisienne, la boulimie fiscale du bey, elle, s'aggrave ! Ce personnage est mis en appétit par la monétarisation de l'économie, qui s'opère aux bons soins des commerçants étrangers et des « compradores » locaux. Le souverain de Tunis étrangle ses malheureux sujets, par le biais d'impôts qui deviennent écrasants.

Lucette Valensi pour cette époque ne croit pas au « Progrès ». Du moins en ce qui concerne le Maghreb. La croissance de l'Europe est inséparable, pour notre historienne, du naufrage d'une certaine Afrique. Il faudra la reprise démographique locale au XXe siècle (dans les conditions favorables de la colonisation), il faudra ensuite la décolonisation, pour que les « Nord-Africains » puissent s'affirmer derechef. Ces *Fellahs tunisiens* ne se lisent pas toujours comme un roman. Mais l'auteur a su appliquer à des réalités nouvelles les méthodes d'enquête qui firent déjà leurs preuves (études des cadastres, des dîmes, des registres paroissiaux relatifs aux chrétiens locaux...). Elle a combiné l'érudition quantitative, chère aux historiens français, avec des motivations personnelles, existentiellement maghrébines.

AUTOBIOGRAPHIES PAYSANNES

Rouge et blanc

Henri PITAUD, *Le Pain de la terre*, Paris, Éd. Jean-Claude Lattès, 1982, 260 p. (*Le Nouvel Observateur*, 26 juin 1982).

Henri Pitaud, auteur de ce livre d'enfance, est l'une des figures attachantes du mouvement paysan français dans l'entre-deux-guerres. Né en 1899 d'une famille de métayers ou journaliers vendéens (le niveau social des siens oscilla entre ces deux statuts), il est parmi nos retraités d'aujourd'hui l'un de ceux qui, tout jeunes, labourèrent avec des bœufs ou battirent l'orge au fléau. Pitaud, pourtant, ne fut pas seulement *« jeune homme à la bêche »* né presque chouan, d'un père illettré. Il dispose, dans sa famille, de certains courants de réflexion « savante » ou d'intermédiaires culturels. Son oncle et homonyme, Henri Pitaud senior, paysan lui aussi, qui plus tard partira pour l'Amérique du Nord, écrit et publie en 1902 les *Considérations d'un esprit simple sur l'Histoire universelle*, qu'édite en toute simplicité, à quelques dizaines d'exemplaires, le curé Roger à La Roche-sur-Yon. Par la suite, ce Pitaud senior, émigré au Canada, apprendra l'anglais pendant l'interminable hiver du Grand Nord en traduisant Shakespeare dans la forêt subarctique... Pour obtenir une place de fermier, ce néo-Canadien offre son livre de « Considérations » aux propriétaires québécois. Quelle plus belle carte de visite pour un paysan de la Belle Époque.

Henri Pitaud junior, le nôtre, fut soldat de 1918, puis combattant de Pologne en 1919 contre les Russes et les corps francs allemands, bataillant ensuite au Liban contre les Turcs (1920). Notre auteur aime la guerre et le sifflement des balles ; il devient néanmoins pacifiste. De retour en Vendée, il se retrouve ouvrier puis métayer ; de blanc, il devient *« rouge chrétien »* ; il fait battre en 1928 le député royaliste de son département, Baudry d'Asson ; il s'aide pour cela des secours de l'abbé Trochu, organisateur des ruraux de l'Ouest. En 1929, Pitaud fonde les « syndicats paysans », séparés d'autres « unions » agricoles qu'il assure être au service des propriétaires aux mains blanches. Vers 1934, notre homme crée à La Roche-sur-Yon les *Cahiers de l'Émancipation paysanne*, « revue mensuelle du prolétariat paysan », dans lesquels il écrit sous cinq pseudonymes différents. En octobre 1936, il se rend en Espagne dans les rangs républicains, invité par Luis Companys et par la gauche catalane. Il y retournera plus tard, aux tranchées de Huesca, dans les premières lignes, en compagnie du bataillon français « Commune de Paris » et du bataillon allemand « Thaelmann ».

Ami de Victor Serge, de Guillaumin, de Daniel Halévy, Pitaud devient l'un des personnages importants du syndicalisme et du journalisme agricoles des années trente. Permanent et parisien, en cet avant-guerre, il revient pourtant, chaque week-end, en sa ferme de Dordogne, que ses fils devenus grands cultivent déjà pour son compte. À Barcelone, en pleine guerre d'Espagne, il assiste à la liquidation du P.O.U.M. par les communistes ou plutôt par les Soviétiques. Son pacifisme militant de 1939 est contestable mais s'explique par les souvenirs affreux que la paysannerie française avait rapportés des tranchées de 1914.

À partir de 1945, le statut du fermage est voté, notre auteur considère sa mission syndicale comme terminée. Quelques années après, en 1948, il part au Paraguay ; il y cultive deux cents hectares de terres. Il élève ensuite pendant quelque temps des cochons en Uruguay puis revient pour finir au Paraguay, où il vit de nos jours avec sa famille. Détaché par moments de l'Église qu'il accusait d'être au service des châteaux, Pitaud reste aujourd'hui encore fidèle à l'esprit de la Jeune République et de Marc Sangnier, dont il fut l'ami et le disciple.

Ce premier volume de Mémoires est la description d'une enfance : Pitaud a vécu, bien sûr, la vie difficile de ses parents ; ils habitaient les « trous de maisons » à sol de terre battue qui fonctionnaient comme chaumines du prolétariat agricole de Vendée pendant la Belle Époque. La pression démographique et la misère en ce pays de familles nombreuses conduisaient les Vendéens à divers types d'évasion : parmi celles-ci, l'alcoolisme, qui décimait la paysannerie locale jusque parmi les proches d'Henri Pitaud. Nombreux furent aussi, dans cette population mobile, ceux qui partirent pour l'Algérie ou le Canada. Avec d'autres Vendéens, le jeune Henri suit sa famille ; en 1906, elle colonise le Lot-et-Garonne, certes moins éloigné que le Saskatchewan ou le Manitoba. Les *ventres à choux* de l'héroïque province de l'Ouest trouvent ainsi dans la région de Marmande ou d'Agen une mentalité douce. La vie sur les bords de Garonne est plus facile qu'en Vendée, même pour les pauvres. De ce précoce séjour méridional Henri ramène une bonne connaissance de l'occitan, qu'il comprend sans le parler. Mais il pratique davantage le français, le patois vendéen, et l'espagnol à modalités paraguayennes.

La vie rurale que Pitaud a connue est toute proche encore de l'Ancien Régime ; les outils, sinon les seigneurs, n'avaient guère varié depuis le Moyen Âge en Vendée, depuis les Romains en Lot-et-Garonne. Piocheur de vignes, Pitaud coupait le blé à la faucille ; il assiste aussi, sous la présidence de Poincaré, à l'introduction des premières batteuses à vapeur. Ces machines, chauffées au charbon, suent et soufflent ; elles tombent en panne plus souvent qu'à leur tour jusqu'à ce que les paysans s'en dégoûtent et reviennent pour quelques années à leur fléau habituel. Mais on n'arrêtera pas le progrès ; la vieille batteuse de nos grands-parents sera tenue aujourd'hui sur nos écrans télé pour l'incarnation d'une sociabilité chaleureuse.

Ce livre est aussi le récit d'une acculturation enfantine, dans un milieu paysan qui s'alphabétise et qui se montre ouvert aux courants culturels du XIXe siècle sinon du XXe. L'enfant Pitaud, dans la ferme paternelle, lit Jules Verne, Gustave Aimard, *Fantomas* en édition populaire, et puis Racine, Molière ou Tolstoï, et encore les romans à deux sous comme *Chaste et Flétrie* ou *Aimée de son concierge*. À treize ans, Pitaud dévore les livres avec la boulimie qui lui fait mettre en meule les gerbes des moissons familiales. Comme d'autres enfants de son âge il installe vers 1910 le folklore des Peaux-Rouges et des Visages pâles autour des haies du bocage et des vignes du Sud-Ouest. Mais sa culture enfantine, puis adolescente, reste fermée à Émile Zola ou Anatole France dont « la laïque » elle-même se méfiait, et plus encore « l'école libre ».

Pitaud n'est qu'un être isolé parmi ces nombreux paysans qui aujourd'hui racontent leur enfance ou leur jeunesse, mais son œuvre est loin des fadeurs qui, trop souvent, accompagnent ce genre littéraire ; on y goûte l'âpre saveur de la vie, on y pressent le goût précoce de la lutte et les dons incontestables de l'écriture.

Un Normand très parisien

Michel FOUCAULT et collaborateurs, *Moi, Pierre Rivière, ayant égorgé ma mère, ma sœur et mon frère...*, Paris, Éd. Gallimard, 1973, 350 p. (*Le Monde*, 18 octobre 1973).

« *Dans un ouvrage de psychiatrie*, disait Cioran, *ne me retiennent que les propos des malades* » : l'autobiographie de Pierre Rivière qui en 1835 tua sa mère, son frère et sa sœur, est en effet l'une des portions les plus fascinantes du livre collectif qui vient d'être publié chez Gallimard par Michel Foucault et ses collaborateurs. Pierre Rivière est à la fois le fils et l'employé d'un authentique paysan bas-normand, cultivateur de cinq hectares d'orge et de sarrasin ; ce cultivateur est un *sossonier* (associé en coopérative informelle avec d'autres exploitants) ; il se situe à mi-chemin du riche laboureur qu'il ne sera jamais, et du domestique agricole qu'il se refuse à devenir. Le fils meurtrier est donc un jeune rural, comme il en existe en Europe quelques dizaines de millions. Mais l'assassinat qu'il commet induit ses juges à lui demander une explication par écrit. D'où la surgie d'un grand texte de souvenirs, rédigé de la main même du criminel : ils évoquent par moments les bucoliques de Rétif de la Bretonne, et le Faulkner de *Tandis que j'agonise*.

Pierre Rivière est de famille désunie. Son père est un brave travailleur : il chante à la messe pour entonner l'eau bénite ; il s'est marié tout jeune, jadis, pour échapper à la conscription de 1814-1815. Ce père n'est donc pas mort à Waterloo. Mais son mariage n'a été qu'un long désastre, qui se terminera en carnage. Victoire Brion, mère et victime de notre jeune meurtrier, née dans un foyer qui n'est pas pauvre, n'a cessé en effet d'humilier et de mortifier son époux. Elle multiplie contre lui les *tintamarres* et les *niargues* (action de narguer). Quand elle dort avec lui, ce qui arrive rarement, elle lui retire sa part de couverture, ou bien elle ôte les plumes de son oreiller. Elle ne cherche qu'a *dépiéter* son homme, et elle le traite par-devant témoins de *mangeard*, de lubrique et de *macroq*. Elle lui reproche ses soi-disant fredaines avec des *bigotes au cul sacré*, adoratrices de la Bonne Vierge. Cela ne l'empêche pas, elle, de fréquenter des célibataires, qui, dit son fils, sont peu *délicats sur la pureté*. Tyrannique et dépensière, Victoire Brion interdit à son mari de boire, le dimanche, avec ses camarades ; elle emprunte *à main et à demain*, sans avertir qui de droit, pour s'acheter des bonnets de coton. Elle fait des dettes dans le dos de son époux, en frais de mercier, de cordonnier, et en messes auprès de l'église, alors qu'elle n'est même pas bonne croyante. Elle lui casse ses chaînes de montre. Elle le mord. Elle le précipite du haut du grenier à grains, par croc-en-jambe. Elle lui fait cracher le sang, à force de le persécuter. Elle lui procure son purgatoire sur la terre. Elle lui met dans sa soupe des herbes qu'il n'aime pas. Elle lui cache son meilleur linge. Elle lui plume sa part des choux du jardin. Elle place ses enfants dans le lit commun, pour empêcher son conjoint de l'approcher. Et s'il essaye, elle le traite de *coquin qui tue la nuit*. Elle expulse sa belle-mère de sa maison. Elle reproche à son époux ses prodigalités, en lui jetant cette apostrophe furibonde : *« Tu vends mes rentes pour soutenir le cul de tes maîtresses. »* Elle refuse le pain qu'il lui achète. Tout cela méritait évidemment punition.

Pierre Rivière *senior*, cependant, est pétri d'une excellente pâte humaine ! Il multiplie les prévenances pour son acariâtre moitié. Il sert à celle-ci, quand elle est malade, *des plats de porc cuit au four*. Il lui achète des vaches. Charcutier amateur mais d'élite, il tue lui-même le cochon de sa femme, pour lui fabriquer du boudin.

Certes il arrive à Pierre père de murmurer entre ses dents, contre Victoire (et sans passer à l'action) : *« Je finirai par te foutre ma main sur la goule »*. Mais en règle générale, cet époux infortuné se borne à plaindre sa conjointe : *« Pauvre vieille tête perdue »*, dit-il en haussant les épaules. Ou bien, pris de désespoir, à la pensée de sa vie de chien conjugale, il arrache son bonnet et ses cheveux, et parle de se jeter dans un puits, dont il se borne en fin de compte à tirer un verre d'eau pour étancher sa soif. Par les trous du plafond, il espionne sans sourciller Victoire Brion qui débite des horreurs sur son compte, dans des conversations avec sa fille.

Les villageois du cru s'habituent peu à peu à ce psychodrame quotidien du couple Rivière, qui provoque leurs sourires ou leurs chansons. « *Voyez-vous, elle ne s'accoutume pas au mariage* », disent-ils cruellement, quand ils parlent de la mégère à Rivière. Tout cela se serait terminé le plus normalement du monde, au bout de quarante années d'enfer conjugal, s'il n'y avait eu un *hic*. Le *hic*, autrement dit le fils.

Pierre Rivière *junior*, le futur « parricide », fut d'abord un garçon pieux, qui jeûnait aux Rogations ; qui pensa même un moment à se faire prêtre. Comme la plupart des petits Normands de ce temps-là, nullement illettrés, il fut scolarisé. Qui plus est, il aimait lire. Ses lectures hétéroclites incluaient la Bible, la « littérature bleue » (de colportage), la géographie, le catéchisme. Il prit même connaissance d'une édition de poche du Curé Meslier, inventeur de l'athéisme paysan. Au point qu'il perdit la foi, pour mieux la retrouver par la suite.

Obsédé par l'inceste « avec les femmes de sa famille », le jeune Rivière se prête-t-il aux analyses freudiennes, et à l'utilisation dans son cas du concept d'Œdipe ? Avec raison les auteurs du livre ont jugé qu'il s'agissait là d'une interprétation superficielle. Antifreudiens, ils se sont refusé (en dépit de thèmes suggestifs) aux démarches qui les auraient conduits à psychanalyser Pierre Rivière, qui pourtant voulait venger son père humilié.

Notre futur assassin, dans sa longue enfance, est un solitaire inventif, à tendances sadiques : il crucifie des grenouilles, il abat comme à la manœuvre des rangées de choux dans son jardin ; il suspend un enfant par les pieds au-dessus du feu. Il « invente » (mythiquement) une baratte automatique à faire le beurre, ainsi qu'une « voiture qui va toute seule ». Alors, psychotique ? Génie méconnu ? Il est certain que dans le village on prend pour un imbécile ce garçon qui, traits suspects entre tous, va seul à la messe, ne fréquente pas les cafés, ne fait pas la cour aux jeunes filles. Royaliste, antirépublicain, antiféministe, mais admirateur de Charlotte Corday... et de La Rochejaquelein, ennemi de Bonaparte et de Marat, Pierre Rivière *junior* n'a rien d'un révolutionnaire. Il est un peu chouan comme on l'est dans son Bocage. Cet aigri social est conservateur en politique.

Peu à peu monte en son âme la rationalité folle ou *monomane* qui fera de lui, contre sa mère, le redresseur des torts qui affectaient l'image paternelle. Donc il décide de tuer, à coups d'instruments agricoles, sa mère (enceinte) ; sa sœur (qui a pris le parti de sa mère) ; enfin son jeune frère (aimé du père, lequel considère ce cadet comme *son plus cher meuble*). Ainsi, logique en son délire, Pierre Rivière compte-t-il, par ce troisième meurtre, se rendre odieux à son père ; il tue de cette manière l'affection que celui-ci lui porte, et il anéantira la compassion qu'aurait suscitée autrement dans le cœur paternel le sort cruel réservé par la loi au fils meurtrier. Grâce au troisième assassinat, Pierre Rivière rendra donc, croit-il, son père pleinement heureux...

Longue conception, brève exécution : Pierre *junior* passe à l'acte, tue ses trois victimes, mère, sœur et frère ; il abandonne les cadavres, dans la cuisine, au milieu des sabots et des métiers à dentelle. Puis pendant des semaines, il erre dans la forêt de Cinglais, en mangeant des mûres, des myrtilles, des bulbes de safran sauvage ; il abat des grives pour se nourrir, avec une arbalète improvisée. Pris, jugé, condamné, il est sauvé de la peine capitale grâce à la campagne des journaux et grâce à l'intervention des psychiatres : ceux-ci réussissent à le faire passer, non sans raisons, pour dérangé mental. Il se suicidera quelques années plus tard, entre quatre murs.

Michel Foucault situe ce jeune homme dans la lignée des grands criminels publicitaires du passé : ceux-ci chantent leur crime pour le peuple ; ils justifient d'un même mouvement leur acte, et la répression qui l'écrase. Les autres signataires du livre souvent subtils, et parfois obscurs, s'intéressent surtout au problème que soulève l'intrusion, dans le cas Rivière, du discours psychiatrique des années 1830. À juste titre, ils voient dans le procès qui fut fait au jeune paysan l'occasion mémorable d'une confrontation entre deux pouvoirs : pouvoir des juges, qui cherche à *tuer le monstre* ; d'autant plus que tout parricide est un régicide possible, virtuellement dangereux pour le roi Louis-Philippe, père de son peuple ! Pouvoir des psychiatres, d'autre part ; ils revendiquent le droit d'enfermer le fou, sans le guillotiner.

Dans cette perspective, Pierre Rivière lui-même semble un peu oublié par ses découvreurs, en tant qu'individu exemplaire, dont on aimerait déchiffrer les motivations et les névroses : le refus *a priori* de la psychanalyse historique, implicitement formulé par nos auteurs, rend compte de cette abstention, sans la justifier pleinement.

Surtout la grande absente de cet ouvrage, sauf au niveau du document brut lui-même, c'est l'histoire sociale : les auteurs ont voulu situer Rivière dans le cadre général des oppressions subies par la paysannerie française, depuis les épidémies de 1775, et depuis les libérations incomplètes de 1789. Or il est évident qu'un tel commentaire, si incisif qu'il puisse être, habille trop large. Pierre Rivière n'est pas un paysan « français » en général ; c'est un homme de la civilisation des bocages, ci-devant royalistes et chouans. Il faut donc l'insérer dans une anthropologie locale et régionale, plutôt que nationale. En fin de compte et paradoxalement, ce beau livre, illuminé par un grand texte, souffre d'une dose insuffisante de provincialisme. À la brillante équipe rassemblée par Michel Foucault, il n'aura manqué qu'un Normand. Un ethnographe normand.

Seigneur, leader, entrepreneur

Madeleine FOISIL, *Le Sire de Gouberville*, Paris, Éd. Aubier, 1981, 288 p. (*Le Nouvel Observateur*, 15 juin 1981).

Depuis plus d'un siècle, le journal du Sire Gilles de Gouberville fascine la recherche historique et l'érudition locale. Ce gentilhomme du Cotentin, vers le milieu du XVIe siècle, cultivait ses terres en riche propriétaire paysan, mais de sang bleu. Il laissa des notes journalières fort sèches : elles évoquent le style pointilliste ou pointu du « nouveau roman » ; elles disent le quotidien des gestes et des actes de l'homme qui les rédigeait au soir de chaque journée pendant laquelle il avait conduit les ouvriers de son manoir. Peu de textes sont aussi précis quant à l'exactitude d'une existence, sinon quant à l'intimité d'un être humain. Madeleine Foisil a réussi le dépouillement de cette mine de petits faits, arides et denses. Historienne du Cotentin, elle écrivit précédemment un livre sur les *Nu-pieds*, derniers autonomistes normands de 1639. Elle était donc pleinement qualifiée pour une entreprise « goubervillienne ».

L'univers de ce seigneur normand, vu par sa chroniqueuse, évoque d'abord un cadre de vie : c'est le manoir où réside le *Sire* comme on l'appelle familièrement dans les milieux de l'historiographie normande. Au cœur de ce manoir, figure la cuisine où Maître Gilles dîne avec ses ouvriers, ses voisins, ses clients, avec le curé des environs aussi ; et très rarement avec les nobles de sa famille auxquels il préfère la compagnie des marchands de vaches ou des tailleurs d'habits. Au premier étage, par-dessus l'escalier à vis se trouve la chambre de Gouberville. Il y couche dans son lit à courtines feutrées ; il y reçoit, étendu en ce lit, l'éleveur qui vient lui vendre des veaux, parqués provisoirement dans la cour du manoir ; au petit matin, Gilles descend éventuellement de cette chambre, la chemise battant sur ses cuisses nues, pour régler le compte d'un fournisseur.

Gouberville n'est pas prodigue d'effusions quant aux paysages. La Nature est sienne pourtant ; il fait labourer, semer, moissonner ses champs ; il greffe lui-même ses pommiers ; il observe les pièges où son chasseur capture la renarde à gorge blanche, et le lièvre aux traces fraîches laissées dans la neige. Quant aux villes, même type de notation utilitaire : elles ne survivent dans le journal du Sire que sous la forme de l'auberge où il a passé la nuit en coup de vent, tout comme les voyageurs d'aujourd'hui ne connaîtront bientôt plus de telle ou telle cité que l'aéroport en béton qui les a vus atterrir et décoller, bref transiter. Il y a pourtant des exceptions à cette attitude peu touristique : le Sire ne dédaigne pas d'inspecter les tours de la cathédrale de Chartres, et le château historique (comme nous dirions) de certaine agglomération septentrionale. Mais quand il va voir la cour royale à Blois, le premier souci de Gouberville est de descendre aux cuisines où l'écuyer gâte-sauces, normand comme lui, l'initie aux joies de la gastronomie monarchique.

Célibataire endurci, Gouberville a bien eu quelques amours, avec telle paysanne des environs. Il la partageait familièrement, non sans promiscuité, avec son jeune demi-frère Symonnet, fils naturel de son père, et qu'il aimait beaucoup (mais il se battait avec lui de temps à autre). De ces passades, le Sire engendra deux filles bâtardes, et contracta une maladie vénérienne. Le journal n'en donne qu'un résumé sec, et d'une infinie discrétion. Elle témoigne pour un jansénisme avant la lettre, générateur de secrète culpabilité. Cette âme normande est décidément éloignée des facondes rabelaisiennes, qu'on prête un peu vite et sans discriminer aux hommes de la Renaissance en général.

Grâce à Madeleine Foisil, on peut aussi se faire quelques idées sur la religion du Sire. Il part, aux années 1540, d'un catholicisme assez banal (culte de la Vierge et des Saints, outre Dieu lui-même, inévitable). Le temps de ses dévotions est sculpté en profondeur par la période hivernale qui s'étend de décembre à Pâques. Ainsi se suivent Noël avec la bûche immense, le gâteau des rois de l'Épiphanie, les masques des *mommons* du Carnaval ; les poissons qui sont de rigueur au Carême ; enfin la grande montée de passion et d'espoir qui culmine dans les offices de la semaine sainte et dans la résurrection pascale... De mai à novembre, par contre, s'intercale une période nettement plus plate, en termes de spiritualité.

Vers 1560-1562, Gouberville est momentanément tenté par la Réforme protestante au point de manquer pendant quelques mois la messe du dimanche, à laquelle il était fidèle d'ordinaire. Mais il renonce vite à la huguenoterie, par crainte des représailles catholiques, et aussi parce qu'il approfondit sa relation avec le Divin : « *Nous sommes des hommes*, écrit-il, *et nous ne pouvons pas faire des Dieux. Il n'y a qu'un seul Dieu, de toute éternité* »... Il note ces pensées au hasard de son journal, entre une coupe de foin et un pressage de pommes à cidre. A la veille de sa mort, le testament ultime qu'il dicte au notaire le montre méditant sur la création divine du monde, et sur la passion du Christ.

Membre de l'ordre noble, Gouberville devrait (théoriquement) se comporter en guerrier, en aristocrate toujours prêt à se dépenser sur les champs de bataille. Sang bleu ne peut mentir... En fait il n'en est rien. Certes le Sire n'hésite pas à battre les autres, mais il ne s'agit en l'occurrence que de ses employés ou de ses inférieurs. Il leur distribue (selon l'âge et le rang), la gifle, le coup de pied au derrière, la fessée ou les coups de bâton. Les destinataires de ces horions sont toujours des mâles : Gouberville ne bat jamais une femme. De là à se rendre aux armées du Roi, pour y accomplir les devoirs militaires d'un noble de race, il y a un abîme, que le Sire ne franchit jamais.

À supposer qu'on lui reproche cette abstention, il se défendrait facilement contre un tel grief. Il n'incarne pas en effet, dans son village, une personnalité militaire. Il est plutôt la pointe sommitale des diverses fonctions typiques de la communauté ; il y accomplit les rôles suprêmes de la souveraineté locale, et d'une magistrature débonnaire ou paternaliste ; elle le met au service des administrés, en prélevant sur eux des redevances. Mutualité rurale.

Plus modestement, mais de manière efficace, Gouberville tient le rôle d'un gros entrepreneur agraire, selon les modalités archaïques d'une société traditionnelle : il dirige sur place les semailles et labours, en surveillant les « travailleurs » mais sans mettre lui-même la main à la pâte. Il accomplit de ses nobles doigts les besognes savantes, telles que greffer les pommiers. Enfin il se transforme en contremaître-entrepreneur de bâtiment, quand il s'agit de régenter les nombreux maçons qui reconstruisent son moulin ou qui restaurent le pavage et la cheminée de sa cuisine. Il s'inscrit donc à l'opposé de la noblesse absentéiste, telle qu'on la décrira en France au XVIIIe siècle, ou en Irlande au XIXe siècle. Il prélève sur les paysans des redevances, corvées, fermages... mais de l'autre main, par contre-don réel, ou simplement symbolique, il rend la politesse à ses inférieurs en leur distribuant d'innombrables invitations à déjeuner qui sont acceptées sans façons. Pas question, à l'intention de l'invité du jour, qu'on mette les petits plats dans les grands. Le Sire se borne à lui faire goûter l'ordinaire ; à lui servir ces viandes abondantes, mais parfois faisandées, qu'en l'absence de réfrigérateur, il a bien fallu conserver tant bien que mal dans le saloir du manoir.

On peut reprocher à Madeleine Foisil de n'avoir pas toujours dominé son sujet. Elle a donné un tableau plutôt qu'un système. Elle a su pourtant démonter le mécanisme d'une des *cellules* fondamentales et indéfiniment reproductibles de la société d'autrefois : Guy Bois nous révélait le fonctionnement de la ferme familiale du petit exploitant normand. La chroniqueuse du Cotentin décrit, elle, cette autre unité de base qu'est le manoir du gentilhomme-agriculteur, avec sa soixantaine d'hectares en champs, prairies et forêts. C'est du Barbey d'Aurevilly, sur le mode savant d'un livre d'histoire.

La véritable enfance
d'un villageois

Valentin JAMERAY-DUVAL, présenté par Jean-Marie GOULEMOT, *Mémoires, enfance et éducation d'un paysan au* XVIIIe *siècle*, Paris, Éd. Le Sycomore, 1981, 423 p. (*Le Monde*, 24 avril 1981).

Le héros de J.-M. Goulemot est misanthrope et, qui plus est, misogyne ; il aime la justice, il déteste le fisc, qu'il accuse d'avoir « décoiffé » le toit de ses parents (ils ont dû vendre leurs tuiles pour payer l'impôt ; ils ont remplacé celles-ci par du chaume). Lesté de frustrations, Jameray-Duval fut un enfant colérique. Né en milieu rural, il s'élèvera à la force du poignet jusqu'à la situation de bibliothécaire auprès d'un prince.

Ses premiers pas dans la vie culturelle, en son hameau de l'Yonne, sont guidés par le curé local. Le petit garçon apprend de cet homme qu'il existe un pape, et même, pourquoi pas, un Dieu. Une église, et puis des moines. Il se convainc qu'il doit les respecter ; il en sera moins persuadé par la suite. Il mange du pain noir ; il constate que le curé dévore du pain blanc. Il finit donc par manger du curé. Il devient conscient aussi de ce que son patois n'a guère à voir avec la langue française utilisée dans la capitale.

Âgé de dix à quinze ans, Duval entend parler jusque dans son village des batailles d'Höchstädt, Ramillies et Malplaquet ; on lui révèle l'existence d'un certain Malbrouk. Ses concitoyens rustiques confondent ce personnage avec un magicien qui opère sous les lits tel ou tel maléfice. Malbrouk n'est autre que Marlborough, bien sûr, généralissime des armées anglaises. Jusque dans la paroisse de Duval parviennent d'autres rumeurs : elles concernent l'existence d'une grande ville appelée « Paris ».

La prodigieuse étendue de cette cité excède, dit-on, de trois ou quatre fois celle du village natal de l'enfant. Les rues parisiennes sont pavées. On compte dans cette agglomération, à ce qu'on prétend dans l'Yonne, une vingtaine de demeures presque aussi grandes que l'église paroissiale dans laquelle notre auteur fait ses minuscules dévotions. Le jeune Duval se demande même, devant un tel gigantisme urbain, si les habitants de Paris sont grands à proportion de l'énormité de leur ville.

Il pense que la Terre est plate ; elle n'est qu'une vaste prairie circulaire dont le contour sert de base au ciel, lui-même transparent et solide comme du cristal. Les astres, selon la cosmologie infantile de Duval, sont des flambeaux qu'on éteint le jour ; ils se rallument la nuit, tout seuls. Devenu grand, l'auteur de ces Mémoires sera tout étonné d'apprendre successivement l'existence des systèmes de Ptolémée (géocentrique) et de Copernic (héliocentrique).

La forte épreuve (il a quatorze ou quinze ans) dérivera du grand hiver de 1709. Malade de petite vérole, gelé presque à mort par le coup de froid de cette affreuse saison, Duval se laisse enterrer vif (seul sa tête dépasse) dans du fumier de mouton sous le toit d'une bergerie : un fermier charitable lui avait permis de s'y réfugier. L'haleine des brebis et la chaleur de la crotte ovine sauvent son existence ; l'une et l'autre lui font piquer une suée monumentale ; celle-ci, à l'en croire, a supprimé l'infection de la petite vérole. Qu'en penseraient nos médecins actuels ?

Dans ses pérégrinations de petit vagabond, Duval fait aussi connaissance avec des huttes de style gaulois, dans lesquelles vivent, sous Louis XIV, les fabricants de charbon de bois ; ces cabanes sont comme des ruches en forme de pain de sucre ; elles sont couronnées d'herbes sèches ou de gazon et habitées par les travailleurs de la forêt ; le cœur de ces hommes frustes est plus généreux pour notre jeune mendiant que ne l'est la bourse des curés à triple menton qu'il lui arrive aussi de rencontrer.

La faim est compagne persistante du futur mémorialiste ; dans sa naïveté d'affamé, Duval ne connaît pas d'autre maladie que la disette qui soit susceptible de provoquer le trépas. La sous-alimentation, dès sa tendre enfance, le pousse à la criminalité ou au chapardage des fruits. Pris la main dans le sac, il préfère fuir hors du village ; il inaugure ainsi sa vocation ambulatoire de mendiant. Ajoutons que cet enfant n'a jamais vu d'argent pendant sa jeunesse au pays natal ; les premiers sous qu'on lui montra lui furent cédés en même temps qu'un petit sandwich à la viande, par un ermite au cœur généreux.

Ignorant de l'économie monétaire et des grandes villes, ce paysan juvénile communie mystiquement avec la nature. Enfant, il se délecte à la vue des chenilles et des papillons (les ruraux du XVIIIe siècle, comme on voit, n'étaient pas insensibles à une certaine beauté de la flore et de la faune ambiantes). Adolescent, il s'éprend déjà d'une culture urbaine qu'il lui est impossible d'assimiler, faute de maître d'école ; il braconne donc des renards, des fouines et des putois, voire des cerfs et des chevreuils ; il s'achète, avec le prix de leur fourrure ou de leur viande, les livres qui seront pour lui la clef d'un savoir.

Contestataire sur le tard, et formé dans son âge adulte à l'opposition politique, il profite du souvenir de ces braconnages pour maudire le monopole seigneurial de la chasse ; il plaint beaucoup un vieux laboureur, rencontré un jour dans une chaîne de galériens ; on avait envoyé cet homme au bagne parce qu'il avait tué deux pigeons chez un seigneur. Les divagations géographiques et pastorales de Jameray-Duval auraient pu durer longtemps. Mais la rencontre de vertueux ermites, frères ou anachorètes, lui permet enfin d'acquérir le savoir. Il devient, avec beaucoup de mérite, un intellectuel à part entière.

Jean-Marie Goulemot met en garde ses lecteurs contre une acception trop « mot à mot » des dires rustiques de Jameray ; ceux-ci, à en croire leur savant présentateur, ne doivent pas toujours être pris au pied de la lettre. Les recommandations du préfacier sont raisonnables ; elles n'empêcheront pas les lecteurs qui s'intéressent à la vie agraire de transformer en livre de chevet ce « Jameray-Duval » qui resta longtemps chef-d'œuvre inconnu.

Légitime défense ou meurtre du père ?

Gavino LEDDA, *Padre Padrone, l'éducation d'un berger sarde*, Paris, Éd. Gallimard, 1977, 234 p. (*Le Monde*, 23 septembre 1977).

Les grandes autobiographies paysannes sont presque toutes l'œuvre de personnes qui ont échappé, jeunes encore, à leur condition rurale d'origine. Il s'agit donc de souvenirs d'enfance : je pense aux mémoires de Thomas Platter (XVIe siècle), de Coignet, Rétif, et Jameray-Duval (XVIIIe siècle). Le *Padre Padrone* de Gavino Ledda ne fait pas exception à cette règle. Petit berger sarde, né en 1938, ne parlant que la langue dialectale de son île, illettré bien sûr, Ledda, grâce au service militaire et à son génie propre, parvient sur ses vingt ans, à apprendre l'italien, et à passer la licence de lettres. Il est aujourd'hui professeur de linguistique sarde à l'université de Sassari. Retour aux sources, par le biais d'une chaire... Dans son livre, il raconte sa vie, de cinq à vingt ans.

Vie longtemps solitaire, dès l'âge de six ans ; elle comporte d'abord, sous les ordres d'un père compétent mais abominable d'autorité (même pour son village), l'apprentissage des gestes de l'élevage et de la production agricole : reconnaître le chêne-liège et le torrent qui bornent la maigre propriété paternelle ; apprendre à garder les brebis et à les traire sans que leurs crottes tombent dans le seau de lait, s'entraîner encore enfant, à écarter les bandits, à labourer, à *écobuer* (défricher), à piocher la vigne, à moissonner ; cette éducation se faisant à coups de trique (aveugle) et de discours du père (éclairés).

Élevage sentimental aussi : les bergers de Sardaigne, à la différence de ceux de Virgile, semblent ignorer l'homosexualité. Mais à part cela, quelle gamme de comportements variés : liaisons avec des mules, des chèvres, ou de simples volailles, sur lesquelles le livre ne nous fait grâce d'aucun détail ; impitoyable masturbation « jusqu'au régiment » ; conjugalité fougueuse ; adultères des femmes de bergers, des petites bonnes avec les notables, promus par Ledda au rôle peu glorieux de boucs émissaires...

Sociologie du village, aussi : comme dans les Mémoires de l'assassin-paysan normand Pierre Rivière, que publiaient voici quelques années Michel Foucault et son équipe, les curés et les seigneurs apparaissent peu, dans ces tranches de vie quotidiennes. Monde presque exclusivement paysan, pastoral... Le catholicisme sarde du cru (mais est-ce la faute du caractère nécessairement partiel du témoignage de Ledda ?) ne semble guère axé sur la spiritualité ni sur l'au-delà. Il sert surtout de paratonnerre sacré contre les sauterelles et contre la sécheresse, combattue à grands coups d'eau bénite et de processions. Quant aux nobles et aux riches, ils fournissent au père-patron de Gavino Ledda, sociologue à ses moments perdus, l'occasion de définir ses vues sur la lutte des classes : il y a les agneaux et les lions. Le problème pour l'agneau, c'est de devenir lion... Le vrai clivage, au niveau du vécu du livre, sépare les bergers (qui certes n'ont pas la vie rêvée, mais qui sont les maîtres des troupeaux), de leurs domestiques agricoles. Séparation symbolisée par les nourritures : pain blanc ou un peu gris pour les maîtres ; noir pour leurs salariés ; pain de son pour les chiens. Le vieil agronome Olivier de Serres avait déjà décrit ce système « à trois pains » pour les paysans français du Midi, au XVIe siècle. La Sardaigne, quatre cents ans plus tard, est donc un conservatoire des discriminations alimentaires.

La culture ? Elle paraît se ramener à un folklore de chansons de geste : on y célèbre, entre bergers, les vieilles histoires de vendetta des pâtres du XIXe siècle ; ils se déguisaient sous le masque de Carnaval, et ils tuaient leur ennemi en attendant d'être tués par les survivants de la famille de ce nouveau mort. Ledda bien sûr ne travaille que sur un cas local : mais il décrit, en fait, la civilisation « vendettique » des grandes îles de la Méditerranée occidentale, Corse, Sicile, Sardaigne.

Et puis viennent les chansons tout court : l'enfant sarde pratique, tout jeune, le chant d'amour, et l'adulte use, lui, de la déploration funèbre et musicale (le *lamentu* corse).

S'en sortir ? Le mot n'avait guère de sens il y a cent ans. On ne quittait pas la brutale Sardaigne. Même pas les pieds devant. On la reproduisait tout simplement d'une génération à la suivante. Mais dans les années 1950, les perspectives émigratoires sonnent le glas de la vieille civilisation pastorale : embarquement pour l'Amérique, pour l'Australie ;... et puis, plus proche, moins déchirant, pour l'Allemagne et pour la Hollande. Après un départ raté en vue d'un emploi mythique de mineur aux Pays-Bas, Ledda choisit tout compte fait la promotion par l'armée : il devance l'appel, s'engage militaire ; et c'est l'apprentissage forcené par un jeune homme surdoué, de tous les éléments disparates de la culture italienne que diffusent des camarades obligeants. À commencer par la langue nationale bien sûr, accompagnée d'alphabétisation ; et puis le latin, le grec (mais oui) et l'électronique. L'armée pour Ledda est un second père, guère plus aimé, mais plus doux et plus émancipateur que n'avait été le père biologique.

On y revient toujours, à ce père. On ne peut s'empêcher, à la lecture, de le haïr, et pourtant de l'aimer à la fois, comme spécialiste du bon labour et de la grosse torgnole. Personnage odieux, mais laborieux, et tragique... Un film par rapport au livre a encore noirci le portrait de ce patriarche, sans évidente nécessité. Ledda père est de la race de ceux qui en sept mille ou huit mille ans ont bâti la Sardaigne ovine, et ses transhumances, ses escaliers de terrasses d'olivettes... L'olivier sarde ne terminera malheureusement sa longue carrière qu'avec l'arrivée de la civilisation moderne, et avec l'hiver glacé de 1956 qui tue les plantations amoureusement créées par le père Ledda. À côté du héros paternel, la mère, la tendre mère fait un peu pâle figure, tout occupée qu'elle est à éduquer ses volailles, et à épouiller, épucer, torcher ou baigner son marmot. Modernité déjà hygiénique : elle fait contraste avec l'archaïsme insulaire : pour Gavino Ledda, le père est un paysan comme bien d'autres ; il ne fait que se conformer au modèle du *paterfamilias*, proposé par la bourgeoisie. On reconnaît là, dans un livre par ailleurs excellent, l'influence de cette vulgate marxo-populiste qui submergea, voici peu, une grosse part de la culture italienne ; elle a remplacé le diable de la Contre-Réforme, pourtant si charmant avec ses cornes et son pied fourchu, par le spectre omniprésent de l'hydre bourgeoise et capitaliste. Je me demande, en fin de compte, s'il ne faut pas renverser cette équation de *Padre Padrone* : les pâtres sardes en particulier, et méditerranéens en général, existent depuis huit millénaires pour le moins. Ils n'ont donc pas copié la bourgeoisie, et pour cause. Ils sont beaucoup plus anciens qu'elle. Hommes primitifs de la Méditerranée néolithique, puis modernisante, ils survivent à tous les pouvoirs qu'ils ont engendrés et qui les ont dominés, bourgeoisie incluse ; « immuables comme Dieu et d'une suite obstinée », ils maintiennent contre vents et marées l'archétype d'un modèle patriarcal.

HISTORIENS ET CHRONIQUEURS

Richard Cobb

Richard Cobb, *Promenades*, Oxford, Oxford University Press, 1980, 158 p. (*London Review of Books*, 4 décembre 1980.)

Ces *Promenades* émanent de l'historien le plus *hexagonal* du Royaume-Uni, et qui pourtant n'est guère reconnu pour sa juste valeur au sud du Channel. Dès les débuts de son itinéraire, Cobb mélange tout avec allégresse ; il peint des enfants normands bien élevés, comme on rêverait d'en connaître aujourd'hui ; il chevauche à l'envers sa biographie ; il nous parle de son temps de *pionnicat* (surveillance d'internat) chez les frères des écoles chrétiennes et chez les anticléricaux, grands fesseurs de marmaille, les uns et les autres. Laïques ou d'Église, ces éleveurs d'enfants participaient au sadisme pédagogique que le docteur Spock décidera plus tard d'abolir ; faut-il penser avec les réactionnaires de tout poil, dont bien sûr nous ne faisons pas partie, qu'en supprimant la répression vis-à-vis de l'enfance, Spock engendra la génération de 1968, avec ses *paumés* de toute espèce...

La ville française pour Cobb, errant infatigable qui a littéralement écumé toutes nos régions, Paris inclus, c'est le plus long chemin qui s'intercale entre l'hôtel miteux où le chercheur désargenté doit passer ses nuits, et les archives départementales dans lesquelles s'écoule le plus clair de ses journées. C'est la ville observée, mais c'est aussi la littérature régionale explorée. On parle tous les jours en France et ailleurs de la mort du roman. Cobb n'en a cure. Il a lu

Béraud, Vandermeersch, Dabit, et tant d'autres petits maîtres du récit français, souvent oubliés, mais bons témoins jusque dans Paris d'une vie provinciale qui se refuse à mourir. Mes compatriotes, eux, ont longtemps dédaigné ce provincialisme, même s'ils le pratiquaient sans y prendre garde.

Pour qui sait voir, et Dieu sait que Cobb n'a pas les yeux dans la poche, un enterrement de première classe, c'est encore beaucoup mieux qu'un dîner de famille : ça fonctionne comme révélateur et comme fixateur d'une existence de notables. Surtout dans le département du Nord : cette triste cérémonie soudait à Lille-Roubaix-Tourcoing le triangle d'or des familles textiles, catholiques, bourgeoises. Elles avaient jadis, aux années 1930-1950, leur natalité pléthorique, et leurs *châteaux de la densité* (cette « densité » faisait allusion à certaines manières de mesurer le sucre dans la betterave, qui enrichissaient les grands patrons des sucreries). Et n'oublions pas les réunions rituelles de telle ou telle grande famille du Nord *à elle seule* avec cinq mille participants, un train spécial pour la famille ; une messe concélébrée par les prêtres du lignage, etc. Roubaix, cher à Cobb, a décidément beaucoup à nous apprendre sur ce que fut l'élite franco-septentrionale, ultra-papiste, mais efficacement manufacturière, à la façon des calvinistes décrits par Max Weber.

Cobb est aussi, avec un sourire en coin, le chantre inspiré du service militaire ; ce rite de passage au sud du Channel est bien antérieur (en principe) à la sépulture ; il s'intercale entre la première communion et les premières noces. Qui eût cru au temps de Louis XV, quand les Français renâclaient à la milice pourtant si légère, qu'ils accepteraient *grosso modo* avec bonne humeur la conscription universelle après la disparition des Bourbons. L'Angleterre a eu la machine à vapeur, et les filatures cotonnières du Lancashire. La France s'illustra, elle, par l'encasernement général de la jeunesse masculine après la chute de l'Ancien Régime. Sous les drapeaux, lors des virées avec les prostituées ou filles à soldats, les troupiers provisoires venus de leur village se déniaisent, ils apprennent les « funestes secrets » de la contraception. Voilà qui contribue (entre autres facteurs) à faire baisser dès 1800-1830 le taux de natalité français ; cinquante années avant que l'Angleterre pourtant plus industrialisée, plus « avancée », s'engage à son tour dans cette voie du *birth control*, à l'époque déjà tardive de Victoria. Le service militaire bien de chez nous fera l'objet de satires féroces, sous la plume d'un Courteline : en France aujourd'hui on ne lit plus guère cet écrivain, bête noire des adjudants et des bureaucrates. Cobb est l'un de nos derniers courtelinistes.

Du Temps, nous passons à l'Espace, autrement dit au régionalisme, encore lui. Il fut adoré, pour le meilleur et pour le pire, par des générations d'écrivains français. D'entrée de jeu, notre homme a choisi son camp. Il n'a que dédain pour la vogue des romans expressément régionaux, qui à diverses reprises colonisèrent notre littérature, entre 1880 et 1980. Cette mode peut s'incarner dans un misérabilisme de la Gauche, ou dans un idyllisme de la Droite. Peu importe ! L'exaltation pétainiste des paysans « aux traits burinés par le rude labeur » laisse de glace l'historien anglais. « Avec de bons sentiments, on fait de la mauvaise littérature. » Il ne s'agit pas pour autant de refuser la région : mais elle n'est vraiment elle-même que dans la débandade absolue ou dans la pleine tragédie et par exemple au temps des armées révolutionnaires dont le jeune Cobb écrivit l'histoire ; ou bien pendant l'exode de 1940, l'Occupation, la Résistance. Les années 1940-1944 sont celles des grandes découvertes : c'est l'époque où les Parisiens, ces mal-aimés, deviennent les intimes de la Dordogne. Les gaullistes, émigrés par choix vers l'Angleterre, recomposent mythiquement jusque dans cette île une Gaule comme on n'en connaissait plus depuis l'empire romain ; elle s'étend jusqu'à Londres et jusqu'à Manchester, partout où séjournent les Français libres.

Romancier du Vrai, Cobb se complaît dans un espace à deux dimensions : il lui faut du dramatique ou de l'ultra-quotidien. L'un protège de l'autre. Pour conjurer la catastrophe et la guerre mondiale qui menace, puisque de toute manière on n'y peut rien, la meilleure solution consiste à recourir au vécu de chaque jour, au trivial, au banal, sacralisé dorénavant comme une Eucharistie. Le quotidien répétitif est la négation du Temps unilinéaire, donc de la Mort : ainsi, les petits bourgeois du Havre, épris de cuisine normande à la crème et au beurre, effectuent leur promenade digestive du dimanche après-midi en famille, ventripotents, l'œil vitreux, après avoir ingéré à haute dose le café-calva, et le gloria-tricolore avec cognac, rhum et calvados.

La vie pour Cobb, c'est l'échec et le fait divers ; ce sont les chiens écrasés, les *foutaises*, comme disait à peu près son ami Queneau. On comprend qu'il se soit plu à Ixelles, près de Bruxelles, parmi les odeurs de frites, de tabac et de chocolat, au temps où il y avait encore des Belges, avant que ceux-ci soient définitivement divisés en Flamands, Wallons, Bruxellois, et Eurocrates.

Cobb *voit* la ville. Le grand reproche qu'il adresse à Sartre, c'est de n'être pas un voyeur urbain ; c'est de n'avoir pas regardé, ou si peu, Le Havre, Paris, le Stalag. Fou de vie portuaire, l'historien anglais a voulu retracer Dieppe, ou Marseille ; la cité phocéenne, pour lui, est une ville sérieuse, triste même ; la fausse galéjade n'y est qu'un attrape-touriste, à l'usage de ceux qui croient, bien à tort, que seul le Nord en France travaille, paie des impôts, fait des enfants. Je retiens de ces pages marseillaises une vision quasi bicolore : la marine et la légion, les pompons rouges et le képis blancs y interviewent longuement les prostituées de Marseille, ces *dépôts d'archives humaines*. Le livre se clôt sur une évocation de deux jeunes Parisiens, amis d'enfance ou peu s'en faut de l'auteur ; ces dragueurs furent les piliers d'une jeunesse à demi dorée dans le Xe arrondissement des années 1930.

Ainsi s'achève ce livre, qui se veut, apparemment, dépourvu d'idée majeure. Fantaisie, manque d'a priori, naïveté calculée : on pense à certaines toiles ébahies du douanier Rousseau. L'historien anglais Colin Lucas voit dans l'œuvre déjà considérable de Cobb le modèle empirique d'un regard anglo-saxon sur la France, à la hauteur des décennies 1960 et 1970, réfractées par la Révolution française : celle-ci fut longtemps et demeure la grande affaire de l'auteur de ces *Promenades*. Dans le sillage ironique mais pas irénique de Cobb, beaucoup de jeunes historiens anglophones sont devenus eux aussi spécialistes d'un passé français que ce dix-huitiémiste leur avait rendu familier. Paradoxe, ajoute Colas, cet homme qui eut plus d'un disciple n'a pas fait école. Il n'y a pas de groupe cobbien. Le leader tout désigné dudit groupe refuse cette fonction dirigeante ; libéral, il stimule mais il laisse faire ; individualiste radical, il est totalement dénué d'esprit de système. « Il est l'antisystème. » N'a-t-il pas écrit en français un gros livre sur les Armées révolutionnaires, institution fort anarchique et qui le devient davantage encore sous sa plume. Piéton parisien, parcourant notre capitale dans d'interminables randonnées, Cobb est l'homme de la brève durée ; il s'inscrit dans une éternité à rebours ; écrivain *tempéramenteux*, comme eût dit son maître Rétif, il identifie son lecteur à de modestes personnages d'un passé proche. En les arrachant à la mort, il nous ressuscite à nous-mêmes.

Annie Kriegel

Annie KRIEGEL, *Le Communisme au jour le jour,* Paris, Éd. Hachette-Littérature, 1979, 336 p. (*L'Express,* 2 juin 1979).

Historienne du P.C.F. depuis deux longues décennies, Annie Kriegel a eu le temps de roder ses concepts. Elle les a livrés en détail aux lecteurs du *Figaro*, qui sont conscients, espérons-le, de l'honneur qui leur est ainsi fait. Elle les regroupe aujourd'hui, en gros, dans un livre où science historique et journalisme se conjuguent. Selon l'auteur, le P.C.F., organisme vivant, est doué d'un code génétique à double réseau. D'un côté, il se rattache au mouvement communiste international qui, tout « polycentrique » qu'il se prétende, gravite nécessairement autour de son pôle le plus puissant : la Russie. Ce qui ne veut pas dire, en toute rigueur, que nos militants français sont « aux ordres de Moscou ». Simplement, leur stratégie, si démultipliée qu'elle soit, fait partie d'une action mondiale, menée par un ensemble hiérarchisé et ternaire qui comprend les États « socialistes », les partis communistes du monde développé et enfin les diverses forces du Tiers Monde... L'autre aspect du code génétique, c'est l'attache têtue du Parti au monde ouvrier français, payée en retour d'une adhésion de cœur au Bureau politique, cette adhésion étant formulée par notre classe ouvrière, ou par une partie d'entre elle.

Le communisme est-il, dans la société française qui vieillira, la garantie d'une jeunesse du monde ? Le P.C.F., c'est vrai, compte, parmi ses adhérents, beaucoup de jeunes, alors même que son électorat connaît, depuis trente années, une lente et constante érosion. La présence de cette jeunesse au sein du Parti n'étonne qu'à moitié Kriegel : la vague démographique de l'après-guerre a rempli d'étudiants nos universités. Elle a gonflé aussi, hélas ! les files d'attente des chômeurs. Est-il surprenant que, s'agissant d'un parti de masses, elle ait regarni les effectifs des cellules ? Cela n'empêche pas que, dans ce parti passoire, 10 % des membres, souvent récents, abandonnent l'organisation en certaines années, pour être remplacés par un nombre à peu près équivalent de jeunes recrues dont beaucoup bientôt seront déniaisées à leur tour.

Ce constant ravitaillement en troupes fraîches, cette « noria », comme jadis à Verdun, ne doit pourtant pas faire illusion. L'appareil, autrement dit le corps des sous-officiers et officiers (secrétaires fédéraux, etc.) qui sont l'« or du Parti », s'est enraciné dans le système beaucoup plus anciennement que ne font les adhérents de base. Quant aux principaux dirigeants, âgés d'une alerte cinquantaine, leur formation communiste date d'avant 1958, c'est-à-dire de l'ère stalinienne et immédiatement poststalinienne. C'est le cas pour Leroy, Marchais et quelques autres. Cela explique, entre autres raisons, certaines pesanteurs.

Annie Kriegel ne nourrit aucune illusion sur la libéralisation éventuelle de ce vaste organisme qu'est le P.C. Dans une société de type français ou européen, non totalitaire, la meilleure façon de « libéraliser », quand l'envie vous en prend, c'est tout simplement de quitter le Parti, d'aller militer (ou non) « dans la nature » ou dans tel parti ou groupuscule... Beaucoup de « camarades » ne se privent pas de voter ainsi avec leurs pieds ; et voilà pourquoi votre fille est muette, voilà pourquoi notre P.C. ne sera jamais libéral, privé qu'il est de l'influence de ceux qui pourraient le rendre tel... et qui prennent la poudre d'escampette ! Comme dit le bon sens populaire, ce sont toujours les meilleurs qui partent... Ajoutons que la qualité de la contestation dans le Parti s'est détériorée : les quadra- ou quinquagénaires qui, en 1979, « font de l'opposition » à l'intérieur de l'actuel P.C.F. ont accepté jadis, bouche cousue, de tolérer pendant vingt ou trente ans les défauts qu'ils dénoncent aujourd'hui timidement, mais qui faisaient déjà vomir leurs ex-camarades, démissionnaires dès 1956. Découvrir à l'âge de la retraite « ce qui ne peut plus continuer dans le parti communiste » quand on y a passé les plus longues années de sa vie, c'est tout simplement tragique. Ou tragi-comique.

Le P.C.F. a des liens affectifs avec les régimes de l'Est, à défaut d'en avoir avec leurs peuples. Mais, société close, il se doit de pratiquer aussi l'esprit de clocher, symbolisé par le nationalisme français jusques et y compris à l'égard des camarades des partis frères. Il est plus facile de faire se rencontrer Giscard et le roi d'Espagne que Marchais et Carrillo. En Asie, ce localisme tourne au drame guerrier. Aux frontières de la Chine, du Vietnam et du Cambodge, ce ne sont plus les capitalismes, ce sont les communismes qui portent en eux la guerre comme la nuée porte l'orage...

Philippe Ariès

Philippe ARIÈS, *Essai sur l'histoire de la Mort en Occident, du Moyen Âge à nos jours,* Paris, Éd. du Seuil, 1975, 222 p. (*Le Monde,* 31 octobre 1975).

Philippe Ariès, historien non universitaire, est sans doute le dernier des grands amateurs éclairés, comme il en existait au XVIIIe siècle. Il en remontre néanmoins, et comment ! aux meilleurs parmi les professionnels de Clio. Dans de grands livres parus depuis une vingtaine d'années, il a renouvelé nos idées sur l'histoire du temps, de la famille, de l'enfance. Il s'attaque maintenant, dans une série de conférences qui furent originellement prononcées à Baltimore, aux images successives de la mort dans l'évolution des Occidentaux. En gros, cinq épisodes s'individualisent, à travers les deux millénaires de notre plus récent passé. Mort familière, puis macabre, baroque, familiale, obscène enfin.

Au départ (Haut Moyen Âge et, plus généralement, civilisations paysannes), le décès est prévu, accepté par celui qui doit mourir : pour cet homme, l'issue d'une blessure ou d'une maladie grave, dans un monde sans médecins ni remèdes, ne fait guère de doute. Quand il devient évident que l'heure approche, on se couche donc les bras en croix, ou la tête contre le mur. On attend la fin. Sans joie, mais sans angoisse excessive. C'est la mort de Roland, d'Olivier, de don Quichotte, de Mme de Montespan et des paysans pestiférés que décrit Montaigne : *« Sentant leur fin prochaine »*, ces villageois creusent eux-mêmes leur propre tombe afin de s'y étendre tout à leur aise.

La grande masse, dès le XIe siècle, se fait enterrer dans le cimetière qui jouxte l'église paroissiale et qui fait partie intégrante de celle-ci. Quant aux riches, ils obtiennent d'être inhumés sous le pavé même de la nef ; ils sont ainsi piétinés chaleureusement par la foule des fidèles qui vivent encore, et ils peuvent se permettre d'attendre en paix le jour lointain où ils arracheront ce pavé : ils se dresseront alors dans leur suaire, pour participer à la résurrection générale.

Dès le « beau Moyen Âge », pourtant, au XIIIe siècle, l'individualisme se diffuse. Au moins parmi l'élite ; on « rédige » désormais des pierres tombales détaillées, avec nom, portrait gisant, épitaphe biographique. Au lit de mort, on est censé, en quelques instants, faire le bilan de sa propre vie, positif ou négatif, en présence du Créateur, qui descend pour cette occasion sur le ciel de lit. Aux XIVe et XVe siècles, la peste tue en grand nombre les êtres jeunes : ils regrettent l'âpre saveur de leur vie individuelle, qui fait contraste avec les pourritures du cadavre, infesté par la vermine. Pourritures sur lesquelles s'attardent, non sans délectation morbide, la peinture et la sculpture de la fin du Moyen Âge.

Au XVIIe siècle la Contre-Réforme catholique civilise la mort baroque. Pour l'ultime voyage, on part au cimetière, si l'on est riche, environné par les pompes pourpres, par les cortèges de douzaines de pauvres et de prêtres. On a droit aux célébrations de milliers de messes mortuaires.

Mais, au XVIIIe siècle, vers 1750, l'Église catholique passe la main. C'est la famille du mort qui saisit le flambeau funèbre. Elle magnifie le père, l'enfant, la digne épouse décédée. On en arrive à des folies familiales : un ministre de Louis XVI garde dans son logement les cadavres de ses chers disparus, disponibles pour le regard, conservés pour toujours dans un bocal de verre rempli d'alcool. Plus modérément le XIXe siècle sera le temps des cimetières romantiques et gazonnés, des grandes sépultures familiales, des vastes caveaux gothiques où s'ensevelit graduellement tout un lignage. Nous gardions, nous gardons encore l'habitude des visites collectives jusqu'au cimetière ; le groupe des parents s'y reconstitue devant les tombes, pour la Toussaint, qu'inondent les chrysanthèmes.

Chaque époque a donc eu sa manière, pas toujours la même, de civiliser la mort. Mais, depuis une ou deux générations, il semble qu'un charme se soit rompu. En Amérique, en Europe, notre siècle a recréé la mort sauvage.

À l'hôpital, loin de tous on meurt d'un décès pourtant très savant, climatisé ; le corps se hérisse de tubes destinés à l'ultime et souvent dérisoire réanimation. Les interdits sur la sexualité disparaissent, mais c'est la mort qui devient obscène, parce qu'indicible, innommable, plus jamais évoquée publiquement. Pornographiée à sa manière. La croissance, le progrès, les réalités ou les mythes du bonheur pour tous, font qu'on voudrait (vainement) effacer jusqu'à la mention même du décès.

On l'évacue vers les marges lointaines de la vieillesse ou vers les massacres du week-end automobile.

Cette négation de la mort n'aura qu'un temps. Déjà, les débuts d'une réaction se font sentir : la mort, un moment silencieuse, redevient bavarde, et le livre d'Ariès, de ce point de vue, est un signe parmi bien d'autres.

On critiquera le contenu trop purement culturel, artistique, élitiste, non quantitatif de cet ouvrage, et son caractère parfois décousu : l'exposé d'ensemble, ferme, net et bref est suivi en effet d'une série d'articles ou chapitres nourrissants qui sont, de temps à autre, passablement répétitifs. Fallait-il aussi oublier, comme le fait cet essai, l'anesthésie de la mort, cette grande réussite de la médecine contemporaine ? Mais on aimera la finesse, la justesse du texte d'Ariès. On appréciera ses polémiques souvent valables contre tel ou tel historien de la mort (Vovelle), éminent certes, mais qui assimile un peu vite à une « déchristianisation » le retour pur et simple du décès dans l'intimité familiale, au XVIII siècle.

Pierre Chaunu

Pierre CHAUNU, *Histoire quantitative, histoire sérielle,* Paris, Éd. A. Colin, 1978 (*Annales,* n° 37, 304 p.). (*Le Monde,* 24 novembre 1978).

La très longue durée, chère à Pierre Chaunu et à quelques autres, est de plus en plus étirée vers l'« amont ». Dans un ouvrage récent, *La violence de Dieu,* notre auteur fait commencer l'histoire universelle au « Que la lumière soit » du *Big Bang ;* soit au démarrage initial de l'Univers, pendant les « cinq premières minutes » de son existence. Et pourquoi ne pas admettre en effet que tout est histoire, des origines premières jusqu'à nos jours, même si l'historien professionnel, par vocation, est plus apte à traiter des archives du XVII siècle que du mouvement des galaxies.

Dans cette *Histoire quantitative, histoire sérielle,* où sont recueillis ses principaux articles depuis une vingtaine d'années, Pierre Chaunu, plus modestement que dans *La violence de Dieu,* s'élance depuis la préhistoire humaine, et depuis Cro-Magnon. Il embouche l'éclatante trompette du *Discours sur l'histoire universelle* (mais notre homme refuserait le patronage de Bossuet). Parti du Paléolithique, il descend le cours des siècles jusqu'aux années 1970. Cette torrentielle descente s'opère « dans le désordre » : chaque article traite d'une époque ou d'une autre, et souvent de toutes les époques réunies.

Dans ce maelström, on finit par se retrouver. La préhistoire qu'apprécie le chrétien Chaunu, c'est celle de *l'homo religiosus,* le premier être qui enterre ses morts, voici quelques dizaines de milliers d'années : il émerge, définitivement, de l'« irréligion » précédente ; il accède à la dimension du sacré. Préhistoire aussi, mais plus récente : la découverte du blé, des céréales cultivées. Elles datent de moins de dix mille ans par rapport à nous. Elles situent la transition qui s'opère vers le Néolithique, celui du Moyen-Orient, étiré à l'Ouest. La Chine en ce domaine céréalier a trois mille ans de retard sur l'Occident. Le Néolithique des « Célestes » n'a commencé que bien après le nôtre. Ce retard, selon Pierre Chaunu, ne se rattrape pas. L'histoire ne fait pas de « cadeaux ». Il est vrai que dans l'intervalle, un télescopage des cultures s'est opéré avec fécondation mutuelle, à l'échelle de l'Eurasie entière.

Toute l'histoire humaine, celle qui compte, va s'ordonner selon les rythmes d'une croissance en marche d'escalier. L'explosion démographique que connaissait hier l'Occident, aujourd'hui le Tiers Monde, se greffe sur la ligne brisée mais jamais interrompue de cette croissance. On voit s'intercaler, entre-temps, de larges « replats ». Parmi eux, la remarquable phase du « monde plein », que Chaunu fait commencer vers 1300, à l'inflexion du XIIIe siècle gothique. La France et tout l'Occident ont fait à cette date leur plein d'hommes et de femmes pour les quatre cents années qui vont suivre (l'espace aujourd'hui français avait déjà, sous Philippe Le Bel, plus de dix-huit millions d'hommes tout comme en 1700 sous Louis XIV). Aux années 1300, les principales découvertes agricoles (charrue, collier de cheval, assolement triennal) sont en place et pour longtemps ; le mariage tardif (les hommes à 30 ans, les femmes à 25 ans) s'installe progressivement en Angleterre et puis dans le reste de l'Europe, du nord au sud. À la différence des noces européennes de jadis. Celles-ci étaient quasi « pubertaires », comme aujourd'hui encore aux Indes (filles mariées à 15 ans). Le mariage tardif, lui, est constitutif de notre modernité ascétique ; il équivaut à la stérilisation momentanée, sans douleur, mais non sans refoulement, d'une partie importante du potentiel reproductif du peuplement.

Chemin faisant, l'auteur propose certains concepts qu'il tient pour opérationnels : *histoire quantitative* d'abord. Elle revient, selon Chaunu, à projeter les méthodes de la comptabilité nationale d'aujourd'hui sur des époques plus anciennes. Cette « projection » est souvent un succès quant au XIXe siècle. Mais un désastre quant au XVIIIe, époque pour laquelle, Angleterre mise à part, les statistiques officielles des pays européens ne valent pas grand-chose. L'*histoire sérielle,* en revanche, est beaucoup plus prometteuse ; elle est grosse de réalisations positives : elle consiste à créer des séries de chiffres, à partir de phénomènes locaux qui durent pendant de longues périodes. Grâce aux archives, ils sont précisément connus : prix du blé à Beauvais ; nombre d'invocations à la Vierge dans les testaments marseillais du temps de Louis XV ; fréquence des assassinats dans les bourgs normands du XVIIIe siècle, comparée à celle des vols... La *pesée globale* enfin, s'efforce, avec des méthodes parfois rudimentaires, de calculer certains ordres de grandeur historiques : ils ne sont ni plus ni moins précis que ne l'est l'estimation de la masse de l'Univers, telle que tentent de l'évaluer *grosso modo* les astrophysiciens. Braudel, par exemple, dont Chaunu recueille fidèlement les leçons, s'est efforcé de chiffrer en « pesée globale » le nombre de « chevaux-vapeur » ou d'« esclaves mécaniques » dont disposaient les Européens vers 1750, avant les inventions modernes ; avant la machine à vapeur... Il a donc additionné toutes les disponibilités d'alors, en force physique : celle des hommes, des animaux de travail (bœufs, chevaux...), des moulins à eau, à vent, des bateaux à voile, des bûches à brûler... Et il a montré, découverte intéressante, que l'Européen dès le XVIIIe siècle, et sans doute dès le XIIIe siècle, commandait déjà à beaucoup plus de chevaux-vapeur ou d'esclaves « mécaniques », par tête d'habitant, que ce n'était le cas pour le Chinois moyen, si sophistiqué par ailleurs... L'avance technologique de l'Occident ne date donc pas d'hier. Elle est bien antérieure à la Révolution industrielle. Le secret de la « supériorité » matérielle des hommes de l'Ouest, c'est d'abord la suprématie énergétique de leur lointain passé.

On en arrive ainsi à la dernière partie du livre, la plus polémique, la plus vite écrite aussi (les chapitres XIX et XX, de ce point de vue, gagneraient à être fusionnés, lors d'une réédition : le second de ces textes reprend souvent, sur beaucoup de points, les thèses et paragraphes du premier). L'auteur, dans cette phase ultime de l'ouvrage, regroupe ses formulations sur le problème de la dénatalité : elles sont bien connues, du moins par les media. Lancé sur cette piste, Chaunu sous-estime, à mon sens, les dangers de l'explosion démographique du Tiers Monde. Il en mesure les périls pour le sous-continent indien ; mais il néglige d'en indiquer certains aspects catastrophiques, s'agissant, par exemple, de l'Égypte actuelle. Sur l'Occident, par contre, son diagnostic est plus modéré que ne le donnerait à croire la vivacité de son style. Chaunu n'est absolument pas « lapiniste ». Il ne préconise pas, utopie qui le ferait sourire, « une France de cent millions d'habitants ». Il s'inquiète simplement, à juste titre, du fait que la génération actuelle en Occident ne renouvelle plus ses effectifs : les taux de fécondité, en Allemagne, déclinent en direction de 1,5 enfant par femme fertile ; or, il faudrait deux enfants par femme, ou même un peu plus, pour maintenir dans le long terme l'effectif global du peuplement au niveau de la simple croissance zéro. Si toutefois l'on veut éviter le déclin démographique et le vieillissement abusif. Devant le Conseil économique et social, Chaunu propose donc, au cours d'une intervention reproduite en son livre, un certain nombre de mesures pratiques : allongement des congés de maternité ; salaire aux mères de famille, à celles qui le sont et à celles qui le furent, respectivement... Sous l'éloquence éventuellement apocalyptique qui fait penser à Michel Debré, perce le simple bon sens du gestionnaire démographique, dans la tradition d'Alfred Sauvy.

Tel quel, cet ouvrage intéressera l'étudiant et l'enseignant d'histoire, qui trouveront là un abrégé des conquêtes récentes de leur discipline. Il ne laissera pas froids pour autant les lecteurs non spécialistes et les Politiques : comment ne pas être sensible en effet, qu'on la partage ou non, à l'obsession pathétique du néant, à l'angoisse du « déclin de l'Occident » ; elle court à travers cette œuvre comme un fil noir.

Arnold Toynbee

Arnold TOYNBEE, *L'Histoire,* Paris-Bruxelles, Éd. Elsevier, 1975, 712 p. (*Le Monde,* 21 avril 1978).

Pour l'Anglais Arnold Toynbee (comme pour l'Allemand Oswald Spengler), l'unité de base intelligible quant à l'histoire n'est pas le Devenir global et linéaire de l'humanité, chez à Karl Marx (XIXe siècle) ou à saint Irénée de Lyon (IIe siècle de notre ère) ; cette unité ne réside pas non plus dans l'entité-nation (dans *l'Histoire de France*). Elle doit être cherchée, au-delà des « pays » dans chaque civilisation particulière : hellénique, ou chrétienne-occidentale, ou chinoise... Les diverses civilisations transitent respectivement par le stade initial du pluralisme politique (les nombreuses cités grecques, ou l'Europe divisée du XIXe siècle) ; elles terminent leur carrière, à la Spengler, dans le module d'un empire universel (Rome, la Chine, etc.) ; ce module géant est, tout à la fois, un symptôme de décadence, un moyen provisoire de sauvetage pour la civilisation ainsi « rassemblée » ; enfin, une cure de jouvence dont sortira, peut-être, telle ou telle religion mondiale (le christianisme...), celle-ci devenant à son tour la matrice de nouvelles cultures (chrétienne-byzantine, chrétienne-occidentale, etc.).

Au berceau de la plupart des grandes civilisations se place l'étrange théorie « toynbienne » du *défi (challenge).* Si l'Égypte et la Grèce, avant notre ère, ont « réussi », c'est parce qu'elles affrontaient les terres marécageuses et malsaines de la vallée du Nil, ou les rochers de l'Attique. *Parce que,* et non pas *bien que...* Mis au défi de cette manière, les Grecs et les Égyptiens ont réagi ; ils ont trouvé en eux-mêmes le courage et l'inspiration nécessaires pour survivre, pour bâtir malgré tout une agriculture... et une culture ; ils sont allés de l'avant ; ils ont créé. De même, les survivants de l'abominable défi d'Auschwitz ont voulu promouvoir Israël de toutes leurs forces. Cette théorie du *challenge* est-elle toujours vraie ? Paris et Londres, villes civilisatrices par excellence, sont situées parmi les limons agricoles les plus fertiles d'Europe. Toynbee aurait-il tantôt raison, tantôt tort ? On mettra tout le monde d'accord en rappelant que les historiens ne sont jamais à court d'explications, même contradictoires. Toynbee reconnaît du reste que le défi que propose une nature trop ingrate est tel qu'il finit par faire avorter toute créativité, malgré les brillantes performances initiales des indigènes : cet « avortement » caractérise, par exemple, les Esquimaux.

Avec ou sans défi, la civilisation, disent Bergson et Toynbee, représente un passage du statique au dynamique, de l'histoire froide à l'histoire chaude, de l'immobilisme relatif des sociétés agraires au jaillissement plein d'initiatives des groupes urbains. Ici le professeur anglais rencontre inévitablement le concept de *croissance,* qui deviendra cher aux théoriciens de notre époque. Mais il n'envisage pas celle-ci comme s'incarnant dans les progrès matériels du produit brut ni du bien-être individuel. Il la situe plutôt dans l'itinéraire ascensionnel d'élites inventives et créatrices ; les masses les suivent à la traîne et tant bien que mal ; jusqu'au jour où celles-ci refusent de marcher parce que celles-là cessent d'inventer.

Après l'essor, la décadence. Elle fascine. Notre auteur a connu la chute de l'empire britannique. Il a vu pousser les ronces parmi les ruines, dans les fortins anglais du Pakistan. Orfèvre en la matière, il est net : une civilisation décline non pas parce que c'est fatal ni parce que la vieillesse biologique suit nécessairement la jeunesse d'une grande culture (ce serait la théorie spenglérienne). En fait, c'est une question de responsabilité morale : une civilisation décline parce qu'elle le veut bien, parce qu'elle s'est endormie sur ses lauriers ! Athènes et Venise ont trop regardé vers leur admirable passé, nostalgiquement. Constantinople, au XVe siècle, à la veille des Turcs, avait les yeux rivés sur la gloire périmée de son empire ; la France, en 1940, préparait la guerre comme en 1914.

Deux bourreaux se chargent d'exécuter la sentence de mort : ce sont les prolétariats intérieurs et extérieurs (là Toynbee, parti de conceptions ultra-moralistes, rencontre momentanément l'analyse marxiste que d'habitude il n'aime guère). Le prolétariat intérieur tue la civilisation par ses révoltes ; il est capable pourtant d'assumer de hautes valeurs spirituelles et par exemple chrétiennes. Quant au prolétariat extérieur, il se compose de barbares, Germains, Mongols, etc., qui se pressent sur les frontières de l'empire : il assènera le coup de grâce ; en attendant la prochaine civilisation, encore à venir, il préparera l'interrègne, symbolisé par les temps héroïques des Iliades ou des chansons de geste, par Achille ou par Roland.

L'État ou empire universel à la veille de la barbarie met le point final à telle ou telle grande civilisation. Vis-à-vis de lui, Toynbee professe des sentiments mélangés : il admire l'unité de langue, de circulation, d'administration, qui caractérise les empires romains, chinois, etc. Mais il reste sceptique (à tort ?) sur la créativité de ces grandes unités, qu'il considère, au mieux, comme *semi-mortes*. À l'en croire, l'empire égyptien d'avant notre ère, dans les ultimes deux mille cinq cents ans de son existence, n'est qu'un long coma. On se dit par moment, que l'Occident pourrait à son tour s'offrir le luxe d'une « agonie » aussi prolongée ! Cela ne serait déjà pas si désastreux, cela donnerait le temps de voir, de se retourner...

Plus qu'aux empires, la tendresse de Toynbee va aux religions universelles : christianisme, bouddhisme. Elles prolifèrent sur les structures impériales, elles accouchent de civilisations nouvelles, mais elles ne sont pas que cancers ou chrysalides. Elles permettent aussi l'accès à une réalité spirituelle supérieure ; à un au-delà qui relie religieusement l'individu à autrui, au monde, éventuellement à Dieu. Le livre de Toynbee est un long cri d'amour pour les grandes Églises. Elles ont peu à peu évincé du cœur de l'historien devenu vieux son ancienne passion pour les cultures.

L'auteur britannique n'admire guère, sinon conjoncturellement, les vertus régénératrices de la barbarie avec ou sans visage humain. Il croit en Dieu, même et surtout si Dieu n'existe pas, auquel cas on se devrait de l'inventer. Vrai ou pas, ce Tout-puissant siège sur les confins : on le rencontre à la jointure des grandes civilisations quand elles s'abordent mutuellement pour se saborder ou pour s'interféconder. Enthousiaste pour la confrontation entre cultures vivantes, notre auteur, en revanche, n'exalte pas les contacts avec telle civilisation morte : il a de l'aversion, injuste, pour la Renaissance italienne ; il la voit comme une récupération ratée de l'Antiquité gréco-romaine. Il soutient de tous ses vœux les pluralismes culturels quand ils sont simultanés : le cas de la grande Syrie ci-devant séleucide, au contact de l'hellénisme et de l'Orient, le ravit ; elle engendra ou encouragea successivement trois ou quatre grandes religions, dont le christianisme et l'islam.

Il est de bon ton de critiquer, voire de moquer, les intuitions et les erreurs de Toynbee, semées comme des perles dans une œuvre de formidable amplitude, qui meubla toute une vie de chercheur et d'enseignant. Cet ouvrage n'est que le résumé de douze volumes antérieurs. Il ignore étrangement la vie économique et matérielle. Et pourtant Toynbee est le premier (avec le discutable Spengler) qui ait rédigé une « histoire naturelle » des civilisations conçues comme objets identifiables isolés, comparables entre eux. D'autres s'y sont attelés depuis : en France, Braudel et Chaunu.

Les civilisations sont comme les feuilles de l'artichaut. D'inégale importance, elles s'incurvent vers un point sommital et central. Il indique la ligne de fuite du projet humain : toujours plus de technologie, de démographie, d'égalitarisme, sinon d'égalité réelle... Toynbee, malgré ses carences, garde le mérite d'avoir rendu possible la considération globale de cet être écailleux qu'est l'humanité tout entière.

Fernand Braudel

> Fernand BRAUDEL, *Civilisation matérielle, économie et capitalisme*, XVe-XVIIIe siècles, Paris, Éd. A. Colin, 1979, 3 vol., 1750 p. (*Le Monde*, 14 décembre 1979).

On reste pantois au vu des trois volumes (plus de mille cinq cents pages) que Fernand Braudel, après vingt ans de travail, vient de publier sur *Civilisation matérielle, économie et capitalisme*. Spécialiste du second millénaire après Jésus-Christ, avec des vues prospectives au-delà de l'an 2000 et rétrospectives en deçà de l'an mil, l'auteur s'est « focalisé » sur six ou sept centaines d'années : elles courent des XIe-XIIe siècles aux XVIIIe-XIXe siècles, avec un centre de gravité aux alentours de 1500-1800. En somme : de la Renaissance à la Révolution industrielle. Bien des lecteurs n'auront pas la patience ni même le temps de suivre Fernand Braudel au long des berges et des boucles du fleuve, aux long des affluents, des deltas, des canaux et des bayous. Ils seront déconcertés par le débit amazonien du Savoir du Maître. Vingt ans de recherches se déversent en un millier et demi de pages. Les lecteurs trop pressés seront dans leur tort. Où sont les historiens actuels qui peuvent simultanément étudier avec autorité, compétence et sans faux pas l'Italie du XIIIe siècle, la Hollande du XVIIe, la Grande-Bretagne en 1750 et la Malaisie du Bas Moyen Âge, sans oublier l'Inde d'Aureng-Zeb et la Russie à l'époque de Pierre le Grand. Depuis la mort de Toynbee (lequel se situait du reste à un plan très différent), je ne pense pas qu'on ait rencontré beaucoup d'athlètes intellectuels de cette trempe. (Citons quand même, dans la même veine, Georges Dumézil.)

Le tome initial de cette triple série traite de la vie matérielle proprement dite avant le XIXe siècle : histoire du pain, du riz, du maïs, du fer... et du nombre des hommes, nombre et produits qui sont les atomes ou « briques » élémentaires à partir desquelles sera bâti l'édifice du « capitalisme ». Une édition de ce premier volume était parue en 1967 mais sans notes infra-paginales. Cette fois dans le texte de 1979 les références sont en place ; elles renvoient aux innombrables ouvrages et dossiers d'archives que l'auteur, en diverses langues européennes, a consultés au cours de voyages et de séjours studieux ; il a compulsé tout cela, en même temps qu'il s'informait sans trêve auprès de ses disciples et de ses collègues. En évoquant le tuf de l'histoire des hommes (l'aliment, le métal, la masse démographique...) Braudel s'affirme, somme toute, comme matérialiste.

Beaucoup d'historiens de la génération qui l'a suivi sont passés de la chronique des structures sociales à celle des mentalités. Braudel, lui, est resté fidèle aux inspirations de sa jeunesse : il a cherché les secrets qui concernent la production des biens, et la vie en société, à l'intérieur même de cette production et de cette vie. Il ne considère pas les entités matérielles ou sociales comme si elles n'étaient que des retombées vulgaires de la religion ou de l'idéologie : en ce sens, l'auteur de cette *civilisation,* paradoxalement, demeure plus proche de Karl Marx que de Max Weber. Certes, son « marxisme » a des limites : Braudel manifeste un certain scepticisme à l'égard des possibilités qu'aurait le « socialisme » (au sens plein) de se substituer totalement au capitalisme, au point d'être plus efficace que ne l'était celui-ci. Mais Braudel garde du « vieux Karl » la nostalgie permanente d'un recours à la matière, à l'économique, et dans le meilleur des cas, au social, comme principe de base d'une élucidation historique des biens, des marchés, des manufactures. Notre auteur s'intéresse assez peu, finalement, au rôle des grandes religions, protestantisme, bouddhisme et confucianisme... Elles ne patronnent pas, selon lui, l'essor du capitalisme au sein de telle ou telle région du globe (en Hollande vers 1650 ; à Hong Kong ou à Taïwan vers 1970, etc.). Il est vrai que le calvinisme, et pour cause, ne pouvait pas stimuler les capitalistes vénitiens du XIIIe siècle, qui ne prévoyaient ni Luther ni Calvin ; ils honoraient la Vierge et saint Marc que ridiculiseront les huguenots. Mais à partir de 1630, avec l'effacement relatif de Gênes-la-catholique ce sont effectivement, en gros, les pays protestants (Hollande, Angleterre, Allemagne pour une part, U.S.A) ou bien les peuples jansénistes (Wallonie, France du Nord) qui « décollent » ; ils s'engageront dans la direction du capitalisme...

Le second volume met en place les « grosses molécules » grâce auxquelles prendront forme les structures chronologiques plus complexes encore (qui seront évoquées par le troisième tome). À mi-hauteur du capitalisme, ce volume II situe l'*échange* : boutique, marché, foire, compagnies de commerce, sociétés semi-anonymes ; elles n'ont pas encore le brio ni la modernité de nos contemporaines sociétés par actions. La primauté des négoces, quant à la définition du capitalisme, revient à dire que cette formation sociale est presque aussi ancienne que la Méditerranée commerçante ; Adam Smith, si l'on en croit Braudel, ne se serait pas senti dépaysé à Carthage en 500 avant Jésus-Christ, ni dans la ville de Narbonne de notre premier millénaire, dont les marchands juifs allaient jusqu'en Chine. C'est l'occasion pour Braudel de situer les peuples féconds qui à des titres divers se sont spécialisés dans l'échange : Anglais, Juifs, Hollandais, Arméniens. L'historien rappelle aussi, incidemment, l'existence du capitalisme agraire, paradoxalement lié au... « seigneurialisme ».

Dans les grands domaines des seigneurs « éclairés » de France et surtout d'Angleterre (vers 1750), s'introduisent les perfectionnements, agronomiques, nouveaux modèles de charrues, semoirs. Même les domaines serviles de Pologne (1600) ou les plantations esclavagistes de l'Alabama (1850) « font du capitalisme à leur manière » dès lors qu'ils vendent leur seigle ou leur coton à l'Occident. Fonctionnent aussi de petites « agricultures » qui ne sont pas « capitalistes » ; mais liées au marché, elles s'avèrent incroyablement efficaces : elles sont le fait des cultivateurs flamands du XVIe siècle, ou des paysans chinois micro-parcellaires.

Passant de la terre à l'atelier d'artisanat familial (atelier qui sert aussi de chambre à coucher pour l'artisan, pour sa femme et pour ses petits), Braudel évoque enfin les débuts du capitalisme industriel. Dans le « travail à façon » et le travail à domicile, un marchand cède les matières premières à des artisans qui besognent en famille, dans leur propre chambre ou maison, puis ce marchand récupère le produit fini, non sans céder entre-temps un salaire aux travailleurs, de quoi encaisser finalement un profit au bénéfice du marchand-capitaliste initial.

Au passage, Braudel met en place une vision de l'État comme collaborateur indispensable pour la modernisation de l'économie. Un État moins puissant, quand même, qu'on ne l'a dit quelquefois : faut-il rappeler que les grands Intendants de province du temps de Louis XIV, précurseurs fonctionnels de nos préfets et superpréfets, n'avaient à leur disposition ni dactylos, ni C.R.S., ni téléphone. Ils étaient les bras du roi, mais des bras sans doigts.

L'achèvement suprême du livre me paraît se situer dans la première partie du troisième tome, avec l'*économie-monde*. Expliquons-nous sur ce mot qu'avaient déjà utilisé F. Braudel, puis P. Chaunu, et enfin I. Wallerstein ; il s'agissait pour eux trois d'une traduction, nécessairement maladroite, de l'allemand *Weltwirtschaft*.

Cette trinité d'historiens s'est inspirée, en la matière, de l'œuvre déjà ancienne de l'économiste germanique von Thünen : chacun sait qu'une ville, comme un caillou « qui fait des ronds dans l'eau » modifie le pays qui l'entoure en y créant des cercles concentriques : elle développe autour d'elle une banlieue maraîchère, et la production du lait (ces denrées jadis périssables exigeaient des transports vifs, à courte distance) ; venait ensuite un cercle vert de forêts (Fontainebleau, Chantilly, en ce qui concerne Paris : le bois est lourd, et requiert lui aussi que ses débouchés urbains soient assez proches). Plus loin encore s'étendent de vastes plaines à blé (la Beauce). Le cercle des prairies d'élevage est le plus éloigné de tous (le pays d'Auge, le bocage normand, par exemple, ravitaillaient en bovins la capitale). Le bétail en effet se déplace... à quatre pattes, et peut venir de très loin. Braudel, en ses trois volumes, a souvent utilisé ce schéma « circulaire », et il l'a appliqué d'autre part, comme Wallerstein, à telle ou telle *économie-monde*. Au centre de celle-ci, on trouve une grande ville : Venise au Moyen Âge, Gênes vers 1620, Amsterdam vers 1650, Londres vers 1780 ou 1860, New York en 1950. Autour de cette ville, s'étendent des pays riches ; ils sont industrialisés, leur agriculture est intensive : ils forment le *Centre* du système. Enfin une *couronne* de régions ou de nations pauvres, exploitées, sous-développées, constitue la périphérie : elle ravitaille le Centre en matières premières et en produits alimentaires grâce au travail des esclaves (qui produisent le sucre des Antilles sous Louis XIV), ou grâce à la besogne des serfs (qui fournissent le seigle polonais, exporté au XVIIe siècle vers les Pays-Bas). Le troisième volume ne se borne pas à développer cette théorie de l'économie-monde comme nébuleuse, tournoyante, dévorante et radioconcentrique ; il l'applique aussi, sur des terrains concrets, dans des chapitres successifs : ceux-ci décrivent la Hanse baltique et l'Italie d'âge médiéval ; les Pays-Bas d'Anvers et d'Amsterdam au temps de Rubens et de Rembrandt ; et l'économie génoise... Une excursion vers les « périphéries », où la Russie et l'Inde bousculent l'Afrique noire, nous mène incidemment, jusqu'à l'économie-monde de la Malaisie, antérieure à l'arrivée des Portugais ; le livre culminera dans une fresque de la Révolution industrielle en Angleterre, créatrice de notre économie-monde contemporaine.

Frédéric Amiel

Frédéric AMIEL, *Journal*, Lausanne, Éd. l'Âge d'homme, 1981, 1284 p. (*Le Nouvel Observateur*, 12 juin 1982).

Le tome IV du « grand œuvre » de Frédéric Amiel est récemment paru. Au terme des cinq mille pages, qui sont maintenant couvertes par les quatre volumes déjà publiés, la figure du mémorialiste ou plutôt du « journaliste » (auteur de *Journal* intime) émerge avec précision. Peut-être pourrait-on, pour mieux la cerner, mentionner le thème récurrent de l'*escalade*. À la fin du XVIe siècle, les troupes de l'État savoyard tâchèrent de conquérir Genève, future patrie d'Amiel, en escaladant de nuit le rempart. Elles furent repoussées. L'anniversaire de ce succès, obtenu « au fil du rasoir » par les Genevois, sera célébré chaque année jusqu'à nos jours, y compris au temps de l'auteur du *Journal*, par des parades de masques carnavalesques, etc. (voir, dans le même ordre d'idées, la fête bruyante et antipapiste de *Guy Fawkes* en Angleterre). Amiel lui-même dans les toasts qu'il formule et qu'il relate parle de l'*escalade éternelle*, autrement dit la permanente nécessité d'une résistance genevoise et huguenote contre les forces impérialistes ou catholiques ; elles encerclent la ville plus qu'à moitié sur les flancs savoyards et français ; elles pourraient bien l'engloutir.

À sa manière, Frédéric, en calviniste existentiel, s'obstine lui aussi contre l'incessante escalade qu'opèrent à son endroit les forces papistes, et autres bataillons d'espèces variées. Les préjugés de notre homme à ce propos sont significatifs : il est profondément sinon superficiellement religieux[1] ; en règle générale, il n'a que mépris pour le catholicisme, dont il moque les aspects fanatiques et superstitieux : culte des reliques, du prépuce du Christ « conservé » non loin de la Suisse, etc. Il a horreur des calotins, des *corbeaux* avec leur noire soutane qui seraient capables d'investir sa cité et de faire basculer le calvinisme vers une religion de minorité. Il est croyant, mais se soucie peu des réserves de spiritualité que pourrait bien contenir, elle aussi, l'Église romaine. Il n'aime pas non plus les Juifs, à l'encontre desquels il partage les stéréotypes usuels, sans tomber pourtant dans l'antisémitisme rageur d'un Proudhon. Il reconnaît du reste, comment pourrait-il en être autrement, le rôle éminent des Israélites dans les origines du christianisme, dont ils demeurent, à son gré, les témoins toujours nécessaires et vivants.

Du Religieux au National, il n'y a qu'un pas. La méfiance du Professeur Amiel vis-à-vis d'*escaladeurs* toujours possibles donne lieu à ses relations de haine-amour envers la France. Dans l'ensemble elles tendent à l'aversion plus qu'à l'affection. Amiel craint, de façon presque physique, les agressions éventuelles de Napoléon III contre sa ville. Elles priveraient celle-ci, du jour au lendemain, de son indépendance. Dans les années 1860, il a mal à la Savoie, plébiscitairement annexée par le Second Empire : la Suisse, à l'en croire, aurait dû conquérir par diplomatie un morceau du territoire savoyard. Il blâme la saleté des Français ; leurs cabinets de toilette, à son gré, sont les plus dégoûtants de l'Europe. Cette saleté offense son souci presque maladif du Pur et de l'Impur, dans les divers domaines de l'intimité corporelle. Enfin il professe pour la culture française, qu'il connaît et pratique à fond, les jugements ordinaires que formulent ses contemporains. Il la tient pour superficielle quand il la compare à la pensée d'outre-Rhin. Jeune, Amiel avait séjourné à Berlin. Il enseigne Hegel à ses étudiants. Ses réflexions sur la lourdeur ger-

---

[1]. Il a des moments de scepticisme vis-à-vis de ses convictions protestantes, mais ceux-ci ne paraissent pas entamer le noyau dur de sa croyance.

manique ne sont guère originales... Dirons-nous qu'au centre de ses affections gît la ville de Genève ? Ce serait trop affirmer. Amiel, certes, est l'auteur de *Roulez, tambours*, hymne patriotique qui exhale un helvétisme militant. Mais il déteste les prétentions de sa petite patrie : il s'y sent exclu des milieux oligarchiques, qui snobent sa relative pauvreté ; exclu aussi des groupes populaires ou patoisants dont il est isolé par sa vaste culture, aussi élitiste que possible. Pour échapper à ce double sectarisme, le Professeur Amiel, aux vacances annuelles, quitte Genève et s'installe dans un hôtel alpestre : il y retrouve ce qu'il appelle l'*élasticité* du corps et de l'esprit, en compagnie de jolies touristes avec lesquelles il entretient des relations platoniques, amicales, dominatrices. À Genève même, l'isolement d'Amiel est quasi pathologique : un donjon personnel fabrique son propre cercle intérieur, vis-à-vis de la périphérie des remparts qui furent profanés par l'Escalade au XVIe siècle.

La solitude, pour Amiel, découle de ses rapports avec les membres de sa proche famille : sœurs, beaux-frères, etc. Il entretient avec eux des relations affectueuses, mais pesantes, méfiantes, chargées de silence. Il est avare. Il vit pauvrement chez sa sœur Fanny, dans deux pièces ; elles sont sans cesse envahies par les servantes qui battent ses tapis, lavent ses rideaux, dérangent ses papiers, remplument ses matelas. Au fond, il déteste son beau-frère Franki Guillermet, époux de Fanny. L'Ardéchois Franki est pasteur protestant. Son éloquence est plate. Sa religion est prosaïque, utilitaire, éloignée des *folies de la croix*, qui auraient les préférences de notre auteur. Amiel le tient pour vulgaire. Franki, inversement, met Frédéric en quarantaine ; il interdit aux cousines, en sa présence, d'adresser la parole au Professeur, du moins pour une conversation sérieuse. Fanny Amiel-Guillermet, ménagère soumise à son conjoint, ne fait rien pour débloquer la situation. Quant aux deux premiers enfants des Guillermet, jeunes lecteurs de Walter Scott, ils ont de bons contacts avec l'oncle Frédéric, qui leur enseigne la littérature et les jeux de dames, mais il les tient, par la faute de leur mère, pour incurablement mal élevés. L'autre sœur, Laure Amiel, a épousé le médecin Stroehlin, veuf d'un premier lit. Elle est autoritaire, impérieuse, quasi royale. Vis-à-vis d'Amiel, elle viole l'indispensable réserve ou soumission que devraient observer la femme vis-à-vis de l'homme, et la cadette envers le frère aîné. Le docteur Stroehlin est pétri, comme Franki, d'une pâte vulgaire. Qui plus est, un malencontreux faisan qui fut servi à Frédéric par les Stroehlin et qu'il eut la sottise de ne point apprécier (car il avait déjà dîné clandestinement dans l'heure qui précédait ce bon repas) a refroidi de façon durable mais pas définitive ses relations avec l'époux de Laure.

Les femmes ? Amiel les aime, en tout cas les préfère, à condition de les dominer, donc... de ne pas les posséder, sous peine d'être réciproquement possédé par elles. Une fois de plus, ne pas être victime d'escalades, même charmantes, ou du moins les repousser à l'ultime moment. Frédéric hait les dames agressives, dominatrices, dont l'exigente passion pourrait aliéner de manière provisoire ou définitive, par des liaisons ou par des noces, sa liberté de mouvement, voire d'immobilisme. Mademoiselle Hornung, alias *Ériphile*, se trouve dans ce cas : elle est folle d'Amiel, mais furieuse de ses dérobades, au point finalement de souhaiter sa mort. On comprend qu'elle agace considérablement notre auteur. Une autre dame dont les initiales sont C.-C.W. trouve grâce par contre aux yeux d'Amiel : cette femme mûre, n'est pas, pour lui, candidate sérieuse comme épouse possible ; il peut donc admirer la maîtrise avec laquelle C.-C.W. a successivement recruté puis congédié ses amants, au nombre desquels il ne figure point ; il lui pardonne son esprit d'initiative et sa dureté quasi masculine, qui seraient inexcusables chez une autre. Affligée d'un cancer, la malheureuse C.-C.W., de toute façon, n'en a plus pour longtemps ; elle ne mérite pas qu'Amiel à son propos déverse de la bile, serait-ce dans les pages cruelles d'un *Journal* intime. Même *Fédora*, jolie Livonienne de vingt ans, qui s'est amourachée d'Amiel, lequel la tient affectueusement à distance, se voit reprocher *in petto* par l'homme qu'elle aime, de deux décennies son aîné, d'être violente et d'être douée d'un inflexible vouloir... Seule, à ce point du *Journal*, Marie Favre a su habilement, mais à quel prix, faire la conquête d'Amiel. Ils furent brièvement amants, et d'une certaine manière le resteront ensuite, principalement, semble-t-il, dans le domaine de ce qu'Amiel qualifiera de *bagatelles de la porte* ou « balivernes de l'antichambre ». Pas question, bien sûr, de mariage entre eux. Amiel s'estime trop pauvre et s'effraye des risques de la paternité ; ses notions quant au *birth control* paraissent brumeuses. Leurs rendez-vous du soir prennent place presque toujours sous la tonnelle, ce qui implique un minimum de beau temps. Même dans ces conditions fort « limitantes », Amiel sait gré à Marie de l'avoir déniaisé, de l'avoir affranchi de hontes physiques et de scrupules grotesques. Le prix à payer, pour le Professeur, fut un certain refroidissement de la foi religieuse. Moralement dépucelé, Amiel s'est éloigné de Dieu qui, moins facilement qu'autrefois, lui rend visite et fait sa conquête.

Paradoxalement, l'intellectuel huguenot se conduit vis-à-vis de ses belles amies en confesseur catholique. Refusant d'être amant à part entière, il se donne les puissantes facilités du directeur de conscience. Il espère posséder les âmes sans subir pour autant le mutuel esclavage des corps.

Pour Amiel enfin, la masturbation ou la simple pollution nocturne, même involontaire, est femme : elle est Astarté ou Lilith, qui s'attache à lui et provoque en son corps ou plutôt hors d'icelui, la *perte*, la rupture de l'intégrité physique. Amiel tient ces pratiques solitaires, auxquelles il succombe à défaut d'épouse ou de maîtresse, pour terriblement nuisibles à sa santé et dommageables aussi à ses globes oculaires. Lecteur du docteur Tissot (de Lausanne), dont le livre sur l'onanisme épouvanta des générations de collégiens, Amiel croit, comme ce médecin d'un pays calviniste, que la masturbation affaiblit le sens de la vue, jusqu'à l'éventuelle cécité. Astarté-Lilith est donc l'une des nombreuses ennemies qui tentent de prendre d'assaut le corps de notre auteur ; il lui résiste de son mieux, avec force d'âme et souplesse, non sans concessions provisoires ; elles sont nourricières de remords.

Attaché spirituellement aux femmes, Amiel l'est beaucoup moins aux amitiés masculines : certaines sont même compromises par ses rebuffades féminines. Hornung, ami de la première heure, s'est ensuite refroidi à son égard à la suite des entreprises matrimoniales que sa sœur Ériphile a tentées vis-à-vis du Professeur, et qui se sont soldées par un désastre.

Presque chaque jour Amiel a donné sous forme de journal intime l'équivalent de plus d'une page imprimée dans la typographie dense qu'emploie son éditeur d'aujourd'hui. Aucun texte ne nous renseigne davantage sur l'existence et sur les pensées quotidiennes d'un homme ordinaire du XIXe siècle, qui décrivait son vivre ou son non-vivre avec intelligence et véracité. Souhaitons que les éditions de *L'Âge d'homme* puissent continuer cette gigantesque entreprise qui, à elle seule, propose une encyclopédie du célibataire de jadis.

Avertissement   7

DÉMOGRAPHIE ET MENTALITÉS

La France de Louis XIV et de Jacques Dupaquier.
Jacques Dupaquier, La Population française aux XVIIe et XVIIIe siècles ; La Population rurale du Bassin parisien à l'époque de Louis XIV.   15

Ausone et la prudence.
Études et chroniques de démographie historique, publiées par la Société de Démographie historique.   18

L'instantané d'un peuplement (1427).
David Herlihy et Christiane Klapisch-Zuber, Les Toscans et leur famille.   21

Clio de cinq à sept.
Jacques Solé, L'Amour en Occident à l'époque moderne ; Jean-Louis Flandrin, Familles.   23

Impotente minorité.
Pierre Darmon, Le Tribunal de l'impuissance.   27

Ferme tes poules, j'ai lâché mes coqs.
Jean-Louis Flandrin, Les Amours paysannes (XVIe-XIXe siècles).   29

La maman et la nourrice.
Élisabeth Badinter, L'amour en plus.   31

Les vieux.
Peter N. Stearns, *Old age in european History*. 35

Dix-sept millions de morts ?
Sur un texte de Maksudov, dans *Cahiers du monde russe et soviétique*. 39

La rudesse angevine.
François Lebrun, *Les hommes et la mort en Anjou aux XVIIe et XVIIIe siècles*. 41

Les greffiers du purgatoire.
Pierre Chaunu, *La Mort à Paris*. 43

Les figures de la Mort.
Philippe Ariès, *L'homme devant la Mort*. 46

La peste.
Jean-Noël Biraben, *La Peste dans l'Histoire*. 50

Découverte nationale et système ancien.
André Armengaud, *Démographie et Société*. 55

CULTURES

Trois fonctions.
Georges Dumézil, *Mariages indo-européens*. 63

Mythes savants et barbares.
Christian Guyonvarc'h, *Textes mythologiques irlandais*. 66

Le Monde vu de l'Islam.
André Miquel, *La Géographie humaine du monde musulman*. 67

Médiévales.
Norbert Elias, *La Civilisation des mœurs*. 70

Hexagonales.
Theodor Zeldin, *Histoire des passions françaises*. 74

ÉGLISE, HÉRÉSIE, PROPHÉTIE

Christ sans frontières.
Marcel Simon, *La Civilisation de l'Antiquité et le Christianisme.*   81

Aux origines du grand domaine monacal.
Walter Horn et Ernest Born, *The Plan of Saint Gall.*   85

Un sas.
Jacques Le Goff, *La Naissance du Purgatoire.*   89

Ni sorcière, ni bigote.
Georges et Andrée Duby, *Les Procès de Jeanne d'Arc.*   93

Auteur et bourreau.
Nicolau Eymerich et Francisco Peña, *Le Manuel des inquisiteurs.*   95

Un millénarisme florentin.
Donald Weinstein, *Savonarole et Florence.*   98

Huguenote et papiste, la double réforme.
Pierre Chaunu, *Le Temps des Réformes.*   99

L'échec d'une reconquête catholique.
Robert Sauzet, *Contre-Réforme et réforme catholique en Bas-Languedoc.
Le diocèse de Nîmes au XVIIe siècle.*   102

Port-Royal, au jour le jour.
René Taveneaux, *La Vie quotidienne des Jansénistes.*   106

Du Baroque à l'intimité, via Jansenius.
Michel Vovelle, *Piété baroque et déchristianisation en Provence au
XVIIIe siècle.*   109

Conservateurs, prophètes et néo-chrétiens.
Robert Bessède, *La Crise de la conscience catholique dans la littérature
et la pensée françaises à la fin du XIXe siècle.*   112

D'un Pontife.
R.P. de Vaucelles, *Études.*   116

LE SURNATUREL DU PAUVRE

Les origines du Sabbat.
  Norman Cohn, *Démonologie et sorcellerie au Moyen Âge.*   123

Les Benandanti et la fécondité.
  Carlo Ginzburg, *Les Batailles nocturnes.*   127

Convulsionnaires Yankees.
  Chadwick Hansen, *Sorcellerie à Salem.*   130

Le sabbat et le bûcher.
  Julio Caro Baroja, *Les Sorcières et leur monde.*   133

CARNAVAL ET CARÊME

La Tarasque et le Baroque.
  Michel Vovelle, *Les Métamorphoses de la fête en Provence.*   139

Saturnales ou Panathénées.
  Mona Ozouf, *La Fête révolutionnaire 1789-1799.*   142

Les portes du carême.
  Julio Caro Baroja, *Le Carnaval.*   145

LUMIÈRES, ÉLITES, RÉVOLUTION

Entre prêtre et laïc : les petites écoles.
  François Furet, Jacques Ozouf et leurs collaborateurs, *Lire et Écrire. L'alphabétisation des Français de Calvin à Jules Ferry.*   151

Alphabétisation et stature : un tableau comparé.   156

Un voyage philosophique.
  Michèle Duchet, *Anthropologie et Histoire au siècle des Lumières* ; et *De l'homme,* de Buffon.   160

Élite et promotion.
  Guy Chaussinand-Nogaret, *La Noblesse au* XVIIe *siècle.*   162

D'un libéralisme aristocratique.
  Élisabeth Badinter, *Les « Remontrances » de Malesherbes, 1771-1775.*   165

Aristocraties régionales.
  Jean Meyer, *La Noblesse bretonne au* XVIIIe *siècle.*   167

Histoire urbaine au dernier siècle de l'Ancien Régime.
  Maurice Garden, *Lyon et les Lyonnais au* XVIIIe *siècle* ; Jerry Kaplow, *Les Noms des rois.*   171

Le Paris de Louis XV et de Nicolas Rétif.
  Arlette Farge, *Vivre dans la rue au* XVIIIe *siècle.*   174

Albert Soboul en histoire rurale.
  Albert Soboul, *Les Campagnes montpelliéraines à la fin de l'Ancien Régime. Propriétés et cultures d'après les compoix.*   176

Minorités agissantes.
  Richard Cobb, *La Protestation populaire en France.*   181

1789-1799 : un révisionnisme.
  François Furet et Denis Richet, *La Révolution française.*   184

1789-1799 : un révisionnisme (suite).
  François Furet, *Penser la Révolution française.*   186

ÉTAT, DOMINANTS, DOMINÉS

Les savants et les gérants.
  François Châtelet et Évelyne Pisier-Kouchner, *Les Conceptions politiques du* XXe *siècle.*   193

La nouvelle Rome.
  Gilbert Dagron, *Naissance d'une capitale. Constantinople et ses institutions de 330 à 451.*   197

Un prince de la pré-Renaissance.
Paul Murray Kendall, *Louis XI.* **200**

Soleil au noir.
Pierre Goubert, *Louis XIV et vingt millions de Français.* **203**

Jean-Baptiste Colbert.
Jean Meyer, *Colbert.* **206**

Les trois cabales de Saint-Simon. **208**

Le Roi et les élites.
Denis Richet, *La France Moderne.* **211**

Croissance, despotisme et Lumières.
Robert Mandrou, *L'Europe absolutiste. Raison et raison d'État, 1649-1775.* **214**

Polyarchie et classe politique.
Pierre Goubert, *L'Ancien Régime, les Pouvoirs.* **217**

GUERRE ET SOCIÉTÉ

Histoire – bataille et stéréotypes nationaux.
Georges Duby, *Le Dimanche de Bouvines (27 juillet 1214).* **223**

Les « gens d'armes » épinglés.
Philippe Contamine, *Guerre, État et société à la fin du Moyen Âge.* **224**

La guerre est un caméléon.
Raymond Aron, *Penser la guerre : Clausewitz.* **227**

Une société malade de la guerre.
W.D. Halls, *Vichy Youth.* **232**

Le système Sigmaringen.
Henry Rousseau, *Un Château en Allemagne.* **237**

IDÉOLOGIES ET POLITIQUE

Hier aux ordres de demain.
    Jean Chesneaux, Du Passé faisons table rase ?   243

Résurgences bizarres.
    Robert de Herte, « *L'ethnographie musicale* ».   247

Un précurseur des théories racistes.
    Jean Boissel, Victor Courtet (1813-1867), premier théoricien de la hiérarchie des races.   249

Ethnologie et racisme : Arthur de Gobineau.
    Jean Boissel, Gobineau, l'Orient et l'Iran.   252

Un « marxisme » pour le Tiers Monde ?
    Samir Amin, Classe et nation dans l'histoire et la crise contemporaine.   254

LA MÉMOIRE MILITANTE

La Mémoire militante.
    Claude Roy, Somme toute.   261

La salamandre.
    Pierre Daix, Les Hérétiques du P.C.F.   265

Décapage d'une révolution.
    Emmanuel Todd, La Chute finale. Essai sur la décomposition de la sphère soviétique.   270

De la Russie au bolchevisme.
    Alain Besançon, Être Russe au xixe siècle. L'Histoire psychanalytique. Une Anthologie. Éducation et société en Russie.   274

Le soviétisme réel.
    Alain Besançon, Présent soviétique et passé russe.   277

Maurice Thorez.
    Philippe Robrieux, Thorez, vie secrète et vie publique.   281

Staline.
   Boris Souvarine, *Staline. Aperçu historique du bolchevisme.*   287

CONTESTATIONS, FRUSTRATIONS, BOUCS ÉMISSAIRES

Fureurs médiévales.
   Rodney Hilton, *Les Mouvements paysans du Moyen Âge.*   295

Rébellion dans le Massif central.
   Arlette Lebigre, *Les Grands Jours d'Auvergne* ; Philippe Joutard,
Les Camisards.   298

Les révoltes antifiscales.
   Boris Porchnev, *Les Révoltes populaires avant la Fronde* ;
Roland Mousnier, *Fureurs Paysannes.*   301

Limoneux et insurgés.
   Jean Jacquart, *La Crise rurale en Île-de-France (1550-1670)* ;
Y.-M. Bercé, *Croquants et nu-pieds ; Histoire des croquants.*   308

Un millénarisme montagneux.
   Philippe Joutard, *La Légende des Camisards.*   310

Une définition.
   Michel Mollat et collaborateurs, *Études sur l'histoire de la pauvreté.*   314

RÉGIONS

L'Ankou et les siens.
   Alain Croix, *La Bretagne aux XVIe et XVIIe siècles.*   321

Celtes rouges.
   André Burguière, *Bretons de Plozévet.*   324

Avant la France.
   Jean Nicolas, *La Savoie au XVIIe siècle.*   327

Archaïsme et modernité en nation alpine au XVIIIe siècle.
   Jean et Renée Nicolas, *La Vie quotidienne en Savoie au XVIIIe siècle.*   330

Les dissociations de l'occitanisme.
François Dubet, Zsuzsa Hegedus et Michel Wieviorka, sous
la direction d'Alain Touraine, *Le Pays contre l'État*. 334

MANIÈRES DE VIVRE ET D'HABITER

La pierre et le bois.
Henri Raulin, *L'Architecture rurale française : la Savoie*. 341

Grande Chartreuse et tuiles provençales.
Henri Raulin, *L'Architecture rurale française : le Dauphiné*. 343

Un âtre dans un grenier.
Henri Raulin et Georges Ravis-Giordani, *L'Architecture rurale française : la Corse*. 345

MONNAIE, CRÉDIT, MANUFACTURES

Les métaux précieux, déterminants mais déterminés.
Pierre Vilar, *Or et monnaie dans l'histoire*. 351

Libérateur des endettés.
Edgar Faure, *La Banqueroute de Law*. 355

Inventeur d'un nouveau monde industriel.
Serge Chassagne, *Oberkampf, un entrepreneur capitaliste au siècle des Lumières*. 358

Révolutions industrielles.
David S. Landes, *L'Europe technicienne*. 360

LE MONDE MOINS LA VILLE

Plaidoyer pour une Europe sauvage.
Georges Duby, *Guerriers et paysans*, VIIe-XIIe siècle. 367

Une Normandie canonique.
   Guy Bois, *Crise du féodalisme.* 370

Révolution et contre-révolution aux frontières rustiques des Pays-Bas.
   Georges Lefebvre, *Les Paysans du Nord pendant la Révolution française.* 374

La différence : le plus et le moins.
   Henri Mendras, *Atlas de la France rurale.* 377

Le fellah et le fermier.
   Lucette Valensi, *Fellahs tunisiens (XVIIIe-XIXe siècles).* 385

AUTOBIOGRAPHIES PAYSANNES

Rouge et blanc.
   Henri Pitaud, *Le Pain de la terre.* 391

Un Normand très parisien.
   Michel Foucault et collaborateurs, *Moi, Pierre Rivière, ayant égorgé ma mère, ma sœur et mon frère...* 394

Seigneur, leader, entrepreneur.
   Madeleine Foisil, *Le Sire de Gouberville.* 398

La véritable enfance d'un villageois.
   Valentin Jameray-Duval, présenté par Jean-Marie Goulemot, *Mémoires, enfance et éducation d'un paysan au XVIIIe siècle.* 402

Légitime défense ou meurtre du père ?
   Gavino Ledda, *Padre Padrone, l'éducation d'un berger sarde.* 404

HISTORIENS ET CHRONIQUEURS

Richard Cobb.
   Richard Cobb, *Promenades.* 411

COLLECTION TÉMOINS

Volumes publiés

Almarik Andreï	*Voyage involontaire en Sibérie.*
Arendt Hannah	*Eichmann à Jérusalem. Rapport sur la banalité du mal.*
Arlen Michael	*Embarquement pour l'Ararat.*
Auriol Vincent	*Mon septennat (1947-1954).*
Barnet Miguel	*Esclave à Cuba.*
Berl Emmanuel	*Interrogatoire par* Patric Modiano, suivi de *Il fait beau, allons au cimetière.*
Brüning Heinrich	*Mémoires.*
Cadart Claude et Cheng Yng Xiang	*Mémoires de Peng Shuzhi. L'Envol du communisme en Chine.*
Castaneda Carlos	*Voir. Les enseignements d'un sorcier yaqui.*
Castaneda Carlos	*Le Voyage à Ixtlan. Les leçons de don Juan.*
Castaneda Carlos	*Histoires de pouvoir.*
Castaneda Carlos	*Le Second Anneau de pouvoir.*
Castaneda Carlos	*Le Don de l'aigle.*
Cohen Dr Sidney	*LSD 15, l'hallucinogène absolu.*
Combe Maurice	*L'Alibi.*
Davis Angela	*S'ils frappent à l'aube...*
Dedijer Vladimir	*Le Défi de Tito. Staline et la Yougoslavie.*
Diény Jean-Pierre	*Le monde est à vous.*
Favret-Saada Jeanne et Contreras Josée	*Corps pour corps.*
Franco Salgado-Araujo Francisco	*Franco au jour le jour.*
Frolic Michael B.	*Le Peuple de Mao. Scènes de la vie en Chine révolutionnaire.*
Fuchs Jürgen	*Souvenirs d'interrogatoires.*

Gramsci Antonio	*Lettres de prison.*
Guiducci Armanda	*La Pomme et le serpent.*
Halimi Gisèle	*Le Procès de Burgos.*
Harrington Michael	*L'Autre Amérique. La pauvreté aux États-Unis.*
Hersh Seymour M.	*Le Massacre de Song My. La guerre du Vietnam et la conscience américaine.*
Himmler Heinrich	*Discours secrets.*
Jackson George	*Les Frères de Soledad.*
Jackson George	*Devant mes yeux la mort...*
Jones LeRoi	*Le Peuple du blues.*
Jung C.G.	*« Ma vie ». Souvenirs, rêves et pensées.*
Kouznetsov Édouard	*Journal d'un condamné à mort.*
Kouznetsov Édouard	*Lettres de Mordovie.*
Laqueur Walter	*Le Terrifiant Secret. La « solution finale » et l'information étouffée.*
Ledda Gavino	*Padre Padrone.*
Ledda Gavino	*Padre Padrone II. Le langage de la faux.*
Le Roy Ladurie Emmanuel	*Paris-Montpellier. P.C.-P.S.U. 1945-1963.*
Lewis Oscar	*La Vida. Une famille portoricaine dans une culture de pauvreté : San Juan et New York.*
Lewis Oscar	*Une mort dans la famille Sanchez.*
Lewis Oscar	*Les Enfants de Sanchez.*
Lewis O., Lewis R.M., Rigdon S.	*Trois femmes dans la révolution cubaine.*
Liehm Antonin	*Trois générations. Entretiens sur le phénomène culturel tchécoslovaque.*
Lodi Mario	*L'Enfance en liberté.*
London Artur	*L'Aveu. Dans l'engrenage du procès de Prague.*
Mandelstam Nadejda	*Contre tout espoir,* I, II et III.
Medvedev Jaurès	*Grandeur et chute de Lyssenko.*
Mendès France Pierre	*La vérité guidait leurs pas.*
Mlynár Zdenek	*Le froid vient de Moscou.*
Moczarski Kazimierz	*Entretiens avec le bourreau.*
Myrdal Jan	*Un village de la Chine populaire* suivi de *Lieou-lin après la révolution culturelle.*
Naipaul V.S.	*L'Inde sans espoir.*
Ouvrages collectifs	*Romanciers au travail.*
	Chili : le dossier noir.
Pasqualini Jean	*Prisonnier de Mao.*
Pollier Anne	*Femmes de Groix ou la laisse de mer.*
Razola Manuel et Constante M.	*Triangle bleu. Les républicains espagnols à Mauthausen.*

Schwiefert Peter	*L'oiseau n'a plus d'ailes...* Les lettres de Peter Schwiefert présentées par Claude Lanzmann.
Seale Bobby	*À l'affût.*
Stajner Karlo	*7000 jours en Sibérie.*
Stern August	*Un procès « ordinaire » en U.R.S.S. Le Dr Stern devant ses juges.*
Trotsky Léon et Natalia	*Correspondance 1933-1938*
Trotsky Léon, Rosmer A. et M	*Correspondance 1929-1939.*
Vegh Claudine	*Je ne lui ai pas dit au revoir.*
Vienet René	*Enragés et situationnistes dans le mouvement des occupations.*
Vincent Gérard	*Le Peuple lycéen.*
Wellers Georges	*Les chambres à gaz ont existé.*
Wylie Laurence	*Un village du Vaucluse.*
Wylie Laurence	*Chanzeaux, village d'Anjou.*

Schwielder Peter	L'écrou n'a plus d'aile. Les lettres de Peter Schwielder présentées par Claude Lanzmann. A l'Est.
Seale Bobby	
Stajner Karlo	7000 jours en Sibérie.
Stern August	Un procès « ordinaire » en U.R.S.S. Le Dr Stern devant ses juges.
Trotsky Léon et Natalia	Correspondance 1933-1938
Trotsky Léon	Correspondance 1929-1939
Rosmer A. et M. Vergh Claudine	Je ne l'ai ni ne dit au revoir.
Vierzer René	Partagé et mimétisme dans le mouvement des occupations.
Vincent Gérard	Le Peuple Poète.
Wellers Georges	Les chambres à gaz ont existé.
Wylie Laurence	Un village du Vaucluse.
Wylie Laurence	Chanzeaux, village d'Anjou.

Composition SEP 2000 à Paris.
Impression S.E.P.C.
à Saint-Amand (Cher), le 24 août 1983.
Dépôt légal : août 1983.
Numéro d'imprimeur : 1233.
ISBN 2-07-024542-X. Imprimé en France.

32150

Collection Témoins